oekom

ClimatePartner°
klimaneutral
Verlag | ID: 128-50040-1010-1082

Selbstverpflichtung zum nachhaltigen Publizieren

Nicht nur publizistisch, sondern auch als Unternehmen setzt sich der oekom verlag konsequent für Nachhaltigkeit ein. Bei Ausstattung und Produktion der Publikationen orientieren wir uns an höchsten ökologischen Kriterien.
Dieses Buch wurde auf 100 % Recyclingpapier, zertifiziert mit dem FSC®-Siegel und dem Blauen Engel (RAL-UZ 14), gedruckt. Auch für den Karton des Umschlags wurde ein Papier aus 100 % Recyclingmaterial, das FSC® ausgezeichnet ist, gewählt.
Alle durch diese Publikation verursachten CO_2-Emissionen werden durch Investitionen in ein Gold-Standard-Projekt kompensiert. Die Mehrkosten hierfür trägt der Verlag.
Mehr Informationen unter:
http://www.oekom.de/allgemeine-verlagsinformationen/nachhaltiger-verlag.html

Bibliografische Information der Deutschen Nationalbibliothek:
Die Deutsche Nationalbibliothek verzeichnet diese Publikation in der Deutschen Nationalbibliografie; detaillierte bibliografische Daten sind im Internet unter http://dnb.d-nb.de abrufbar.

oekom verlag, Gesellschaft für ökologische Kommunikation mbH
Waltherstraße 29, 80337 München

Layout und Satz: Werner Schneider, Erding
Umschlagentwurf: Elisabeth Fürnstein, oekom verlag
Umschlagabbildung: © erhui1979 – istockphoto
Druck: Bosch-Druck GmbH, Ergolding

ISBN 978-3-86581-847-8

FSC
www.fsc.org
RECYCLED
Papier aus Recyclingmaterial
FSC® C011862

Andreas Meißner

Mensch, was nun?

Warum wir in Zeiten der Ökokrise Orientierung brauchen

Für Moritz

und seine Generation

Inhalt

Anhang

Einleitung

Der Klimawandel vollzieht sich bereits, die Energie- und Lebensmittelpreise steigen, vor allem in ärmeren Ländern, die Böden schwinden und werden knapp, die Ölquellen haben wohl schon den Höhepunkt ihrer Erschließbarkeit überschritten. Das Artensterben nimmt rapide zu. In vielen Ländern droht bzw. besteht bereits ein Trinkwassermangel, Konflikte um die verbleibenden Ressourcen sind schon im Gang. Der Begriff der Nachhaltigkeit ist kein Fremdwort mehr, er wird eher schon inflationär benutzt. Ein globaler Marshallplan soll aufgelegt werden, von einer moralischen und geistigen Herausforderung für die ganze Menschheit wird immer wieder gesprochen.

Obwohl diese Themen mittlerweile in irgendeiner Form nahezu täglich in den Medien auftauchen, oft in anderen Zusammenhängen, fällt ansonsten ein großes Schweigen auf. Im privaten oder beruflichen Kreis wird kaum darüber gesprochen. Ängste um den Arbeitsplatz, finanzielle Sorgen, das kaputte Auto, das neue Update, gesundheitliche Probleme, Beziehungspflege in der Partnerschaft, Sorgen für eine gute Ausbildung der Kinder, Alltagsorganisation und Freizeitplanung, all das sind für die meisten Menschen die wichtigsten Anliegen, sie betreffen einen ja auch direkt jeden Tag. Ein Unbehagen, aber auch eine große Ohnmacht wird dabei verspürt – wie die Lähmung vor dem Aufprall, wenn der nicht mehr zu verhindern ist. Derweilen boomt die Freizeitindustrie: der Flugverkehr feiert neue Rekorde, die Motoren unserer Autos werden auch in den letzten Jahren noch leistungsstärker und spritfressender. Um trotz Erwärmung weiter Ski fahren zu können, laufen die Beschneiungsanlagen auf Hochtouren und verbrauchen Wasser in großstädtischem Ausmaß.

Traut man sich doch, Umweltthemen anzusprechen, geht man das Risiko ein, als Spielverderber, Verbreiter schlechter Laune, besserwisserischer Moralist oder als noch nicht ausgelastet genug zu gelten. Eine eher peinliche Stimmung entsteht dabei. Also schweigt man mit, obwohl soviel dazu zu sagen, zu überlegen und zu diskutieren wäre.

Solaranlage auf dem Dach, weniger und sparsamer Autofahren, weniger oder keine Flugreisen mehr unternehmen, öfter mal den Zug und öffentliche Verkehrsmittel benutzen, Wasser sparen, Heizung besser einstellen, Bioprodukte kaufen, das Kreuz bei der Wahl an der vermeintlich richtigen Stelle machen, Bücher mit 50 Tipps zum Verändern dieser Welt studieren, kritische Dokumentarfilme ansehen und ein Repair-Café besuchen oder gar mitorganisieren, all das ist schön und gut, aber reicht das?

Sicher könnte man auch einer Partei beitreten, doch nicht jedem steht der Sinn nach langen Hinterzimmerdiskussionen und parteitaktischem Geplänkel. Die Mehrheit der Bevölkerung hat daher kein Interesse daran, selbst die Partei der Grünen stagniert nach leichten Stimmenzuwächsen und verheddert sich im Themengestrüpp; dafür zumindest entstehen mehr Initiativen von Menschen, die alldem nicht mehr so zusehen wollen, immer mehr Bücher über Nachhaltigkeit und neue Lebenskonzepte erscheinen; Organisationen wie Greenpeace, Bund Naturschutz, Transition Town und andere machen mehr von sich reden, neue Internetportale und Zeitschriften preisen den nachhaltigen Konsum als neuen Lebensstil an.

Selbst die konservativen Parteien haben den Klimawandel, die Umweltverschmutzung und zur Neige gehenden Rohstoffe als Problem erkannt. International sanden China und die USA Signale aus, den Klimawandel nun endlich effektiv bekämpfen zu wollen, schließlich musste sich Barack Obama seinen Platz in den Geschichtsbüchern sichern. Man könnte also meinen, alles geht in die richtige Richtung, nachdem ja schließlich auch auf die Finanzmarktkrise 2008 politisch reagiert wurde.

Wie damals aber verharrt die Politik weiter im akuten Krisenmodus, langfristige Konzepte und Visionen gibt es nicht. Ukraine, Griechenland, Syrien, Flüchtlinge, Trump – die Probleme jagen sich. Grundlegende Korrekturen unserer ruinösen Wirtschaftsweise werden vermieden. Vor acht Jahren sind weite Teile dieses Textes bereits unter ähnlichem Titel erschienen. Acht Jahre sind seitdem vergangen, in denen sich die Welt wieder radikal verändert hat. Nur leider nicht unbedingt zum Besseren.

Aber wir haben schon über 40 Jahre verloren seit dem Bericht über die »Grenzen des Wachstums« an den Club of Rome 1972.[1] Seitdem wird prognostiziert, dass die ökologische Krise zunächst über eine Nahrungsmittelknappheit spürbar werden wird, so wie viele Menschen, vor allem in ärmeren Ländern, das bereits erleben. Die Zukunft hat begonnen, es geht nicht mehr nur um kommende Szenarien. Wir sind konfrontiert mit der Endlichkeit: der Endlichkeit der Ressourcen sowie des Planeten.

Vielleicht müssen wir damit zunächst so umgehen wie mit der Perspektive der eigenen Endlichkeit: sie nämlich bestmöglich, wider besseren Wissens, ausblenden und verleugnen. Denn erstaunlich ist es schon, dass die Menschen zwar wissen, wie es um sie steht, aber trotzdem weiter alles tun, was ihre Existenzgrundlage vernichtet. Viel davon ist in uralten Wahrnehmungs- und Handlungsprogrammen angelegt, evolutionsbiologisch mitgebracht aus einer anderen Zeit, aber auch psychologische Effekte spielen eine Rolle. Probleme wie Klimawandel oder ausgehendes Öl erscheinen noch als weit weg und wenig greifbar, akute Folgen wie Dürren, Brände und Überschwemmungen werden im Krisenmodus symptomatisch angegangen, für grundlegende Überlegungen bleibt keine Zeit.

Denn diese Rückmeldungen aus der Natur zeigen unangenehme Wahrheiten auf und werden daher von uns und aus den Schlagzeilen rasch wieder verdrängt. Dabei helfen aktuelle politische und wirtschaftliche Krisen, die wiederum oft erstaunlich schnell internationale Einigungen und die Bereitstellung von Milliardenbeträgen bewirken können. Die akuten Probleme führen uns bereits deutlich vor Augen, wie schlimm es kommen kann, wenn man das »immer mehr und immer schneller« nicht freiwillig aufgeben will. Dieser Antrieb scheint jedoch in speziell menschlichen Bedürfnissen angelegt zu sein. Die Krise heute ist daher letztlich Teil grundlegender ökologischer Mechanismen, zu denen auch der menschliche Drang zur Naturbeherrschung und -nutzung gehört.

Es wird deutlich werden, wie wir der Umweltkrise heute schon begegnen, wie wir ihr eigentlich begegnen könnten, wie begrenzt wir aber in unseren mentalen und realen Möglichkeiten dabei sind. Daher trügt die Hoffnung, die Krise auf direktem Wege politisch und technisch lösen zu können. Gerade auch Naturwissenschaftler verweisen eher auf Werte, die es zu erneuern gelte. Wenn man aber berücksichtigt, wie schwer diese zu ändern sind, und wie wenige Vorbilder es in den letzten Jahren gegeben hat, die etwa Empathie, Kooperation, Offenheit und Lernbereitschaft vorgelebt haben, erscheint auch dies kaum als allgemein möglicher Ausweg. Zu fest verankert sind im Menschen in Jahrmillionen erprobte Verhaltensweisen, die lange sinnvoll und nötig zum Überleben waren, aber in einer erst seit kurzem völlig veränderten Lebenswelt nicht mehr tauglich sind. So kommen wir heute mit zeitlich und räumlich kurzfristigem Denken nicht mehr weiter.

Doch viele Möglichkeiten gibt es nicht. Es lohnt sich, die von Experten vorgeschlagenen Wege zur Lösung der ökologischen Krise oder wenigstens zur Entwicklung von Resilienz dafür anzusehen, selbst wenn man dann zu dem Schluss kommen muss, dass die Wahrscheinlichkeit ihrer erfolgreichen Umsetzung sehr gering ist. Für große Gesetzespakete, wie sie gegen die Finanzkrise rasch verabschiedet wurden, ist die ökologische Krise offenbar immer noch zu abstrakt und uns in den reichen Ländern zu wenig betreffend. Politische Visionen zur Neuorientierung unserer Lebensweise bleiben weiter Mangelware.

Jedem Einzelnen bleibt es dennoch offen, sich an den bereits zahlreich existierenden Lösungsvorschlägen zu orientieren, sich aus der Masse heraus zu bewegen, eigene Entscheidungen zu treffen, aus der eigenen Freiheit und Verantwortung heraus, was vielleicht in Zeiten allgemeiner Sinnkrise sogar wieder Orientierung und Befriedigung geben kann. Krisen können einen so gesehen auch vorwärts bringen.

Global gesehen jedoch stehen wir vor der schweren Aufgabe, es aushalten zu müssen, dass sich die bedrohliche Entwicklung wohl allenfalls verzögern, nicht jedoch umkehren lassen wird. Dies zu begründen und trotzdem eine angemessene, lebensbejahende Haltung dazu zu entwickeln ist Ziel dieses Buches. Es ist zu spät, schmerzhafte Veränderungen zu verhindern. Nur zugeben will das offiziell niemand, um sich nicht unbeliebt zu machen und als Apokalyptiker zu gelten. In den meisten Publikationen zum Thema wird – bei allen Warnungen – dann auf den letzten Seiten doch ein Optimismus herausgestellt, der zumeist im Widerspruch steht zu dem, was vorher berichtet wurde.

Daher soll dieses Buch trotz aller Faktenfülle kein Fachbuch sein, sondern eine Streitschrift, die gerne provozieren mag. Nicht jeder wird der These zustimmen, dass die globale Krise nicht abzuwenden ist, sondern sich eher noch zuspitzen wird. Zumindest deuten sich schon Strukturen für eine Zeit *nach* einschneidenden Umbrüchen an, die statt Verzicht eher einen Gewinn an Lebensqualität darstellen können – vorausgesetzt, die Umwälzungen verlaufen nicht zu heftig. Vielleicht wird es sogar einmal ein Aufatmen geben, wenn es ein Ende hat mit Autos und Asphalt, Konsum und Kredit, immer mehr Wachstum und Wohlstand.

Ein solches Buch muss sich auch fragen lassen, was es kann und was es will, an wen es sich also richtet. Es ist bewusst nicht hochakademisch verfasst, sondern möchte mit lesbarem Duktus auch Menschen ansprechen, die sich bisher noch nicht intensiv mit Umweltfragen beschäftigt haben. Sicher lässt sich dabei ein missionarisches Anliegen des Warnens und Bekehrens nicht immer vermeiden. Aber ausgehend vom Unbehagen, das auch Nicht-Öko-Engagierte angesichts der globalen Entwicklung befällt, besteht zumindest die Chance, dass auch sie bei diesem Gefühl abgeholt werden können. Denn es geht nicht darum, nun völlig neuartige Vorschläge zur Bewältigung der Umweltkrise zu machen. Die sind in zahlreichen Fachbüchern und Vorträgen bereits vorgelegt worden. Eigentlich ist alles gesagt. Aber gerade beim Blick in verschiedene Fachrichtungen ergeben sich Zusammenhänge und Schlussfolgerungen, die so vielleicht noch nicht geäußert wurden. Und es wird Zeit, die psychischen Aspekte dabei, die letztlich immer den Intellekt übersteuern und unser Handeln bestimmen, in den allgemeinen Fokus zu rücken, auch wenn damit gleich zwei leider oft unbeliebte Themen, nämlich »Öko« und »Psycho«, behandelt werden.

Ausgehend von der eigenen Profession als Psychiater und Psychotherapeut, also der Beschäftigung mit seelischen Krisen und Krankheiten, möchte ich versuchen, das bisherige Management der Umweltkrise zu beleuchten und dabei auch nachzuzeichnen, auf welchen Wegen wir eigentlich in das aktuelle Dilemma geraten sind. Die leitenden Fragen dabei sind, ob wir Menschen biologisch und psychologisch überhaupt in der Lage wären, unser Verhalten noch entscheidend zu ändern, und welche Haltung wir zu der Schlussfolgerung einnehmen, dass die globale Krise wohl kaum mehr abzuwenden ist, ohne in Resignation zu verfallen.

Viele Menschen sind heute stark verunsichert. Das Misstrauen in Politik, Wirtschaft und Technik ist groß. Man braucht kein Umweltspezialist zu sein, um sich ein Bild von der Situation und der Unzulänglichkeit vieler Lösungsvorschläge zu machen. Es genügen eine gut recherchierende Tageszeitung, ergänzende Informationen anderer Medien sowie entsprechende Fachliteratur. Nur ist es nötig, die oft zusammenhanglos nebeneinanderstehenden Meldungen und Berichte zusammenführen (die zahlreichen Fußnoten zum Quellenbeleg können gerne zunächst überlesen, vielleicht dann später nochmals nachgeschlagen werden). Mein Ausgangspunkt ist daher zusätzlich der des täglich Informationen aufnehmenden, zunehmend besorgten Bürgers. Im Blick bleiben dabei aber stets die psychischen Mechanismen, die letztlich das menschliche Verhalten entscheidend steuern.

Für die realistische Beurteilung von Therapie und Prognose ist zuvor eine genaue diagnostische Untersuchung erforderlich, um nicht zu falschen Schlüssen zu kommen. Zu betrachten sind zunächst die langen Wege, die in die Krise geführt haben. Im ersten Kapitel wird dazu *die ökologische Krise* mit vielen Zahlen und Fakten, die zum Zeitpunkt des Verfassens dieses Buches verfügbar waren, sowie mit den möglichen Folgen nochmals kompakt dargestellt. Etliche Zusammenhänge und Querbezüge zu anderen aktuellen Themen ergeben sich daraus. Sicher bleibt die laienhafte Darstellung unvollständig, auch Fehler mögen sich vereinzelt eingeschlichen haben. Aber die Grundtendenz des Raubbaus am Planeten durch unsere Lebensweise ist vielfach belegt, und darüber ist letztlich zu diskutieren.

Der Leser, dem die Beschreibung der ökologischen Krise zu deprimierend ist oder zu ausführlich erscheint, kann auch gleich das darauf folgende Kapitel zur *Evolution* und *Entropie* aufschlagen. Hier lässt sich nachvollziehen, auf welchen von Naturgesetzen gesteuerten Wegen der Mensch eigentlich in das aktuelle, in diesem Ausmaß bisher einmalige Dilemma geraten ist, nachdem wir die meiste Zeit unseres Daseins auf diesem Planeten eingebettet in natürliche Kreisläufe gelebt haben, die wir heute nicht mehr anerkennen wollen. Deutlich wird dabei, welche grundlegenden Grenzen unserem heutigen Ressourcen- und Energieverbrauch gesetzt sind.

Dies führt weiter zu der Frage, warum uns die so dringend nötige Verhaltensänderung so schwer fällt, obwohl wir doch eigentlich wissen oder zumindest ahnen, wie es um den Globus steht. *Biologische und psychologische Mechanismen*, etwa der Verleugnung oder des Weges mit geringstem Aufwand, spielen hier die entscheidende Rolle. Dies wird noch klarer, wenn man sich im darauf folgenden Kapitel die *Lösungsvorschläge von Experten* anschaut. Sie stellen in diesem zweiten großen Buchabschnitt fragliche Wege aus der Krise dar. Deutlich wird dabei, dass es nicht genügt, sich nur auf die Machthabenden und Entscheidungsträger in Politik, Wirtschaft und Gesellschaft zu verlassen; letztlich läuft es auf die Verantwortung des Einzelnen hinaus (was für Therapeuten immer ein spannender Ansatz ist). Um diese wahrzunehmen, ist wiederum ein Wertewandel nötig, der aber nicht so rasch möglich erscheint wie eigentlich erforderlich, und auch nicht verordnet werden kann. Wir werden sehen, dass die *Werteentstehung* ein komplexer und langwieriger Prozess ist, der auch von Emotionen abhängt. Doch selbst meine Fachdisziplinen, also *Psychotherapie und Psychologie*, die darauf eigentlich spezialisiert sind, können hier nur wenig weiterhelfen.

An dieser Stelle kann der Schlussfolgerung, dass die *globale Krise nicht abwendbar* ist, nicht mehr ausgewichen werden. »Nachhaltige Entwicklung zwischen Notwendigkeit, Tugend und Illusion«, beschrieb vor einigen Jahren ein renommierter Ökologe die Situation.[2] Das macht die Widersprüche deutlich, in denen wir stecken. Ähnlich ist die emotionale Reaktion darauf: Ohnmacht, Wut und trotzdem Hoffnung sind oft die Folge solcher unangenehmen Erkenntnisse. Daher ist – nun im dritten Teil des Buches – ein eigenes *Krisenmanagement* erfordert. Mit Bezug auf *existenzielle Angelegenheiten*, mit denen wir auch im privaten Leben konfrontiert sind, etwa den Fragen nach der Begrenztheit des Lebens und seinem Sinn, wird schließlich versucht, die *Überwindung von Ohnmacht und Lähmung* zu ermöglichen und eigene kreative Lösungen anzuregen. Allein schon ein achtsamerer Umgang mit sich, den Mitmenschen und dem jeweiligen Lebensraum, was auch weniger Arbeit, weniger Konsum und weniger Freizeitstress beinhalten kann, ist hier für den Einzelnen sogar eher entlastend. Daher lohnt es sich, die Chancen zu betrachten, die in dieser wie in jeder Krise liegen.

Einige Überlegungen können uns im Angesicht der scheinbar übermächtigen ökologischen Krise vielleicht entlasten: etwa dass wir uns befreien dürfen von dem Druck, dass wir, die wir heute leben, alleine schuld an der Misere sind, und von der belastenden Meinung, dass wir nach der langen Entwicklung, die uns zum heutigen Punkt geführt hat, diese nun in kürzester Zeit aufhalten müssten. Daher ist dieses Buch vielleicht gar nicht so negativ und frustrierend, wie es zunächst den Anschein hat.

I.

Lange Wege in die Krise

Die ökologische Krise – Fakten, Risiken und Folgen

Wenn wir die ökologische Krise nicht meistern, dann erübrigen sich alle weiteren Überlegungen für das 21. Jahrhundert.

Michail Gorbatschow[3]

An Mahnungen hat es nicht gefehlt. Seit den 60er Jahren erscheinen regelmäßig Veröffentlichungen zur globalen Umweltproblematik, so etwa der Bericht an den Club of Rome 1972, der Report »Global 2000« von 1980 an den damaligen Präsidenten der USA, Jimmy Carter, oder 1987 der Bericht der »Brundtlandt-Kommission« (Weltkommission für Umwelt und Entwicklung). Hinzu kamen die Umweltkonferenz von Rio de Janeiro 1992 und bisher 22 Klimakonferenzen, das Abkommen von Paris 2015 ist von den Großmächten USA, China und der EU nun ratifiziert worden. 2016 traten zudem 17 Nachhaltigkeitsziele der Vereinten Nationen in Kraft. Handeln ist offenbar nötig.

Mittlerweile, liest man eine seriöse Tageszeitung nur aufmerksam genug, kann jeder Bürger fast täglich Meldungen zur ökologischen Krise finden, ob es um den im Vordergrund stehenden Klimawandel, die Auswirkungen des zu Ende gehenden Öls, wiederholte Nahrungsmittelkrisen oder bereits auftretende soziale Unruhen und militärische Konflikte geht. Häufig stehen die einzelnen Berichte unverbunden nebeneinander; nur selten merkt man, wie vieles zusammenhängt.

Im Wesentlichen aber sind die Meldungen zur Umweltkrise bekannt, in vielen Büchern wurde die Misere ausgebreitet, so dass wir uns hier kurz fassen können. Es geht um den Klimawandel, um Treibhausgase wie vor allem das Kohlendioxid (CO_2) und um knapper werdende Ressourcen, aber auch um zu viele Abfälle, insbesondere Plastikmüll. Und es geht darum, dass die Zeit, das Steuer noch herumzureißen, immer knapper wird.

Klimawandel und Ressourcenknappheit

Lange Jahre wurden die Warnungen vor den ökologischen Folgen der energieintensiven Lebensweise westlicher Gesellschaften kaum ernst genommen. Sie schienen nur eventuell mögliche, in jedem Fall aber weit in der Zukunft liegende Szenarien zu beschreiben, immer wieder von der lustfeindlichen Umweltbewegung an die Wand gemalt. Mittlerweile, etliche Stürme, Überschwemmungen und Dürren später, geht es nicht mehr um Ereignisse, die nur vielleicht und dann erst irgendwann eintreten könnten, sondern eher um Anpassung und Resilienz, um Vorbeugung sowie Linderung nun schon zunehmend spürbarer Veränderungen. Erstaunlich dabei ist nur, wie gut die meisten Menschen immer noch diese verdrängen, oft sogar leugnen können. Verhaltensänderungen finden nur vereinzelt statt, die Autobahnen bleiben voll, Flugreisen nehmen weiter zu, Schulen suchen sich immer weiter entfernte Ziele für den Schüleraustausch, und Trainingslager wie Auslandsturniere von Jugendfußballmannschaften in Istanbul, Barcelona oder den USA sind nichts Ungewöhnliches mehr.

Dabei ist die Temperatur weltweit bereits um ein Grad im Vergleich zur vorindustriellen Zeit gestiegen, der CO_2-Gehalt der Atmosphäre von 280 auf heute über 400 ppm (parts per million). 800 ppm zu Ende des Jahrhunderts werden für möglich gehalten, was bei weitgehend parallelem Verlauf der Temperatur- und CO_2-Kurven noch eine weitere deutliche Erwärmung verheißt. Der CO_2-Ausstoß hat allein in den letzten 25 Jahren, trotz zahlreicher Klimakonferenzen, um 60 Prozent zugenommen, nur kurz unterbrochen vom Zusammenbruch der Sowjetunion und diversen Wirtschaftskrisen. Das angepeilte Zwei-Grad-Ziel rückt in weite Ferne, mit jährlichem Zuwachs der Treibhausgasemissionen um zwei Prozent ist die Menschheit auf dem Weg zu einer um vier Grad wärmeren Welt bis Ende des Jahrhunderts.

2014, 2015 und 2016 haben nacheinander jeweils den Rekord des weltweit wärmsten Jahres gebrochen; 16 der 17 wärmsten Jahre liegen in diesem Jahrhundert, das 17. war 1998.[4] Gemessen an den menschlichen Wahrnehmungsmöglichkeiten erwärmt sich die Welt langsam und schleichend, im Sinne sogenannter »Shifting Baselines«, was die Trägheit der Reaktionen darauf mit erklären mag.

Für ökologische Regelkreise aber vollzieht sich die aktuelle Veränderung in nie da gewesener Geschwindigkeit, was eine Anpassung von Meer, Pflanzen und Tieren erschwert und wesentlich mit zum gegenwärtigen sechsten großen Artensterben beiträgt. Korallenriffe erbleichen, die Meere versauern, die Pole schmelzen, die Meeresspiegel steigen, der Lebensmittelanbau wird durch Temperatur- und Wetterextreme erschwert, Dürren in Australien, Kalifornien, Afrika und anderen Weltregionen haben dies mehr als deutlich gemacht, Sturmnamen wie »Kyrill«, »Sandy« und »Kathrina« sind geläufig, Konflikte um Trinkwasser bahnen sich an. Von 200 Millionen Klimaflüchtlingen bis zum Jahr 2050 wird ausgegangen. Da ist das, was wir derzeit erleben, nur ein kleiner Vorgeschmack. Aber auch bei uns findet der Klimawandel statt. Die letzten Fluten an Oder, Elbe und Donau sind noch gut in Erinnerung, ebenso wie die Hitzewelle 2003 mit über 70.000 Toten in Europa.

Der Vertrag der Klimakonferenz von Paris 2015 ist ratifiziert, was neue Hoffnung verheißt. Neue Krisen, wie es sie international reichlich gibt, lenken aber schon wieder davon ab. Im Vordergrund steht zudem weiter das Streben nach höherem Bruttosozialprodukt. Gleichzeitig jedoch ist belegt, dass wirtschaftliche Entwicklung, Wachstum und Wohlstand eng mit Ressourcenverbrauch und Treibhausgasemissionen gekoppelt sind. Zu letzteren trägt, neben Energiewirtschaft, Industrie, Verkehr und Haushalten, erheblich die industrielle Landwirtschaft bei. Allein Zuchtvieh, benötigt für den steigenden Fleischhunger weltweit, ist verantwortlich für 18 Prozent der Treibhausgase. Für den Anbau von Soja und Getreide werden daher weiter Wälder gerodet, wodurch wertvolle Kohlenstoffsenken wegfallen. Gleichzeitig taut durch die globale Erwärmung der Permafrost in Sibirien auf und setzt wiederum klimaschädliches Methan frei – ein Teufelskreis.

Der Energiehunger der Welt als weiterer Temperaturerhitzer, seinerseits gekoppelt an Wachstum und Wohlstand, wächst alleine schon durch die weiter fortschreitende Technisierung und Digitalisierung. Allein bis 2030 werden 30 Prozent mehr Energie benötigt.[5] Internet und dafür nötige Datennetze, Rechenzentren, Server und Kühlungsanlagen verbrauchen alleine schon drei Prozent des globalen Stroms. Der Flugverkehr wiederum, verantwortlich für fünf Prozent des weltweiten Treibhausgasausstoßes, hat allein in der EU zwischen 1990 und 2013 um 70 Prozent zugenommen, gibt das Bundesumweltministerium auf seiner Homepage an[6], Tendenz weiter steigend.

Forscher hoffen daher, klimaschädliches Kohlendioxid abscheiden und als Flüssiggas in tiefen Gesteinen lagern zu können, wobei es sich hier offenbar nicht so einfach wie erhofft in Gestein umwandelt.[7] Die Risiken dieser Techniken sind noch kaum erforscht, zudem müsste auf die Lagerstätten über Jahrhunderte hinweg warnend hingewiesen werden, und die Motivation zum Einsparen von Energie und damit von Treibhausgasen wird damit unterlaufen.

Oft geforderte und durchaus auch erzielte Fortschritte bei der *Effizienz*, seien es nun Auto- oder Flugzeugmotoren genauso wie Heizanlagen oder Batterien, werden mehr als gegenkompensiert, in unseren Breiten durch weiter zunehmenden Konsum, häufigere Flüge, längere Fahrten, steigenden Güterverkehr auf der Straße, mehr PS und schwerere Autos, aber auch stetig neu auf den Markt kommende Geräte (wer kannte schon vor 15 Jahren Navis, Smartphones, Tablets, ipads, E-Autos und E-bikes?). Der Nachholbedarf noch nicht vollständig im westlichen Modus lebender Länder kommt weltweit gesehen noch hinzu.

Gleichzeitig gehen uns die dafür nötigen fossilen Energieträger wie *Öl und Gas* langsam aus, auch wenn uns fatalerweise derzeit niedrige Benzinpreise dies noch nicht rückmelden. Der Peak Oil, also der Zeitpunkt der maximal möglichen Ölförderung, ist in den letzten Jahren überschritten worden. Unter Inkaufnahme zahlreicher Umweltschäden wird aus der Tiefsee, der Arktis, in Kanada aus Teersanden oder in Amerika aus Schiefer noch das letzte Öl und Gas herausgepresst, mit zunehmend hierzu nötigem Energieeinsatz, was das Verhältnis von Input zu Output schlechter werden lässt. Wurden vor sieben Jahren noch 86 Millionen Barrel Öl täglich weltweit verbraucht (1 Barrel entspricht 159 Litern), so sind es jetzt schon 92 Millionen, ein weiterer Anstieg auf 104 Millionen bis zum Jahr 2040 wird erwartet. Wie der Junkie an der Nadel sind insbesondere die westlichen Industrieländer weiter stark abhängig vom flüssigen, schwarzen Gold, steckt doch Öl nicht nur in Heizungen und Autotanks, sondern wird auch für Kunststoffe, Medikamente, Infusionen, Straßenbeläge und vieles andere verwendet.

Kohle wiederum ist zwar auch in Deutschland reichlich vorhanden, trübt aber die CO_2-Bilanz und sorgt für dicke Luft. »Peking ist unbewohnbar«, meldet die SZ 2014.[8] Die Hauptstadt Chinas sei wegen Smogs für menschliches Leben nicht geeignet laut einer kurz zuvor erschienenen Studie. Daher wird nun selbst in China gegengesteuert. Jahrelang war hier fast jede Woche ein neues Kohlekraftwerk ans Netz gegangen.

Ein carbonfreies Zeitalter wurde jetzt auf Gipfeltreffen verkündet, doch die Umstellung auf *erneuerbare Energien* verläuft zu langsam, zudem sind auch hierfür begrenzte Rohstoffe nötig. Große Windparks verändern das Landschaftsbild, töten Vögel und benötigen neue Stromtrassen, all das erzeugt großen Widerstand. Selbst Naturschützer sind sich hier nicht immer einig. So trat 2012 der Dirigent Enoch zu Guttenberg aus dem Bund Naturschutz aus, den er 37 Jahre zuvor mitgegründet hatte, weil seiner Ansicht nach zu viele Flächen für Windräder die Landschaften verunstalten. Der Grünen-Politiker Hans-Josef Fell dagegen vollzog 2015 denselben Schritt mit der Kritik, dass der Umweltverband den Ausbau der Windenergie zu sehr bremsen würde.

Solarthermische Kraftwerke in Nordafrika wiederum und die dafür nötigen Vereinbarungen würden stabile politische Verhältnisse dort erfordern, die aber nicht gegeben sind. Um das dort geplante Projekt »Desertec« ist es sehr ruhig geworden, etliche ursprünglich beteiligte Firmen sind schon ausgestiegen.

In vielen Ländern erlebt daher, trotz Fukushima 2011, die *Atomenergie* eine Renaissance, ohne dass aber weiter etwa das Problem der Endlagerung gelöst wäre, die über Jahrtausende hinweg gesichert sein und mit Warnhinweisen über alle sprachlichen Veränderungen in dieser Zeit hinweg vermittelt werden muss. Der schädlichste Stoff im Atomabfall ist Radium, und das zerfällt zur Hälfte in 1.600 Jahren, müsste also über 10.000 Jahre lang weggesperrt werden.[9] Andere Elemente wie Uran 238 haben eine Halbwertszeit von über 20.000 Jahren, Abfälle aus Druckwasserreaktoren müssen aufgrund ihrer Nuklidzusammensetzung und ihrer Aktivität über Millionen von Jahren weggesperrt werden.[10]

Dass allein schon beim Uranabbau die Umwelt erheblich beschädigt wird, wird sowieso gerne ignoriert. Drei Viertel der Uranvorräte liegen unter Territorien, die von indigenen Völkern bewohnt werden. Der Abbau hat seit den vierziger Jahren des letzten Jahrhunderts auf allen Kontinenten Kulturen von Ureinwohnern zerstört. Strahlende Abraumhalden verseuchen Boden und Grundwasser, es kommt zu Haut- und Lungenkrebs, Leukämie und Missgeburten. Das Uran, das vor allem aus Kanada und Australien nach Europa geliefert wird, hinterlässt also bereits eine Spur der Zerstörung, bevor es in unseren Reaktoren Strom erzeugt und dann auf noch ungeklärte Weise endgelagert werden muss.[11]

Nach anderen Alternativen wird gesucht, nicht immer erfolgreich. Häuser werden gedämmt, das zumeist dafür in den letzten Jahrzehnten verwendete Styropor ist nun aber als giftig enttarnt worden und muss als Sondermüll entsorgt werden. Alternative Antriebssysteme für PKW haben sich immer noch nicht durchgesetzt. Von den angepeilten eine Million Elektroautos auf deutschen Straßen sind wir weit entfernt, auch hierfür ist im Übrigen ein Mehr an Strom und Energie notwendig, was wohl mit dazu beitragen dürfte, dass auch die durchaus voranschreitende Umstellung auf erneuerbare Energien durch den Mehrverbrauch in hohem Maße gegenkompensiert wird. Zudem werden Unmengen an Batterien mit den entsprechenden Rohstoffen dafür benötigt und müssen später wieder entsorgt werden, so richtig umweltfreundlich erscheinen Elektroautos daher nicht. Sie sollen ein »weiter so, nur anders« suggerieren, das kaum haltbar bleiben dürfte.

Von Wasserstoffzellen wiederum, einst hoch angepriesen als alternativer Kraftstoff, ist weiterhin nicht viel zu hören. Biosprit hat sich durch seine Konkurrenz zum Nahrungsmittelanbau von alleine disqualifiziert, abgesehen davon, dass die hierfür nötigen Monokulturen des Raps- und Maisanbaus die Böden auslaugen und den Treibhausgasausstoß erhöhen. In den USA landeten aber im Jahr 2011 dennoch 40 Prozent des Maisanbaus in Kraftstofftanks.

Guter *Boden* wird generell knapp, und damit zunehmend zum Spekulationsobjekt. Fruchtbare Ackerböden stellen insgesamt eine wertvolle, wenn auch selten beachtete Ressource dar. Weltweit gehen pro Jahr 0,3 bis 0,5 Prozent der Anbauflächen verloren, die Ursachen dafür sind komplex. Von 1950 bis 2000 hat sich die Weltbevölkerung mehr als verdoppelt, die Getreideproduktion sich mehr als vervierfacht, und der Einsatz von Düngemitteln ist in dieser Zeit um 450 Prozent gestiegen.[12] Neben intensivem Düngen mit hoher Stickstoffbelastung tragen enge Fruchtfolgen auf den Feldern, der Einsatz schwerer Geräte sowie die reichliche Verwendung von Pestiziden wesentlich dazu bei. Weitere Faktoren sind Monokulturen, etwa durch erwähnten Anbau für Biosprit und Tierfutter, und die globale Erwärmung. Auch die anhaltend hohe Flächenversiegelung für Siedlungs- und Gewerbegebiete sowie Straßen ist zu erwähnen. Allein in Bayern etwa wurden laut bayerischem Landesamt für Statistik 2013 Flächen in der Größe von 26 Fußballfeldern täglich (!) verbraucht[13], eine Steigerung um 6,5 Prozent gegenüber 2012; im Jahr 2015 sind es immerhin noch 19 Felder.[14]

Bis zum Jahr 2100 droht zudem der Hälfte der Weltbevölkerung eine mangelhafte Versorgung mit Nahrungsmitteln durch drastische klimabedingte Ernteausfälle. Entsprechend sichern sich Nationen wie China sowie Großkonzerne durch Landgrabbing große Agrarflächen etwa in Afrika und Südamerika, aber auch in Osteuropa, die sie dann intensiv und monokulturell ausbeuten und die Produkte exportieren. Derweil verbleiben Hunger und Armut vor Ort, verstärkt auch dadurch, dass wiederum im Rahmen hoch angepriesener Freihandelsabkommen billig importierte Lebensmittel die landwirtschaftliche Tätigkeit einheimischer Bauern überflüssig machen, was den Zustrom zu städtischen Slums erhöht.

Neben den Böden stellen auch *Wälder* eine knapper werdende Ressource dar. Gerade sie sind wichtig für die Speicherung von Kohlendioxid und die Produktion lebenswichtigen Sauerstoffs. So sind von 1970 bis 2007 fast 700.000 Quadratkilometer des Regenwaldes am Amazonas verschwunden, was der doppelten Größe Deutschlands entspricht. Sechs Millionen Quadratkilometer waren dann noch übrig. Der Abbau geht aber nahezu ungebremst weiter. Hintergrund ist auch hier der Anbau der Exportschlager Soja, Palmöl und Ethanol.

Weitere Rohstoffe wie *Erze, Kupfer und Metalle* sind ebenso begrenzt, während die Nachfrage danach eher weiter steigt. Ob Kobalt etwa im Kongo durch Kinderarbeit abgebaut wird und die Löhne für die Wanderarbeiter in China kaum zum Überleben reichen, interessiert den Smartphonenutzer am Ende der Produktionskette hierzulande dann kaum. Die ebenso benötigten sog. *»seltenen Erden«* sind eigentlich durchaus häufig vorkommende Metalle, die aber jeweils nur in geringen Konzentrationen vorkommen und daher schwer zu fördern sind:

> Um wenige Gramm davon zu gewinnen, müssen viele Tonnen Gestein bewegt, zermahlen und mit Chemikalien behandelt werden. Zurückbleiben giftige Seen, außerdem belasten Stäube, die radioaktive Elemente oder Schwermetalle enthalten, die Luft nahe den Abbauregionen. Doch die gesamte Hochtechnologie hängt von diesen Metallen wie Tantal, Praesodym oder Neodym ab. Kein Handy würde ohne sie funktionieren, auch nicht – Ironie des Schicksals – die meisten Windkraftanlagen, die mit starken Neodym-Magneten arbeiten.[15]

Nahezu jeder Erdbewohner verfügt mittlerweile über ein Handy oder Smartphone. Insbesondere in Afrika werden zunehmend Mobiltelefone verwendet. Auch kommen in unseren Breiten mindestens jährlich neue Modelle auf den Markt, billig vom jeweiligen Mobilfunkbetreiber angepriesen. Der Bedarf an Rohstoffen dafür ist also enorm, das naheliegende Recycling aber nicht so einfach. Denn abgesehen davon, dass viele Handys immer noch im Elektroschrott landen, sind hier auch nur winzige Mengen der betreffenden Metalle verarbeitet, die somit auch nur schwer wieder heraus zu bekommen sind.[16]

Wenig bekannt ist bisher ebenso, dass auch ganz gewöhnlicher *Sand* immer knapper wird, weshalb dies hier ausführlicher dargestellt werden soll. Man merkt das im Sommer am Meer, wenn im Vergleich zum Vorjahr das Wasser den Sandstrand wieder mehr weggeknabbert hat. Denn Nachschub durch Flüsse kommt immer weniger, da sie oft begradigt sind und dadurch schneller ins Meer hinaus schießen.[17] Umso verzweifelter wird an vielen Stränden im Frühjahr versucht, durch Sandförderung im nahen Meer oder anderweitig mit Hunderten von Lastwagenladungen wieder ein naturidentisches Ambiente herzustellen.

Sand ist aber auch nach Luft und Wasser der am dritthäufigsten verwendete Rohstoff, verwendet in über 200 Nutzungsbereichen, für Ziegel, aber auch für Tierstreu, Solarmodule, Farben und Glas.[18] Zwei Drittel aller Gebäude und Anlagen weltweit werden aus Stahlbeton gebaut, der wiederum zu zwei Dritteln aus Sand besteht. Für den Bau eines mittelgroßen Hauses werden 200 Tonnen davon benötigt, bei einem Krankenhaus sind es 3000 Tonnen, der Bau eines Autobahnkilometers verschlingt gar 30.000 Tonnen. Sand wird von der Natur kostenlos zur Verfügung gestellt, der Raubbau hat fatale Folgen: »Wenn man an einem Strand, in einem Flussbett oder auf dem Meeresgrund große Mengen davon abbaut, greift man in ein äußerst kompliziertes und dynamisches Ökosystem ein, in dem sich der Sand je nach Gezeiten, Wasser- und Windströmungen ablagert«, so der Geologe Michael Welland.[19] Inseln verschwinden im Meer, Menschen verlieren ihre Existenzgrundlage, Tiere ihren Lebensraum.

Dafür versuchen etwa Singapur und Dubai, ihre Fläche im Meer mittels Sand zu vergrößern, um dem weiter wachsenden Bedarf für Wohnraum, Industrie und Büros gerecht zu werden. Dumm nur, dass Dubai mittlerweile der Meeressand ausgeht und weite Importe zum Beispiel aus Australien nötig werden. Der naheliegende Wüstensand nämlich eignet sich nicht, seine Körner sind durch Windverwehungen abgerundet, im Gegensatz zu den kantigeren und dadurch griffigeren Meeressandkörnern. Anderes Beispiel: Allein in Florida, wo es an rund 800 Meilen Küste Strand gibt, sind mittlerweile gut 350 Meilen künstlich mit Sand aufgeschüttet.[20] Strände wie die in Venice, Sarasota und Palm Beach wären sonst längst verschwunden. Zwischen 1970 und 2013 hat demnach die amerikanische Regierung 3,7 Milliarden Dollar in 469 Strandaufschüttungen investiert.

Sand wird aufgrund der zunehmenden Knappheit auch gestohlen. So ist in Jamaika fast über Nacht ein Strandstück von 400 Metern verschwunden, in Marokko ziehen endlose Eselskarawanen zur Küste, um Nachschub zu holen.[21] Der britische Geologe Michael Welland führt weiter aus:

> Die Öffentlichkeit ist sich der dramatischen Lage nicht bewusst. Die meisten Menschen, leider auch politische Entscheidungsträger, nehmen Sand nicht als bedrohte Ressource wahr, die geschützt werden muss. Weltweit haben die Bedürfnisse der Wirtschaft und insbesondere des Bausektors Vorrang. Zudem werden die zaghaften Vorschriften, die zum Schutz von Strän-

> den und Meeresböden ergriffen werden, oft nicht umgesetzt und sind damit nutzlos. Man kann nicht an jedem Strand Polizisten aufstellen. Und noch dazu unterhält die Sand-Mafia in vielen Ländern Beziehungen zu höchsten Kreisen und kann in aller Ruhe ihren illegalen Geschäften nachgehen wie im Senegal oder in Marokko: Dort baut die Mafia rund 45 Prozent der Sandstrände ab, radikal und profitorientiert – ein ökologisches Fiasko.[22]

Schließlich werden auch Konflikte um die grundlegende Ressource *Wasser* zunehmen, wie sich dies z. B. im Südwesten der USA bereits zeigt[23] oder in der Mittelmeerregion. Die Kombination aus Klimawandel mit steigenden Temperaturen und zunehmender Wasserverdampfung, aus ungebremstem Bauboom an den Küsten und wachsendem Tourismus wirkt sich hier wie an anderen Orten verhängnisvoll aus.[24] Hinzu kommen absurde Produktions- und Konsumgewohnheiten. Für den fast ganzjährigen europäischen Erdbeerhunger müssen große Flächen Spaniens bewässert werden, teilweise aus illegal gebohrten Brunnen. Ähnliches gilt für kalifornische Mandelbäume, während die Bevölkerung dort wegen jahrelanger Dürre Wasser sparen muss.[25] Und welcher Konsument weiß schon, dass zur Erzeugung nur eines Glases Weins 109 Liter Wasser benötigt werden, für ein Kilogramm Hühnerfleisch 4325 Liter, für ein Kilogramm Mandeln 8047 Liter oder für ein Kilogramm Rindfleisch gar 15.500 Liter Wasser?

Trotz Versechsfachung der Wasserentnahme im 20. Jahrhundert und einem geschätzten Anteil der globalen Erwärmung an der Wasserknappheit von 20 Prozent ist bisher nicht die Gesamtmenge des Wassers das Problem. Weltweit wird Wasser extrem unterschiedlich genutzt, so werden etwa 100 Liter davon pro Person täglich in unseren Breiten verbraucht (lebensnotwendig wären zwei Liter),[26] aber auch die extrem ungleiche räumliche wie jahreszeitliche Verteilung etwa durch Regenzeiten und Dürren ist zu erwähnen.[27] Die sich verschärfende Konkurrenz um die verschiedenen Nutzungsarten des Wassers bedroht die Armen in der Welt ganz existenziell. Schon jetzt müssen nahezu eine Milliarde Menschen verseuchtes Wasser trinken, weitere 2,3 Milliarden leiden unter Wassermangel.[28]

70 Prozent des Süßwassers werden weltweit durch Landwirtschaft verbraucht, sie allein hat seit 1960 um 60 Prozent mehr Wasser verwendet – aber auch verschwendet, etwa mit wenig effektiven Bewässerungssystemen. Durch höheren Nahrungsbedarf wird für die Entwicklungsländer bis 2025 mit 50 Prozent mehr Wassernutzung gerechnet.[29] Dementsprechend werden zunehmend Wasserentsalzungsanlagen eingesetzt, die viel Energie verbrauchen und den Salzgehalt des Meeres in den Küstengebieten durch die zurückgeleitete Sole erheblich verändern – somit keine gute Lösung.[30]

Zu bedenken ist auch, dass nicht nur Rohstoffe, Nahrungsmittel oder auch Fischbestände knapper werden, sondern am anderen Ende der Produktionskette die *Müllberge* wiederum immer größer werden. Knapp 40 Millionen Tonnen an Müll produzieren deutsche Haushalte jährlich, somit fast 500 Kilogramm pro Person, Tendenz weiter steigend.[31] Weltweit werden jährlich 300 Millionen Tonnen Plastikmüll produziert, große Mengen davon sammeln sich insbesondere in den Ozeanen, wo sie sich über Jahrzehnte halten können. Zerbröselte Mikroteilchen können von vielen Seevogelarten nicht ausgewürgt werden, häufig lösen sie Entzündungen im Gewebe aus.[32] Die Müllmenge am Meeresgrund hat sich innerhalb von zehn Jahren verdoppelt.[33] Am Strand wiederum findet sich ebenso reichlich Plastikmüll, der Anteil der Plastikkörnchen am Sand beträgt an manchen Küsten Südenglands schon bis zu zehn Prozent.[34]

Knapp 70 Prozent des deutschen Mülls werden bereits wiederverwertet, ein Drittel somit aber nicht.[35] Auch wenn daran geforscht wird, wie mehr Abfall als Ressource verwendet werden kann, etwa auch die riesigen Teppiche an Plastik in den Ozeanen, wäre Abfallvermeidung eigentlich die schlauere Lösung.

Zunehmende Spannungen – drohende Rohstoffkriege

Knapper werdende Ressourcen, dadurch steigende Preise und zunehmender Nahrungsmittelkrisen – das führt zwangsläufig zu sozialen Spannungen und Protesten. So provozierte die enorme Verteuerung für Mais in Mexiko 2006 die sogenannte »Tortilla-Krise«. Unruhen, ausgelöst durch die Lebensmittelkrise, wurden im April 2008 aus Afrika, Lateinamerika und dem Nahen Osten berichtet.[36] In den Supermärkten der USA musste im Frühjahr 2008 Reis rationiert werden, durch Angstkäufe kam es zu Verknappungen.[37] Frankreichs Fischer protestierten gegen steigende Diesel–Preise,[38] und für Bedürftige verdoppelte die Regierung in Paris die Heizölhilfe von 75 auf 150 Euro.[39] Stark verteuerte Nahrungsmittel gelten auch als eine der Hauptursachen für die Aufstände im arabischen Raum 2011, die zum Sturz der Regime oder zu anhaltenden Instabilitäten führten.[40] 2014 mahnten nun die Vereinten Nationen eine Steigerung der Lebensmittelproduktion um 60 Prozent bis zur Jahrhundertmitte an, da sonst ein »weltweiter Bürgerkrieg« die Folge sein könnte.[41]

Auch Transport und Landwirtschaft sind von Rohstoffknappheit betroffen. In den USA werden 64 Prozent des Güterverkehrs über Trucks abgewickelt. Kunstdünger etwa wird überwiegend aus Erdöl gewonnen, hinzu kommt Benzin für den Traktor sowie die Energie für die Transport- und Kühlkette.[42] Gemeldet wurde auch, dass die rasant steigenden Ölpreise in der Türkei die Nachfrage nach Eseln in ungeahnte Höhen gejagt hatten, deren Preise hatten sich zum Teil vervierfacht.[43] Befürchtet wurde, vor zehn Jahren bereits, dass ein Bezug von Benzin und Öl 20 Jahre später nur noch über Bezugsschein möglich sein werde.[44] In Frankreich und auch hierzulande boomte der Fahrradverkehr, in Indien wird das veraltete Schienennetz modernisiert und weiter ausgebaut, während die Brasilianer vermehrt Alkohol in den Tank kippen, hergestellt aus Zuckerrohrschnaps.[45]

Wer dagegen ein Beispiel sucht für eine gelungene Umstellung der Nahrungsproduktion für das Post-Öl-Zeitalter, findet es ausgerechnet in Kuba. Als dort nach dem Ende der Sowjetunion die Öllieferungen ausblieben, kollabierte die vom Öl abhängige Landwirtschaft. Es drohte eine Hungerkatastrophe. Heute haben Tausende Ochsengespanne Traktoren ersetzt, an den landwirtschaftlichen Fakultäten wurde nach Nützlingen und Bakterien geforscht, die ölabhängige Dünger und Pestizide ersetzen, überall gibt es Stadtgärten. Inzwischen ist Kuba in der Lage, sich selbst zu versorgen, ohne Luxus, aber auch ohne Hunger. Deswegen fahren Ökologen aus aller Welt dorthin, um das Programm zu studieren.[46] Nach Verbesserung der Beziehungen zu den USA dürfte hier aber verzögert nun auch ein Anstieg des Ressourcenverbrauchs nach westlichem Muster einsetzen.

Der Kampf um die knappen Ressourcen dieser Erde wird sich in den nächsten Jahrzehnten weiter zuspitzen. Das Fehlen international anerkannter Regeln im Rohstoffhandel sowie Korruption und Misswirtschaft haben viele rohstoffreiche Länder in Chaos und Elend gestürzt. So starben schätzungsweise allein im Kongo in den Jahren 2005 bis 2008 beinahe vier Millionen Menschen im Kampf um Bodenschätze.[47] Hugo Chavez, der frühere Präsident von Venezuela, durch Ölreichtum zu viel Geld gekommen, zündelte politisch, jagte ausländische Ölkonzerne aus dem Land und gefährdete damit die Energieversorgung. Russlands Präsident Putin geht ähnlich vor.[48] So wird Nachbarländern schon mal der Gashahn zugedreht bei politischem Ungehorsam oder mangelnder Akzeptanz deutlich höherer Gaspreise. China wiederum unterstützt mit klarem Blick auf die sudanesischen Ölquellen das Verbrecherregime in Khartum.

»Es wird Verteilungskämpfe geben«, stellt Jakob von Uexküll, Gründer des Alternativen Nobelpreises, fest.[49] Denkbar sind daher tatsächlich Kriege um Ressourcen. Der Zugang zu Schlüsselmärkten und strategischen Ressourcen wurde ab 2003 zum offiziellen Ziel der nationalen Sicherheitsstrategie der USA.[50] 2004 stellte eine geheime Studie des US-Verteidigungsministeriums fest, dass Klimaveränderungen weitaus größere Gefahren bergen als der internationale Terrorismus. Demnach wird der katastrophale Energie- und Wassermangel die Welt um 2020 in weit verbreitete Kriege stürzen.[51] Vier Jahre später, 2008, ging der Nationale Geheimdienstrat der USA davon aus, das um Rohstoffe, Energie und Wasser zukünftig mehr gestritten und gekämpft werde, zudem werde die Nachfrage nach Nahrungsmitteln bis 2030 durch das Wachstum der Weltbevölkerung und den Wunsch nach westlichem Lebensstandard um 50 Prozent steigen.[52]

Selbst der frühere Chef der amerikanischen Zentralbank, Alan Greenspan, hat zugegeben, dass Öl der zentrale Grund für den Krieg im Irak ab 2003 war. Zahlreiche Institute auf der Welt, die sich mit Fragen der Energie und der Verteidigung beschäftigen, stellten fest, dass die langen zähen Verhandlungen mit dem Iran weniger mit dessen Nuklearprogramm als mit dem Zugang zu dessen Öl zu tun haben.[53] Ein syrischer Flüchtling bringt die Problematik auf den Punkt:

> Die vielen Konflikte im Nahen Osten sind kein Zufall. Die arabischen Länder waren früher eine Firma mit einem Produkt: Erdöl. Zerstückelt man eine Firma in viele Teile und schürt die Konkurrenz untereinander, kann man sie gegeneinander ausspielen. Das ist so passiert bei der Aufteilung des Osmanischen Reiches durch den Westen. Auch gibt es ein Interesse daran, Diktatoren an der Macht zu halten. Diese halten die Bevölkerung ungebildet, aber beschäftigt. Vom Chaos profitieren immer welche.[54]

Auch der mit erstaunlicher Eigendynamik eskalierte Konflikt zwischen Georgien und Russland im August 2008 hatte, neben historischen Streitigkeiten zwischen Bevölkerungsgruppen, auch einen energetischen Hintergrund: Das Interesse der Nato, Georgien aufzunehmen, entsprang weniger dem Wunsch, dort einen Leuchtturm der Demokratie zu errichten, als vielmehr der Nähe des Landes zum Öl- und Gasreichtum des Kaspischen Meeres.[55] Durch Georgien führt von dort eine wichtige, Russland bewusst umgehende Pipeline.

Die EU bezeichnet den Klimawandel mittlerweile als Sicherheitsrisiko und ist damit das erste internationale Staatenbündnis, das die Bedrohungen aus der Klimaverschiebung in ihre Sicherheitsstrategie einwebt. Ausdrücklich wird dabei betont, dass es einen Zusammenhang zwischen der Erderwärmung und dem Kampf um Rohstoffe gibt. Dabei könne es nicht nur Kriege um fossile Brennstoffe geben. Instabilitäten entstünden vor allem aus Wasser- und Nahrungsmittelknappheit, Überflutungen und Dürren.[56] Die EU warnt auch vor Konflikten durch Flüchtlingsströme und vor Verteilungskämpfen um Nahrungsmittel.[57] Als Folge der Erderwärmung drohen vielen Ländern häufigere Dürren. Bis zum Jahr 2080 verlieren demnach weitere 1,8 Milliarden Menschen den gesicherten Zugang zu sauberem Wasser, 600 Millionen Menschen müssen Mangelernährung fürchten. Solche Verwerfungen könnten sich zu Sicherheitsrisiken auswachsen, befürchten deutsche Regierungsberater vom Wissenschaftlichen Beirat Globale Umweltveränderung. Der damalige deutsche Außenminister Steinmeier warnte schon Ende 2007, die Folgen des Klimawandels würden bereits jetzt die Spannungen zwischen einzelnen Staaten erhöhen und könnten zu Konflikten führen.[58]

Exponentieller Anstieg überall

Das Lesen des Textes bis hierher war wirklich kein Vergnügen. Man könnte meinen, all diese zahllosen Fakten, die auch hier unvollständig bleiben müssen, wären doch längst bekannt. Sind sie auch, aber die Konsequenzen daraus sind längst nicht gezogen. Außer dass immer aufwändiger und tiefer geschürft wird, um die letzten Öl-, Wasser- und sonstigen Reserven aus Erde, Gestein und Meer zu holen. Was nötig wäre, nämlich eine Verhaltensänderung oder ein Wechsel des Lebensstils, ist nicht in Sicht.

Eine aktuelle Studie zeigt, dass seit Beginn der Industrialisierung vor 250 Jahren und beschleunigt seit 1950 die Entwicklung vielfach exponentiell nach oben ging (Abb. 1)[59]. Dies betrifft Bereiche wie die Welt- und Stadtbevölkerung, Energieverbrauch, Telekommunikation, Transport, Tourismus, Papierproduktion und Wasserverbrauch genauso wie den Anstieg von Kohlendioxid und Methan, die Ozeanversauerung, den Meeresfischfang, den Bau von Aquakulturen wie auch den Landgebrauch und den Verlust der Biodiversität. Alles geht exponentiell steil nach oben. Parallel dazu verläuft auch die Beschleunigung im sozialen Wandel, der Weg von Postkutschen zu Briefen, Mails und Whatsapp, was auch erhebliche psychische Auswirkungen hat. Davon wird noch die Rede sein.

»In nur zwei Generationen ist die Menschheit zu einer geologischen Macht geworden, die auf den ganzen Planeten wirkt«, stellt Will Steffen von der australischen Nationaluniversität in Canberra fest,[60] dessen Team mit den Studien zur globalen Beschleunigung und den planetaren Grenzen zeigt, dass nun wohl schon von einem »Anthropozän« gesprochen werden muss, worauf bei den Überlegungen zur Evolution noch eingegangen wird. Eine solche Entwicklung geht jedoch nur auf Kosten anderer Lebewesen, der Pflanzen sowie der Meere.

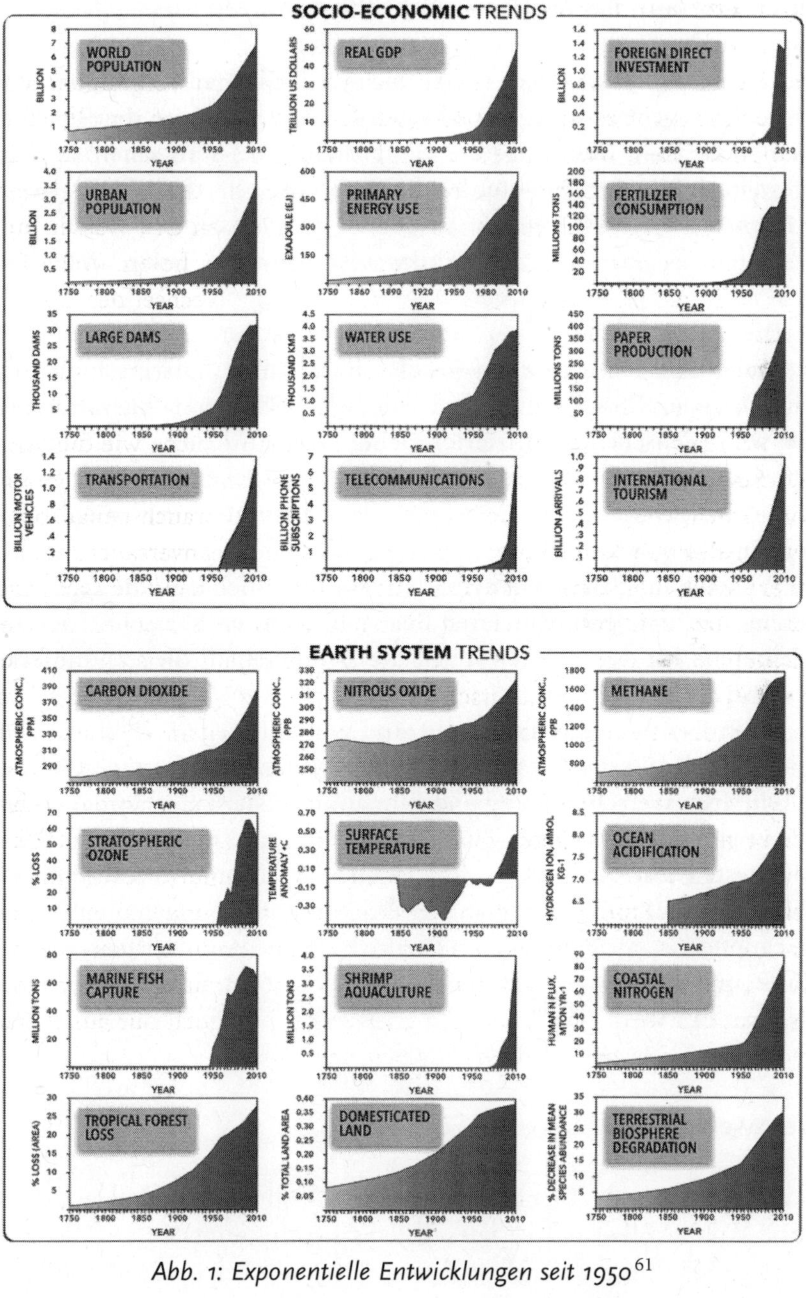

Abb. 1: Exponentielle Entwicklungen seit 1950[61]

Noch sterben nur die Tier- und Pflanzenarten aus

Bei der ökologischen Krise, wie sie sich in den letzten Jahrzehnten entwickelt hat, geht es nicht nur um den Klimawandel und die Rohstoffknappheit, auch wenn dies die Hauptthemen zu sein scheinen. Laut Umweltbehörde der Vereinten Nationen (UNEP) sterben jährlich sieben Millionen Menschen weltweit an den Folgen verschmutzter Luft oder des Genusses verunreinigten Trinkwassers, zumeist Kinder unter fünf Jahren.[62]

Die Zahl der jährlichen Smogtoten in Asien wird auf 500.000 geschätzt. 130.000 Menschen sterben allein durch Luftverschmutzung jährlich in den USA.[63] Durch die Produktion und Freisetzung zahlreicher nur vom Menschen produzierter, daher »unnatürlicher« Chemikalien, deren Auswirkungen man größtenteils noch gar nicht kennt, ergeben sich schon jetzt zahlreiche Probleme, vor allem durch den langsamen Abbau von Giftstoffen und die Anreicherung in der Nahrungskette.

Wie eine in »Science« Anfang 2015 veröffentlichte Studie zeigt, sind bereits vier von neun planetaren Belastungsgrenzen überschritten. Dies gilt bereits für den Klimawandel, die Artenvielfalt, die Landnutzung sowie die Stickstoffdüngung der Böden.

30 Prozent der Fischbestände sind global bereits kollabiert.[64] Die schon durch Überfischung bedrohten weltweiten Fischbestände werden durch Meeresverschmutzung und Klimawandel stärker gefährdet als bisher vermutet. Ein völliger Zusammenbruch der Fischbestände in den wichtigsten Fischfangzonen ohne Chance auf Erholung wird daher in absehbarer Zukunft befürchtet.[65] Berichte und Reportagen über nahezu erschöpfte Fischgründe etwa im Pazifik bei Kanada, an der toskanischen Küste, in der Ostsee oder in vielen Gewässern Zentralasiens wie etwa in Usbekistan häufen sich.[66]

Der Menschheit zu große Füße

Gerne wird bei der Ursachenforschung für all diese Probleme auf die hohe Weltbevölkerung verwiesen. Das stimmt, einerseits. Über zwei Jahrtausende hinweg war diese von ca. 300 Millionen bis 1650 gerade auf

500 Millionen Menschen angestiegen, dann aber startete das exponentielle Wachstum: 1804 war eine Milliarde erreicht, 1926 waren es schon zwei; bis zur dritten Milliarde im Jahr 1960 dauerte es keine hundert, sondern nur noch 34 Jahre. Weitere Milliarden-Zwischenstationen zu den aktuell gut sieben Milliarden Menschen auf dieser Welt waren die Jahre 1974 (4 Mrd.), 1987 (5 Mrd.), 1999 (6 Mrd.)[67] und 2011 (7 Mrd.)[68]. Aktuell stehen wir bei etwa 7,5 Milliarden Menschen[69].

Begünstigt wurde diese Entwicklung durch die nun zur Verfügung stehenden Energieträger wie Kohle und später Öl. Aber auch effizientere Landwirtschaft und große Fortschritte bei Hygiene und Krankheitsbehandlung trugen erheblich dazu bei. Bis Mitte des Jahrhunderts sollen es neun Milliarden werden. All diese vielen Menschen wollen essen, sauberes Wasser trinken und ein Dach über dem Kopf haben. Für das Ende dieses Jahrhunderts wird ein Abflachen der Bevölkerungskurve bei elf Milliarden Menschen prognostiziert.

Andererseits liegt das Kernproblem heute im zunehmenden Streben nach mehr als nur diesen Basisbedürfnissen. Ein ähnlicher Wohlstand, wie ihn die Industriestaaten seit Jahrzehnten genießen, wird nun auch von bisher weniger entwickelten Nationen angepeilt. Die Produktion günstiger Autos für weite Bevölkerungsmassen in Indien sowie der steigende Energie- und Fleischbedarf in Indien und China sind hierfür Indizien. Dies verbraucht Energie, Flächen und Ressourcen. Umgerechnet auf den einzelnen Menschen spricht man vom »*Ökologischen Fußabdruck*«. Das ist die Fläche, die pro Mensch für Ackerbau, Straßen oder Mülldeponien erforderlich ist, um alle die von ihm konsumierten Produkte herzustellen und entstehende Abfälle dauerhaft zu entsorgen. Pro Mensch stehen 1,8 Hektar zur Verfügung, doch die EU-Bürger nutzen im Durchschnitt 4,9 Hektar pro Person. Seit 1990 ist der Fußabdruck der EU jährlich um drei Prozent gewachsen, jeder Afrikaner jedoch nutzt nur etwa einen Hektar.

Untersuchungen haben ergeben, dass die drei Milliarden Menschen, die 1961 lebten, nur 50 Prozent der Gesamtressourcen verbraucht hatten, die das Ökosystem nachhaltig zur Verfügung stellen konnte. Die fünf Milliarden Menschen im Jahr 1986 brauchten bereits die gesamte nachhaltige Produktion auf. Von da an entstand ein Negativhaushalt. Durch Überfischen, Überweiden, Waldzerstörung, Verschmutzung der Ozeane und der Atmosphäre sowie andere Grenzen überschreitende

Eingriffe wurde anhaltend die ökologische Kapitalbasis geplündert.[70] Umweltschulden dieser Art machte die Menschheit somit erstmals 1987, damals waren die Ressourcen kurz vor Jahresende, am 19. Dezember, aufgezehrt. Seitdem wird dieser Zeitpunkt immer früher erreicht. So wurde 2015 der »*World Overshoot Day*« bereits am 13. August erreicht.[71] Im Jahr 2035 wären nun schon, wenn die Menschen weiter machen wie bisher, zwei Planeten nötig, um den Bedarf zu decken, hieß es im Umweltbericht 2008 des WWF.[72] 2016 bräuchten wir die schon im Jahr 2030.[73] Um den Verbrauch eines Jahres zu regenerieren, benötigen landwirtschaftliche Flächen, Wälder und Ozeane mittlerweile 15 Monate. Problematisch dabei ist, dass diese Zeit gar nicht zur Verfügung steht, weil die Nutzung in immer kürzeren Intervallen erfolgt.

Deutschland hörte 2006 schon am 29. Mai auf, von eigenen Ressourcen zu leben, und war für seinen Konsum auf den Rest der Welt angewiesen.[74] Menschen in Europa haben einen Pro-Kopf-Verbrauch von 50 Tonnen Rohstoffen pro Jahr (Wasserverbrauch noch nicht mitgerechnet), in einigen Ländern Asiens und Afrika sind es weniger als zwei Tonnen pro Kopf. Diese Zahlen machen auch eine globale Schieflage in Gerechtigkeitsfragen deutlich. Wie in den Industrieländern eine eigentlich nötige Dematerialisierung um den Faktor 10 im Laufe der kommenden 50 oder 100 Jahre erreicht werden soll, weiß jedoch niemand.

Die Zeit wird knapp – nur noch wenige Jahre bleiben

Noch wird uns vorgegaukelt, dass wir nicht ruckartig das Steuer herumreißen müssten, schließlich gäbe es einen behutsamen Weg zu einem neuen Gleichgewicht in der Welt.[75] Vielleicht hätte es den noch vor 30 oder 50 Jahren gegeben – jetzt sicher nicht mehr. Es geht wohl nur noch um Schadensbegrenzung. Von mehreren Seiten wurde nur noch ein Zeitfenster von rund 15 Jahren für ein Umsteuern für möglich gehalten. So forderte der Uno-Klimarat schon 2007, dass die Menschheit beim Klimawandel eine Trendwende bis 2020 schaffen muss, ein radikaler Politikwechsel und gigantische Investitionen von etwa 16 Billionen Dollar seien hierfür nötig.[76]

Ein »*globaler Countdown*« wurde ausgerufen.[77] Die Menschheit steht am Scheideweg, schrieben hier die Journalisten Christiane Grefe und Harald Schumann 2008. Die Alternativen würden lauten: globale Kooperation oder globalisierte Katastrophen. Nach damaligem Wissensstand sahen auch sie nur noch einen Spielraum von zehn bis 15 Jahren, um die entscheidenden Weichen zu stellen. Allein was die globale Erwärmung angeht schätzte der Klimaforscher Mojib Latib 2015 die noch zur Verfügung stehende Zeit ähnlich ein:

> Wenn der weltweite CO_2-Ausstoß 2030 immer noch steigt, wird es zu spät sein. Seit Beginn der Verhandlungen zum Klimaschutz Anfang der 1990er stieg der globale CO_2-Ausstoß um 60 Prozent – das ist schon Wahnsinn.[78]

Ob es da reicht, dass die Klimakonferenz 2015 in Paris Maßnahmen beschlossen hat, die erst ab 2020 in Kraft treten und zudem freiwillig bleiben, erscheint fraglich. Formulierungen wie »Es geht um die Zukunft des Planeten« (der damalige französische Präsident Francois Hollande bei der Eröffnung der Konferenz)[79] verkommen so zu leeren Worthülsen. Der weltweite Terror und die Erderwärmung seien die großen Herausforderungen, denen wir uns stellen müssten, so Barack Obama beim selben Anlass. Dass beide teilweise zusammenhängen, und der Klimawandel nicht losgelöst von einer nötigen Änderung unserer Wirtschafts- und Lebensweise aufgehalten werden kann, blieb dabei undiskutiert. Auch Rohstoff- und Energiefragen wurden ausgeklammert.

Derweil ist schon die Rede vom »*Geo-Engineering*«, um die schlimmsten Folgen der globalen Erwärmung zu verhindern oder abzudämpfen. Dies will man mit künstlichen Eingriffen in das Klimageschehen erreichen. Diskutiert wird, 1,5 Millionen Tonnen Schwefeldioxid-Teilchen in die Atmosphäre zu blasen, um die Sonneneinstrahlung auf die Erde zu reduzieren – und damit auch die Erwärmung. Ebenso könnte man zum Strahlenmanagement großflächige Spiegel im Weltall anbringen. Oder es soll der Ozean großflächig mit Eisen gedüngt werden, um Algenwälder zu erzeugen, die Kohlenstoffdioxid aus der Luft absorbieren sollen.[80] Das klingt alles futuristisch und absurd, ist aber schon über die Stadien der Grundsatzforschung hinausgewachsen, wie man auch beim Büro für Technikfolgen-Abschätzung des Deutschen Bundestags beobachtet.[81] China etwa setzte manche Idee bereits um und feuerte Anfang 2009 Tausende von Geschossen mit Chemikalien in den Himmel, um im Kampf gegen die Dürre für Regen zu sorgen.[82] Auch andere Länder wie Russland und Indien, die besonders vom Klimawandel betroffen werden könnten, könnten versucht sein, eigenmächtig Maßnahmen zu ergreifen, die dann aber unkalkulierbare Folgen haben würden, häufig wiederum auch für weiter entfernte Regionen. Zudem könnte das Beenden solcher Maßnahmen, etwa aufgrund unerwünschter Nebenwirkungen, zu einem rasanten Aufholen der bekämpften Klimaveränderungen führen.

Hinsichtlich der zu Ende gehenden Energiequellen vermutete eine Expertin 2008, dass auch das Ölangebot aller Voraussicht nur noch bis 2020 reichen wird, um die weltweite Nachfrage zu decken.[83] Meadows wiederum prophezeite zwei Jahre zuvor die Einführung von Bezugsscheinen für Benzin für in zwanzig Jahren, also etwa für 2026. Aufgrund der bald auftretenden Engpässe in der Produktion von Öl und Gas nahm Jörg Schindler, Geschäftsführer des Ludwig-Bölkow-Institutes für Systemtechnik, 2008 an, dass wir nach 2015 für zwei Jahrzehnte in ein Loch fallen würden, es würden sich globale Fragen der Verteilung und Gerechtigkeit stellen.[84]

Auch wenn es so schlimm noch nicht gekommen ist und weit in die Zukunft reichende Prognosen immer ungenau und oft auch falsch sind, wird eine nachlassende Ölproduktion zu sinkendem Konsum führen, und das wohl schon in den nächsten Jahrzehnten. Dementsprechend erscheint ein Kollaps in naher Zukunft aus heutiger Sicht wahrscheinlicher als noch vor 40 Jahren, als der erste Bericht an den Club of Rome veröffentlicht wurde.[85]

Hunger und steigende Preise machen jetzt schon wütend, das war in vielen Ländern bereits erkennbar. Auch vertreiben Terror und Klima viele Menschen aus ihren Heimatregionen. Am Tschadsee etwa, einem Binnensee in Westafrika, sorgen dafür die islamistische Terrorgruppe Boko Haram und ein Schrumpfen des Sees um 85 Prozent seit den 60er-Jahren.[86] Kurze Zeit nach Anschwellen der Flüchtlingsströme in Deutschland im Herbst 2015 erscheint eine Meldung, wonach zu den Ursachen des Syrien-Konfliktes neben dem Widerstand gegen das

Assad-Regime auch die Dürre gehöre, die zwischen 2006 und 2010 die Region heimgesucht habe:

> Viel öfter, als wir glauben, stecken hinter diesen Konflikten die Verschlechterung der Lebensbedingungen und der Verfügbarkeit von Nahrungsmitteln. Wenn wir nichts tun, um den Klimawandel zu begrenzen, müssen wir mit immer größeren Wanderungen rechnen.[87]

Auch der US-Außenminister John Kerry hat drei Tage vor den Pariser Anschlägen vom 13. November 2015 bereits darauf hingewiesen, dass es womöglich »kein Zufall« sei, dass dem Bürgerkrieg in Syrien eine Dürrezeit vorausging.[88] Er sprach von »vier Jahren ohne Regen«, was zwangsläufig zu steigenden Lebensmittelpreisen und Wanderungsbewegungen von Bauern in die Städte führt. Die Klima-, Rohstoff- und Nahrungsmittelkrisen bedingen einander somit gegenseitig stark, ebenso haben hier Terror und Flüchtlingskrise einen gemeinsamen Ursprung (wenn dies auch sicher jeweils nicht der einzige ist). Wenn erst einmal auch hier Energieengpässe auftreten, sei es an der Tankstelle, mit teurer werdendem Strom oder ausbleibenden Gasimporten für unsere Heizungen, wird das, was bisher oft wie ein theoretisches Szenario klingt, spürbar werden.

Der Klimawandel und die Nahrungsmittelkrise, ebenso kriegerische Konflikte vor dem Hintergrund knapper werdender Rohstoffe, sowie soziale Unruhen durch Flüchtlingsströme und Hunger sind bereits jetzt in vollem Gange. Die Ökokrise mit ihren vielfältigen Auswirkungen kommt also nicht erst irgendwann, wie oft angenommen wird, sondern hat längst begonnen. Effektive Lösungen sind kaum erkennbar, zumal globale Lösungsansätze auf etlichen Konferenzen immer wieder an nationalen Egoismen scheitern. Im Gegensatz dazu wurden 2008 im Rahmen der globalen Finanzkrise erstaunlich rasch große finanzielle Mittel bereitgestellt. So wurde in Deutschland im Oktober 2008 innerhalb einer Woche ein Gesetzespaket mit einem Finanzvolumen von 500 Milliarden Euro durch die Instanzen gepeitscht (zum Vergleich: Nicht einmal zehn Milliarden Euro waren bis dahin seit dem Umweltgipfel von Rio 1992 für den Erhalt der biologischen Vielfalt aufgebracht worden[89]).

Die Chance, damit ein Umsteuern unserer Wirtschaftsweise anzustoßen, wurde jedoch vertan. Letztlich deutet sich jetzt sogar schon wieder eine neue Bankenkrise an.

Die Kreditkrise in den USA damals, so der Wirtschaftswissenschaftler Jeremy Rifkin, war konkret, »tief, schmerzvoll und unmittelbar«,[90] weshalb sie die entsprechende Aufmerksamkeit erhielt; die beiden anderen Krisen, die Energie- und Klimakrisen, hingegen sind viel tückischer, schleichen sich eher heran und werden langsam und erbarmungslos die Weltwirtschaft strangulieren – mit viel drastischeren Konsequenzen für unseren Lebensstil, vermutet Rifkin.

Es stellt sich somit nicht die Frage, *ob* wir unseren Ressourcenverbrauch radikal senken werden, sondern nur, *wann* und *unter welchen Umständen* wir es tun werden bzw. tun werden müssen.[91]

Gefährdete Demokratie

Ein Umdenken setzt auf vielen Ebenen zumindest zaghaft ein, aber eine weitere enorme Gefahr stellt eine zunehmende Kluft zwischen Reichen und Armen dar. Neben der Umwelt gehören Geringverdiener hierzulande und viele Länder weltweit zu den Verlierern des mittlerweile globalisierten Kapitalismus. Die Schere zwischen Kapitalgewinnen und Lohneinkommen öffnet sich zunehmend seit gut 20 Jahren. Die 62 reichsten Menschen dieser Welt besitzen einer Studie zufolge genauso viel wie die ärmere Hälfte der Weltbevölkerung.[92] Während ein Prozent der Menschheit über 40 Prozent des gesamten Anlagevermögens verfügt und der Anteil der Kapitaleinkommen an der Wirtschaftsleistung weiter steigt, müssen immer größere Teile der Bevölkerung mit schrumpfenden Löhnen und wachsender Unsicherheit leben.

Das ist auch in unseren Breiten spürbar, die Mittelschicht ist von starken Abstiegsängsten befallen und schrumpft bereits. Die Gefahr wächst, dass Verbreiter einfacher und radikaler Lösungen mehr Zulauf bekommen, und schließlich das gesellschaftliche Klima aufheizende Affekte wie Wut wieder Eingang in die Politik finden.[93] Als Beispiele sind zu nennen der Rechtsruck in Ungarn, Polen, Frankreich Dänemark und

Österreich, der Brexit Großbritanniens aus der EU, die Wahl Donald Trumps zum US-Präsidenten, das Spiel mit den Wahrheiten in Russland und der Türkei, ein religiöser Fundamentalismus im Mittleren Osten, Südasien oder Amerika oder auch eine in Europa, speziell in Deutschland angespannte Stimmungslage angesichts der großen Flüchtlingswellen und terroristischer Anschläge.

Eine zunehmende Politikverdrossenheit ist in Deutschland zudem schon seit Jahren erkennbar. Die Hoffnung, dass die enormen ökologischen und sozialen Probleme von oben her gelöst werden könnten, nimmt ab. Zu befürchten ist eine ernste Gefährdung der Demokratie durch die zunehmenden Konflikte und Spannungen und den daraus folgenden Zustrom zu den Rändern des politischen Systems. Dies zeigt sich bereits in den Pegida-Demonstrationen und der Etablierung einer Partei wie der AfD, sowie in der Suche nach »Schuldigen«, die dann erfahrungsgemäß in den etablierten Parteien, aber auch in Randgruppen der Gesellschaft gesucht werden.

Und wenn es doch zu einem Krisenmanagement kommt, so birgt auch dieses antidemokratische Gefahren. So waren bei den Maßnahmen zur Finanzmarktkrise nun Entscheidungsinstanzen wie die 15 Euroländer, die EU, der Internationale Währungsfonds und die spontanen Politikergipfel gefragt und exekutiv stark wirksam; diese sind aber demokratisch nur schwach legitimiert.[94] Und plötzlich überließen die politikverdrossenen (vielleicht aber auch nur einfach müden und konsumbeschäftigten) Bürger in Deutschland den geschmähten Politikern die Macht, innerhalb einer Woche im Oktober 2008 ohne jede öffentliche Diskussion über 500 Milliarden Euro zu entscheiden, während sonst jede einzelne Milliarde wochenlang im Diskurs von allen Seiten beleuchtet wird. Schon der Antiterrorkampf nach 9/11 hatte die Selbstherrlichkeit der Exekutive verstärkt.

Gerne wird dann mit der »Alternativlosigkeit« der zu treffenden Entscheidungen argumentiert, Debatten sind somit nicht mehr nötig, vielleicht auch gar nicht mehr möglich, weil alleine schon die Zeit fehlt, die zunehmend komplexen Probleme genauer unter die Lupe zu nehmen. Der Autor Andreas Zielcke geht, ebenso bereits 2008, noch einen Schritt weiter:

Im Hintergrund lauert bekanntlich der schlimmste Notstand, der auf der historischen Tagesordnung oben steht und nach schweren Eingriffen verlangt – die Klimakatastrophe: welche Form von Autoritarismus wird sie wohl mit sich bringen, wenn es eines Tages auch hier Anlass zur Panik gibt? Nur eines ist sicher: dieser Autoritarismus wird im Unterschied zur Maßregelung des Finanzmarktes nicht populär sein.[95]

Alles nur Hysterie?

Nicht nur der Markt mit Büchern zur ökologischen Krise boomt. Auch gegenteilige Meinungen drängen zunehmend in die Öffentlichkeit. Da ist von »Klimalüge« die Rede[96], von »großem Selbstbetrug, der uns um die Zukunft bringt«[97], ein »Freispruch für CO_2«[98] wird gefordert und ein »Öko-Nihilismus«[99] kritisiert.

Letztlich lassen sich die hier angewandten Argumentationen in drei Gedanken zusammenfassen:

- Die Apokalypse wird, auch durch die Medien, schon lange mit viel Aktionismus gepredigt, sie ist aber bisher nicht eingetroffen, im Gegenteil, der Menschheit geht es immer besser;
- Phänomene wie Waldsterben oder Klimawandel hat es immer schon gegeben;
- und: mit Weiterentwicklung und Fortschritt haben wir schon ganz andere Probleme gelöst, neue Techniken werden uns helfen.

Durch die noch folgende Betrachtung, wie wir evolutionär überhaupt an den heutigen Punkt gekommen sind, und welche Rolle biologische und psychologische Mechanismen dabei spielen, wird einiges zu diesen Fragen deutlich werden. An dieser Stelle, gerade nach der Darstellung der Fakten der ökologischen Krise, soll aber auf die drei Gegenargumente bereits eingegangen werden.

Gerne wird auf die »*Angstkette*« der Deutschen hingewiesen: erst würden aus Angst vor Atomkraft die Atomkraftwerke abgeschaltet, dann würden wir die globale Erwärmung fürchten, weshalb die Kohlekraftwerke Angst machen würden, und die dezentrale und unstete Stromerzeugung durch Windkraft würde dringend neue Hochspannungsleitungen benötigen, aber wir hätten ja auch Angst vor Elektrosmog. [100] So kann man natürlich mit ein paar rhetorisch geschickten Verknüpfungen ein grundsätzlich berechtigtes Unbehagen fast schon ins Lächerliche ziehen. Angst ist ja zunächst einmal ein nötiges Gefühl, ohne das wir gar nicht in der Lage wären, eine Straße zu überqueren. Sie kann aber auch in unangemessenem Übermaß vorhanden sein und uns zum Psychiater treiben, etwa bei Panikattacken oder Ängsten, überhaupt das Haus zu verlassen.

Was ist hier der Fall? Angemessene Vorsicht oder übertriebene Panik? Letztlich sind Gefühle eine individuelle Angelegenheit. Von einer kollektiven Hysterie aber sind wir weit entfernt. Weder rät die BILD-Zeitung in großen Buchstaben nun dringend wegen des Klimawandels das Auto sofort stehen zu lassen, noch lassen sich die Menschen aus der Ruhe bringen und verhalten sie sich aus Angst plötzlich »überökokorrekt«. Und Demonstrationen zu umweltpolitischen Themen sind selten geworden. Durch Alltagssorgen und gut mögliche Ablenkung in der Freizeit lassen wir diese Themen gar nicht so nahe an uns heran.

Wie wir im nächsten Kapitel sehen werden, gibt es eine *Tendenz in der Entwicklung der menschlichen Kultur zu Komplexität und Spezialisierung*, und diese Tendenz hat eine Eigendynamik: das, was gemacht werden kann, wird auch gemacht. So sind wir auch bei der komplexen Technik der Atomkraft gelandet, aus der Notwendigkeit heraus, neue Energiequellen zu finden. Es entspricht aber einer gesunden Reaktion, Techniken, die nur noch von wenigen Spezialisten überschaut und gehandhabt werden können, zu misstrauen. Nicht zufällig ist dieses Misstrauen bei der Atomkraft auch Jahrzehnte nach ihrer Einführung bestehen geblieben, also nicht zu vergleichen etwa mit anfänglichen Ängsten bei Einführung der Dampfeisenbahn.

Eine Technik, die bei den beiden glücklicherweise bisher einzigen Atombombenabwürfen 350.000 Menschen tötete und in Tschernobyl 1986 eine umstrittene Zahl zwischen 50 und 90.000 Opfern forderte, wird zu Recht von Millionen von Menschen abgelehnt. Prompt wurde sie rasch nach dem Unglück von Fukushima 2011 in Deutschland abgeschafft (wenn vielleicht primär nur aus wahltaktischen Gründen). Weiterhin noch sind, wie oben erläutert wurde, viele technische Fragen

ungeklärt, zudem wird vor einer Weiterverbreitung auch der zivilen Atomenergie gewarnt, da es dann nur eine Frage der Zeit ist, bis auch Terrorgruppen etwa mit Atommüll oder sogenannten »schmutzigen Atombomben« größeren Schaden anrichten.
Trotz aller – vielleicht manchmal auch berechtigter – Kritik an Unheilsverkündern sollte man sich nicht in Sicherheit wiegen. Auch moderne Gesellschaften sind anfällig und können untergehen. Der Physiologe Jared Diamond hat das mit seinen Studien zu den Maya, den Wikingern, den Bewohnern der Osterinsel und anderen Kulturen gezeigt;[101] auch den Römern wurde schließlich die zunehmende Komplexität ihres größer gewordenen Staatsgebildes zum Verhängnis. Diamond arbeitete fünf entscheidende Faktoren für einen Zusammenbruch von Kulturen heraus: so gehen diesem fast immer Probleme mit der Umwelt oder mit einem zu starken Bevölkerungswachstum voraus, oft sind beide Faktoren gegeben. Eine wichtige Rolle spielen weiter ein sich wandelndes Klima, feindliche Nachbarn und geschwächte Handelsbeziehungen. Wenn dann die Gesellschaft auf all diese Herausforderungen nicht angemessen reagiert, sondern auf den ausgetretenen Pfaden weiter marschiert, scheitert sie. Bei Anwendung dieser Kriterien auf die heutige Zivilisation wird man nachdenklich, Diamond weist deutlich auf Parallelen hin.

Es muss nicht gleich zu einem Aussterben der Menschheit kommen. Der Historiker Johannes Fried etwa entwarf vor einigen Jahren ein Szenario, in dem beispielsweise die Hälfte der zum damaligen Zeitpunkt sechs Milliarden Menschen bei Kriegen oder Epidemien umkäme. Es würden dann immer noch drei Milliarden Menschen auf der Erde leben – mehr als zu früheren Zeiten. Die Krise hätte gleichzeitig eine Chance für die Überlebenden. Nach früheren Pestwellen z. B. seien die Menschen gegen Seuchen immunisiert gewesen und hätten eine bessere materielle Basis gehabt, um neu anzufangen. Optimistisch stimme ihn das nicht, denn er wolle sich nicht am Untergang orientieren.[102]

Und genau das ist der Punkt: es ist sinnlos, übertriebene Untergangsszenarien zu entwerfen, da diese nicht konstruktiv in die Zukunft weisen, lähmen und dadurch nötiges Engagement sogar verhindern können; bisher aber überwiegen in der öffentlichen Wahrnehmung jedoch sehr einseitig Verleugnungsmechanismen hinsichtlich nun sehr wahrscheinlich gewordener schmerzhafter Anpassungen, nicht etwa unangemessene Angstreaktionen. Da hilft es dann auch wenig, darauf zu verweisen, dass es doch der Menschheit immer besser gehe, schließlich sei doch die Lebenserwartung deutlich gestiegen.[103] Genau das aber könnte sich für die Bewahrung unserer Lebensgrundlagen als fatal erweisen, wenn nämlich nicht nur immer mehr Menschen mit immer höherem Lebensstandard die Natur nutzen, ausnutzen und übernutzen, sondern sie dies dann auch immer länger tun.

Dennis Meadows ist wegen seiner Warnungen mittels des Berichtes an den Club of Rome und nachfolgender Veröffentlichungen oft als Apokalyptiker bezeichnet worden. Vorgeworfen wurde ihm oft, schlimme, dann aber nicht eingetroffene Prognosen über ökologische Katastrophen in die Welt gebracht und damit unnötige Ängste geschürt zu haben. Er selbst hat dazu schon mehrfach Stellung genommen und dabei klar gestellt, wie seine Analysen zu verstehen sind:

> Wir haben mit unseren Computermodellen rund ein Dutzend möglicher Szenarien für die nächsten hundert Jahre entwickelt. Manche davon führen zum globalen Kollaps, andere nicht. Wir haben ganz bewusst nicht prognostiziert, wie sich die Welt tatsächlich entwickeln wird. Im Übrigen zeigten selbst unsere negativsten Szenarien, dass Wachstum bis in die frühen Jahrzehnte des 21. Jahrhunderts möglich ist. Wachstumsgrenzen in Folge der Verknappung von Rohstoffen machen sich nach unseren Modellen erst vom Jahr 2030 an bemerkbar.[104]

Die von ihm dargestellten Szenarien und Modelle lesen sich außerordentlich nüchtern und sachlich, von Panikmache keine Spur. Ob die Kritiker des Club of Rome jemals einen der Berichte wirklich gelesen haben?

Auch die vermeintliche »Hysterie« um das Waldsterben in den 1980er Jahren oder die FCKW-Stoffe mit Schädigung der Ozonschicht in den 1990er Jahren wird gerne als Fehlalarm angesehen. Das Gegenteil ist der Fall: gerade durch die gewonnene Aufmerksamkeit für diese Probleme und den dadurch entstandenen Druck der Öffentlichkeit konnten Ansätze und Lösungen gefunden werden, die Probleme zu lindern. Das war beim Ozonloch nicht schwer, da Ersatzstoffe bereits vorhanden waren. Beim Waldsterben wiederum wurden aufgrund des öffentlichen Drucks die Schwefelemissionen der Industrie innerhalb eines Jahrzehnts um über 80 Prozent reduziert, zudem verbleites Benzin verboten. So stehen diese Themen heute nicht mehr im Vordergrund. Und: beide Bereiche betrafen nur einen klar fassbaren Aspekt, im Gegensatz zur heute vorherrschenden Komplexität mit in vielen Bereichen nötigen Maßnahmen, man denke nur an die erwähnten planetaren Grenzen.

Angemerkt werden muss aber auch, dass der Waldzustandsbericht immer noch unbefriedigend ist und die Regeneration der Ozonschicht in der Atmosphäre noch viele Jahrzehnte benötigen wird, da die FCKW dort oben nur sehr langsam abgebaut werden; dazu erschien vor einigen Jahren diese Zeitungsmeldung: »Ozonloch auf Rekordgröße, die Schutzschicht wird sich womöglich erst bis 2100 erholen«.[105]

Bis jetzt drängt sich umweltpolitisch jedenfalls nicht der Eindruck auf, als hätte es schon zu oft Fehlalarme gegeben. Es ist doch seltsam: wie oft wird die Feuerwehr umsonst gerufen, oder der Brand ist schon gelöscht, wenn sie eintrifft. Diese Fälle von oft auch falschem Alarm nehmen wir aber gerne hin, wir wissen, dass eventuell ein hoher Personen- oder Sachschaden entsteht, wenn ein Feuer außer Kontrolle gerät. Wir würden wegen der häufigen Fehlalarme die Feuerwehr jedenfalls nicht abschaffen.

Im Rückblick jedenfalls wäre es wünschenswert gewesen, wenn »Angstmacher« wie Rachel Carson[106] und die Autoren des Berichts an den Club of Rome in den 1960er- und 1970er-Jahren ernster genommen worden wären, etliche bereits eingetretene Umweltkatastrophen hätten vermieden werden können.

Von mancher Seite wird den Medien eine Hysterie um den Klimawandel unterstellt,[107] ohne hier jedoch seriöse Medien mit fundiertem Wissenschaftsteil ernst zu nehmen, die sehr sachlich über den Klimawandel berichten. Und zumeist wird bei dieser Kritik nicht erkannt, dass es außer um den Klimawandel um ein ganzes Bündel von sich parallel dazu zuspitzenden ökologischen Themen geht, die in der Summe zu einer Potenzierung von Krisen führen können und daher entsprechende Warnungen notwendig machen.

Phänomene wie Rohstoffkrisen oder Klimawandel hat es tatsächlich immer wieder gegeben, wie von den Ökooptimisten häufig angeführt.

Der heutige Klimawandel unterscheidet sich aber von früheren dadurch, dass er sich *in extrem kurzer Zeit* vollzieht; ein Temperaturanstieg um ein Grad in hundert Jahren und ein weiterer noch um zwei bis vier Grad in diesem Jahrhundert, wie oben dargestellt, das hört sich harmlos an. Es macht aber auch beim Fieber einen großen Unterschied, ob die Temperatur sich um ein oder um vier Grad erwärmt. Am Ende der letzten Eiszeit bis vor ca. 13.000 Jahren hat sich das Klima um fünf Grad erwärmt – allerdings über einen Zeitraum von rund 5.000 Jahren, was Tieren und Pflanzen ausreichend Zeit gab, sich anzupassen. Der schnelle Temperaturanstieg jetzt liegt am menschlichen Einfluss, was noch gar nicht so lange für die entsprechenden Forscher feststeht. So viele Treibhausgase wie heute hat es in der Atmosphäre zuletzt vor 650.000 Jahren gegeben.[108] Die sich zumeist über viele Jahrzehnte und Jahrhunderte vollziehenden natürlichen Zyklen schaffen es also nicht so rasch, einen Klimawechsel herbei zu führen.

Wenn dann Kritiker hierzulande sagen, dass es doch schön wäre, wenn bei uns Palmen wachsen würden und der Rotwein besser wäre, ist das fast schon zynisch. Übersehen wird dabei, dass andere Länder enorm unter den Veränderungen zu leiden haben, und das werden auch wir hier noch zu spüren bekommen, allein schon weil politisch, wirtschaftlich und finanziell die Welt heute eng zusammenhängt und miteinander vernetzt ist. Die Probleme sind heute globaler Natur und betreffen nicht mehr nur einzelne Kulturen oder Gesellschaften. Auch wenn die Apokalypse nicht ansteht: für die Betroffenen von Kriegen, die mit Rohstoffknappheit oder Klimawandel zu tun haben, wie in Afrika, Afghanistan oder Irak, oder für Klimaflüchtlinge bedeuten die Folgen schon heute eine Katastrophe.

Zum dritten Argument, der Hoffnung auf neue Techniken, die dann die derzeitigen Probleme lösen könnten: Die Hoffnung wird gedämpft durch die Tatsache, dass neue technische Verfahren, wenn sie denn überhaupt erfolgreich sind bei der Lösung von Problemen, erst zur Wirkung kommen, wenn sie nach Jahrzehnten der Entwicklung ausgereift sowie auf dem Markt akzeptiert und erschwinglich sind, wie das etwa bei der Gasheizung, den Autos, der Elektrik, dem Fernsehen oder dem Computer der Fall war.

Und: sie werfen zumeist selbst wieder neue, unvorhergesehene Komplikationen auf, da sie immer komplizierter und unüberschaubarer werden, wie etwa bei Anwendung von Entsalzungsanlagen, der unterirdischen CO_2-Lagerung oder dem künstlichen Eingriff ins Klimageschehen (von ethischen Problemen hierbei noch ganz abgesehen). Auch zur Frage der Atomkraft wurde dies schon diskutiert. Deutlich wird es ebenso am Verkehr: die Mobilität ist durch Autos und Flugzeuge schneller und bequemer geworden, hat aber zu Folgen wie Abgasproblemen, Luftverschmutzung, Feinstaub, Treibhausgasemissionen, Landschaftsverbrauch durch Straßen und Lärmbelastung geführt, von der Rohstoffabhängigkeit hier jetzt einmal ganz zu schweigen. Auch das Internet wird gepriesen als optimales Medium zur notwendigen Netzwerkbildung und Kommunikation; es ist dabei sehr hilfreich und liefert nahezu zu allen Fragen unendlich viele Informationen, aber die entstehenden Kontakte bleiben häufig oberflächlich, anonym und flüchtig, gekennzeichnet durch »schnelle Klicks«, und der Energieverbrauch wird zusätzlich angeheizt, von den Gefahren durch Überwachung und Machtkonzentration bei einzelnen Konzernen an dieser Stelle noch abgesehen.

Bei allen einzelnen Auswüchsen, die es bei Warnungen sicher geben mag oder gegeben hat: Noch also kann von Umwelthysterie keine Rede sein. Unsere Mechanismen, überhaupt die schon feststehenden Fakten nicht zur Kenntnis nehmen zu wollen, sind bisher eindeutig stärker. Doch dazu mehr in einem späteren Kapitel. Festzustellen bleibt: nicht der Alarmismus, sondern die alarmierenden Tatsachen selbst sind das Problem!

* * *

Obwohl also die Fakten der ökologischen Krise, hier vor allem zu Klimawandel und Rohstoffverknappung, mittlerweile einer breiten Bevölkerung bekannt sind, ändert sich nur wenig. Der Planet wird überbeansprucht, von seriösen Autoren und Wissenschaftlern wird ein Kollaps in irgendeiner Form für die nächsten Jahrzehnte für wahrscheinlich gehalten, sollte kein nachhaltiges Gleichgewicht gefunden werden, was wiederum mittlerweile sehr unwahrscheinlich erscheint.

Der Bewusstseinswandel insbesondere der Bevölkerung in den Industriestaaten ist noch zu gering, ebenso die Bereitschaft zum Überdenken bisheriger Werte und zur Änderung gewohnter Verhaltensweisen. Es drohen weiter zunehmende soziale Spannungen, Konflikte und auch Kriege, sei es durch die aufklaffende Schere zwischen Arm und Reich, die durch den Klimawandel zu erwartenden Flüchtlingsströme oder den Kampf um die verbleibenden Ressourcen.

Warum also verhalten die Menschen sich so widersprüchlich und pflegen einen Umgang mit der Natur, der einer »ökologischen Suizidvorbereitung« gleicht?[109] Das menschliche Zukunftsbild, das irrational die ökologischen Gefahren ausblendet, wird zumindest verständlicher, wenn man zunächst schaut, welche Mechanismen und Prinzipien uns überhaupt bis zur aktuellen Situation gebracht haben. Es ist kein Versagen der heute lebenden Menschen, dass die Welt jetzt so ist, wie sie ist.

Zunehmende Komplexität – Evolution und Entropie

Die Menschheit ist in die moderne Geschichte gegangen wie ein Tier in die Falle.
Nicolás Gómez Dávila[110]

In unseren Supermärkten sind die Regale brechend voll. Allein schon deshalb klingt alles Gerede von einer anstehenden Nahrungsmittelkrise nach Panikmache. Lebensmittel stehen insbesondere in unseren westlichen Industrieländern im Überfluss zur Verfügung. Doch das war nicht immer so. In der Geschichte der Menschheit und ihrer Vorfahren musste um Nahrung und Überleben stets hart und unter teils widrigen Umständen gekämpft werden. Dies erklärt den Drang, nach einer Verringerung dieser Mühen und nach Sicherheit zu streben, und letztlich dann auch, es sich so bequem wie möglich zu machen.

Um zu verstehen, wie wir dabei in die heutige Situation geraten sind, soll die Geschichte des menschlichen Daseins skizziert werden, die sehr kurz ist – gemessen an der Dauer der Existenz unseres Planeten insgesamt. Das Leben in überschaubaren Gruppen, die Entwicklung von Intelligenz, die Suche nach Problemlösungen ebenso wie sich ändernde Ernährungsgewohnheiten sind bei der menschlich-kulturellen Evolution von besonderem Interesse. Ob es die Anforderungen an die Hominiden vor über sieben Millionen Jahren waren, sich Nahrungsplätze gut zu merken, oder – dann beim homo sapiens vor ca. 250.000 Jahren – die Entwicklung von Sprache, Informationsvermittlung und zunehmende Interaktionen zwischen den Gruppenmitgliedern, stets half dabei ein sich stetig vergrößerndes Gehirn. Lange lebte der Mensch in überschaubaren Kleingruppen von bis zu ca. 150 Personen, in denen alle mit allen Kontakt hatten.[111] Das anonyme Leben in Massen von bis zu Tausenden und Millionen von Menschen auf engem Raum ist erst ein Phänomen der Moderne.

Nötig wurde die zunehmende Schädelvergrößerung aber auch dafür, gefährliche Situationen, etwa die Bedrohung durch Raubtiere, abzuschätzen und mit früher Erlebtem abzugleichen. Ein zunehmend besseres Gedächtnis war dabei hilfreich. Auch stellten eine vielfältige Umwelt und schwieriger zu erreichende Nahrungsquellen größere Anforderungen an die Informationsverarbeitung. Sie war auch wichtig dafür, um Handlungen anderer Menschen rechtzeitig einzuschätzen und vorauszusehen. Die Interaktion mit den Gruppenmitgliedern und die Abgrenzung gegenüber Fremden gewannen an Bedeutung.

Die folgenreiche landwirtschaftliche Revolution – eine evolutionäre Fehlanpassung?

Die zunehmenden geistigen Fähigkeiten wurden dann auch zur Entwicklung von Werkzeugen genutzt. Während Feuer seit über 250.000 Jahren und erste Spieße wohl schon vor weit über 100.000 Jahren verwendet werden, werden Pfeil und Bogen vor ca. 30.000 bis 15.000 Jahren entwickelt, damit können nun noch schnellere und gefährlichere Tiere gejagt werden. Doch mit zunehmender Verbreitung und Bevölkerungsvermehrung werden weitere Anpassungen notwendig. In der proneolithischen Zeit, etwa 9000 bis 7000 v. Chr., geht der Mensch daher zu einer neuen Wirtschaftsform über, in der Nahrungsmittel nicht mehr gesammelt oder erbeutet werden, abhängig davon, was vorhanden ist, sondern produziert werden. Nach über zwei Millionen Jahren Dasein als Jäger und Sammler ist dies wohl die folgenreichste Umwälzung in der Geschichte der Menschen.[112]

Voraus gegangen ist eine Klimaerwärmung vor ca. 13.000 Jahren, das Ende der letzten Eiszeit. Zudem wird vermutet, dass es mit zehn Millionen Menschen bereits damals einen hohen Bevölkerungsdruck gibt.[113] Die Reviere, in denen die als Nomaden lebenden Menschen sich von genießbaren Pflanzen und Wildbeständen ernähren, werden knapp. Im

Sinne des evolutionären Antriebs – Anpassung zur Sicherung des Überlebens und der erfolgreichen Vermehrung – stoßen daher Menschengruppen in neue Gebiete vor, andere werden sesshaft und beginnen, Tiere zu domestizieren und erste Kulturpflanzen zu entwickeln. Die erste große Menschheitsrevolution kommt in Gang, *Landwirtschaft* entsteht. Wenngleich das Jagen und Sammeln mit weniger Arbeit verbunden ist, ermöglicht sie nun mit Ernten, die sich auf ein gegebenes Stück Land konzentrieren, mehr Menschen zu ernähren, was durch den Zyklus der Jahreszeiten und des Anbaus mehr Regelmäßigkeit und Sicherheit verschafft.

Allerdings führt die Evolution häufig durch veränderte Umweltbedingungen auch zu *Fehlanpassungen*. Während 99,5 Prozent ihrer Evolution haben die Menschen ihre Nahrung als Jäger und Sammler beschafft, die Ernährung war vielfältiger und weniger von Vitamin-, Mineralien- oder Proteinmangelzuständen geprägt als es in späteren Ackerbaukulturen der Fall war. So waren früher Fette, Zucker und Salz sowie Nahrung generell rar, und man nahm so viel wie möglich zu sich, wenn gerade etwas zur Verfügung stand, etwa nach erfolgreicher Jagd. Fast-Food-Ketten sind deshalb so erfolgreich, weil sie diese natürlichen Jäger-und-Sammler-Instinkte bedienen.[114] Nur hat sich die Umwelt mittlerweile verändert, alles steht jederzeit in großen Mengen zur Verfügung, die Instinkte waren jedoch nur sinnvoll für sich abwechselnde Phasen von Mangel und Überfluss an Nahrung.

Die durch Sesshaftwerdung und Entwicklung der Landwirtschaft nun mögliche Mehrproduktion an Lebensmitteln, vor allem Getreide, ermöglicht es, Siedlungen anzulegen und nicht in der Nahrungsherstellung tätige Menschen mitzuversorgen. Über Jahrhunderte hinweg entwickeln sich vielfältige Formen der Produktion, auch die Tierhaltung wird etabliert, Arbeitsteilung erfolgt, die Menschen spezialisieren sich, etwa im Handwerk oder auch für Tätigkeiten als Soldaten, Priester, Kaufleute und Musiker. Erste Städte entstehen, und es herrscht Nahrungsmittelüberfluss. Der Anteil des Menschen an den Energie- und Stoffflüssen des Ökosystems Erde wird durch die landwirtschaftliche Revolution etwa um den Faktor 100 größer. Die Bevölkerung kann so nun weiter stetig wachsen. Bis zur Zeitenwende sind aus den zehn Millionen schon etwa 300 Millionen Menschen geworden, um 1750 n. Chr. sind es bereits 800 Millionen.[115]

Ein erneuter Mangel tritt nun zutage: vor allem bebaubare Landflächen und Energie beginnen knapp zu werden. Nachdem in England schon im 13. Jahrhundert Brennholz knapper wurde, beginnt man hier im 18. Jahrhundert, Kohle in größerem Stil zu verheizen, auch zur Erzschmelze und Stahlerzeugung. Ein neuer Brennstoff ist entdeckt – und die nächste große Menschheitsrevolution, die *Industrielle Revolution*, damit vorbereitet. Sie ist wohl der weitere entscheidende Schritt zum heutigen Dilemma, auch in psychischer Hinsicht, wie sich noch zeigen wird.

Spätestens jetzt vollzieht sich auch ein *Wandel unseres Weltbildes*. Während die Menschen vorher noch – gezwungenermaßen – natürliche Rhythmen und Kreisläufe der Natur zu berücksichtigen hatten, und dabei auch den Launen der Natur ausgeliefert waren, konnten sie nun durch den Übergang zu Produktion und Ausbeutung die sich selbst regulierenden Regelkreise durchbrechen. Der Mensch schwingt sich aufgrund der nun entstehenden Möglichkeiten zum Herrscher über Tiere und Pflanzen auf. Er tritt befreit und vernunftbesetzt an die Stelle zuvor noch mythisch verehrter Götter, die in dieser Sicht wohlwollend, aber auch launisch und strafend Ernten und damit das Überleben beeinflussen konnten. Die Naturbeherrschung aber geht nun Hand in Hand mit einer Naturentfremdung, die wir heute bedauern, die aber kaum rückgängig zu machen ist. Die Erinnerung an eine Mitwelt, in die sich der Mensch eingebettet fühlt, als Teil eines natürlichen Ganzen, geht verloren. Mythisch-göttliche Vorgaben werden nun mit der Ratio überwunden, paradoxerweise aber wird dabei das biblische Gebot, sich die Erde untertan zu machen, nun allzu wörtlich umgesetzt und befolgt. Intellektuell untermauert wird diese Entwicklung zudem durch philosophische Konstrukte, aber auch durch Wissenschaft und Kunst.

Macht durch fossile Brennstoffe

Zu technischen Erfindungen kommt es nun in rascher Folge. Thomas Newcomen entwickelte 1712 eine *Dampfmaschine*, ihr folgen 1784 die Dampfmaschine und in Deutschland 1835 die erste Dampfeisenbahn. Maschinen – etwa zum Formen von Metall, Mahlen von Getreide oder Spinnen von Garn – können nun modernisiert und beschleunigt werden. Arbeiten mit hohem Energieeinsatz, die teilweise von Menschen gar nicht mehr hätten bewältigt werden können, werden nun möglich, und damit auch Eingriffe in die Natur, die ebenso dem Menschen allein nicht möglich wären. Mit der einsetzenden Industrialisierung entstehen nun ausgeprägter *Märkte*, geregelt von Angebot und Nachfrage, Unternehmertum etabliert sich. Aber schon jetzt vertieft sich die Kluft zwischen Arm und Reich. Auch hier, wie schon bei der landwirtschaftlichen Revolution, ist der Fortschritt somit zweischneidig: zum Einen sorgen die Maschinen als nun wichtigste Produktionsmittel für manche Erleichterung, Muskelarbeit wird durch Dampf getriebene Apparate ersetzt und die Effizienz enorm gesteigert; zum Anderen nimmt aber auch der Energieverbrauch zu. Zudem entwickelt sich damals bereits eine hohe Luftverschmutzung; Dreck, Schrott und Abfälle häufen sich um die Fabriken, die Fabrikarbeit ist mühevoller und entwürdigender als die Feldarbeit, die Löhne reichen kaum zum Überleben, Kinder und Frauen sind dadurch oft zum Mitarbeiten gezwungen.

Weitere bahnbrechende Entdeckungen folgen. So sucht Edwin Drake 1859 in der kargen Landschaft Nordamerikas nach *Öl*, dies jedoch ursprünglich nicht für Motoren, sondern für Medikamente.[116] Der Treibstoff setzt das 20. Jahrhundert in Bewegung, die »Megamaschine«[117] gewinnt an Fahrt. Erdöl wurde vom Menschen jedoch schon in der Vorgeschichte genutzt: An der Oberfläche austretendes Erdöl wird durch den Kontakt mit Sauerstoff zu asphaltähnlichem Bitumen, das bereits vor 12.000 Jahren in Mesopotamien zum Abdichten von Booten verwendet wurde.

Deutlicher noch als bei anderen Rohstoffen zuvor kristallisiert sich nun aber, im 20. Jahrhundert, mit dem Aufbau riesiger ölabhängiger Maschinerien heraus: Wer Öl hat, hat Macht. So ist die Behinderung des Treibstoffnachschubes im ersten und noch mehr im zweiten Weltkrieg von entscheidender Bedeutung, das Öl hat die Entwicklung entsprechender Fahrzeuge (Lastwagen, Panzer, Flugzeuge, Kriegsschiffe) überhaupt erst möglich gemacht – und damit auch die moderne Massenvernichtung mit zehn Millionen Toten im ersten und ca. 55 Millionen Toten im zweiten Weltkrieg. Deutlich spüren können später insbesondere die westlichen Industrienationen die Macht der Ölbesitzer während der Ölkrise 1973, als die arabischen Förderländer ihr Erdöl als politische Waffe einsetzen.

Neben dem Erdöl erfolgt zunehmend die Nutzung des Erdgases. Erdgasvorkommen entstehen ähnlich wie Erdölvorkommen – und werden deswegen oft mit diesen zusammen gefunden.[118] *Erdgas* ist der Menschheit jedoch schon viel länger bekannt als Erdöl. Bereits 6000 v. Chr. werden erste Funde im heutigen Iran gemacht – Urkunden berichten dort von »ewigen Feuern«, welche für »göttliche Zeichen« gehalten werden. 5000 Jahre später, ca. 900 v. Chr., wird auch in China Erdgas entdeckt und zur Trocknung von Salz eingesetzt. Heute verschafft auch der Besitz von Erdgas verschafft den darüber verfügenden Staaten hohe Einkünfte – und Macht, wie man am Umgang Russlands mit seinen Nachbarländern öfter erleben konnte.

Die fossilen Brennstoffe führen schließlich zur Erfindung der *Elektrizität*, die etwa mit Glühbirnen nun auch nachts Beleuchtung – und Produktion – ermöglichte. Auch waren nun neue Möglichkeiten der Kommunikation und Datenübertragung über größere Strecken hinweg möglich. Es vollzog sich somit innerhalb von vier Jahrhunderten eine rasante Entwicklung von Forschung und Technik, parallel zur damit verwobenen Ausweitung der industriellen Produktion.

Das fossile Zeitalter aber neigt sich jetzt seinem Ende entgegen. Die aktuell diskutierte Möglichkeit, dass durch ein Wegbrechen der Nachfrage nach fossilen Energieträgern (etwa durch Nutzung anderer Energieträger, auch im Rahmen der Bemühungen um Klimaschutz) diese nun doch nicht endlich wären, erscheint zwar wünschenswert, aber eher unwahrscheinlich.[119] Die Menschheit hat sich mittlerweile so organisiert, dass sie ohne die fossilen Rohstoffe nicht mehr auskommt, viele Lebensbereiche sind ohne sie nicht mehr denkbar, wie oben schon beschrieben. Die Menschheit ist somit süchtig nach Energie, verfügt noch nicht ausreichend über entsprechende »Ersatzdrogen« und schreckt daher auch nicht vor »Beschaffungskriminalität« zurück, etwa indem noch Öl oder Gas besitzende Staaten unter Druck gesetzt werden.[120]

Somit nähert sich wieder der Moment, in dem ein Wendepunkt benötigt wird, da Energieträger und damit auch Nahrungsmittel knapp werden. Ein rascher Wandel zu einer nachhaltigen Gesellschaft wird daher oft gefordert. Doch liegt ein solcher im Wesen unseres evolutionären Antriebes? Und hat uns die Evolution dafür biologisch und psychologisch ausreichend ausgestattet? Dies wird noch näher betrachtet werden.

Mit der Verbrennung von Kohle, Öl und Gas im Zeitalter der fossilen Energien aber hat der Mensch nun – ungewollt – Veränderungen bewirkt, die noch in Jahrtausenden, sogar in Millionen von Jahren, bemerkbar sein werden. Evolutionär bestens ausgestattet drückt er dem Planeten seinen Stempel auf – und gefährdet damit nun auch sein eigenes Überleben.

Das Anthropozän – der tragische Sieg der Großhirnrinde[121]

Im Jahr 2002 hat der Chemie-Nobelpreisträger und Klimaforscher Paul Crutzen daher in »Nature« vorgeschlagen, dem bisherigen Zeitalter des Holozäns das Zeitalter des »Anthropozäns« folgen zu lassen.[122] Der Einfluss des Menschen auf die Entwicklung der Erde, so seine Argumentation, sei seit dem 19. Jahrhundert so tiefgreifend, dass dies geobiologisch Auswirkungen für Jahrtausende haben werde. Im Blick hatte er dabei insbesondere den Klimawandel, zu denken wäre aber auch an die sich beschleunigende Landübernutzung, die Freisetzung zahlloser künstlicher chemischer Stoffe und künstlicher Organismen, die langfristige Lagerung des Atommülls oder auch das aktuelle sechste große Artensterben[123]. Letzteres folgt den früheren großen fünf Artensterben, die zumeist durch klimatische Veränderungen oder tektonische Verschiebungen ausgelöst worden waren. Einige Zahlen illustrieren das menschliche Wirken: Mehr als 90 Prozent des Pflanzenwachstums findet in Systemen statt, die der Mensch beeinflusst, mehr als 90 Prozent der Biomasse aller Säugetiere werden vom Menschen und seinen Haustieren gestellt, und über 75 Prozent der eisfreien Landoberfläche sind nicht mehr im ursprünglichen Zustand.[124]

Der Zoologe und Philosoph Ernst Haeckel (späterer Wegbereiter der Eugenik und Rassenhygiene) benannte schon 1868 das »anthropolitische oder anthropozoische Zeitalter«:

> Es könnte auch das Zeitalter der Culturwälder oder der Gärten heißen, weil selbst auf den niedrigeren Stufen der menschlichen Cultur ihr umgestaltender Einfluß sich bereits in der Benutzung der Wälder und ihrer Erzeugnisse, und somit auch in der Physiognomie der Landschaft bemerkbar macht.[125]

Der Mensch wirkt demnach als geologische Kraft, vergleichbar mit nichtmenschlicher Aktivität etwa der Vulkane oder der Erdplattenverschiebung. Speziell gemeint ist mit »Mensch« der homo sapiens, der bis zum Übergang von vor über 10.000 Jahren vom Jäger und Sammler zur Landwirtschaft schon andere Unterarten wie den Neandertaler, homo erectus oder den Rotwildhöhlenmenschen hinter sich gelassen oder an den Rand gedrängt hat. Er ist somit als einzige menschliche Art übrig geblieben.

Im Grunde hat er nichts anderes gemacht und macht immer noch nichts anderes wie andere Lebewesen auch, er nützt die Ressourcen seiner Umgebung wie Nahrung, Wasser und Raum zur Befriedigung seiner Bedürfnisse. Dafür entnimmt er Rohstoffe aus seiner spezifischen Umwelt, greift in sie ein und schädigt sie zwangsläufig auch, was jetzt immer deutlicher – und leider auch bedrohlich – wird. Um dies und damit die heutige ökologische Krise besser zu verstehen, müssen grundlegende ökologische Mechanismen berücksichtigt werden, wie sie der Landschaftsökologe Wolfgang Haber beschreibt.[126] Ihnen ist auch der Mensch – trotz seiner besonderen Bedürfnisse und Fähigkeiten – weiter unterworfen.

Haber sieht diesen ganz normalen Naturgebrauch zunächst als grundsätzlichen Trieb im Umgang *mit* der Natur, der allen Lebewesen eigen ist, nicht nur den Menschen. Ein weiteres Grundstreben ist wiederum der Schutz der eigenen Existenz *vor* der Natur, etwa bei der Gefahr, als Nahrung zu dienen oder klimatisch bedroht zu sein, aber auch beim Versuch, Konkurrenz zu überwinden. Dementsprechend konkurriert auch der Mensch zur Erfüllung seiner Primärbedürfnisse mit allen nicht-menschlichen Lebewesen um die Naturressourcen für seine spezielle Umwelt, von deren »Leistungen« er lebt. Die macht man sich nicht oft bewusst, gerade was die Leistungen »nicht sichtbarer« Lebewesen angeht, von Bakterien bis hin zu Regenwürmern, von deren Aktivitäten der Mensch profitiert. Andere Lebewesen haben wiederum ihre eigenen »Umwelten«, derer es somit unzählige in der »Natur« gibt.

In folgender Abbildung von Haber sind die Grundbedürfnisse aller Lebewesen, auch des Menschen, den spezifischen menschlichen Anliegen gegenübergestellt. Die Befriedigung der genannten, vielfältig miteinander verflochtenen ökologischen Grundbedürfnisse wird

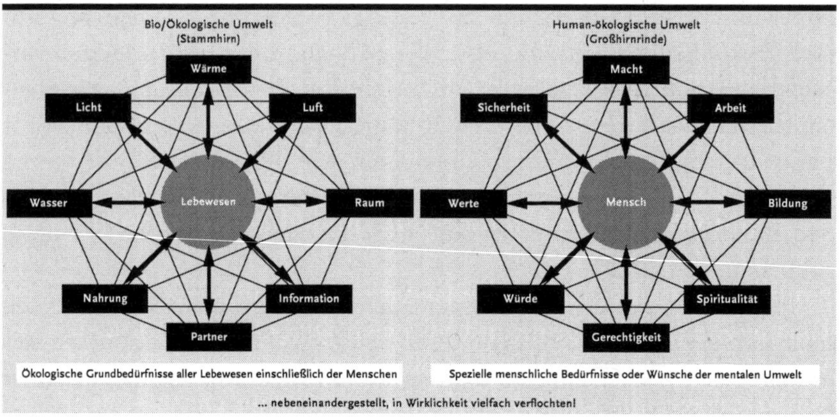

Abb. 2: Grundbedürfnisse aller Lebewesen sowie spezielle menschliche Bedürfnisse

evolutionär bedingt beim Menschen eher vom Stammhirn gesteuert (Abb 2., linke Seite). Dieser hat nun aber zusätzlich, so Haber, einzigartige geistige Fähigkeiten – von der Entwicklung der Intelligenz und der damit verbundenen Hirnvergrößerung war schon die Rede –, die in der Großhirnrinde zu orten sind und miteinander sowie mit den Primärbedürfnissen in lebhafter Wechselbeziehung stehen (Abb. 2, rechte Seite).

Damit aber schafft er sich eine zusätzliche »mentale oder humanitäre Umwelt«, die mit der allgemeinen Umwelt laut Haber nicht vereinbar ist. Er ist daher ein Doppelwesen, und genau das kennzeichnet seiner Ansicht nach das Anthropozän. Als dieses Sonderwesen, so Haber, hat der Mensch Triebkräfte, die anderen Lebewesen fehlen, etwa die stete Suche nach immer vollkommeneren technischen Problemlösungen, so dass der Computer der Moderne fast schon als Nachfahr des steinzeitlichen Faustkeils angesehen werden kann. Andere Lebewesen dagegen sind technisch immer auf dem gleichen Stand geblieben. Somit hat der Mensch *eine zweite, als kulturell bezeichnete Evolution* geschaffen im Rahmen der weiter ablaufenden natürlichen Evolution, und sich damit in der Natur eine Sonderumwelt namens »Kultur« geschaffen.

Als weitere urmenschliche Triebkraft ist – völlig wertfrei – der stete Drang zum »Mehr« zu nennen, also besser, höher, oder schneller zu sein, mehr zu erreichen und zu besitzen, gesünder und zufriedener zu werden und damit auch länger zu leben – etwas, was auch die Medizin stets zu erreichen versucht. Die oft beklagte Gier wäre somit unter streng ökologischen Gesichtspunkten nur eine Extremspielart dieses Grundantriebs des »Mehr«, worunter auch der Drang fällt, noch weiter in den Weltraum vorzustoßen, den Mars zu besiedeln oder neue Weltrekorde aufzustellen. Dazu kommt – hier auf Erden – die rationale, nach ökonomischen Gesichtspunkten ausgerichtete Nutzung der Natur, auch dadurch lässt sich »mehr« erreichen, ein Mehr etwa an Nahrung oder Schutz.

Das so oft gepriesene »Leben im Einklang mit der Natur« ist damit aber kaum mehr möglich. Gerade für Entwicklung und Ausbau der Landwirtschaft war, so Haber, die Vernichtung natürlicher Lebensgrundlagen notwendig (Bäume mussten gefällt, Sträucher gerodet, Äcker geschaffen werden), was sich nicht rückgängig machen lässt. Der Erhalt einer unberührten Natur ist heute als Ziel von Naturschutz überholt, allenfalls in kleinen Gebieten mit viel Aufwand durchführbar, so der Biologe Christoph Kueffer.[127] Eine nicht-anthropogene (also nicht von Menschen veränderte) Natur wird demnach zur Illusion, es bleibt nur die Wahl zwischen verschiedenen Zuständen von anthropogener Natur.

Auch weist Haber nüchtern darauf hin, dass wir nicht – wie so oft gewünscht – die menschliche Gesellschaft nach den Grundsätzen der Organisation des Lebens in der Natur, also »ökologisch«, gestalten können, was ja oft von Umweltschützern gefordert und von vielen Menschen auch spirituell ersehnt wird. Vielmehr widerstreben wir mit unserem Bedürfnis, die Dinge selbst zu regeln, diesem sich selbst organisierenden System. Dieses Bedürfnis wiederum steht in Zusammenhang mit den speziellen Möglichkeiten unserer Großhirnrinde, man denke nur an damit ebenso verbundene Begriffe wie Bewusstsein, Reflexion und Wille. Offenbar besteht im Streben, die Dinge selbst regeln zu wollen, auch ein hohes Autonomiebedürfnis, also ein Streben nach Unabhängigkeit, in diesem Fall von den grundlegenden Spielregeln der Natur. Nicht nur von Eltern und anderen Menschen wollen wir also unabhängig sein – dieser Konflikt beschäftigt den Psychiater oft –, sondern auch von der uns ernährenden Umwelt.

Statt nun die Grundsätze der Lebensgestaltung in der Natur zu übernehmen übertragen wir vielmehr menschliche Prinzipien auf den Umgang mit ihr. So wie dominante Menschen in Partnerschaften den Ton angeben oder es gut für andere meinen, versuchen wir im ökologischen Kontext, unsere humanitären Grundsätze, betreffend etwa Gerechtigkeit, Gleichrangigkeit und Würde (siehe Abb. 2, rechte Seite), nun auf die Natur zu übertragen, dies sogar mit bestem Willen eines Naturschutzes. Der Kampf gegen das Artensterben ist Ausdruck davon. Das wird nicht funktionieren, solange wir unsere eigene Position im System nicht anpassen, und interessiert die Natur auch nicht sonderlich, zumal wir uns ja nur für die Tier- und Pflanzenarten einsetzen, die wir als schön oder erhaltenswert empfinden (für Mikroorganismen engagiert sich keiner).

Interessanterweise ist das Anliegen des Naturschutzes stärker im städtischen Bereich verankert, deren Bewohner sich immer mehr von der »Natur« entfernt und Flächen versiegelt haben, jedoch weiter abhängig sind von den Erzeugnissen des sie umgebenden Landes (Primärbedürfnis Nahrung!) und dieses daher bewahrt sehen wollen. Das könnte außerdem damit zu tun haben, dass gerade die Städter mittlerweile bemerkt haben, welch wohltuenden Effekt Ruhe, Bäume und andere Pflanzen sowie Tiere haben können (mentales Bedürfnis Spiritualität, siehe Abb. 2!), bei Überlegungen zu psychischen Aspekten wird darauf zurückzukommen sein. Diese weiter bestehende Abhängigkeit von der Lebensmittelerzeugung verstärkt aber bei gleichzeitig abnehmenden Anbauflächen (Bodenverlust durch Bevölkerungszunahme, Versiegelung, Verstädterung, Erosion und Anbau von Getreide für Tierfutter oder von Pflanzen für Bioenergie) den Druck, die Landwirtschaft weiter zu intensivieren, was wiederum die industrielle Vorgehensweise dabei zementiert und die Böden weiter schädigt.

All das deutet auf einen noch zu diskutierenden Gegensatz zwischen Mensch und Natur hin, und führt zu unbequemen, aber einleuchtenden Einsichten, zu deren Verständnis die ökologischen Grundmechanismen hier nun so ausführlich dargestellt wurden. So meint Haber:

> Humanität (Ethik, Gerechtigkeit, individuelle Rechte, Würde, Werte) und Ökologie (Organisation des Lebens in der Natur) sind grundsätzlich unvereinbar, aber im Doppelwesen Mensch miteinander verknüpft. Menschen brauchen die Humanität für ihr Zusammenleben und die Natur für ihre Existenz.

> Die Humanökologie, die beides zusammenführt, ist daher von einem tiefen inneren Widerspruch erfüllt: Das Humane kann unökologisch wirken, das Ökologische als inhuman empfunden werden. Nur durch ständige Kompromisse lässt sich der Widerspruch zeitweilig überbrücken.
>
> Die Übertragung humanitärer Prinzipien auf die Organisation allen Lebens auf der Erde (zum Beispiel bei der Erhaltung biologischer Vielfalt) wird scheitern – ihre Einhaltung gelingt ja nicht einmal innerhalb der Menschheit selbst.
>
> Stattdessen werden die ökologischen Selbstregulierungen schrittweise wieder auf die menschliche Population übergreifen, ohne dass diese es verhindern kann.[128]

Wenn man sich die in den letzten Jahren schon spürbaren Folgen des Klimawandels vor Augen führt, wird deutlich, was damit gemeint ist. Unsere spezifische Umwelt, in diesem Fall die Klima-Umwelt, gibt Feedback. Ein anderes Beispiel ist die Entwicklung multiresistenter Keime durch den absurd hohen Einsatz von Antibiotika in der Medizin und insbesondere in der Tierzucht. Auch die Dezimierung der Population für die menschliche Umwelt wichtiger Tierarten, etwa der Bienen und anderer Insekten, werden wir wiederum zu spüren bekommen, Chinesen bestäuben heute schon per Hand.

Während Klima-, Flora- und Faunaveränderungen eines Gebietes völlig normale Naturveränderungen sind, die manche Arten bei zu langsamer Anpassung mit dem Aussterben bestrafen, sind die Menschen nun selbst die Hauptursache der Umweltveränderungen, daran aber heute selbst fehlangepasst und in ihrer Existenz bedroht, worauf der Evolutionsforscher Thomas Junker hinweist.[129] Demnach lässt sich sogar oft noch eine kulturelle Verstärkung der Fehlanpassung beobachten.

Ein Zurück zu einem Weniger und Einfacher, somit die eigentlich nötige Transformation zu nachhaltigem Wirtschaften, erscheint allein schon aus diesen grundökologischen Erwägungen heraus äußerst unwahrscheinlich (»ökologisch« hier also nicht im populären Sinne, sondern wissenschaftlich gemeint). Die faszinierende Evolution des Menschen mit der ihm eigenen Entwicklung von Sprache, Intelligenz und eines Bewusstseins seiner selbst, lokalisiert vor allem in der

Großhirnrinde, hat ihm zu einem Sonderplatz in den ökologischen Systemen verholfen, auf dem es langsam einsam und gefährlich wird, nachdem er die Beziehungen zu seinen Mitlebewesen und zur pflanzlichen Umwelt dominiert und ausschließlich orientiert an seinen Bedürfnissen gestaltet hat, was wiederum aus den erwähnten Mechanismen heraus vielleicht gar nicht anders ging, und auch zukünftig nicht anders gehen wird. Der ausgeprägte Drang des Menschen nach *Herrschaft*, sei es über die Natur, die Technik oder auch den Mitmenschen, wird nicht ohne Weiteres zu ändern sein.

Die evolutionäre Entwicklung zeigt zudem eine gewisse *Eigendynamik*. So wurden die Möglichkeiten etwa der Elektrizität, aber auch der Atomkraft oder Chemie wie von selbst weiter entwickelt, zumeist angetrieben von dem Bedürfnis, die Welt im Grundsatz zu verstehen, sich das Leben weiter zu vereinfachen und um aufgetretene Probleme zu lösen. Der Biochemiker Erwin Chargaff, der selbst beteiligt war an der Erforschung der Struktur der Erbanlagen, hat das später bei Betrachtung der Entwicklung der Naturwissenschaften treffend auf den Punkt gebracht: »Was gemacht werden kann, muss gemacht werden«, und: »Was gemacht worden ist, muss verwendet werden.«[130] Auch der Religionswissenschaftler und Philosoph Hans Jonas analysierte, dass gerade im Fall der Technik die bloße Verfügungsmacht ihre Anwendung zwangsläufig zur Folge hat.[131] Aktuell besteht das Risiko, dass auch Techniken zur Klimabeeinflussung (Climate Engineering), die längst in das Stadium ernsthafter Forschung und erster Erprobungsversuche eingetreten sind, zum Einsatz kommen könnten, allein deshalb, weil sie nun zur Verfügung stehen.

Ein Bremsen und Innehalten ist bisher – trotz vieler ethischer Konflikte – kaum gelungen. Eine Eigendynamik gibt es auch dahingehend, dass man nach einem erreichten technischen Fortschritt rasch nicht mehr auf diesen verzichten konnte im Sinne der beschriebenen Abhängigkeit, so Chargaff:

> Da in unserer Welt Verwendung leider meistens Verschwendung wird, waren die Errungenschaften der Technik begleitet vom Raubbau an den unwiederbringlichen Schätzen des Bodens und von der Vergiftung der Erde, der Luft und des Wassers. Außerdem hat die Technik sich als eine Vorrichtung

> erwiesen, um die Ansprüche der Menschheit immer mehr hinaufzuschrauben, so dass die Leute jetzt vorgeben, nicht mehr leben zu können ohne manche Dinge, deren Existenz vor 150 Jahren noch gar nicht geahnt war.[132]

Weiter zeigt sich im seit Jahrtausenden stetig und zuletzt rasant erzielten technischen Fortschritt, also im Streben nach noch mehr Einfachheit des Daseins und nach noch mehr Sicherheit (»mehr«!), paradoxerweise eine zunehmende *Komplexität und Kompliziertheit.* Das wird vor allem deutlich in den immer kürzer werdenden Entwicklungssprüngen bei Nutzung der Lebensgrundlagen und Anwendung neuer Energieträger. Betrachtet man die Folgen dieser sich beschleunigenden Entwicklung, dürfte es sich wohl tatsächlich um eine kulturelle Verstärkung der Fehlanpassungen handeln. Jetzt, schon nur noch wenige Jahrhunderte nach Beginn des fossilen Zeitalters und nur wenige Jahrzehnte nach Entwicklung der Kernenergie, steht wieder ein großer Wandel im Energiebereich an.

In dieser immer rascheren Abfolge der Nutzung verschiedener Energieträger und dem damit verbundenen Weg zu immer komplizierter werdenden Lebensverhältnissen versteckt sich ein weiteres Naturprinzip, das der Entropie. Dieses physikalische Gesetz zeigt auf, wie beim Gebrauch von Energie und Materie der Weg nahezu immer nur eine Richtung nimmt, nämlich von einer Verfügbarkeit im weitgehend geordneten Zustand hin zu einer nicht mehr gegebenen Verfügbarkeit, eher einer Unordnung entsprechend. Das Verständnis dieses Grundgesetzes macht neben der Betrachtung der Evolution den Weg in die ökologische Krise – und auch die Grenzen möglicher Lösungsansätze – verständlicher, weshalb es näher erklärt werden soll.

Von Ordnung zur Unordnung – Entropie

Geht es Ihnen auch manchmal so, dass Sie den Eindruck haben, dass vieles nicht, wie versprochen, einfacher, sondern komplizierter und unübersichtlicher wird, egal ob im Arbeitsleben, im Verkehr, bei sozialen Kontakten oder bei Gebrauchsanweisungen für technische Geräte?

Dann haben Sie intuitiv bereits etwas vom Gedanken der Entropie erfasst, die uns jetzt beschäftigen wird. Dieser kleine Exkurs zu komplizierten Gesetzen der Thermodynamik, die aber wesentlich sind für unser Leben auf diesem Planeten, soll mit einer Übung, vorgeschlagen vom Wirtschaftswissenschaftler Jeremy Rifkin, etwas erleichtert werden:

> Beobachten Sie einen Tag lang alles, womit Sie in Berührung kommen: Dinge, die Sie sehen, hören, berühren, riechen, fühlen oder konsumieren; Dinge, die Sie bekommen oder weiter geben. Dann versuchen Sie, jeden Gegenstand oder dergleichen in beide Richtungen zu verfolgen, zurück zu seiner ursprünglichen Quelle und nach vorn zu seiner letztendlichen Bestimmung. Mit hundertprozentiger Sicherheit werden Sie feststellen, dass sich alles aus irgendeiner Form von Rohmaterial (verfügbarer Energie) entwickelt, um dann irgendwo als unbrauchbarer Abfall (nichtverfügbare Energie) zu enden.[133]

Der erste Hauptsatz der Thermodynamik besagt, dass in diesem Prozess die Energiemenge insgesamt gleich bleibt; der zweite Hauptsatz jedoch schränkt ein, dass dabei der Weg von Zuständen mit verfügbarer oder auch freier Energie verläuft zu Zuständen mit nichtverfügbarer oder gebundener Energie, wobei dieser Prozess unumkehrbar ist. Wenn also ein Stück Kohle brennt, bleibt zwar die Energiemenge konstant, die Kohle aber wird umgewandelt in Schwefeldioxid und andere Gase, die in den Raum entweichen. Obwohl also während dieses Prozesses keine Energie verloren geht, ist klar, dass dasselbe Stück Kohle nicht noch einmal verbrannt werden und somit nicht nochmals dasselbe Stück physikalische Arbeit geleistet werden kann. Die Energie ist in einen Zustand der Nichtverfügbarkeit verwandelt worden. Entropie ist dabei das Maß der Energiemenge, die nicht mehr in Arbeit umgewandelt werden kann, entsteht also bei irreversiblen Prozessen, und hängt mit der Anzahl der Möglichkeiten zusammen, wie sich Atome oder Moleküle in einem geschlossenen System anordnen können. Im Beispiel der Kohle sind es weniger Möglichkeiten vor der Verbrennung als im Zustand danach, und dies ist irreversibel. Entropie kann somit nicht abnehmen, allenfalls weniger zunehmen.

Energie selbst kann dabei weder geschaffen noch zerstört, sondern nur umgewandelt werden, wobei ein Teil der Energie bei jedem Arbeitsprozess in thermische Energie, somit Wärme, umgewandelt wird. Diese geht verloren und steht der weiteren Nutzung und Transformation nicht mehr zur Verfügung. Energie kommt dabei aus zwei Quellen: zum einen aus dem irdischen, begrenzten und in menschlichen Zeitmaßstäben nicht erneuerbaren Vorrat an Energieträgern (einige haben wir bereits kennen gelernt), zum anderen aus dem Wärmezufluss der Sonne. Somit ist die Erde ein offenes System.

Gelten aber die thermodynamischen Gesetze nicht ausschließlich für geschlossene Systeme? Falsch, sagt der Physiker Dietrich Pelte.[134] Denn die Energie im System Erde bleibt nahezu konstant (was ja der erste Hauptsatz der Thermodynamik beschreibt), da etwa die gleiche Energiemenge, die von der Sonne zugeführt wird, auch wieder abgegeben wird. Hinzu kommt noch ein weiterer, mit Blick auf die Gültigkeit des ersten Hauptsatzes aber nur unwesentlicher Energieverlust, der entsteht durch die vom Menschen verursachte Umwandlung der in der Erde gespeicherten fossilen Energiestoffe; die dabei entstehende Wärme wird zusätzlich ins Weltall abgestrahlt.

Ein weiteres Problem: Die Erde kann als offenes System Energie mit ihrer Außenwelt austauschen, nicht jedoch Materie. Sonnenenergie kann keine Materie erschaffen, dafür aber Leben und Wachstum im Zusammenwirken mit Materie, Mineralstoffen und Metallen ermöglichen. So übertrug Ökonom Nicholas Georgescu-Roegen das Gesetz von der Entropie auf die Materie, wonach Materie auf der Erde nur begrenzt verfügbar ist, was einleuchten dürfte. In diesem Sinne handelt es sich um ein geschlossenes System. Wenn sie genutzt wird, bleibt sie – dem ersten Hauptsatz entsprechend – in ihrer Gesamtmenge erhalten, doch geht auch hierbei ein Teil ihrer Nutzbarkeit verloren:

> Bei jeder Arbeit entsteht Reibung, Materie wird dabei abgetragen und verstreut. Die etwa durch den Abrieb von Autoreifen verstreuten Moleküle sind zwar noch vorhanden, aber sie könnten nur mit unverhältnismäßig viel Zeit und Energie wieder eingesammelt werden.[135]

Auch beim Recycling, das dem Verlust von Materie entgegenwirken könnte, muss jedes Mal ein Preis in Form von Wertminderung oder geringerer verfügbarer Menge bezahlt werden. Recycling vermindert oder vermehrt also nicht die beteiligte Materie, aber es geht – oft in kleinsten Spurenelementen – etwas davon verloren, häufig sinkt die Qualität, und jede weitere Recyclingrunde vermindert die vorher recycelte Menge. Auch hier gibt es somit irreversible Prozesse. Und, nicht zu vergessen, Recycling erfordert durch Sortieren, Sammeln und Aufbereiten selbst einen enormen Energieeinsatz. Der Wissenschaftsautor Christian Schütze meint daher:

> Wer wirklich an die Zukunft der Menschheit denkt und es mit der Verantwortung für künftige Generationen ernst meint, den muss die Materie-Entropie ebenso besorgt machen wie die Energie-Entropie.[136]

Vermehrter Energieaufwand zum Schaffen von Ordnung

Während die Menschheit also verzweifelt damit beschäftigt ist, durch Fortschritt und Entwicklung neuer Techniken mehr Ordnung auf der Welt herzustellen und Probleme zu lösen, verläuft der Weg von Materie und Energie genau umgekehrt: von der Ordnung einer verfügbaren, zumeist konzentrierten Energie zur Unordnung einer nicht mehr verfügbaren, zumeist verstreuten Energie (streng genommen darf Entropie nicht als Maß für Unordnung angesehen werden, da diese ja grundsätzlich reversibel sein kann). Das Paradox dabei ist: Wann und wo immer auf der Erde oder im Universum eine geordnete Struktur geschaffen wird, geschieht dies nach dem Entropiegesetz auf Kosten einer größeren Unordnung in der jeweiligen Umgebung. Anders formuliert: um aus einer Unordnung wieder geordnete Strukturen zu schaffen, muss zusätzliche Energie aufgewandt werden. Das obige Beispiel des Autoreifens mag dies veranschaulichen.

Wie viel leichter aber ist es zumeist, Unordnung herzustellen, als danach wieder aufzuräumen! So ist schnell etwas im Keller abgestellt, aber wehe, man muss irgendwann hier wieder Ordnung schaffen im Chaos. Oder man nehme alleine nur einen geordneten Stapel Spielkarten. Er befindet sich in einem Zustand maximaler Ordnung bzw. minimaler Entropie, die Karten befinden sich in genau einem Zustand ihrer Anordnung. Wirft man ihn nun auf den Boden, verteilen sich die Karten zufällig und ungeordnet, sie haben viele Möglichkeiten, sich anzuordnen, hohe Entropie entsteht. Um sie nun wieder aufzusammeln und in die ursprüngliche Anordnung zurückzuführen, hat man mehr Energie aufzuwenden als zuvor dafür, sie zu verstreuen.[137] Von alleine jedenfalls hätten sie sich nicht wieder sortiert, hoher Energiezufluss von außen war nötig.

Somit nimmt immer, wenn das Entropiewachstum an einem Ort abnimmt (also die Karten wieder geordnet werden), die Entropie in der Umgebung dieses Vorgangs zu. Dies liegt an der für die Herstellung der Ordnung übermäßig nötigen Energieumwandlung, etwa in Wärme. In diesem Zustand haben die Atome oder Moleküle nun viel mehr Möglichkeiten, sich anzuordnen, ohne dass dies rückgängig zu machen ist. Das hat sich auch bei dem schon skizzierten Wechsel der Energieträger im Lauf der kulturellen Evolution gezeigt, wo stets ein erheblicher Mehraufwand nötig war, um die jeweils neuen Energieträger dann auch nützen zu können.

Für die Landwirtschaft brauchte man schon komplexere Geräte als nur für das Jagen und Sammeln, für das Fördern von Kohle dann andere Maschinen als für das Fällen von Holz, und um diese zu transportieren, waren schließlich dampfgetriebene Maschinen hilfreich. Es erforderte zudem erheblich mehr Aufwand und Energie, die jeweiligen Energieträger in eine nutzbare Form zu bringen (Ordnung zu schaffen), deutlich wird dies an der Verarbeitung von Öl in Raffinerien oder dem Spalten von Atomkernen zur Energiegewinnung. Der Mensch musste also immer wieder Ressourcen gegen andere austauschen und benötigte dafür jeweils neue Methoden, die immer komplizierter wurden, da er von leichter zu weniger leicht ausbeutbaren Rohstoffen übergehen musste. Zumeist wird dabei der sich als nächstes anbietende, also einfachste Schritt zuerst gemacht, woraus ein Dilemma entsteht. Der Archäologe Joseph Tainter meint dazu:

> In jedem mit Problemen konfrontierten System sind die ersten Lösungsschritte die produktivsten. Das kommt daher, dass der Mensch die niedrig hängenden Äpfel zuerst pflückt. (...) Die weiteren Schritte werden immer kostspieliger, bis der Aufwand in keiner Relation mehr zum Ergebnis steht und womöglich gar Verluste einfährt.[138]

Wie bei den Spielkarten: zur Lösung der entstandenen Unordnung muss ein im Verhältnis deutlich höherer Energieaufwand getätigt werden. Mussten etwa texanische Ölbarone in den Dreißigerjahren nur die Energie von einem Barrel Öl einsetzen, um 100 Barrel Öl an die Oberfläche zu pumpen, so sind es heute bereits 17.

Das beschriebene Prinzip zeigt sich ähnlich in anderen Bereichen unseres Lebens, so in der Landwirtschaft, wo Pestizide und Düngemittel (beides zudem auf Ölbasis hergestellt) mehr Probleme schaffen als lösen, ebenso in der Urbanisierung und im Transportwesen.[139] Heute nützen wir Autos, Lastwagen und Flugzeuge; der Entropiezuwachs hierbei ist offensichtlich. Notwendig wurden dafür etwa der Bau von Straßen und Flugplätzen sowie die Einrichtung von Werkstätten und Tankstellen. Aktuell werden nun nach Verdoppelung des Güterkraftverkehrs in Deutschland seit 1990 erste Hochspannungsmasten entlang von Autobahnen gebaut, um klimafreundlich E-Lkws fahren lassen zu können.[140] An die Möglichkeit einer Verkehrsreduktion wird dabei offenbar nicht gedacht.

Öl mühsam aus Ölsand fördern, Spiegel im Weltall zur Klimasteuerung aufspannen, Kohlendioxid unterirdisch lagern – die Entropiebeispiele der modernen Wirtschaft ließen sich beliebig fortführen. Viele kulturelle Errungenschaften aber – so das Wissen, wie man mit Hilfe der Umgebungsenergie Agrikultur betreibt oder Häuser baut – sowie der Bezug zur Natur sind dabei verkümmert oder verloren gegangen.[141] Stattdessen wird schon an Mini-Drohnen zum Bienen-Ersatz beim Bestäuben geforscht.[142]

Auch für die gepriesene und ja heute nötige Bündelung und Umwandlung der Sonnenstrahlen in verfügbare Energie (Wärme oder Strom) wird wiederum selbst ein erhebliches Maß an Energie, Rohstoffen und Materie benötigt. Grundsätzlich unbegrenzt verfügbare Sonnenenergie stößt hierbei auf begrenzte irdische Vorräte an Rohstoffen und Materie. Ähnliches gilt für die Windkraft. Die erneuerbaren Energien haben für die Entropiebilanz daher keine Sonderstellung, so der Physiker Dietrich Pelte.[143]

Weiter haben sich durch Einführung des Computers viele Abläufe enorm vereinfacht und beschleunigt, jedoch ist es nicht zu der erwarteten Papierersparnis gekommen, die Computer sind zumeist nach wenigen Jahren wieder veraltet, für die daher nötige fortlaufende massenweise Herstellung sind wiederum etliche Rohstoffe erforderlich, und immer schneller müssen die PCs entsorgt werden. Auf einen Brief muss heute nicht mehr tagelang gewartet werden, die Mail ist in Sekundenschnelle verschickt, allerdings ohne dass wir wissen, wie sie funktioniert. Diese Zeit- und Energieersparnis hat aber dazu geführt, dass nun der Arbeitnehmer heute im Durchschnitt über 40 Mails am Tag beantworten muss und dabei das Gefühl eines (mindestens mental) immens hohen Energieaufwandes hat. Die Möglichkeiten, und damit die Entropie, haben also auch hier zugenommen. Firmen müssen daher heute schon zum Schutz ihrer Arbeitnehmer die Zeiträume begrenzen, in denen Smartphones genützt oder Mails beantwortet werden dürfen.

Durch all unsere Bemühungen, Ordnung in alle Aktivitäten des Lebens zu bringen, zumeist mit Hilfe von Technik, beschleunigen wir eigentlich nur die Umwandlung von Energie und Materie und damit den Entropieprozess.[144] Deutlich wurde, dass dabei häufig neue Probleme auftauchen, die wieder mehr Aufwand, Energie und Materie benötigen, um sie in den Griff zu bekommen (um also Ordnung zu schaffen). Da stellt sich schon die Frage, ob Arbeit statt Nutzen eher Schaden anrichtet, wenn so viel Energie dabei verloren geht durch Umwandlung in einen nicht verfügbaren Zustand. Der Wissenschaftsautor Christian Schütze folgert daher etwas pessimistisch: »Arbeit ruiniert die Welt, macht sie ärmer, vermehrt das Wertlose«.[145] Über die weitere Bedeutung dieses Satzes ließe sich trefflich streiten, oder philosophieren. Der Astrophysiker Peter Kafka schlug deshalb bereits einen »Entropiesteuersatz« vor, um die katastrophale Entropieerzeugung durch den Menschen zu reduzieren.[146]

Ein Mehr an Möglichkeiten und Komplexität zeigt sich aber auch im Freizeit- und Konsumbereich, wodurch ein zunehmend hoher Energieaufwand erforderlich wird, hier noch den Überblick zu behalten, somit innere Ordnung herzustellen. Ob es die vielen Fernsehsender sind (früher gab es ja tatsächlich davon nur drei), die vielen technischen Geräte, von denen wir umgeben sind, die vielen Joghurtgläser im Supermarktregal, die immer unübersichtlicher werdende digitale Fotosammlung oder die vielen Urlaubs- und Reisemöglichkeiten – all das stresst zunehmend, so dass schon von einem Konsum- und Freizeit-Burnout gesprochen wird.[147]

Spezialisierung und Abhängigkeit

Zunehmende Komplexität geht aber auch Hand in Hand mit steigender Spezialisierung, und daran zeigt sich die Schwachstelle zunehmender Technisierung: sie bleibt abhängig vom Menschen. Während in einfachen Gesellschaften Führungspersönlichkeiten leicht austauschbar sind, sind moderne Gesellschaften auf gut ausgebildete Spezialisten, etwa in der Kraftwerksführung, und deren Zusammenspiel angewiesen. Wehe aber, wenn diese versagen, menschliche Schwächen zeigen (man denke an den Suizid des Piloten) oder krank werden; ein Albtraumszenario von Katastrophenexperten ist hier eine mögliche weltweite Ansteckung an einem mutierten Grippevirus, wovon dann auch die Spezialisten an wichtigen Nahtstellen der Gesellschaft betroffen sein könnten.

Experten mit spezialisierten Kenntnissen sind auch in Medizin und Recht gefragt. Die Zahl der verschiedenen Fachärzte und Fachanwälte hat in den letzten Jahrzehnten enorm zugenommen. Mit bedingt ist diese Spezialisierung auch durch eine zunehmende Flut an Wissen, so dass Lehrbücher und Standardwerke rasch wieder überholt sind. Diese unüberschaubare Flut an Veröffentlichungen in Fachzeitschriften, somit an Möglichkeiten, Wissen zu publizieren oder zu erwerben, kann man gut und gerne Informationsentropie nennen. So verdoppelt sich heute die Zahl der Fakten, die wir über die uns umgebende Welt kennen, innerhalb von etwa fünf Jahren.[148] Dass dadurch die Welt besser organisiert ist, also mehr Ordnung entsteht, wird wohl niemand ernsthaft behaupten wollen.

Durch den Schwerpunkt auf das Faktenlernen – schließlich leben wir in einer Wissensgesellschaft – fängt die Tendenz zur Spezialisierung schon im Grundschulalter an, unser Bildungswesen ist stark darauf ausgerichtet. Spezialisierung verhindert jedoch das Erkennen von Zusammenhängen, ein Überblick über ein Gesamtgeschehen kann nur schwer gewonnen werden. Biologen aber weisen darauf hin, dass Überspezialisierung einer der Hauptfaktoren für das Aussterben einer Spezies ist. Sie verliert dadurch zumeist die Fähigkeit, sich einem Wechsel der Umweltbedingungen anzupassen.

Für den Einzelnen werden die gesellschaftlichen Verhältnisse aber immer unüberschaubarer. Bei der Finanzkrise 2008 beispielsweise gab im Zusammenhang mit dem Desaster der Bayerischen Landesbank ein bayerischer Ex-Finanzminister im Interview zu, blauäugig gewesen zu sein, er ärgere sich maßlos, dem Heer der blinden Lemminge gefolgt zu sein, die die Geschäfte als völlig risikolos eingeschätzt hätten: »Wir sind aber über die Risiken komplizierter Papiere erst gar nicht unterrichtet worden.«[149] Häufig sind somit Experten und Politiker selbst nicht mehr in der Lage, wenigstens Teilbereiche unserer komplexen Welt zu verstehen, worauf auch der Wirtschaftsforscher Niko Paech hinweist:

> Wir haben riesige und extrem komplexe Ökonomien erschaffen. Selbst Experten für Makroökonomik behaupten heute nicht mehr, dass sie die gesamte Finanzökonomie noch durchschauen. Und dann erwarten wir von den Politikern, dass sie das Richtige tun, um die nächste Krise zu verhindern? Angesichts einer solchen unbeherrschbaren Situation habe ich mit den Politikern schon manchmal Mitleid.[150]

Entropie im Medizinbetrieb – ein Exkurs

Auch im Gesundheitswesen wird ein großer Aufwand getätigt beim Bemühen, Ordnung und Wohlbefinden zu schaffen, was dem Autor dieser Zeilen aus vielfacher persönlicher Erfahrung sehr vertraut ist. So versteht kaum noch ein niedergelassener Arzt den Honorarbescheid, mit dem die Kassenärztlichen Vereinigungen versuchen, die Gelder der gesetzlichen Krankenkassen gerecht zu verteilen, die Regeln für diese Ordnungsweise werden immer komplizierter. Ähnliches zeigt sich bei der Medikamentenverordnung: Durch sogenannte Rabattverträge zwischen Krankenkassen und Pharmafirmen sollen die Medikamentenpreise niedrig gehalten werden. Überschaubar ist die jeweilige Preisgestaltung damit aber nicht mehr. Der Apotheker benötigt heute eine aufwändige Software dafür, nun das richtige Mittel für den Patienten herauszufinden, das die zu seiner Krankenkasse passende Pharmafirma hergestellt hat. Wieder ist kompliziertes Vorgehen mit hohem Aufwand nötig um noch einigermaßen Ordnung und Durchblick zu schaffen.

Auch der Input in der medizinischen Behandlung wird durch Technisierung immer größer, der Output wächst jedoch nicht entsprechend mit. Elf Prozent ihres Bruttosozialproduktes wenden die Deutschen bereits für Gesundheitsleistungen auf, sie stehen nach den Amerikanern und den Schweizern damit weltweit an dritter Stelle.[151] Offenbar führen auch im Gesundheitssystem, ähnlich dem Beispiel der Ölförderung, immer größere Investitionen zu stetig kleineren Erfolgen. So werden hierzulande jährlich 900 kostspielige Herzkatheteruntersuchungen pro 100.000 Einwohner durchgeführt (bei der ersten Auflage dieses Buches 2009 lag die hierfür verfügbare Zahl noch bei 600)[152], was einem einsamen europäischen Spitzenplatz entspricht, während allein durch Ernährungsumstellung einer ganzen Bevölkerungsgruppe im finnischen Nordkarelien die Zahl der Herzinfarkte um 70 Prozent zurück ging.

Führend ist Deutschland auch bei Bypass-Operationen und im Gelenkersatz an Hüfte und Knie, zudem gibt es hier bezogen auf die Bevölkerung die meisten Krankenhausbetten in der EU, mehr Ärzte als in anderen Ländern und mehr als doppelt so viele Kernspin-Geräte verglichen mit dem europäischen Durchschnitt.[153] Drastische Fehl- und Überversorgung besteht auch bei der Verordnung fraglich wirksamer Medikamente, ebenso bei Röntgen- und Computertomographieuntersuchungen, aber auch bei der Durchführung von Knochendichtemessungen und Gelenkspiegelungen.[154] Hierzu stellte eine Studie kanadischer Orthopäden fest, dass zwei Jahre nach Durchführung einer Kniegelenksspiegelung (Arthroskopie) in der Gruppe der operierten Patienten weder die Schmerzen geringer waren oder die Funktionstüchtigkeit besser, dies im Vergleich zu einer Gruppe mit ähnlich chronischen Kniebeschwerden, die nur zwölf Wochen lang mit Krankengymnastik und anschließend weiter mit Medikamenten behandelt worden waren.[155]

Natürlich spielen Gewinnstreben von Gesundheitsindustrie und Ärzten bei dieser Aufblähung des Gesundheitswesens eine große Rolle. Dazu kommen auch neue Kundennachfragen, etwa nach Selbstoptimierung durch Medikamente, Botox und Schönheitschirurgie, oder nach prädiktiver Medizin. Und schließlich ist auch der demographische Faktor zu bedenken. Ein höherer Anteil älterer Menschen und eine längere Lebensspanne tragen zu den Gesundheitskosten erheblich bei.

Der Trend geht aber auch im Medizinbetrieb zu mehr Komplexität, Technisierung und Spezialisierung. In Deutschland sind bereits 5,2 von 80 Millionen Menschen direkt oder indirekt im Gesundheitswesen beschäftigt,[156] dennoch hat man den Eindruck, dass es in den Basisdisziplinen wie der Kranken- und Altenpflege, also bei der Betreuung des Patienten selbst, sehr an Personal mangelt, das zudem stark mit Dokumentation beschäftigt ist (wohl auch um Ordnung zu schaffen). Die zunehmende Kompliziertheit wirkt auch hier und führt zu Unzufriedenheit bei Personal und Patienten, wie der erfahrene Internist, Notfallmediziner und Autor Michael de Ridder aktuell am Beispiel eines guten Freundes schildert, der – bei erfolgreich behandelter Krankheit – von seiner Krankenhauserfahrung berichtet:

> Kaum erinnere ich mich, einen Arzt gesehen zu haben. Erklärt hat mir die Krankheit niemand; meist schaute ich in müde, freudlose Gesichter – und kalt war es, die Atmosphäre war geradezu frostig![157]

Die »einfache« (entropiearme), sprechende und patientennahe Medizin, wie sie ambulant insbesondere Hausärzte, häufig mit Hausbesuchen, praktizieren, aber auch Kinderärzte und Psychiater, kommt dabei zu kurz. Nicht umsonst rangieren diese drei Arztgruppen stets am unteren Ende der ärztlichen Einkommensstatistik. An der Spitze liegen technikorientierte Fachgruppen wie Radiologen und Orthopäden. Dabei weiß man mittlerweile, welch große Bedeutung die »Droge Arzt« hat, auch bei der Wirksamkeit von Medikamenten. Gesucht wird der Arzt als »guter

Freund«, mit Empathie, Sachverstand und Respekt.[158] Allein die Beziehung wirkt hier schon heilend.

Die Gleichung »mehr Medizin gleich mehr Gesundheit« trifft somit nicht zu.[159] So profitieren hierzulande vor allem Menschen mit höherem Bildungsgrad und überdurchschnittlichem Einkommen von der gestiegenen Lebenserwartung.[160] Vergleiche zeigen eine deutliche Korrelation zwischen dem Pro-Kopf-Einkommen und ausgewählten Gesundheitsparametern.[161] Eigentlich lautet somit die Gleichung: »Reiche leben länger und gesünder«. Armut hingegen macht krank.

Der technische Wandel wiederum hat das Leben bequem gemacht, dabei aber auch durch Abnahme von Muskelarbeit zu Bewegungsmangel geführt. Dieser wiederum verursacht nicht nur Muskelatrophie, sondern fördert auf diesem Wege – und im Zusammenspiel mit den unangepassten Eßgewohnheiten – die Mehrzahl der Volkskrankheiten, von den Herz-Kreislauferkrankungen über den Diabetes bis zu den Skelett-Muskelkrankheiten.[162] Nun gut, dafür haben wir ja dann wieder die großen technischen Möglichkeiten des Medizinbetriebs.

Globale Entropie

Die zunehmende Komplexität hat aber neben steigendem Energieaufwand, hoher Entropie und Abhängigkeit von Spezialisten weitere Folgen. So führt sie heute global zu einer weltweiten Vernetzung. Störungen an einem Ort können dadurch rasch auf andere Bereiche übergreifen und Krisen immer unberechenbarer machen. Das Risiko dafür ist umso größer, je enger die Elemente eines Systems zusammenhängen. Internationale Netze etwa, die früher Versorgungssicherheit beispielsweise bei Ernteausfällen garantierten, sind mittlerweile so eng verbunden und reagieren derart nervös, dass sie eine lokale Krise nicht abfedern, sondern im Gegenteil weiter tragen bis hin zum Kollaps des Systems, egal ob auf dem Finanzmarkt, in den Stromverbünden oder in der Industrie.[163] Informationsflüsse sind in Sekundenbruchteilen global möglich, wodurch Bildung und Kommunikation global möglich wird, aber ebenso eine enorme Anfälligkeit entsteht, wie die versehentliche Beschädigung von Internetleitungen in Tiefseeregionen bereits zeigte.

Die digitale Revolution selbst wiederum hat aber mittlerweile zu einem Informationsüberfluss und damit zu einer zunehmenden Unübersichtlichkeit geführt. Allein schon die aktuell virulent werdende Nachrichtenunordnung durch »Fake News« ist entropisch. Das Internet bläht sich immer weiter auf wie die vom Urknall getriebene Erweiterung des Universums, die Vielzahl der Möglichkeiten und damit die Entropie nehmen zu.

Auch wird schon davon gesprochen, dass in geopolitischer Hinsicht die Ära der Ordnung in ein Zeitalter der Entropie übergegangen ist. Demnach diktiert nicht mehr eine Großmacht oder eine Gruppe von Großmächten das Weltgeschehen, sondern es gibt eine Vielzahl von Kräften, die hier Einfluss haben, so Nationen, multinationale Konzerne, ideologische und religiöse Bewegungen, Terrorgruppen oder auch Nicht-Regierungs-Organisationen im Umwelt- und Menschenrechtsbereich. Unordnung wird das Kennzeichen internationaler Politik sein, meint der Professor für Politikwissenschaft Randall L. Schweller (dies schon 2014, also noch vor der Wahl Donald Trumps zum US-Präsidenten):

> Es wird eine Welt voller Verwirrung und Instabilität geben. Eine Zeit rastloser Unordnung, die von einer ziellosen aber heftigen Feindseligkeit gegenüber den herrschenden Gegebenheiten geprägt sein wird und in der man keinen gradlinigen Fortschritt erkennen wird. Die jetzt entstehende Welt wird das erste wirklich multipolare System sein und damit seit der Herausbildung des modernen Staatensystems erstmals eine Welt ohne westliche Hegemonialmacht.
>
> Um Krisen und Konfrontationen zu verhindern, müssen sich die permanenten tektonischen Machtverschiebungen im Überbau einer internationalen Ordnungsinstanz widerspiegeln – in den Ordnungs- und Gesellschaftsnormen des Systems. Allerdings bewirkt die zunehmende Entropie, dass die veraltete globale Architektur nur immer lauter knarrt und sich immer hartnäckiger einer Sanierung widersetzt. Niemand wird wissen, wo die Ordnungsinstanz ihren Sitz hat, denn sie wird gar keinen festen Sitz haben. Ohne Ordnungsinstanz aber kann es keinerlei Kontrolle und Steuerung geben. Die bereits überla-

dene und chaotische Landschaft wird mit weiteren Sinnlosigkeiten angefüllt. Und das Phänomen der internationalen Kooperation, wenn es überhaupt je mehr als eine Schimäre war, dürfte einen langsamen, aber sicheren Tod sterben.[164]

* * *

Eigentlich bedeutet Evolution in unserer Vorstellung Fortschritt, neues Leben und faszinierende Komplexität. Eigentlich müsste sie doch die Ordnung auf der Erde verbessern. Doch wir müssen wohl, auch wenn wir nicht so recht wollen, das Gegenteil zur Kenntnis nehmen: Unordnung, Chaos und Umweltzerstörung nehmen zu. So wie schon die Schlussfolgerungen von ökologischer Seite nicht erbaulich waren, sind sie es ebenso nicht unter physikalischen Gesichtspunkten. Auch Pelte verbindet dabei die Entropie mit dem Begriff der Nachhaltigkeit, der uns noch beschäftigen wird:

> Menschliches Handeln ist umso nachhaltiger, je weniger die natürliche Entropieproduktion auf der Erde durch dieses Handeln beeinflusst wird.
>
> Menschliches Handeln ist ein Synonym für alle Prozesse, deren Existenz die Existenz des Menschen voraussetzt. Die Natur ist gnadenlos: Irreversible Prozesse produzieren Entropie (sie erfordern die Wandlung von Energie) und der Mensch kann sich dieser strikten Abfolge von Ursache und Wirkung nicht entziehen. Die natürlichsten Lösungen für nachhaltiges Handeln wären demnach auch
>
> - die Anzahl der Menschen zu beschränken, etwa durch Hungersnöte, Kriege, oder ähnliche Katastrophen,
> - das menschliche Handeln zu beschränken und damit einen Verlust an Wohlstand hinzunehmen.
>
> Selbstverständlich sind diese Lösungen politisch inkorrekt. Es gibt genügend Vorschläge, wie die Menschheit der Entropiefalle entgehen könnte. (…) Derartige Vorschläge erfordern

> immer, einen Prozess (z.B. Rohstoffabbau) durch einen anderen (z.B. Wiederverwertung) zu ersetzen, wobei nicht nachgewiesen ist, dass der neue Prozess tatsächlich die Entropieproduktion verringert.[165]

Wenn man auch den Entropiegedanken sicher nicht auf alle gesellschaftlichen Bereiche anwenden kann, ohne ihn zu überstrapazieren[166], so trägt er bei der Betrachtung der ökologischen Krise, vor allem bei der Frage der abnehmenden Rohstoffe und zunehmenden Erwärmung durch deren Endprodukte, erheblich zum Verständnis der letztlich in eine Richtung ablaufenden Vorgänge bei. Er macht von physikalischer Seite Grenzen unseres Handelns deutlich.

Trotz aller evolutionären Vorteile gegenüber den Tieren, die der Mensch in seiner Komplexität grundsätzlich hat: Der jetzt notwendigen schnellen Wandlungsfähigkeit zur Lösung der gewaltigen globalen Probleme stehen zudem zahlreiche fest in uns verankerte Verhaltensweisen und psychische Mechanismen entgegen, die uns die Gefahren der heutigen Situation entweder nicht erkennen lassen oder schnell zu Verharmlosung oder Verleugnung führen. Evolution, Entropiegesetz, Biologie und Psychologie hängen hier eng zusammen.

Nicht können und nicht wollen – die Biologie und Psychologie des Nichtstuns

Die Frage heute ist, wie man die Menschheit überreden kann, in ihr eigenes Überleben einzuwilligen.
Bertrand Russell[167]

Gerade jetzt, wo jeder sein Verhalten so dringend ändern müsste, spüre ich immer mehr Resignation und ertappe mich dabei, wieder weniger auf Umweltbewusstsein zu achten; die anderen tun es ja auch nicht,

meint eine 41-jährige Grundschullehrerin. Das Erschrecken angesichts der atemberaubenden Dimensionen der globalen Krise lähmt und führt zu widersprüchlichem Verhalten. Für viele stellt sich die Frage, was denn der eigene kleine Beitrag nützt bei derart umfassenden Problemen. Eine Umfrage des Emnid-Institutes ergab, dass 44 Prozent der Deutschen bei allem Klimabewusstsein eine Änderung ihrer eigenen Gewohnheiten für zwecklos halten.[168] Für über 92 Prozent der Bevölkerung war jedoch laut der Studie »Umweltbewusstsein 2004« Ökologie ein wichtiges Thema.[169] Auch 2014 meinen fast neun von zehn Befragten, dass wir in Deutschland auch für Umweltprobleme in anderen Ländern verantwortlich sind.[170] Somit ist fast jeder für Umweltschutz, aber nur wenige tun etwas dafür. Sechs von sieben Deutschen befürworten den ökologischen Landbau, aber der Marktanteil liegt bei unter zehn Prozent (allerdings mit leicht steigender Tendenz). Über die Ausgangsituation wissen viele Menschen gut Bescheid, und doch weigern wir uns, die Konsequenzen dieses Wissens zu begreifen. Zwischen Theorie und Praxis liegen somit Welten.

Zum schlechten Gewissen, trotz der Erkenntnisse zu Klimawandel und Ressourcenverbrauch nach Mallorca in Urlaub geflogen zu sein (dies damit ein letztes Mal), meinte noch 2006 ein ärztlicher Kollege: »Was, um so etwas machst Du Dir Gedanken?«

Wahrnehmungsstörungen

Billigflüge in den Urlaub mit weiter wachsendem Flugverkehr, höherer Marktanteil von spritfressenden Geländewagen, geringe Änderung der bisherigen umweltschädlichen Gewohnheiten – die Liste des »schizophrenen« menschlichen Verhaltens ließe sich beliebig fortführen. Wir tun das nicht aus Bosheit oder Faulheit. Vieles ist in uns fest verankert und daher nicht ohne weiteres beeinflussbar. »Menschen sind Tiere, und alles was wir tun, liegt in unserem biologischen Potential«, stellte der Paläontologe Jay Gould fest.[171] Das knüpft an obige evolutionär-ökologische Überlegungen zu Grundbedürfnissen von Lebewesen, damit auch von Menschen, an.

Dementsprechend ist die Reichweite unseres möglichen Verhaltens einerseits durch unsere Biologie begrenzt, aber andererseits durch das speziell menschliche Bewusstsein, den Intellekt, fraglich erweitert. Dies wird auch durch die Diskussionen zum oft in Frage gestellten freien Willen des Menschen deutlich. In unseren Reflexen, Wahrnehmungen, Begierden, Ängsten und Urteilen äußert sich häufig ein nachweislich uraltes Programm, Ergebnis einer Mutationskette von einigen hunderttausend Generationen, der schon beleuchteten Evolution vom Affenstadium zum Homo sapiens.

Zunächst einmal ist bereits die *Wahrnehmung einer Situation eingeschränkt*. Gerne vertrauen wir auf unseren »gesunden Menschenverstand«, doch auf den ist nur in mancherlei Hinsicht Verlass. Er funktioniert nur dann, wenn Ereignisse kontinuierlich ablaufen und sich in ähnlicher Weise wiederholen. Unsere cerebrale »Software« ist auf Abläufe und Situationen spezialisiert, die sie als wahrscheinlich ansieht, und das sind Anforderungen, die uns bekannt sind oder an bereits gemachte Erfahrungen erinnern. *Das Nervensystem rechnet in Wahrscheinlichkeiten*: was äonenlang und dann auch im bisherigen persönlichen Leben wahrscheinlich war, wird wohl auch weiterhin wahrscheinlich bleiben (schließlich geht jeden Morgen die Sonne auf, das wird auch so bleiben, und Tankstellen bieten Benzin schon seit meiner Geburt, also gefühlt bereits »eine Ewigkeit«; das wiederum muss aber nicht so bleiben). Diese uns angeborene Haltung wird aber lebensgefährlich in einer Welt des raschen Wandels, so der Molekularbiologe und Evolutionstheoretiker Hans Mohr.[172] Die Fähigkeit zum Abschätzen der weiter entfernten Zukunft und das Vorstellungsvermögen für noch nicht da gewesene Katastrophen sind daher kaum gegeben. Gerd Eisenbeiß, bis 2006 Energievorstand im Kernforschungszentrum Jülich, stellt den Bezug zur schon betrachteten Evolution des Menschen her:

> Es kam doch für Mensch und Gruppe über Millionen Jahre nur darauf an, nahe Räume zu überblicken und allenfalls den nächsten Winter zu bedenken. Nahrung bot nur der Nahraum und Langfristentwicklungen waren weder abschätzbar noch überlebensrelevant.[173]

Umweltgerechtes Verhalten überfordert also den Homo sapiens, was sich aus seiner Stammesgeschichte heraus erklärt.[174] Altsteinzeitliche Jäger und Sammler waren nicht gezwungen, über den Schutz ihrer Lebensgrundlagen nachzudenken. Es wäre für sie sogar kontraproduktiv gewesen, die Folgen ihres Handelns in ferner Zukunft zu bedenken: Wer auf der Jagd zu lange nachgedacht hat, ist ohne Beute zurückgekommen. Heute aber ist die menschliche Kurzsichtigkeit eine der Wurzeln der entstandenen Umweltprobleme und ihrer mangelnden Behebung.

Das Hirn liebt einfache Erklärungen

Dementsprechend ist unser Verstand nicht geschaffen dafür, komplexe Sachverhalte und Systeme mit Rückkopplungen wie jetzt bei der ökologischen Krise zu begreifen. Wieso vergiften Bauern trotz bekannter gegensätzlicher Informationen sachkundig ihren Boden einschließlich Grundwasser? Wie vereinbaren Millionen aufgeklärte Zeitgenossen ihren steigenden Verbrauch an Energie mit ihrem Widerwillen gegen deren oft gefährliche Erzeugung?

Auch bei der Diskussion der Nahrungsmittelkrise sind wir schon sich selbst verstärkenden Effekten eines global vernetzten komplexen Systems begegnet. Unser Hirn ist – trotz der evolutionär erreichten Größe – nur wenig zum Erfassen nicht-linearer Entwicklungen, etwa des exponentiellen Wachstums, geeignet, denn auch das sind komplexe Sachverhalte. Weltbevölkerungszahlen, Industrieproduktion, Energieverbrauch und zahlreiche andere sozioökonomische Faktoren, aber auch Umweltschäden, sind über längere Zeiträume hinweg exponentiell gewachsen, vor allem seit Beginn der Nutzung fossiler Brennstoffe und der Industrialisierung (siehe Abb. 1 im ersten Kapitel).[175] Während wir also *auf einfache, lineare Verhältnisse geeicht* sind, sind es aber in erster Linie nicht-lineare Vorgänge, die unser Leben, auch unser Denken und Fühlen bestimmen. Unsere kognitiven Leistungen wurden evolutionär an eine Welt angepasst, in der es keinen Vorteil bedeutete, sich mit nicht-linearen, hochdimensionalen Prozessen zu beschäftigen, so der Hirnforscher Wolf Singer.[176]

Daher sind dem Nervensystem *Monokausalität* und einfache Erklärungen für die Wahrnehmung, aber auch für Verarbeitung und Reaktion wichtig. So sehen wir jemanden telefonieren, und nehmen automatisch an, dass es am anderen Ende der Leitung einen Partner dazu gibt. Allgemein gesagt: es gibt automatische, unbedingte Reflexe, etwa des Augenlids, oder das Ducken vor einem Wurfgeschoß. Auch sonst aber ist das menschliche Gehirn geradezu süchtig nach monokausalen Deutungen. Ursachen von Krieg, Krankheiten, Robbensterben, immer wird die eine – aber möglichst nur eine! – Ursache dafür gesucht. So wird gegenwärtig die Überforderung durch den Flüchtlingszustrom beklagt und die menschlich handelnde Kanzlerin dafür verantwortlich gemacht, ohne aber die dahinter stehenden komplexen Ursachen wie Kriege, Klimaextreme oder die ungerechte globale Verteilung von Gütern und Wohlstand zur Kenntnis zu nehmen.

Bedrohliche Situationen lösen oft auch eine Art *Angststarre* aus (in der Fachliteratur als »freezing-like behaviour« bezeichnet). Forscher sagen, dies sei evolutionär bedingt, blieb man doch durch ausbleibende

Bewegung von einem Angreifer unbemerkt.[177] Demnach leitet das Gehirn bei drohenden Stimuli sofort einen Stopp ein. Kraftfahrer, die ins Schleudern kommen, erleben daher oft vor dem Aufprall einen jähen, in Panik mündenden Schwund von Reaktionsfähigkeit. Piloten weisen auf die Gefahr hin, dass beim plötzlichen Ausfall der elektronischen Netzwerke der Kopf mit der Verarbeitung der komplexen Informationen nicht mehr nachkommen kann, nur noch wenige Eindrücke aufgenommen und verarbeitet werden können, bis zur völligen Lähmung von Denken und Bewegung. Solch »artspezifisches Verhalten«, wie man es auch von Tieren kennt (Insekten, die gegen Scheiben fliegen; Fische, die ins Netz, oder Mäuse, die in die Falle geraten) »befördert uns der ökologischen Katastrophe entgegen«, so der Autor Peter Brügge.[178] Neben der Angststarre scheint dabei aber wiederum die Überforderung durch Komplexität eine Rolle zu spielen.

In unseren Entscheidungen und Reaktionen sind wir zudem stark abhängig von unseren limbischen Hirnanteilen, dass sind Bereiche weit unter der Hirnrinde, die von außen kommende Reize mit Gefühlsempfindungen und Gedächtniserinnerungen verschalten. Es handelt sich um evolutionär »alte« Hirnanteile, im Gegensatz zur schon diskutierten Großhirnrinde, die sich später zum »Neocortex« erweitert hat. Diese nicht bewusst beeinflussbaren Schichten legen uns tagtäglich Entscheidungen nach einem archaischen Belohnungssystem nahe, das *kurzfristige Befriedigung* weit höher einschätzt und besser honoriert als langfristigen Nutzen, was auch durch neuere experimentelle Untersuchungen mit dem Kernspintomographen bestätigt wird.[179] Dies verschafft dann auch schneller ein Gefühl von Selbstwirksamkeit, die immer etwas Angenehmes ist.

Die selbst erzeugten und nun spürbaren Turbulenzen der Industrialisierung lassen sich nun aber leider nicht, wie vom Nervensystem eigentlich gewünscht, mit entsprechenden Vorerfahrungen vergleichen; ein Überblick über die immer komplexer werdenden Zusammenhänge lässt sich kaum gewinnen. Also geben sich viele Menschen mit einfachen (und dabei oft populistischen und manipulativen) Deutungsmustern zufrieden, die ihnen von manchen Politikern und Medien angeboten werden. Vielleicht können aber auch die es nicht besser. Der Neurophilosoph Thomas Metzinger spricht von einer »Evolution der Selbsttäuschung«,[180] einer evolutionär bedingten mentalen Fehlrepräsentation der Wirklichkeit. Daher seien vor allem *neuronal realisierte Muster* aus der langen evolutionären Geschichte zentral bei den Faktoren, die zum Entstehen der heutigen Tatsachen geführt haben.

Bedürfnis nach Gruppenzugehörigkeit und Abgrenzung

Unseren evolutionär mitgebrachten genetischen und neuronalen Programmen sind wir jedoch nicht grundsätzlich hilflos ausgeliefert. Genetisch bedingte Sehstörungen können durch die kulturelle Entwicklung von Sehhilfen oder Operationen ausgeglichen werden, genetisch bedingte Mangelerscheinungen wie etwa die schon in der Jugend beginnende Zuckerkrankheit Typ I können behandelt werden. Auch der Drang nach Absicherung gegen alle Arten äußerer Gefahr entspringt dem genetischen Erbe; die Werbung und entsprechende Angebote – Kultur also – helfen, dieses Bedürfnis zu befriedigen. Ebenso ist die Sexualität heute kulturell stark beeinflusst, wenngleich noch fest in den evolutionären Prinzipien des Strebens nach Reproduktion und Verbreitung der eigenen Gene verankert.[181]

Des Weiteren ist es nur dem Menschen möglich, sich künftige Bedürfnislagen zu vergegenwärtigen, auch wenn er das in der gegenwärtigen Krise kaum vermag. Er kann grundsätzlich Vorsorge treffen für noch gar nicht vorhandenen Durst, die Behandlung von Krankheiten oder Notfällen jeglicher Art. Auch dies macht sich die Werbung kulturell wieder zunutze, indem sie oft sogar illusorischen Bedürfnissen akute Dringlichkeit verleiht.

Jedoch gibt es allen früheren Annahmen zum Trotz keine von der »Natur« bzw. den Genen festgelegten sittlichen Spielregeln im Zusammenleben etwa wie Altruismus oder Gemeinnutz. Lebewesen, so auch die Menschen, verhalten sich nicht, wie man sich vielleicht wünschen würde, selbstlos zum Wohle der Art.[182] Das wäre im Konkurrenzkampf um maximale Fortpflanzung, um Partner, um Brutplätze und Nahrung auch sehr hinderlich gewesen. Allenfalls *im Dienst genetisch allernächster Verwandter* konnte es die Vermehrung fördern, wenn ein einzelnes Lebewesen als »Held« oder »Arbeiter« auf die eigene Fortpflanzung verzichtete.

Es gibt somit nicht die Arterhaltung als Gesetz der genetischen Evolution, allenfalls eine Verwandtenauslese. Genetische Vorteile sollen also für das nächste Umfeld gewonnen werden, etwa in einem Wolfsrudel oder Insektenstaat. Dabei werden aber durchaus auch eigene Artgenossen getötet, so wenn befruchtete Hummel-Königinnen sich im Kampf um einen guten Brutplatz gegenseitig tot stechen oder auch Nachwuchs vernichtet wird bei erkennbarer Bedrohung der zu erwartenden Brut oder auch bei Ressourcen-Verknappung. Nicht weit davon entfernt ist das Ergebnis einer Studie, dass die Gefahr, von Stiefeltern misshandelt zu werden, hundertmal so groß ist wie die einer Misshandlung durch die genetischen Eltern.[183] Auch der Kampf um bessere Reviere und weitere Weibchen spielt bei der Tötung von Artgenossen bei hoch entwickelten Säugetieren eine Rolle (z. B. Sippenkriege unter Schimpansen).

Entsprechende Analogien gibt es somit auch beim Menschen, trotz aller kultureller Errungenschaften und dadurch erzielter Zivilisierung. Eroberung neuen Lebensraumes, Vernichtung lebensunwerten Lebens oder anderer »Rassen«, Eigennutz von Dynastien, Nationalismus, Versuche einer Gemeinschaftsbildung auch durch Politiker (»Landesvater«), aufkommende Fremdenablehnung, all das hat mittlerweile weniger mit der Bedeutung genetischer Unterschiede zwischen den Völkern zu tun, denn die vermischen sich zunehmend. Vielmehr wirkt hier eine Jahrtausende alte evolutionäre Entwicklung, entsprechend kulturell überbaut, bei der Sorge um die am nächsten stehende Gruppe von Artgenossen nach. Überhaupt nichts jedoch hat es zu tun mit Sorge um den Erhalt der Menschenart an sich.

Die Sozialpsychologin Beate Küpper meint zum dabei wirksamen menschlichen Bedürfnis, sich und andere Menschen irgendwelchen Gruppen zuzuordnen, egal ob es Muslime, Juden, Frauen, Schwule oder Anhänger von Schalke 04 sind:

> Wir Menschen kategorisieren unsere Umwelt. Unser Gehirn kann gar nicht anders. Wir kategorisieren auch Menschen anhand von bestimmten Eigenschaften als Mitglieder von Gruppen. Jene, die man diesen Gruppen zuordnet, müssen sich diesen selbst gar nicht zugehörig fühlen. Es reicht, wenn ich selbst glaube, jemand gehört einer Gruppe an. [184]

Diese Kategorien werden dann gerne mit Stereotypen oder Vorurteilen verbunden, was es wiederum leichter macht, in einer komplexen Welt zurechtzukommen. Wir nehmen bevorzugt Informationen auf, die zu diesen vorgefassten Meinungen und Vorurteilen passen. Negative Eigenschaften werden dabei eher Fremdgruppen zugeordnet, positive den eigenen Gruppen. Sorge vor Konkurrenz und finanziellen Verlusten spielen häufig eine zentrale Rolle dabei (»die nehmen uns die Arbeitsplätze weg«), selbst wenn es einem durchaus gut geht. Allein die Angst, dies könnte sich ändern, reicht schon, um in Habacht-Stellung zu gehen und Konkurrenz zu wittern (dazu passt der Befund, dass dabei die Angst vor Verlust unser Handeln viel stärker bestimmt als das oft kritisierte Gewinnstreben[185]).

Auch das Leben unserer Vorfahren in Kleingruppen war gekennzeichnet von Konkurrenz um bessere Lebensmöglichkeiten und um Ressourcen, so der Bioethiker und Verhaltensökologe Eckart Voland. Signale, die die Zuordnung zu fremder oder eigener Gruppe erleichtern, konnten dabei äußere Körpermerkmale sein oder die Sprache, sind heute aber auch das Kopftuch oder Vereinsfahnen. Dazu passt ein Beispiel von Beate Küpper:

> Sogar die willkürliche Einteilung von Menschen in einem Seminarraum in Zitronen und Apfelsinen führt dazu, dass die Beteiligten eine Gruppenidentität entwickeln und das jeweils andere Obst nicht mehr so mögen.[186]

Solchermaßen gefühlte Zugehörigkeit stärkt zumeist das eigene Selbstwertgefühl – und kann zur Abwertung anderer Gruppen führen. Es sind dann immer »die Anderen« (»die« Flüchtlinge, »die« Pegida-Anhänger, »die« weiter in Urlaub Fliegenden), auf die gezeigt wird. Je eher daher die Entwicklung eines stabilen Selbstwertgefühls möglich ist, auch um unabhängig von eigenen Gruppen zu sein und um Elemente »der Anderen« auch in sich selbst erkennen zu können, und je mehr positive Erfahrungen im Kontakt mit anderen Gruppen erlebt werden, umso mehr kann Diskriminierung und Vorurteilen vorgebeugt werden. Zuwendung, Erziehung und Bildung sind also gefordert.

Im menschlichen Körper wiederum zeigt sich die Sippenwirtschaft im Kampf der Immunzellen gegen alles Fremde, seien es Bakterien oder von Mutationen betroffene eigene Zellen. Sorge für sich selbst mit Abgrenzung nach außen gibt es also auch hier, dafür müssen die daran beteiligten Zellen und Mechanismen aber gut zusammenspielen. Damit kommen wir nochmals zu der Frage, ob auch Menschen im Zusammenleben gut kooperieren können, rein biologisch gesehen.

Der Mensch – von Natur aus kooperativ?

Das Ganze ist relativ kompliziert: an sich verhalten sich Lebewesen im Ökosystem oft zwangsläufig kooperativ zueinander, etwa indem sie voneinander abhängig sind bei der Ernährung oder im Sinne von Wirt und Parasit. Auch Menschen sind häufig aufeinander angewiesen und verhalten sich dann zumeist unbewusst entsprechend – das Stillen des Säuglings und die Fürsorge für ihn bedürfen keines gezielten Impulses.

Die Aussage des Urforschers der Evolution, Charles Darwin, dass es einen Krieg der Natur und somit eine Grundeigenschaft aller Lebewesen einschließlich des Menschen gebe, gegeneinander ums Überleben zu kämpfen, darf als widerlegt gelten. Vielmehr weisen neuere neurobiologische Befunde darauf hin, dass es Kern aller menschlichen Motivation ist, zwischenmenschliche Zuwendung, Anerkennung und Liebe zu finden und zu geben, aus diesem Blickwinkel sind wir *auf soziale Sicht und Resonanz angelegt*. Der Psychiater Joachim Bauer erläutert dazu, dass der Mensch, ebenso wie eine Reihe von Tierarten, über ein neurobiologisches System verfügt, das eine intuitive wechselseitige soziale Einstimmung ermöglicht, nämlich das System der *Spiegelnervenzellen*.[187] Dies sorgt demnach dafür, dass ein Individuum das, was es bei einem anderen Individuum der gleichen Art wahrnimmt, im eigenen Organismus nacherlebt, im Sinne einer stillen inneren Simulation. Eigenes Schmerzempfinden bei Verletzungen Anderer oder ansteckende emotionale Stimmungen sind Beispiele dafür.

Der Primatenforscher Frans de Waal wendet sich ebenso gegen klassische Aussagen der Evolution, etwa dass der Mensch des Menschen Wolf sei.[188] Dem setzt er entgegen Gefühlsqualitäten wie Mitleid, Einfühlung, Interesse und Selbstlosigkeit, die er auch bei Menschenaffen erkannt hat. Auch bei Pavianen, so de Waal, kann man Kooperation, Trösten, Dankbarkeit und Gemeinschaftssinn entdecken.

Beim Menschen wiederum belohnt das Gehirn *gelungenes Miteinander durch die Ausschüttung von Botenstoffen*, vor allem von Dopamin, die gute Gefühle und Gesundheit erzeugen würden, meint Joachim Bauer. Auch er betont das Prinzip der Kooperation in der Evolution, es sei überhaupt die entscheidende Voraussetzung für die Entstehung von Leben gewesen, dann auch für die Entwicklung komplexerer biologischer Systeme, wofür zahlreiche biologische Strukturen, Moleküle, die in einer Doppelhelix angeordnete Erbsubstanz und etliche Prozesse zusammenspielen (kooperieren) mussten. Darwin hätte seiner Ansicht nach seine Schlussfolgerungen hinsichtlich eines Kampfes um das Dasein getroffen unter dem Eindruck global katastrophaler Bedingungen wie vor über 65 Millionen Jahren, als sich geophysikalische und klimatische Voraussetzungen drastisch veränderten. Bauer führt dann aber aus:

> Jedermann weiß allerdings, dass wir, nachdem wir zur herrschenden Spezies der Erde geworden sind und Vernichtungspotenziale bisher ungekannten Ausmaßes entwickelt haben, auch selbst in der Lage sind, ein Horrorszenario herzustellen, wie es sich vor über 65 Millionen Jahren abgespielt haben muss. Dazu keinen Beitrag zu leisten, sollte unsere Sorge gelten.[189]

Somit stellt sich die Frage, warum wir, wenn doch Kooperation in der Natur das vorherrschende Prinzip sein soll, dann herrschende Spezies der Erde geworden sind, täglich Tierarten vernichten und die erwähnten bedrohlichen Vernichtungspotenziale gegen uns selbst entwickelt haben. Die nötigen Rückkoppelungen durch gegenseitige Abhängigkeiten haben für den Menschen mittlerweile versagt, wir haben die entsprechenden Naturkreisläufe längst verlassen, und damit auch den für Kooperation nötigen Respekt vor den Pflanzen und Kreaturen auf diesem Planeten verloren, aber auch vor Menschen anderer, uns fremder Gruppen. Denn zumeist beziehen sich Kooperation und Empathie zwischen den Menschen, wie schon erwähnt, vorwiegend auf die jeweils *nahe stehende Gruppe von Artgenossen*, schließlich sind wir stammesgeschichtlich davon geprägt, in kleinen Gruppen zu leben. Hierzu ist seit den 90er-Jahren die Dunbar-Zahl bekannt. Laut Forschungen des Anthropologen Robin Dunbar beschreibt sie die theoretische kognitive Grenze der Anzahl an Menschen, mit denen eine Einzelperson soziale Beziehungen unterhalten kann; sie liegt im Allgemeinen bei 150.[190]

In solchen Kleingruppen mit großer Verwandtschaft und der Notwendigkeit, langfristig zusammenzuarbeiten, hätte kaum ein Mitglied aus kurzfristigem Gewinndenken heraus ein anderes Mitglied vor den Kopf gestoßen. Dieses Prinzip ist jedoch in der Anonymität der heutigen Lebensweise, beispielsweise an der Börse, außer Kraft gesetzt, meint der Evolutionsbiologe Ulrich Frey.[191] In den früheren Jäger- und Sammler-Gruppen gab es zudem keine großen Unterschiede zwischen den Mitgliedern, Lasten waren vermutlich weitgehend fair verteilt, was auch Voraussetzung für kooperatives Handeln ist, so der Evolutionspsychologe Michael Tomasello. Er erläutert *günstige Bedingungen für Kooperation* aus seiner Sicht:

> Unsere Bereitschaft zu helfen, stellt nur den einen Teil unseres Wesens dar. In gleicher Weise achten wir auf unseren Vorteil. Und unterschiedliche Lebensumstände kehren unterschiedliche Aspekte dieses Janus-Charakters hervor. Hat jemand Hunger, wird er mit Nahrung weniger großzügig sein, ganz einfach. Es gibt Bedingungen, die jeweils kooperatives oder egoistisches Verhalten entstehen lassen.
>
> Wir sollten darauf achten, Bedingungen zu schaffen, die Kooperation ermöglichen. Die erste lautet: Menschen sind hilfsbereiter, wenn Nutzen wie Lasten, Rechte wie Pflichten fair verteilt werden. Fairness ist eine Voraussetzung für Zusammenarbeit. Die zweite ist: Die biologischen Wurzeln der Kooperation liegen in der Gruppe – und das hat Folgen. Wenn man sich heutige Jäger-Sammler anschaut, fällt auf, dass sie alle sehr egalitär sind. Die Mitglieder teilen erwirtschaftete Nahrung, privater Besitz dagegen zählt kaum etwas.
>
> Aber seit der Erfindung der Landwirtschaft vor gut 10.000 Jahren haben wir begonnen, in riesigen Städten mit vielen

> Menschen, Sprachen, Religionen und Kulturen zu leben. Diese Umgebung stellt diese kooperative Grundeinstellung auf die Probe. Je weiter man sich von seiner Kerngruppe wie etwa der Familie entfernt, umso schwieriger wird es, das Miteinander aufrechtzuerhalten. [192]

Es fällt nicht leicht, sich mit diesen Erkenntnissen eine erfolgreiche Kooperation von Menschen und Staaten, wie sie nun weltweit notwendig ist, vorzustellen, zumal offenbar bereits die Furcht vor Hunger zu Konkurrenzverhalten führen kann, wie oben dargestellt. So verweist auch die Hirnforscherin Tania Singer darauf, dass wir unter Stress uns vor allem um uns selbst kümmern.[193] Bei Forschungen zu gelingender Kooperation ist man zudem nur an zwei Stellen fündig geworden, zum einen eben in der direkt umgebenden Gruppe, zum anderen dann, wenn Kooperation *reziprok* erfolgt, etwa unter dem Motto »Eine Hand wäscht die andere«, oder »wie du mir, so ich dir«,[194] was letztlich auch wieder mit erwähnter Fairness als günstiger Kooperationsbedingung zu tun hat.

Es zeigte sich auch, dass die Wahrscheinlichkeit für kooperatives Verhalten signifikant größer wird, wenn wir uns beobachtet fühlen, was in der direkt umgebenden Gruppe sicher meist der Fall ist. Den Menschen geht es sehr um ihre *Reputation* in der Gruppe. So wurde über einem Teeautomaten, an dem man freiwillig zahlen konnte, ein Bild mit zwei Augen angebracht, was zu einer deutlichen Erhöhung des Zahlbetrages führte. Bei einem weiteren Experiment zahlten die Studenten mehr ein für den Erhalt des Klimas, wenn sie wussten, dass jeder erfährt, wer wie viel gespendet hatte. Auch wenn solche Laborsituationen nie die Komplexität von Wirklichkeit und Mensch vollständig abbilden können, können sie zumindest ein Mosaiksteinchen zum Verständnis menschlichen Verhaltens liefern.

Vielleicht müsste somit außer über den Ruf des Einzelnen auch über die Reputation von Nationen oder Staatsverbünden gearbeitet werden. Die Haltung Deutschlands in der Flüchtlingsfrage oder die anfängliche Vorreiterrolle bei der Energiewende haben durchaus einen solchen Effekt gehabt. Auch leidet zunehmend der Ruf von Ländern, die den Klimavertrag von Paris nicht unterstützen – immerhin. Ob dies auch bei der gerechten Ressourcen- und Treibhausgasaufteilung oder beim nötigen Ausgleich der globalen Wohlstandsschieflage in historisch bisher nie da gewesener Situation funktioniert, muss offen bleiben, erscheint aber unwahrscheinlich.

Die Rolle von Bindung und Beziehungen für Kooperation und Aggression

Auch der Psychiater Joachim Bauer betont, dass sich mit gemeinschaftlichem Vorgehen Vorteile im Konkurrenzkampf erzielen lassen würden. Lebewesen würden durchaus um ihr Überleben kämpfen, wenn sie bedroht seien. Sie würden jedoch dort, wo Ressourcen knapp würden, keineswegs immer mit Kampf reagieren, sondern von der Fähigkeit zur Selbstregulation Gebrauch machen, also etwa die Fortpflanzungsraten senken. Dies scheint der Mensch in den westlichen Industriestaaten bereits unbewusst zu vollziehen, wenngleich hier ursächlich auch fruchtbarkeitsmindernde Umweltschäden wie etwa chemische Einflüsse diskutiert werden. Selbstregulation könnte beim Menschen aber auch bedeuten, dass die Population durch gravierende kriegerische Konflikte gesenkt wird, wir haben das bei Betrachtung der Entropie schon gesehen.

Zwischenmenschliche Aggressionen entstehen nach Bauer jedoch erst bei dauerhaft gestörten Beziehungen oder dem *Verlust von Bindungen*, was heute fast schon die Regel ist, sieht man sich die hohe Zahl von gescheiterten Lebensgemeinschaften und Ehen, die Mobilität, soziale Entwurzelung und häufig große Entfernung von Familie und Freunden an. Betroffen ist von instabilen Bindungen dann auch der Nachwuchs, der eine sichere Bindung jedoch zwingend für eine gelingende Entwicklung braucht. Eine primär nicht ausreichend stabilisierte Persönlichkeit ist anfälliger für unsoziale Reaktionen. So weist der Psychiater Stefan Brunnhuber darauf hin, dass über 50 Prozent der Bevölkerung der EU und in den USA ein instabiles und/oder chaotisches Bindungsverhalten aufweisen, was die gesellschaftliche Bedeutung dieses Empathiefaktors unterstreicht.[195]

Weitere ungünstige und nicht ohne weiteres zu ändernde Bedingungen kommen hinzu. So gibt es Hinweise, dass die Mikrosysteme Partnerschaft und Kleinfamilie besser gelingen, wenn sie in ein größeres

System, eine direkt umgebende Gruppe von Großfamilie oder Freunden eingebunden sind.[196] Ist dies wie heute weniger gegeben, werden die Fokussierung auf die Partnerschaft und die Erwartungen an ein Gelingen, damit aber leider auch die Chance für ein Scheitern umso größer.

Die Bedeutung sozialer Aspekte wie in Gemeinschaft verbrachte Zeit, die zur Gruppenbildung und damit auch zu Kooperation beiträgt, wird heute oft unterschätzt, etwa auch bei der Klage von Arbeitgebern über zu viele Feiertage und Urlaubszeiten, oder durch versetzte Arbeitszeiten, die gemeinsame Aktivitäten in Familie und Freundeskreis erschweren. Es gibt somit auch ökonomisch bedingte Hindernisse für gelingende zwischenmenschliche Beziehungen. Auch im digitalen Zeitalter gelingen diese nur fraglich, wie wir noch sehen werden, fehlen doch trotz vieler sogenannter Freunde, die man im virtuellen Raum haben mag, oft im analogen Leben die Vertrauenspersonen, was in Notzeiten dann besonders auffällt. Auch gibt es Hinweise darauf, dass mit zunehmender Beschäftigung mit Internet und Smartphone die Empathie nachlässt, die Voraussetzung ist für gelingende zwischenmenschliche Beziehungen und auch den Schutz von Tier und Natur.

Zudem haben wir wohl aus der frühen Evolutionsphase einen Drang zu nomadenhafter Lebensweise mitgebracht.[197] Die ist jetzt, wo sich über sieben Milliarden Menschen auf der Erde tummeln, nur mehr wenigen Stämmen möglich. Die Fläche ist für das in uns angelegte Sozialverhalten zu klein geworden, es kommt zu »*Dichtestress*«. Die weite Wildbahn, die wir als Jäger und Sammler bräuchten, finden wir nur noch durch Nichtwahrnehmung anderer, etwa indem wir in der Fußgängerzone starr aneinander vorbei laufen, oder im ersehnten eigenen Haus sowie virtuell in den Weiten des Fernsehens und Internets. Ein Jagdausgleich ist allenfalls teilweise durch Sport möglich. Der Dichtestress mit seinen dadurch entstehenden Aggressionen zeigt sich aber besonders anschaulich auf der Autobahn, in langen Schlangen etwa vor Verkaufsschaltern oder in Notzeiten, wenn Waren knapp zu werden drohen, aber auch in der Konkurrenz um rar gewordene Arbeitsplätze.

Idealistische Überlegungen zu von Natur aus gegebener Kooperation mögen daher vielleicht Gültigkeit gehabt haben für die weit überwiegende Zeit des menschlichen Daseins auf diesem Planeten, nämlich für die Jäger- und Sammlerphase mit einem Leben in übersichtlichen Kleingruppen. Bei heute oft mangelndem Vertrauen zwischen verschiedenen ethnischen und kulturellen Gruppen, großstädtischer Anonymität, global unfairer Unterschiede der Lebensbedingungen sowie erheblichem Bevölkerungs- und Konkurrenzdruck sind die Voraussetzungen für gelingende Kooperation eher ungünstig, so dass die primär prosozial ausgerichteten Motive menschlichen Handelns[198] nicht zur Geltung kommen. Der Mensch ist also nicht von vornherein egoistisch oder aggressiv, kann es aber werden, wenn er unter Druck kommt, wenn die äußeren Rahmenbedingungen sich verschlechtern oder diese schon von Beginn seiner Entwicklung an ungünstig waren.

Die oft beschworene Aussicht auf eine große Transformation des Bewusstseins erscheint unter diesem Blickwinkel wenig wahrscheinlich, die vielen durchaus richtigen Forderungen, was nun geschehen müsste, werden das nicht bewirken können. Für den durchaus vorstellbaren Fall eines plötzlichen Zusammenbruchs der Energieversorgung, eines plötzlich beschleunigten Klimawandels oder ähnlicher Erschütterungen, die weite Regionen, mehrere Länder oder die ganze Welt betreffen können, wäre dann der Rückweg von der Luxuszivilisation in die Steinzeit dank des alten Genoms nur eine Frage von Stunden, warnt der Molekularbiologe Hans Mohr.[199] Artspezifische Überlebensinstinkte, Eigennutz und schlummernde Brutalität könnten so rasch zum Vorschein kommen.

Unter Stress aber kommen die Gesellschaften durch die ökologische Krise schon jetzt, wenn auch indirekt und schleichend. Zu erwähnen sind etwa zunehmende Flüchtlingsbewegungen, Wetterextreme oder auch Diskussionen um Stromtrassen am eigenen Vorgarten vorbei. Abgrenzungen gegenüber Asylbewerbern und Ausländern mit Angst vor Überfremdung sowie der dabei in den westlichen Ländern zunehmende Hang zum Rechtspopulismus sind wohl schon ein Ausdruck vom unter Stress zunehmenden Kümmern um sich selbst. Für Empathie und Fürsorge sind bessere Bedingungen notwendig als sie sich jetzt abzeichnen.

Die biologische und evolutionäre Menschenbeschreibung ist häufig nicht beliebt, da hierbei auch die großen kulturellen und künstlerischen Errungenschaften des Menschen letztlich auf Naturprozesse zurückgeführt werden und die Fehlentwicklungen unveränderbar erscheinen. Es gelte, verlangen die Soziobiologen, sich dieser Natur bewusst zu werden, wozu grundsätzlich aufgrund der speziellen menschlichen Fähigkeiten die Chance besteht, um diese tief verankerten neuronalen Muster vielleicht doch noch kulturell unter Kontrolle zu bringen und den gebotenen Verstandeskurs aufzunehmen. Allerdings sind noch andere in uns wohnende Eigenheiten zu betrachten, die uns daran hindern, unser Verhalten den gravierenden Problemen entsprechend zu verändern. Teilweise in Überschneidung mit den dargestellten biologischen und evolutionären Aspekten spielen psychische Faktoren eine ganz erhebliche, wenn nicht sogar die entscheidende Rolle dabei.

Zu wenig spürbar, zu weit weg und zu komplex: Die Psychologie des Nichtstuns

Umweltpsychologen haben geholfen, besser zu verstehen, warum wir uns so widersprüchlich verhalten, nämlich die Notwendigkeit zu handeln erkennen, aber selbst kaum etwas tun. So weist Daniel Gilbert auf vier Gründe dafür hin.[200] Offensichtlich vollziehen sich demnach die *Veränderungen zu langsam und gemächlich*, wodurch unsere Sinne sie nicht entsprechend wahrnehmen. Die Temperaturen steigen viel zu langsam, die Meeresspiegel ebenso, die Sturmwinde nehmen nicht schnell genug zu. Stattdessen sehen wir weiter blühende Wiesen im Frühling, blauen Himmel, die Zapfsäulen spenden weiter Benzin, auch aus dem Wasserhahn kommt stetig fließend gutes Trinkwasser, die Supermärkte sind reichlich bestückt, und auf Knopfdruck funktionieren immer noch alle Geräte. Das menschliche Dilemma ist es, dass auf kurzfristige heftige Veränderungen – wie einen einzelnen Sturm, eine Hitzewelle im Sommer oder höhere Benzinpreise – durchaus präzise – etwa durch Vorsichtsmaßnahmen oder weniger Autofahren – reagiert werden kann, aber nicht auf einen schleichenden Wandel wie etwa die globale Erwärmung.

Ein solcher Wandel wiederum verschiebt langsam die Grundkoordinaten unseres Daseins, ohne dass wir es merken. Die gebaute Umgehungsstraße ist dann einfach da, und wird nun auch von ihren ursprünglichen Gegnern benützt. Die Plastikkörner an vielen Stränden weltweit sind ebenso einfach da, und lassen den ursprünglichen Zustand vergessen. Auch oben wurden schon Beispiele schleichender Veränderung erwähnt, etwa vermehrte Wetterextreme oder zunehmende Flüchtlingsbewegungen. Der Sozialpsychologe Harald Welzer erklärt dieses Phänomen, wie man sich derart an schleichende Veränderungen und langsam heraufziehende Katastrophen gewöhnen kann, sehr anschaulich:

> Vor einigen Jahren gab es eine kluge Studie, für die man zwei Generationen von südkalifornischen Fischern befragt hat, wie sie Umweltveränderungen wahrnehmen, wie weit hinaus sie fahren, um ihre Fänge zu machen, und was sie von der Veränderungen des Artenreichtums bemerken. Man hat festgestellt, dass das Problembewusstsein bei den Jüngsten am geringsten ausgeprägt war.
>
> Intuitiv würde man das Gegenteil annehmen, weil wir seit Jahren intensive Diskussionen über Umweltprobleme haben. Hier kommen sogenannte Shifting Baselines zum Tragen. Sie verändern den Gewohnheits- und Wahrnehmungsapparat: Die Jüngeren haben schon unter Verhältnissen angefangen, unter denen es gar nicht mehr so viele Fische gegeben hat, während sich die Älteren daran erinnern konnten, dass zu Beginn ihres Berufslebens die Situation ganz anders war. Die konnten in Küstennähe fischen und haben das 20-fache an Arten gefangen.[201]

Diese *Shifting Baselines* betreffen nahezu die gesamte Lebenswelt und sind nicht per se negativ. So sind heute frühere Zeiten ohne Mobiltelefon und Computer unvorstellbar. Aber man kann sich eben auch an wärmere Temperaturen, häufigere Stürme, weniger Insekten und früher im Jahr beginnende Allergien gewöhnen. Das ist dann einfach so, und damit lebt man, und spätestens für die nächste Generation ist das dann völlig normal.

Zweitens, so Gilbert, bedroht zwar die ökologische Krise momentan noch eher unsere Zukunft, aber die Zukunft erscheint als *noch weit weg*. Menschen, wie alle Säugetiere, reagieren zunächst auf eine klare und eindeutige Gefahr. Wie wir bei den Verrechnungsmethoden des Nervensystems schon gesehen haben, fällt es uns jedoch noch schwer, die fernere Zukunft so wie die Gegenwart zu behandeln. Der Klimaforscher Robert

Corell empfahl daher schon im Jahr 2008, nicht immer nur von den Problemen am Ende dieses Jahrhunderts zu sprechen, sondern mehr darüber, was uns schon im Jahr 2015 erwartet.[202] Das haben wir nun bereits hinter uns gelassen, aber geändert hat sich im Grunde nichts. Denn das weiter vorausschauende Handeln liegt dem menschlichen Handeln und Denken nicht[203], wie dies schon aus biologischer Sicht deutlich wurde.

Noch dazu macht es kein Vergnügen, langfristig zu planen, nur um Katastrophen zu vermeiden und dafür sich beschränken zu müssen. Die Forscher bei Google, amazon und facebook denken zwar durchaus über ihre Quartalszahlen hinaus, aber nur unter dem Aspekt, wie sich die Welt noch mehr technisieren und digitalisieren lässt, dies jedoch nur gewinn-, nicht etwa gemeinwohlorientiert.

Die Menschen generell aber, so auch Politiker und Ökonomen, denken und handeln kurzsichtig und kurzfristig, zudem ist die Krise häufig *unkonkret.* Würde etwa die Klimaerwärmung uns hie und da ein Auge ausschlagen, so Gilbert, hätten wir sie schon längst im Griff: es wäre ein konkreter und jetzt schon spürbarer Reiz. Dementsprechend verursachen die schon ablaufenden Veränderungen noch keinen oder *nur einen geringen direkten Leidensdruck*, etwa einen spürbaren Mangel oder Schmerz. Es fehlt also der direkte Erfahrungsbezug, meint auch der Umweltpsychologe Hans Spada.[204]

Verhaltenspsychologen haben in diesem Zusammenhang auch entdeckt, dass, so lange nichts Schlimmes passiert als Konsequenz des bisherigen Verhaltens, dieses wiederum verstärkt wird durch das trügerische Urteil, dass es ja gut war, wie man bisher alles gemacht hat.[205] So wurde auch bei der Finanzkrise 2008 trotz vorheriger Mahnungen erst reichlich spät reagiert. Und noch scheint es ja im Wesentlichen richtig gewesen zu sein, wie unser wachstumsorientiertes Wirtschaften die letzten Jahrzehnte funktioniert hat, es ist ja umweltmäßig anscheinend noch nichts richtig Schlimmes passiert. Zudem sind Menschen in ihrem Alltag eher mit Arbeitslosigkeit, Problemen im Job oder ihrem defekten Auto beschäftigt. Erschwerend kommt hinzu, dass die Bedrohungen nicht klar und eindeutig sind, sondern diffus, komplex, in der Wahrnehmung zu groß für den Einzelnen und in der Öffentlichkeit umstritten.

Nicht abschätzen zu können, welche Konsequenzen diese Bedrohungen doch haben könnten, macht uns zwar immer wieder unruhig, aber um dieses unangenehme Gefühl rasch zu beseitigen, neigen wir dann dazu, uns selbst zu beruhigen, unter dem Motto: das schaffen wir schon. Umweltpsychologen nennen das eine »*Kontrollillusion*«.[206] Ein Raucher, danach befragt, ob er denke, Lungenkrebs bekommen zu können, schätzt die Wahrscheinlichkeit dafür sehr gering ein. Ähnlich mit den ökologischen Problemen: so schlimm wird's schon nicht kommen, denken viele, oder: das kriegen wir dann schon noch hin.

Und – drittens – fällt es uns sowieso *schwer, sachliche Notwendigkeiten zu reflektieren*. Nach Gilbert ist unser Hirn eher darauf spezialisiert, über andere Menschen und ihre Absichten oder von ihnen ausgehende Bedrohungen nachzudenken und sie zu interpretieren, was evolutionäre Wurzeln hat, – aber nicht über Ereignisse. Würde demnach ein brutaler Diktator die Erderwärmung verursachen, stünde sie auf der Agenda ganz oben. Viertens schließlich berühren all diese Probleme nicht unsere *moralischen Empfindlichkeiten*. Fühlen wir uns beleidigt oder angewidert, handeln wir. Aber die ökologische Krise verletzt weder unser Schamgefühl noch unsere Glaubensvorstellungen, noch ekeln wir uns vor ihr.

Andere tun ja auch nichts – und alleine bin ich machtlos

Des Weiteren ist der *Zuschauereffekt* von Bedeutung.[207] Bevor man an die eigene Betroffenheit und Verantwortung denkt und vor der eigenen Haustür kehrt, sollten doch zunächst einmal andere etwas tun, etwa unsere Politiker und Wirtschaftsführer oder auch die Chinesen und Inder, indem die doch bitte, wenn überhaupt, dann gleich umweltfreundliche Autos und Industrien einführen mögen. Die anderen machen es doch auch nicht besser, also muss man selbst ja nichts tun.

Dies wurde auch schon als »umgekehrtes Trittbrettfahrersyndrom« bezeichnet:[208] Jeder wartet darauf, dass der andere handelt. Man überträgt projektiv seine persönliche Verantwortung auf die Gemeinschaft. So wird manchmal ein gesamtes Kollektiv handlungsunfähig. Der Zuschauereffekt zeigt sich im Übrigen auch bei gewaltsamen Übergriffen: je mehr Menschen hierbei zusehen, umso geringer die Wahrscheinlichkeit, dass jemand eingreift. Diese meist halb- bis unbewusste Orientierung am

Mehrheitsverhalten prägt somit, ebenso wie die erwähnten Shifting Baselines, unsere *Normalitätsvorstellungen.*[209] Es ist bei uns die Regel und damit normal, einen großen ökologischen Fußabdruck zu haben.

Ein weiterer Faktor, der das ökologische Nichtstun psychologisch begründet, ist dabei das *Grundbedürfnis, zu einer Gruppe bzw. zur Gesellschaft dazu zu gehören,*[210] es ist uns schon begegnet. Wer nicht in Urlaub fliegt oder auf das Auto verzichtet, wird da rasch zum Sonderling. Dies auszuhalten oder sogar etwas Positives für sich dabei herauszuziehen, erfordert eine besonders stabile Persönlichkeit, die sich von Meinungen anderer unabhängig machen kann.[211]

Eine Rolle spielen auch *Ohnmachtsgefühle,* so einerseits angesichts der großen komplexen Bedrohung, als Einzelner sowieso nichts ausrichten zu können, und andererseits den Launen der Natur ohnmächtig und hilflos ausgeliefert zu sein, wie etwa bei dem Tsunami im Dezember 2004 in Südostasien. Das wiederum stärkt dann die latent vorhandene Überzeugung, dass wir »kleinen« Menschen angesichts einer solchen Naturkatastrophe ja gar nicht in der Lage sind, die globalen Lebensbedingungen zu gefährden. So meinte ein Autor, dass wir uns in unserer globalen Wirksamkeit bitte nicht zu viel einbilden sollten.[212] Gerne schieben wir dann die Warnungen von Ökologen oder Systemanalytikern wieder als Alarmismus beiseite.[213]

Wissenschaftlich wurde auch festgestellt, dass *stabile soziale Bindungen* – hier begegnen sie uns wieder – einen positiven Einfluss auf das ökologische Bewusstsein ausüben.[214] Das leuchtet ein: wer nicht zu stark mit aktuellen Konflikten oder früheren Ärgernissen und seelischen Verletzungen beschäftigt ist, kann sich in Wahrnehmung und Engagement leichter nach außen öffnen, auch für ökologische Fragestellungen. Wie schlecht es aber heute um stabile soziale Bindungen bestellt ist, wurde schon deutlich.

Verleugnung als zentraler Abwehrmechanismus

Lange Zeit wurde die Bedrohung im Finanzsektor nicht wahrgenommen, ähnlich wie seit Jahrzehnten bereits im ökologischen Bereich. Verleugnung und Nicht-Wahrhaben-Wollen sind in beiden Fällen die wesentlichen psychologischen Abwehrmechanismen. Dabei ist zu klären, was mit »Abwehrmechanismus« überhaupt gemeint ist. Dieser Begriff aus der Psychologie, vor allem der Freudschen Psychoanalyse, bezeichnet unbewusste psychische Vorgänge, die dabei helfen sollen, miteinander in Konflikt stehende Wünsche und Werte so zu bewältigen oder zu kompensieren, so dass das seelische Befinden möglichst ungestört bleibt. Diese Mechanismen haben zunächst eine nützliche Funktion. Würde man allen spontan auftauchenden Triebregungen und Emotionen unmittelbar nachgeben, wäre man selbst und in der Folge auch die Umwelt hoffnungslos überfordert; auch Aufmerksamkeit und logisches Denken funktionieren nur dann optimal, wenn es einer Person gelingt, störende Gedanken und Phantasien zu unterdrücken und zu verdrängen oder unliebsame Wahrnehmungseindrücke zu verleugnen.

Auch *Verleugnung* ist daher zunächst allgegenwärtig und nicht von vornherein als auffällig zu bewerten. So dienen schon viele Phantasie- und Rollenspiele sowie elterliche Beruhigungsstrategien in der Kindheit dazu, die Wirklichkeit umzuleugnen und sich über Unlust hinwegzusetzen.[215] So wird auch dem kleinsten Kind versichert, »wie groß« oder »wie stark« es schon ist, oder dass die frische Wunde »schon gar nicht mehr weh tut«.

Bedrohende oder traumatisierende Ereignisse aber, wie etwa der Tod eines Elternteiles, werden durchaus wahrgenommen, jedoch häufig durch Verleugnung in ihrer Bedeutung auf ein Minimum reduziert, um Traumatisierungen zu vermeiden (das kann bis zur Dissoziation gehen, also der Abspaltung der bedrohlichen Gefühle, an deren Stelle dann später andere Symptome wie Gedächtnis- und Bewegungsstörungen oder Anfälle treten können). Dadurch werden dann auch dazugehörige unangenehme Gefühle wie Trauer, Wut oder Angst nur unbewusst erfahren. Die betreffende Person kann sich zwar später an das Erlebnis erinnern, es fehlt aber die Verbindung zu dem Teil des Gedächtnisses, in dem emotional relevante Eindrücke gespeichert sind, die einen selbst dabei betreffen. Häufig wird die Verleugnung und Abspaltung eines emotionalen Erlebnisbereiches, wie etwa der Trauer, von einem Kind in der Identifizierung mit der elterlichen Verarbeitungsweise trauriger Erlebnisse übernommen, so dass sich generationsübergreifend Verleugnungsmechanismen tradieren können.

Diese mangelnde emotionale Auseinandersetzung aber kann sich bei der hier diskutierten Umweltsituation als fatal erweisen. Sie sorgt ihrerseits für innere Konflikte und schlechtes Gewissen. Eine Überflutung von dabei lange verdrängten Gefühlen wie Wut, Angst oder Schuld dann, wenn es zu spät ist, wird einer sachgerechten Problembewältigung nicht dienlich sein.

Zunächst aber sind bei der Verleugnung weitere Abwehrmechanismen hilfreich, so etwa die *Verkehrung ins Gegenteil*. Dazu gehört die Behauptung, es sei ja alles nicht so schlimm, es seien vielmehr die Alarmisten, die gefährlich wären. Weitere Abwehrmechanismen in diesem Zusammenhang sind die *Rationalisierung*, die der Glättung von Widersprüchen und kognitiven Dissonanzen dient, oder die *Projektion*, wenn von anderen Personen das erwartet wird, was man selbst nicht bereit ist zu leisten, oder man Gefühle wie Wut oder Ärger für sie empfindet, die mehr mit einem selbst als diesen zu tun haben (so der Ärger über die Unfähigkeit von Politikern, während man selbst auch nicht viel zu einer Änderung der Situation beiträgt; oder die irrationale Wut auf Flüchtlinge, die mehr mit eigenen finanziellen Sorgen zu tun hat).

Es wurde schon deutlich: der Mechanismus der Verleugnung wird von klein auf eingeübt. Studien zeigen, dass die Besorgnis angesichts der Umweltzerstörung mit Eintritt in das Erwachsenenalter abnimmt.[216] Hierbei scheint die in jungen Jahren noch vorhandene Sensibilität für die Umweltproblematik unter den Zwängen der Alltagsbewältigung zurückzutreten, so das Umweltbundesamt zum Umweltbewusstsein 2014.[217] Das ändert sich erst später wieder: so zeigte eine englische Untersuchung 2015, dass Menschen im Alter von 50+ tendenziell eher »grün« gesinnt sind als wiederum diejenigen, die 20 Jahre älter sind und damit einer völlig anderen Generation angehören.[218]

Die umweltpfleglichen Einstellungen bei Kindern und Jugendlichen sind somit insgesamt ausgeprägter.[219] Offensichtlich ist die erwachsene Haltung nicht nur Folge des dann dominierenden Alltagsdrucks, sondern auch das Ergebnis einer komplexen Abwehrgeschichte, die im Kindesalter noch nicht lückenlos funktioniert. Kinder und Jugendliche nehmen den Zustand der Umwelt noch relativ sensibel wahr und übernehmen erst im Laufe ihrer Entwicklung die erwachsene Abwehrorganisation gegen die Wahrnehmung der Umweltschäden, wohl auch im

Sinne der beschriebenen Identifizierung mit den elterlichen Strategien. Erst nach Existenzsicherung wird dann in der zweiten Lebenshälfte der Blick frei für Übergeordnetes.

Verleugnung funktioniert besonders gut durch *Ablenkung*. Gerne flüchten wir uns in Freizeitaktivitäten, Sport, Internet und Fernsehen, also häufig auch in virtuelle Welten (ähnlich den kindlichen Phantasien). Dies betrifft nicht nur Smartphone und Internet. Mehrfach zeigte sich auf Buchmessen bereits der Trend, dass das Sachbuch im Rückzug begriffen ist.[220] Mehr denn je sind dafür Kriminalromane, Thriller und Fantasy gefragt, und im Fernsehen verzeichnen Doku-Soaps, triviale Talk-Shows und Big-Brother-Wettbewerbe passable Einschaltquoten. Dies hat – wie auch die offenbare Weigerung sich auf Themen der Zeit auf sachgemäßem Niveau einzulassen – viel mit der Vorahnung drohender Krisen zu tun. All dies geschieht intuitiv und unbewusst, ist somit meist kein Ergebnis bewusst vorgenommener Handlungen.

Werden die Auswirkungen der Umweltschädigung für viele Menschen konkret spürbar, wie es auch bei der Finanzkrise – ebenso nach längerer Ausblendung der Risiken – irgendwann der Fall war, kann die Verleugnung nicht mehr aufrechterhalten werden. Abgesehen davon, dass die dann eintretende Realisierung der ökologischen Katastrophe zu ihrer Abwendung mit hoher Wahrscheinlichkeit zu spät geschehen wird, gibt es auch in dieser Situation wieder unterschiedliche psychische Reaktionsweisen.

So können unter dem dann entstehenden Druck Gefühle wie *Angst und Panik* auftreten, die zuvor noch durch das Ausblenden der Probleme erfolgreich abgewehrt wurden, was nun aber zu hektischem, unüberlegtem Handeln ebenso führen kann wie zu aggressivem Verhalten, zur Rückkehr in alte egoistische Reflexe oder zu fundamentalistischen Haltungen. Dies lässt sich heute schon erkennen in einfachen Denkmustern, in der Ausgrenzung von Minderheiten als den vermeintlich Schuldigen oder in der Fortsetzung des alten Kampfes zwischen »Gut und Böse«, wie das Amerika Anfang dieses Jahrhunderts zuletzt vorgemacht hat.

Die zweite Reaktionsweise weist in die entgegengesetzte Richtung: Die Angst kann, wie schon erwähnt, ebenso zu *Lähmung* führen, zu einem Starr-Werden, zum Totstellreflex kurz vor dem Aufprall, zu Depressionen oder anderen psychischen Störungen, zu Alkohol- und

Drogenkonsum oder zu weiterer Flucht in andere, etwa virtuelle Welten. Auch ein trotz bereits eingetretener Krise anhaltendes Sich-Abschotten von allen relevanten Informationen und Erkenntnissen tritt häufig auf.

Das ähnelt dem Umgang mit der Todesangst, etwa nach Diagnosestellung einer Krebserkrankung. Die Ärztin Elisabeth Kübler-Ross hat hierfür einen Prozess beschrieben, der *fünf Phasen* durchläuft und auch hier relevant ist. Er umfasst die Phasen des Leugnens, der Wut, des Verhandelns, der Depression und der Akzeptanz. Das Aufgeben der Verleugnung kann wütend machen, man verhandelt mit den Fakten, etwa ob es denn nun wirklich so schlimm sei, und fühlt sich bedrückt bei Gewahrwerden des Ausmaßes der Situation. Daraus kann dann Akzeptanz entstehen. Die hilft anzunehmen, dass manches wohl aufgegeben werden muss in diesem Trauerprozess (in diesem Fall hier zum Glück nicht gleich das Leben), aber auch ein Weiter, allerdings in anderem Bewusstsein, möglich ist.

Nicht bewusst ist uns noch ein weiterer dem Menschen innewohnender Mechanismus – zumindest wenn man sich am Vater der Psychoanalyse, Sigmund Freud, orientiert. Der nämlich hatte dem menschlichen Lebenstrieb noch einen Gegenspieler gegenüber gestellt.

Das Ende unerfüllten Begehrens – zur Rolle des Todestriebs

Insbesondere seit 9/11 haben Selbstmordattentate, in den letzten Jahren aber auch Amokläufe erneut eine Diskussion darüber entfacht, ob dem Menschen nicht auch ein Todestrieb innewohnt, der ihn unbewusst destruktiv und aggressiv sein und dem eigenen Ende entgegen streben lässt. Das Konzept ist nicht neu. Sigmund Freud war, wohl auch in Folge der Schrecken des Ersten Weltkriegs und des Todes seiner Tochter Sophie 1919, zur Überzeugung gekommen, dass der Mensch nicht nur das »sanfte, liebebedürftige Wesen« des Sexual- und Lebenstriebs ist, sondern ebenso von Aggressions- und Zerstörungstrieben beherrscht wird; demnach beutet der Mensch aus, quält und tötet seinen Nächsten, und wütet auch gegen sich selbst.[221]

Der Todestrieb wirkt nach dieser Vorstellung im Stillen und arbeitet auf das Ende hin. Seine Abkömmlinge, der Aggressions- und der Destruktionstrieb, sind lauter und lärmen, wollen aber das Gleiche: dass endlich Ruhe herrscht und ein schmerzhaftes und unerfülltes Begehren ein Ende hat. Der Psychoanalytiker André Green meint dazu:

> Es gibt eine Kategorie von menschlichen Handlungen, die sich nach Einschränkungen sehnen. Die sagen: Genug, ich will nichts mehr. Ich will nichts mehr, weil ich diese ganzen Triebe nicht befriedigen kann, wie ich will. [Die sagen:] Gut also, ich lehne das ab. Ich lehne die Menschen, die Objekte ab. Ich lehne möglicherweise meine Pflichten ab. Ich lehne die Lust ab. Ich habe nur noch die Lust zu zerstören.[222]

Sein Berufskollege Joel Whitebook meint dazu, dass Freuds Theorie der Kultur, Politik und sogar auch des Zerstörungstriebs auf die grundlegende Vorstellung zurückgeht, dass die Menschen hilflos geboren werden. Um diese Hilflosigkeit zu kompensieren, würden sich die Menschen alle Arten von Allmachts- und Größenphantasien schaffen, die, wenn sie in die Praxis umgesetzt werden, sehr negative Effekte haben könnten.[223]

Ob ein Trieb zur Selbstvernichtung wie von Freud beschrieben tatsächlich existiert, ist seit der Behauptung desselben umstritten gewesen.[224] Eine empirische Basis hatte er nie. Zudem existiert im Tierreich keine vergleichbare Regung. Daher wurde das Konzept in den Bereich des Metaphysischen verwiesen und allenfalls der Aggressivität eine Daseinsberechtigung bei der Untersuchung menschlicher Verhaltensweisen zugestanden.

Andererseits muss man anerkennen, dass es keine andere Tierart zu derart massiven globalen Vernichtungsmöglichkeiten noch dazu solch vielfältiger Art gebracht hat wie der Mensch. Zumindest erscheint es eine Überlegung wert, ob es unbewusst nicht auch kollektiv selbstdestruktive Anteile geben kann, wie sie beim Einzelnen im gesundheitsschädlichen Verhalten trotz besseren Wissens um die dabei bestehenden Gefahren erkennbar sind. Man denke an Zigaretten- und anderweitigen Drogenkonsum, die Raserei auf deutschen Autobahnen oder Übergewicht begünstigende Ernährung, unter dem Motto: »dann lebe ich eben kürzer«, oder: »wenn ich sterben sollte, dann ist eben Ruhe«. Ob gerade die speziell menschliche Möglichkeit, ein Bewusstsein der eigenen Endlichkeit zu haben, was nicht immer leicht auszuhalten ist, hier vielleicht sogar eine Rolle spielt? Es mag an dieser Stelle offen bleiben.

Auch die Terrorakte und Selbstmordattentate der letzten Jahre lassen an solche Selbstvernichtungskonzepte denken. Sie werden oft begangen von jungen Männern, die aufgrund Herkunft, Bildung und Lebensumfeld häufig nur geringe Chancen auf Teilhabe am allgemeinen Wohlstand in unseren Ländern haben, die sich jedoch blenden lassen von suggerierten Gefühlen, in entsprechenden Terrorgruppen etwas Besonderes zu sein, als Märtyrer sterben zu können und danach Großartiges erwarten zu dürfen. Von der »Liebe der Unglücklichen zum spektakulären Untergang« hat der Philosoph Peter Sloterdijk in diesem Zusammenhang bereits gesprochen.[225]

Anderweitig nicht erfüllte oder nicht erfüllbare Ziele und Wünsche können daher durchaus zu diesem selbstzerstörerischen Verhalten beitragen, Aggression bei ungünstiger Motivlage auch zur Autoaggression werden. Eine große Rolle beim Versuch einer Erklärung des selbstdestruktiven Verhaltens der Menschheit spielt die von Freud spekulativ formulierte Theorie des Todestriebes sicher nicht. Sie mag allenfalls in Einzelfällen unsere untersuchte Psychologie des Nichtstuns ergänzen. Zu betrachten sind hierbei aber auch Mechanismen, die eine Rolle spielen, wenn man die Verleugnung durchaus überwunden hat und man der Meinung ist, man tue ja schon etwas, was aber immer noch zu wenig sein kann.

Ein bisschen was tun

Vielleicht sogar noch häufiger als das eben angeprangerte »Nichts-Tun« ist das »Etwas-Tun«. Es erfolgt aus bereits grundlegender Einsicht heraus, das Verhalten ändern zu wollen, mit dann aber schnell beruhigtem Gewissen bereits nach wenigen Handlungsschritten. So kann schon der Einkauf von Bio-Lebensmitteln ein gutes moralisches Gefühl bereiten, was nicht daran hindert, die nächste Flugreise zu buchen. Studien zeigen sogar, dass wer meint, etwas Gutes getan zu haben, sich eher zu Fehltritten berechtigt fühlt und weniger hilfsbereit ist.[226] Das Verhalten von Menschen kann sich somit ins Negative verschieben, wenn sie vorher die Chance hatten, sich als sozial engagierte Personen darzustellen (an dieser Stelle melden sich daher Zweifel an der oben als hilfreich dargestellten Reputation, die vielleicht doch eher nur eine kurzzeitige Wirkung hat). Und so verhalten wir uns dann entsprechend widersprüchlich:

> Herablassend diskutieren wir bei einem Glas südafrikanischem Bio-Wein über die uneinsichtigen Klimasünder in China, Brasilien und natürlich in den USA. Bei den Ökobauern auf dem Land stauen sich die SUVs ernährungsbewusster Großstädter. Und im Urlaub geht es zum Ökotourismus nach Südtirol, Gomera oder Costa Rica. Niemand denkt über Erze aus Kongo nach, wenn er ein Smartphone anschafft. Und die schöne alte Glühbirne kaufen wir jetzt eben bei Ebay. (…) Kopfschüttelnd liest der Besitzer eines Schwedenofens, des vielleicht bizarrsten Symbols moderner Landlustifizierung, morgens in der Zeitung vom Feinstaub, der durch die deutschen Städte wabert, und schürt abends mit der gleichen Zeitung seinen ökoheimeligen Bullerofen ein. Dabei schleudern die Dinger mehr Feinstaub raus als jeder manipulierte Diesel-Pkw.[227]

Der Mensch strebt nach innerer Balance, vermutet der Sozialpsychologe Dieter Frey.[228] In dem Augenblick, wo man sich in einem Bereich bestätigt habe, erlaube man sich anderswo eher eine Abweichung. Wichtig sei nur, dass die Selbstwahrnehmung als moralisch denkender und handelnder Mensch gleich bleibt. Dumm nur, dass dies gewissermaßen zu einer Doppelmoral führt. Einstellung und Verhalten klaffen somit auseinander, nicht umsonst haben die meist wohlhabenden Öko-Engagierten einen relativ hohen ökologischen Fußabdruck – im Grunde glatter Selbstbetrug! Zum Nachdenken über unser Nicht- oder Wenig-Engagement bleibt uns aber sowieso kaum Zeit. Das Phänomen unserer Überbeanspruchung und Hektik, worüber wir häufig klagen, wird uns nun ausführlicher beschäftigen.

Die Psychologie des Viel- und Zuviel-Tuns

Im Alltag wiederum sind wir häufig mit einem Zuviel an Sorgen und Aufgaben beschäftigt und dementsprechend in hektischer Betriebsamkeit gefangen (wenngleich manchmal ganz leise die Frage anklopft, welchen Sinn dies alles haben mag; schnell werkeln wir weiter, um dem nicht nachgehen zu müssen). Neben der Psychologie des (ökologischen) *Nichts-Tuns* gibt es also auch eine Psychologie des (persönlichen, ökonomischen und letztlich auch ökologischen) *Zuviel-Tuns.*

So stellen Schlafforscher fest, dass wir immer rastloser werden und weniger schlafen. Waren es im Schnitt vor 100 Jahren neun und vor 30 Jahren noch acht Stunden Schlaf pro Nacht, so sind es jetzt schon nur noch sieben Stunden, Wochenend-, Feiertags- und Urlaubsschlaf eingerechnet. Zu wenig, sagt der Neurobiologe und Wissenschaftsautor Peter Spork, und propagiert einen Aufbruch in eine ausgeschlafene Gesellschaft.[229] Die geringer gewordene Schlafdauer mag verschiedene Ursachen haben: freiwillige oder erzwungene Nachtarbeit, Ausgehen bis nach Mitternacht oder zu frühes Aufstehen. Oder zu langes Starren abends noch in Bildschirme, was durch die Abstrahlung blauen Lichts munter macht. Nicht nur ein Mehr am Tun dürfte uns in den letzten Jahrzehnten Schlaf geraubt haben, sondern auch die damit verbundene Anspannung, also alleine schon die Gedanken an das Viele, was zu tun ist oder nicht vergessen werden darf.

So aber fällt nun langsam auch die letzte Bastion gegen einen gefräßigen Kapitalismus, der den Menschen am liebsten rund um die Uhr in seine Verwertungsmaschinerie einspannen will, meint Jonathan Crary, Professor für Moderne Kunst und Theorie an der New Yorker Columbia Universität.[230] So solle der Mensch ja eigentlich rund um die Uhr kaufen, kommunizieren und arbeiten. Dass es sich hierbei um einen inneren Dynamisierungszwang moderner Gesellschaften handelt, werden wir gleich sehen.

Zeitnot, Eile, »viel zu tun haben«, monotone Arbeitsabläufe, wenige Momente des Innehalten und Reflektierens, das gab es also in diesem Ausmaß nicht schon immer. Auch hierhin hat uns die Entwicklung über Jahrhunderte geführt, vor allem die Industrialisierung, die sich schon bei Betrachtung der Evolution und Entropie als zweischneidige Revolution unserer Lebensweise darstellte. Bereits der Erfinder der Glühbirne, Thomas Alva Edison, war ein Feind des Schlafs: »Alles, was die Arbeit hemmt, ist Verschwendung«, pflegte er zu sagen.[231]

So wird heute von Arbeitslosen gefordert, sich rasch wieder irgendeine Arbeit zu suchen, von Führungskräften wird die Nachfrage nach Teilzeit oder Elternzeit immer noch häufig belächelt und dann negativ beschieden, Überstunden sind bei Vorgesetzten, aber auch gesellschaftlich hoch angesehen; wer pünktlich nach Hause geht, gilt fast schon als faul. Arbeit zu haben und dann auch viel zu arbeiten ist immer mehr zur Prestigesache geworden. Erreichbarkeit am Abend, am Wochenende und im Urlaub wird erwartet.

Und wofür das Ganze? Jeder siebte Arbeitsplatz in Deutschland steht heute in irgendeinem Zusammenhang mit der Autoindustrie,[232] die nicht ganz unwesentlich zur aktuellen ökologischen Situation beiträgt, wie wir gesehen haben. Viele Arbeitsplätze in der Verwaltung, aber auch im Gesundheitswesen, dienen heute nur der Bewältigung einer Bürokratie, mit der Ordnung erzeugt werden soll, jedoch nur mehr Unordnung entsteht. Und in der Produktion gibt es reichlich Arbeitsplätze dafür, Konsumgegenstände herzustellen, die häufig nutzlos und rasch nicht mehr von Interesse sind, bald von neuen Moden abgelöst werden und zu Abfällen mutieren: Oft also »zwecklose Arbeit«, umweltschädliches Zuviel-Tun. Es sei an die schon zitierte und sicher etwas drastisch zugespitzte These erinnert: »Arbeit ruiniert die Welt«.

Die Uniformierung von Arbeit und Leben, das Hineinzwängen in einen gleichförmigen maschinellen Rhythmus, hat somit weniger die versprochenen Verheißungen von Freiheit, Freizeit und Selbstbestimmung gebracht, sondern uns eher zu Sklaven eines Stundenplans gemacht, den wir uns nicht ausgesucht haben. Durch die Entwicklung der Glühbirne in der Phase der Industrialisierung wurde noch mehr Arbeit möglich, nämlich auch dann, wenn es eigentlich dunkel ist. Die Nachtschicht wurde geboren, mit all ihren auch psychischen Folgen für die hier Arbeitenden. So kamen dadurch die gewohnten und natürlichen Schlaf-Wach-Rhythmen gewaltig durcheinander. Immer mehr wurde es auch zur Regel, zu bestimmten Zeiten und Schichten in die Arbeit zu gehen und diese streng von der sowieso minimierten Freizeit bzw. dem sonstigen Leben zu trennen.

Weniger Geselligkeit – mehr Depressionen

Das war zuvor durchaus anders. Arbeit und musisches Leben waren häufig ineinander verflochten. Abhängig von Wetter und Licht, aber auch von Stimmung und Laune wurde manchmal mehr, manchmal weniger gearbeitet, gerade von den vorindustriellen Handwerkern. Momente der Muße oder der Unterhaltung waren in das Arbeitsleben ganz selbstverständlich eingestreut, noch ohne sich für eine Pause ausstempeln zu müssen wie dies später eingeführt wurde. Auch jahreszeitliche und religiöse Feste und Feiertage verloren dann an Bedeutung, die Maschinen mussten und müssen weiterlaufen. Die sozialen Rituale, die auch die Funktion haben, mehr Vertrautheit und Verbundenheit in der eigenen Gruppe (Familie, Kirche, Dorf, Stadt, Gesellschaft, ...) zu schaffen, verkümmern zunehmend, und damit auch die Beziehungen innerhalb dieser Gruppe.

Dazu passt der Befund einer regelrechten epidemischen Plage von Depressionen, wie sie schon für das 17. Jahrhundert bekannt ist. Sie wurde mit dem Verschwinden traditioneller Festlichkeiten und gemeinschaftlicher Rituale aus dem Alltag in Zusammenhang gebracht, aber auch mit tief greifenden psychischen Veränderungen. Historiker, die sich mit der europäischen Kultur befassen, sind sich im Wesentlichen darüber einig, dass im späten 16. und frühen 17. Jahrhundert (überraschend parallel zum oben beschriebenen Wechsel der Energieträger) so etwas wie eine Mutation des menschlichen Charakters stattgefunden hat.[233] Man spricht auch vom Aufkommen des Individualismus oder der Entdeckung des inneren Selbst.

Der Historiker Yi-Fu Tuan ergänzt, dass wir einen hohen Preis bezahlen mussten für den ausgeprägten Individualismus, den wir sonst eher mit den glanzvolleren Seiten der Neuzeit in Verbindung bringen, etwa der Renaissance und der Aufklärung. Die Schattenseite der neuen persönlichen Autonomie sind, so auch seine Einschätzung, Isolation, Einsamkeit und Vereinzelung, der Verlust einer natürlichen Vitalität und des unschuldigen Vergnügens an der Welt, so wie sie ist, und ein Gefühl der Last, weil die Realität keinen anderen Sinn hat als jenen, den man ihr selbst gibt[234]. Hinzu kam, dass man sich den eigenen Sinn, aber auch die eigene Position in der Welt, die eigene politische Haltung, den Beruf und vieles mehr nun selbst suchen musste, man war eben nicht mehr automatisch Bauer oder Bäcker wie der Vater.

So autonom und selbständig war man damals aber zunächst gar nicht; durch das Leben in einer menschlichen Gemeinschaft war man mehr damit beschäftigt, die Erwartungen der anderen einzuschätzen und zu erfüllen sowie die Reaktionen anderer vorwegzunehmen, was eine ständige Wachsamkeit und Anstrengung erforderte (und heute noch erfordert). Nur glorifizieren muss man also das frühere Leben in Gemeinschaft nicht. Statt um ein Vergnügen (bei Festen und Ritualen) ging es dann aber zunehmend um die Herausforderung, in der Öffentlichkeit eine bestimmte »Rolle zu spielen« (was wir ebenso heute noch gut kennen). Gefürchtet wurden in religiöser Hinsicht dabei auch die prüfenden Blicke und Urteile Gottes.

Und schließlich förderten die Verstädterung und die Ausprägung einer wettbewerbsorientierten Ökonomie des freien Marktes eine Vereinzelung der Menschen und eine Tendenz zur individuellen Vorsorge – die wiederum anfällig für Depressionen machte und zugleich misstrauisch gegenüber gemeinschaftlichen Vergnügungen.

Im berühmten Werk »The Anatomy of Melancholy« aus dem Jahr 1621 schlägt Robert Burton daher als Mittel gegen die Schwermut neben Gelehrsamkeit und geistigen Übungen vor allem vor, dass man auf die Jagd gehen solle, sich an allerlei Zeitvertreib erfreuen, an Theaterstücken, Spaßmachern und an netter Gesellschaft; amüsante Geschichten oder lustige Spiele, Trinken, Singen, Tanzen und allerlei andere Dinge sollten zur Heiterkeit beitragen.[235] Ob dies wirklich heilte? Zumindest konnten Schwermütige dadurch die Vereinzelung (Isolation) überwinden, Momente der Selbstvergessenheit erleben und damit – wenn vielleicht auch nur vorübergehend – aus dem Gefängnis des Selbst ausbrechen. Muße und Zeit für angenehme Aktivitäten und soziales Leben sind durchaus auch heute depressionslindernd.

Ebenso nahm die Selbstmordrate hierzulande zu mit Beginn der Industrialisierung.[236] Geselligkeit ergab sich nun weniger von selbst, sondern musste gezielt vom Einzelnen gesucht und organisiert werden (auch etwas, was wir heute noch kennen). Isolation durch Vereinzelung, geringere Bedeutung des Lebens in der Gruppe, zunehmender Wettbewerb sowie die auftauchende, noch ungewohnte Notwendigkeit der eigenen Sinndefinition waren somit offensichtlich schon in der beginnenden Neuzeit depressionsfördernd.

Seelische Krankheiten – eine Epidemie des Industriezeitalters?

In der vorindustriellen Agrarkultur gab es zwar sicher viele existenzielle Schwierigkeiten, aber die heutige Krankheit der Sinnlosigkeit und Sinnsuche scheint nicht darunter gewesen zu sein, meint der amerikanische Psychiater und Therapeut Irvin Yalom. Die damals dominierende religiöse Weltsicht lieferte umfassende Antworten, zudem war man zu sehr mit den grundlegenden Überlebensbedürfnissen beschäftigt, so dass den Menschen damals der Luxus, nach einem Sinn zu fragen, nicht vergönnt war. Schließlich gab es sinnstiftende Aktivitäten im Alltag, so Yalom:

> Sie lebten in enger Verbundenheit mit der Erde, fühlten sich als Teil der Natur und erfüllten einen natürlichen Zweck beim Pflügen des Bodens, beim Säen, beim Ernten, beim Kochen und auf ganz natürliche und unbefangene Weise, indem sie sich durch das Zeugen und Erziehen von Kindern fortpflanzten. Ihre Alltagsarbeit war kreativ, da sie inmitten ihres Viehs, ihrer Saat und ihres Korns an der Schöpfung des Lebens teilhatten. Sie hatten ein starkes Empfinden der Zugehörigkeit zu einer größeren Einheit; sie waren ein integraler Teil der Familie und der Gemeinschaft, und in diesem Zusammenhang waren ihnen Skripte und Rollen gegeben. Darüber hinaus war ihre Arbeit an sich wertvoll. Wer kann die Frage der Nahrungsmittelerzeugung durch die Frage ›Wofür?‹ schließlich in Frage stellen? Nahrung zu erzeugen ist eine Anstrengung, die fraglos einfach richtig ist. Aber all diese Sinngebungen sind verschwunden.[237]

Die »alten Zeiten« sind daher nicht unbedingt besser gewesen, sie waren anstrengend, häufig mit Krankheiten und Epidemien verbunden, und der Mensch lebte zwar noch im Rhythmus der Jahreszeiten, war aber den Launen der Natur auch viel stärker ausgeliefert. Die enormen psychischen und ökologischen Probleme der Gegenwart aber zeigen, dass wir heute in anderen Zeiten leben, die nun auch nicht unbedingt besser sind. Die von Yalom angesprochene und für Psyche und Umwelt wichtige Frage nach Sinn und Werten wird später noch eingehend erörtert werden müssen. In Zeiten der fortschreitenden Ökonomisierung und Globalisierung kommen jedoch noch weitere Faktoren hinzu, die zu seelischen Belastungen führen.

So betonen Evolutionspsychologen, dass der homo sapiens von der Anonymität heutiger Trabantenstädte überfordert ist, weil er den überwiegenden Teil seiner Geschichte in der Geborgenheit einer überschaubaren Steinzeitsippe verbracht hat. Zudem findet heute Wettbewerb nicht mehr in einer Gruppe aus hundert Verwandten statt, sondern zwischen mittlerweile über sieben Milliarden Menschen. Ungewohnter Bedeutungsverlust durch Arbeitslosigkeit wirft ebenso unser steinzeitliches Gemüt aus der Bahn.[238]

Nahezu jeder zweite Bundesbürger erkrankt im Laufe seines Lebens mindestens einmal an einer psychischen Störung, über ein Drittel der vorzeitigen Berentungen erfolgt mittlerweile aufgrund einer psychisch bedingten Erwerbsminderung.[239] Während der Krankenstand in der gesetzlichen Krankenversicherung zwischen 1997 und 2004 insgesamt deutlich abgenommen hat, verzeichneten demgegenüber im gleichen Zeitraum etliche Krankenkassen einen Anstieg der Krankheitstage aus psychischen Gründen um bis zu 70 Prozent.

Bei Untersuchungen zeigte sich, dass sowohl das Primat der Ökonomie als auch die Instabilität in nahezu allen Lebenswelten hierfür entscheidend sind. Die gesamte Gesellschaft ist zum Unternehmen, das Managerverhalten zum Rollenideal geworden.[240] Stabile soziale Beziehungen leiden darunter. Die neue globalisierte Arbeitswelt führt zu mehr Wettbewerb und Konkurrenzdruck, Verlust von Solidarität und Arbeitsplatzsicherheit; gefordert sind Flexibilität und Mobilität, ständige Erreichbarkeit über Mail und Handy, wechselnde und lange Arbeitszeiten.

Dadurch verwischen zunehmend die Grenzen zwischen Beruf und Privatleben, was nicht vergleichbar ist dem Wechsel zwischen Arbeit und Muße in der vorindustriellen Zeit. Vielmehr wirken heute berufliche Anspannung und Nervosität in die Privatsphäre hinein, Abschalten und Entspannen werden zur Ausnahme. Und: die zunehmende »Unplanbarkeit« der beruflichen Zukunft macht es immer schwerer, privat »Wurzeln« zu schlagen, an einem Wohnort neue soziale Kontakte oder ein Heimatgefühl mit Verantwortungsübernahme zu entwickeln, oder eine Familie zu gründen.

All unser Bemühen um Wachstum und Wohlstand scheint somit nicht unser Wohlbefinden zu vermehren. Tatsächlich haben Studien gezeigt, dass Zufriedenheit bei steigendem Wirtschaftswachstum nicht gleichermaßen zunimmt, sondern irgendwann gleich bleibt. Weshalb sich wiederum die Frage stellt: »Wozu das Ganze?«[241] Immer mehr stellt sich heraus, dass die massiven Veränderungen von Arbeitswelt und Gesellschaft eine Zunahme psychischer und psychosomatischer Störungen bewirken.

Es sind weniger akute Krisen, sondern eher chronische Stressoren und Belastungen, mit denen es der Mensch heute zu tun hat. Dementsprechend kommt die körperliche Stressreaktion, so nötig sie bei akuter Bedrohung und Aufregung ist, nicht mehr zur Ruhe. Anhaltende Angst und Unruhe halten das Alarmsystem weiter auf Trab, häufiger und länger wirkende Stresshormone führen zu Reaktionen wie Burnout, Tinnitus, Reizdarm, Rückenschmerzen, Herzrasen oder Depressionen.[242] Was wohl fast jeder schon einmal erlebt hat – etwa zu früh aufzuwachen und vor lauter panikartigem Grübeln nicht mehr einschlafen zu können – erlebt der stressgeplagte Mensch nun immer häufiger. Wenn die Probleme nicht sofort oder scheinbar gar nicht zu lösen sind, wird allzu oft mit einem Totstellreflex reagiert, ein Gefühl der Lähmung breitet sich innerlich aus – ein Phänomen, das sich auch im Angesicht der ökologischen Krise zeigt.

Dies wird gleich noch näher zu betrachten sein. Zunächst soll noch ein weiteres »Zuviel« beleuchtet werden, womit auch Anspannung, innere Unruhe und das Gefühl, »das alles nicht mehr zu schaffen«, häufig zusammenhängen. Nicht immer ist uns das bewusst.

Folgen der Beschleunigung

Allzu schnell werden heute Stress und Burnout auf die allgegenwärtige Beschleunigung zurückgeführt, ohne dass überlegt wird, woher dieses Gefühl der zunehmenden Hektik und Zeitnot eigentlich kommt. Im Hinblick auf die Veränderung der Arbeitswelt durch die Industrialisierung waren wir darauf schon gestoßen. Allein schon das geforderte Wachstum trägt dazu bei. Die Gesellschaft muss sich offenbar steigern, um zu bleiben wie sie ist, so der Soziologe Hartmut Rosa.[243] Dies sei ein Strukturprinzip moderner Gesellschaften. Gesellschaftsformen hätten sich zwar immer schon geändert, heute müssten sie dies aber, es bestehe ein innerer Dynamisierungszwang dazu. So komme ökonomische Aktivität da in Gang, wo es Aussicht auf Steigerung, auf Gewinn gebe. Auch Geld werde nur da angelegt, wo es wachsen könne. Aber auch unser Privat- und Freizeitleben ist von dieser absurden Steigerungslogik erfasst.

Aber der Tag hat weiterhin nur 24 Stunden, das Jahr nur 365 Tage, stellt Rosa trocken fest. Zeit kann nicht vermehrt werden, also bleiben nur die Verdichtung, das Multitasking, das Beschleunigen, beruflich wie auch privat. So besaß um 1900 ein mitteleuropäischer Haushalt etwa 400 Objekte, heute sind es 10.000. Die Zahl der Optionen ist somit entropisch explodiert, der Mensch kann heute zu jedem Zeitpunkt des Lebens mehr Dinge tun als jemals zuvor, zu jedem Zeitpunkt alle Freunde erreichen, Tausende Webseiten ansehen. Und was nicht gemacht wird, bereitet Stress und schlechtes Gewissen. Wann hat man zuletzt sein Instrument gespielt, das dort im Eck steht, wann das Teleskop genützt, das man sich doch irgendwann einmal so sehr gewünscht hatte? Im Grunde, meint Rosa, stelle sich die Frage, ob nicht Zeit der knappste Rohstoff der Moderne sei.

Eigentlich aber soll doch der technische Fortschritt dem Einsparen von Zeitressourcen dienen, sollte man meinen. Das heute mögliche schnelle Überbrücken von Raum und Zeit erscheint zunächst als äußerst effizient. Zu jedem Zeitpunkt befinden sich heute zwei Millionen Menschen in der Luft, erläutert Rosa, Finanz- und Datenströme jagen in Sekundenschnelle um die Welt. Der Schweizer Sozialpsychiater Luc Ciompi spricht aber bereits Anfang der 90er-Jahre von den entstehenden Verlusten durch die Raum-Zeit-Gewinne:

> Wir erleben Zeit und Raum immer weniger in der uns gemäßen Weise, das heißt in kontinuierlichen, rhythmischen Veränderungen im Einklang mit dem uns umgebenden Naturgeschehen. Vielmehr werden unsere angestammten Eigenzeiten und -räume pausenlos zerhackt und zertrümmert. Eine Folge davon ist möglicherweise die auffällige chronische Gespanntheit und Gereiztheit, die trotz beispiellosem materiellen Überfluss gerade in den höchstentwickelten Ländern viele Menschen charakterisiert. Verantwortlich für die ständige Zeit- und Raumzerhackung sind in erster Linie die Maschinen aller Art, die den modernen Alltag beherrschen. Praktisch alle Maschinen dienen ja in irgendeiner Weise der sogenannten ›Überwindung‹ und ›Gewinnung‹, das heißt gewissermaßen der *Überlistung* (kursiv im Original; A. M.) von Raum und Zeit. Nähere Betrachtung zeigt allerdings, dass dies großenteils ein Trugschluss ist, obwohl wir merkwürdig unfähig scheinen, ihn klar zu erkennen.[244]

Auch Rosa weist auf die Überforderung bei Personen hin, die nicht unbegrenzt beschleunigungsfähig sind. Immer mehr gilt, dass nicht mehr auf dem Laufenden ist, wer nicht schnell genug agiert. Denn zur technischen Beschleunigung gesellt sich die soziale Beschleunigung. Nicht nur Transport und Produktion werden immer schneller, sondern auch die Kommunikation. Und für die Beschleunigung ist immer Energie zu investieren, physische Energie, aber auch politische Energie, und letztlich psychische Energie. Problematisch wird es aber dort, so Rosa, wo der Dynamisierungszwang auf Widerstände trifft, wo es eben nicht schneller geht. Nicht nur kann die Zeit nicht vermehrt werden, sondern auch die Rhythmen der Natur, etwa das Wachstum eines Waldes, können nicht beschleunigt werden. Auch demokratische Findungs- und Entscheidungsprozesse brauchen Zeit, gerade heute eigentlich, wo die Gesellschaft komplexer ist denn je. Aber Politik ist nicht mehr Schrittmacher der Entwicklung, sondern Feuerlöscher, sie hinkt zwangsläufig hinterher. Ein »Basta« eines Gerhard Schröder oder die vermeintliche »Alternativlosigkeit« einer Angela Merkel zeugen von dieser politischen Gehetztheit, wie Rosa treffend zuspitzt.

Überforderung im persönlichen Bereich zeigt sich seiner Ansicht nach darin, dass es keine Muße mehr gebe, keinen Feierabend, kein Zur-Ruhe-Kommen der Anforderungen der Welt oder an die Welt. Kein Tagwerk ist vollbracht, wenn es dunkel wird, wie es früher für Bauern selbstverständlich war. Achtsamkeit und Auszeiten im Kloster würden versuchen, diesen Zustand künstlich herzustellen, so Rosa. Doch danach gehe es rasch weiter im heute normalen Rhythmus.

Und wenn nicht bald eine Revolution komme, werde die Entwicklung sich so fortsetzen. Vielleicht stünden wir erst am Anfang der Beschleunigungsära. »Erst kommt die Google-Brille, dann der Chip im Gehirn«, so Rosa. Das Gefühl überwiegt, schneller und besser werden zu müssen, was ja auch Unternehmenschefs häufig fordern. Genau dieses Gefühl des Zwangs, sich immer steigern zu müssen, führe zum Burnout. Das Versprechen einer Zeitersparnis durch all den technologischen Fortschritt aber werde dabei letztlich nicht erfüllt, stellt auch Hartmut Rosa fest.

Ciompi hat ergänzend zu seiner schon zitierten allgemeinen Betrachtung dieses Phänomens dazu ein Beispiel beschrieben, das dies wunderbar veranschaulicht. Er schildert die Situation, als er sich für das Schreiben an einem Buch in eine entlegene Schweizer Alphütte zurückgezogen hatte, ohne elektrisches Licht, mit schönem Sternenhimmel, beeindruckenden Gebirgsformationen, Gletschern und Gewässern. Schon bald aber bemerkt er gelegentlich einen Überschallknall eines trainierenden Schweizer Militärflugzeugs, oder die kreischende Motorsäge im Wald. Dann erzählt er die folgende Begebenheit:

> … und nachmittags vor meiner Hütte plötzlich ein Höllenspektakel: Der Bauer braust mit seinem geländegängigen Motorrad kreuz und quer durch die Weiden: er sucht nach seiner verlorenen Kuh! Hie und da spreche ich mit ihm. Seit es ein geteertes Alpsträßchen gibt, bewirtschaftet er gleichzeitig ein ›Heimet‹ (schweizerische Bezeichnung eines kleinen Bauernguts; A. M.) weit unten im Tal und führt hier oben die Alp. Täglich fährt er per Auto oder Motorrad zwei- bis dreimal hin und her – und klagt bitter über den Zeitmangel! Er krampfe

> wie ein Wilder, denn er müsse die Maschinen abzahlen, ohne welche keine Landwirtschaft mehr rentiere. Es sei ›kein Leben‹ mehr, seit er so herumhetze …[245]

Derart beschleunigtes Leben verstehen Eltern und Großeltern nicht mehr, alte Gewissheiten lösen sich auf. So ist das, wie es *war*, für die nächste Generation nicht mehr selbstverständlich so. Heute jedoch kann das, was *ist*, schon am nächsten Tag ganz anders sein. So ist es unsicher, ob der Arbeitsplatz oder die Wohn- und Familiensituation oder die Kontakte sich morgen noch so gestalten wie heute, so Rosa. Also wird gerne ein Anker gesucht, der dann auch im fundamentalistischen Bereich liegen kann. Dieser scheint immun zu sein gegen Beschleunigung. Oder es wird der Burnout oder gar die Depression als ungünstiger Ausweg gewählt, es kommt zum Stillstand, zum Erlöschen aller Resonanzachsen, der Verbindungen zum Leben und zur Welt, etwa zu Familie und Arbeit.

Die heutige Entwicklung von (oft vermeintlich) Effizienz steigernden Maschinen ist von der Digitalisierung maßgeblich bestimmt. Den gerade wiedergegebenen Überlegungen zur technologisch mitbedingten Beschleunigung zufolge müsste demnach auch sie Depressionen Vorschub leisten. Bieten aber nicht gerade die neuen sozialen Medien und die Digitalisierung unseres Alltags insgesamt große Chancen, der vorhin behaupteten Vereinzelung und geringeren Geselligkeit entgegenzuwirken?

Folgen der Smartphoneverbreitung und Digitalisierung

Es erscheint vermessen, wenn ein Psychiater in einem Buch zur ökologischen Krise nun auch noch auf wenigen Seiten die Folgen der Digitalisierung abhandeln will. Auch dieses Gebiet hat mittlerweile einen Komplexitätsgrad erreicht, den der einfache Geist eines Laien kaum mehr zu erfassen vermag. Entwicklungen hier vollziehen sich derart rasant, dass sie bei Erscheinen dieses Buches längst überholt sein werden. Und dennoch müssen wir uns ihnen kurz widmen, tragen sie doch erheblich zu Beschleunigung, Entfernung von der Natur sowie zu psychischen Veränderungen bei.

3,7 Millionen Mails gehen pro Sekunde um die Welt, 2014 gab es so viele Handys wie Erdbewohner, bis 2020 werden 90 Prozent der Weltbevölkerung über sechs Jahre mit Smartphones ausgestattet sein.[246] Über eine Milliarde Menschen weltweit kommunizieren über Whatsapp und nützen Facebook.[247] Google und Facebook sind dabei, das Internet in jeden Winkel dieser Welt zu bringen. Alle zwei Jahre verdoppelt sich das weltweite Datenvolumen, allein 2015 wurden Daten von 1,8 Zettabyte generiert.[248] Im Jahr 2015 wurden etwa so viele Informationen neu abgespeichert wie in den letzten 30.000 Jahren zuvor.[249] Immer neue Speichermedien und Übertragungstechniken müssen daher erfunden und installiert werden. Amazon und andere Lieferdienste bemühen sich, Bestellungen nun schon am selben Tag auszuliefern, auch hier wird die neue Technik genutzt.

Über »Big Data« wird eifrig diskutiert, also darüber, was mit all den Daten passiert, die wir Bürger und Konsumenten Konzernen und Versicherungen, aber auch Überwachungsdiensten und dem Staat zur Verfügung stellen. Das selbstfahrende Auto wird kommen, computer- und internetgesteuert, mit vielfältigen Sensoren ausgerüstet, ähnlich wie das intelligente Haus, in dem der Kühlschrank automatisch Nachschub ordert und auf dem Heimweg von der Arbeit schon einmal die Heizung hochgefahren werden kann. Selbst Gartenarbeit kann nun schon digital koordiniert werden. Die harmlosesten Gebrauchsgegenstände etwa zur Morgentoilette, in der Küche oder im Kinderzimmer werden mit einem Anschluss ans Internet ausgestattet.[250] Die Google-Brille wird uns an ferne Urlaubsziele führen, ohne dass wir uns aus dem Wohnzimmer wegbewegen müssen (als Ersatz für Flugreisen wäre das ja direkt umweltfreundlich!). Das müssen wir dann ebenso wenig tun für Kino-, Konzert- oder Ausstellungsbesuche. Vermutet wird, dass 200 Milliarden Gegenstände bis 2020 ans Netz angeschlossen werden.[251] Der Weg in die virtuelle Realität ist bereitet.

Natürlich ist es ein Leichtes, im Angesicht dieser drohenden Totaldigitalisierung mit all ihren Risiken, gerade was Cyberangriffe, den Verlust von Privatheit (die z. B. für Entstehung von Kreativität benötigt wird[252]), mögliche Überwachung und den »gläsernen Bürger« betrifft, nun in ein kulturpessimistisches Lamento auszubrechen. Sorgen machen dem Psychiater noch ganz andere dabei auftretende Phänomene, nämlich eine zunehmende Suchtentwicklung in diesem Bereich, die Veränderung der zwischenmenschlichen Kommunikation und damit wieder die Frage gelingender Beziehungen, sowie verkümmernde Fähigkeiten im Alltagsleben. Hinzu kommt wiederum ein »Mehr«, ein Mehr an Technik, Geräten, Gebrauchsanweisungen, herunterzuladenden Apps, Filmen und Dateien (also auch ein Mehr an Möglichkeiten, Ressourcenverbrauch und damit ein Mehr an Entropie). Vor wenigen Jahren kannte man Smartphones, Tablets, Smart-Watches, Google-Brillen oder Drohnen nicht. Nun muss man sich auch noch um all diese Dinge kümmern, neben all den 10.000 Gegenständen, über die ein durchschnittlicher deutscher Haushalt ja heute schon verfügt.

All das kostet Zeit, die anderswo fehlt. »Hast du etwas Zeit für mich?«, gerade für Kinder gewinnt die Liedzeile eines Songs aus den 1980er-Jahren neue Bedeutung. Smartphone bedienende Mütter auf dem Kinderspielplatz, beim Schreiben einer SMS nicht zu störende Väter, nebeneinander sitzende und gleichzeitig tippende Familienangehörige, all das sind Bilder, an die wir uns bereits gewöhnt haben. 41 Prozent befragter deutscher Kinder finden, dass ihre Eltern das Mobiltelefon zu häufig nutzen, in Brasilien meinen das sogar 87 Prozent.[253] Jedes vierte deutsche Kind wünscht sich, dass sich die Eltern nicht mehr vom Handy unterbrechen lassen während der gemeinsamen Unterhaltung. Kinderpsychologen warnen bereits, dass handysüchtige Eltern eine Generation emotional gestörter Kinder großziehen, die nicht genug Aufmerksamkeit und direkte Ansprache bekommt.

Logische Folge davon ist, dass gerade verhaltensauffälligen Kindern zunehmend nun selbst ein Smartphone in die Hand gedrückt wird. Der moderne Schnullerersatz stellt sie zuverlässig ruhig. In den USA haben 75 Prozent aller Vier- bis Achtjährigen regelmäßig Zugang zu einem Smartphone, schätzen amerikanische Kinderärzte.[254] In einkommensschwachen Familien hat sogar der gleiche Anteil der erst unter Vierjährigen ein eigenes Handy, stellt eine aktuelle Studie fest.[255]

Bücher über auch von diesem Technikgebrauch ausgehende »Kollateralschäden« erscheinen in immer kürzeren Abständen. Von »digitaler Demenz«, »digitalem Hamsterrad«, »digitalem Burnout«, »digitaler Depression« und »Digital Junkies« ist die Rede.[256] Von Handysucht darf man wohl tatsächlich inzwischen sprechen. Alle 18 Minuten greifen erwachsene Smartphone-Besitzer zu ihrem Gerät, berichtet Christian

Montag, Professor am Lehrstuhl für Molekulare Psychologie in Ulm.[257] Es ist ein Zeitvernichter. Drei Stunden täglich verbringen seinen Forschungsergebnissen zufolge die Nutzer damit, ein Drittel der Zeit davon sind sie auf sozialen Netzwerken unterwegs. Angetrieben werden sie dabei von der konstanten Erwartung, etwas Nettes zu erleben und wiederum zugehörig zu sein. Dies führt zu einer Konditionierung des Verhaltens mit unbewusst ablaufenden, automatischen Mechanismen. Montag weist dabei auch auf Symptome aus der Suchtforschung hin, etwa eine Toleranzentwicklung, die dazu führt, immer länger am Handy bleiben zu müssen, um den gleichen Glücksmoment zu erfahren. Auch gibt es Entzugserscheinungen, also Nervosität und die Sorge, etwas zu verpassen, wenn das Handy vergessen wird. Dieses Phänomen wird mittlerweile schon mit dem Kürzel FOMO (englisch für »Fear of Missing Out«) bezeichnet. Jüngere Menschen sind davon stärker betroffen als ältere, Männer stärker als Frauen, selbstunsichere Personen mehr als glückliche und selbstsichere.[258]

Das geht soweit, dass die Hälfte der 18-29-jährigen Deutschen am sogenannten Phantomklingeln leidet. Die vermeintliche Vibration am Oberschenkel und der Klingelton sind dabei nur Einbildung.[259] Auch die Angst, sein Mobiltelefon nicht zur Verfügung zu haben, wurde mittlerweile mit einem Begriff belegt: »Nomophobie«, eine Wortschöpfung aus »no mobile phone« und »Phobie«. Nach einem Bericht in »Psychology Today« schlafen demnach zwei Drittel der Nutzer mit oder neben dem Smartphone, um nichts zu versäumen, ein Drittel hat sich schon während intimer Kontakte an seinem Smartphone gemeldet, mehr als die Hälfte kann es nicht ausschalten[260], womit noch ein Faktor gefunden wäre bei der Suche nach Ursachen einer heute geringeren Schlafdauer. Montag stellt zusammenfassend fest:

> Vieles, was wir am Smartphone machen, ist unnötig. Es kommt zwar unserem Urbedürfnis entgegen, sozial eingebunden zu sein – deswegen sind die Social-Media-Anwendungen auch so erfolgreich. Aber die drei Stunden am Tag fehlen uns für echtes Miteinander. Wir bringen uns damit um sehr schöne Momente.[261]

Die amerikanische Kulturwissenschaftlerin Sherry Turkle fürchtet daher, dass das direkte Gespräch aussterben könnte. »Wir sind zusammen allein«, stellt sie nüchtern fest.[262] Früher hätten die Menschen miteinander gesprochen, heute würden sie tippen, chatten und mailen. Nun könnte man meinen, dass sich durch soziale Netzwerke mehr Kontakte ergeben als sonst im Leben. Turkle weist aber auf wichtige Aspekte von Geselligkeit hin, die über das Austauschen von Fotos und kurzen Nachrichten hinausgehen, etwa die Fähigkeit, ruhig dazusitzen und jemandem geduldig zuzuhören. Auch die Möglichkeit, ein Für und Wider in Ruhe zu erörtern, zu diskutieren und zu verhandeln, geht dabei verloren. An jedem Ort ist es nun möglich, mit all seinen gespeicherten Kontaktadressen zu kommunizieren. Das Bedürfnis, jemanden anzurufen oder zu sehen, muss da fast nicht mehr entstehen, da es unmittelbar befriedigt werden kann. Zunehmend eingeschränkt wird dabei auch die Fähigkeit, alleine sein zu können und mit sich selbst etwas anzufangen, so Turkle:

> Erst das Alleinsein ermöglicht, sich selber zu finden und mit Anderen eine Bindung einzugehen. Können wir das nicht, wenden wir uns den Anderen zu, um uns nicht zu ängstigen, ja um uns überhaupt lebendig zu fühlen. Die Anderen werden zu einer Art Ersatzteillager für das, was uns fehlt. Einer Generation, die Alleinsein als Vereinsamung erfährt, mangelt es an Autonomie. Diese zu entwickeln ist für Heranwachsende aber lebenswichtig.[263]

Insgesamt scheinen wir uns mit unserer Techniknutzung wieder kindlichem Verhalten zu nähern, der Psychiater könnte fast von Regression sprechen. Denn allein sein können auch Kleinkinder häufig schlecht, sie brauchen den direkten zwischenmenschlichen Kontakt, um eine sichere Bindung aufzubauen. Erstaunlich ist auch, wie viele Erwachsene täglich das Smartphone als Spielapparat nutzen. Fast die Hälfte der Deutschen über 14 Jahre zockt regelmäßig, darunter immer mehr Frauen. Weltweit spielen fast 100 Millionen Menschen »Candy Crush«, ein infantiles Spiel mit den bunten Süßigkeiten, die es zu sortieren gilt.[264] Und auch die immer geringer werdende Fähigkeit, Bedürfnisse aufzuschieben, erinnert an Kleinkindverhalten. Von immer schneller ausgelieferten Bestellungen und stets sofort verfügbaren Freunden war schon die Rede.

Damit korreliert in paradoxer Weise, dass Smartphone-Nutzer, wie schon erwähnt, immer jünger werden. Die Geräte prägen hierzulande spätestens von der fünften Klasse an die Kindheit.[265] Ohne klare Regeln der Eltern ist das riskant. Die aber sind ja selbst mit diesem Medium ausgiebig beschäftigt, wie wir gesehen haben, und somit kein passendes Vorbild. Dass man etwa Whatsapp nicht installieren darf, wenn man das 16. Lebensjahr noch nicht vollendet hat, ist meist überhaupt nicht bekannt.

Die beschriebene Handysucht hat noch weitere Folgen. So werden eine gesteigerte Impulsivität und ein deutlicherer Materialismus berichtet.[266] Studien zufolge ist auch die Empathiefähigkeit von Studenten in den letzten 20 Jahren um 40 Prozent gesunken.[267] Schon eine 2010 veröffentlichte Untersuchung hatte gezeigt, dass Jugendliche umso weniger Empathie für Eltern und Freunde haben, je mehr sie Bildschirmmedien gebraucht hatten.[268] Hier sprechen wir inzwischen von durchschnittlich 7,5 Stunden, die ein deutscher Jugendlicher täglich vor einem Bildschirm verbringt (Fernsehen, Spielkonsole, Video, Computer, Tablet, Smartphone).[269] Die Meldungen, dass in zwei Fällen, als in Internet-Cafés Nutzer nach mehrtägigem ununterbrochenen Spielen verstarben, derweilen aber andere Computerspieler in beiden Fällen völlig gleichgültig reagiert hätten, mögen die nachlassende Empathie als drastisches Beispiel illustrieren. Die Mahnung aus den 1980er-Jahren, »Wir amüsieren uns zu Tode«, bekommt hier eine völlig neue Bedeutung.[270]

Der Medienwissenschaftler Neil Postman hatte damals eigentlich auf Einschränkungen in der Urteilsbildung im Zeitalter der Unterhaltungsindustrie hingewiesen. Waren wir damals »nur« den Manipulationen durch Film und Fernsehen ausgesetzt, kommt nun die Meinungsbildung im Internet, insbesondere in den sozialen Netzwerken, hinzu. Gerade in der aktuellen Flüchtlingskrise konnte man hier eine Verrohung der Ausdrucksweise beobachten, was durch die anonymen Äußerungsmöglichkeiten begünstigt wird. Auch lenken die Medien erfolgreich von unangenehmen Problemen, wie eben auch der ökologischen Krise ab, was langfristig ebenso das Diktum Postmans Wirklichkeit werden lassen könnte.

Spannend wird es auch sein, zu beobachten, wie sich die menschlichen kognitiven Fähigkeiten verändern. Noch gibt es keine eindeutigen Studien dazu. Aber was früher einfach mit dem Kopf gemacht wurde, erledigen heute Computer, Smartphones, Organizer und Navis. Das ist solange kein Problem, solange die Technik funktioniert und der Akku nicht wieder einmal leer ist. Insgesamt aber drohen Orientierungssinn, Gedächtnis und die Fähigkeit zur Lösung komplexer Probleme unter dieser Abwälzung der geistigen Anforderungen auf die Technik zu leiden, weshalb bereits von einer »digitalen Demenz«[271] die Rede ist. Geprägt haben den Namen dieses Krankheitsbildes südkoreanische Ärzte, nachdem sie bei jungen Erwachsenen immer häufiger Gedächtnis-, Aufmerksamkeits- und Konzentrationsstörungen sowie emotionale Verflachung und allgemeine Abstumpfung als Folge von intensiver Nutzung moderner Informationstechnik verzeichneten.[272]

Wenngleich dies zugespitzt erscheinen mag, ebenso wie die Befürchtung von Sherry Turkle, die Menschen könnten durch die technikgestörte Kommunikation nun gleich zu Autisten werden, wirken aber die üblichen Empfehlungen, man müsse eben den Umgang damit lernen, eher wie hilflose Floskeln. Auch gibt es wenig Anlass zur Hoffnung, dass nun die neuen Medien und die Digitalisierung wesentlich zur Lösung der ökologischen Probleme beitragen werden. Es ist zwar dadurch in neuer Weise alles mit allem verbunden, neue Daten und Informationen stehen in Sekundenschnelle weltweit zur Verfügung, so dass sich nun auch Landwirtschaft GPS-gesteuert betreiben lässt, doch ändert dies wenig an Ressourcenschwund, Klimawandel oder Artensterben. Rasch kann zwar durch die sozialen Netzwerke zu Aktionen und Protesten mobilisiert werden, wie sich dies teilweise auch im Arabischen Frühling 2011 zeigte, doch verhallen die Effekte auch hier wieder schnell. Gerne lassen zudem undemokratische Regime unliebsame Webseiten sperren und behindern Facebook & Co.

Die zunehmende Nutzung virtueller Welten vermischt außerdem analoge und digitale Realitäten, was die Frage aufwirft, ob nicht auch das, was im Computer passiert, in gewisser Weise wirklich ist. »Man sollte vielmehr alles als wirklich verstehen, was Wirkung hat«, so der Philosoph Tobias Holischka.[273] Nun ja, auch »alternative Fakten« des Trumpschen Zeitalters haben Wirkung, nämlich etwa eine beruhigende, wenn man Klimaleugnern auf den Leim geht. Und etwas umformuliert könnte man auch schlussfolgern, dass eben etwas *erst* als wirklich verstanden wird, wenn es eine (spürbare) Wirkung hat, so etwa die Umweltkrise.

Durch die veränderte und eher oberflächliche Art der Kommunikation, die sozialen und kognitiven Folgen der Smartphonesucht, die Beschäftigung mit technischen Details, die Flucht in virtuelle Welten und die dadurch noch größer werdende Entfernung von Natur und Umweltthemen jedenfalls ist eher ein weiteres Schwinden des Interesses an ökologischen Fragen zu befürchten.[274] Auch diese Technik wird in den Dienst der Verleugnung und damit der Vermeidung unangenehmer Gefühle gestellt.

Lähmung und Resignation einerseits, Konflikte und Widersprüche andererseits – die Ökokrise aus psychiatrischer Sicht

Die Ökokrise muss bei Aufgeben der Verleugnung nicht gleich direkt zu behandlungsbedürftigen Symptomen führen (wenngleich die Lebensweise, die zur Ökokrise führt, gleichwohl auch zu psychischer Erkrankung führen kann, wie wir oben gesehen haben). Noch beklagt kaum ein Praxisbesucher schlaflose Nächte, Depression und Verzweiflung wegen Klimawandel und Ölverknappung, auch wenn in der Literatur schon von »ökopsychosomatischen Beschwerden«[275] oder einem »psychosozialen Leiden an der Umweltkrise«[276] die Rede ist. Erstaunlicherweise leiden wenige Menschen darunter so intensiv, dass sie sich in psychiatrische oder psychotherapeutische Behandlung begeben müssten, obwohl im Grunde alle Menschen mehr oder weniger von der Bedrohung durch die Umweltschäden betroffen sind.[277] Zu Suiziden, wie sie bei der spürbar gewordenen Finanzkrise aufgetreten sind, ist es dadurch jedenfalls noch nicht gekommen.

Nehmen wir für eine nähere Betrachtung das Beispiel des heute vordringlichen Klimawandels. Die Psychiaterin Lise van Susteren weist darauf hin, dass dessen physikalische Folgen zwar gut untersucht sind, nicht jedoch die psychologischen Schäden.[278] Da gibt es zum Einen die direkt von Stürmen und Überschwemmungen Betroffenen, die das Risiko einer schweren Traumatisierung erleiden, was in bis zu zehn Prozent der Fälle in eine posttraumatische Belastungsstörung münden[279] oder andere psychische Folgeerscheinungen auslösen kann. Auch fühlen sich manche Menschen schuldig, wenn es andere schlimmer getroffen hat als sie selbst.

Zum Anderen aber, so van Susteren, leiden diejenigen besonders emotional, die sich »klar und leidenschaftlich« der Gefahren, denen wir gegenüberstehen, bewusst sind. Gefährdet sind daher Umweltaktivisten, durch langes Engagement auszubrennen, wenn Erfolge ausbleiben oder sich nur in geringem Maße zeigen.

Wenn die Umwelt direkt um einen herum sich in einer als sehr negativ empfundenen Weise verändert, können auch Gefühle von Heimweh und Melancholie entstehen. Man muss sich dafür also gar nicht von der Heimat entfernen. Der Philosoph und Nachhaltigkeitsforscher Albrecht Glenn bezeichnet diese emotionale Konstellation als »Solastalgia«.[280] Durch die Beschäftigung mit Bewohnern einer ursprünglich intakten Landschaft Australiens, die mit Verzweiflung auf den Bau von Kohleminen reagierten, kam er auf die Wortkombination aus dem lateinischen Wort »solacium« (Trost) und der griechischen Wurzel »-algia« (Schmerz). Mancher hat sicher ähnliches schon empfunden beim Bau einer neuen Umgehungsstraße oder bei anderweitiger Versiegelung einer nahegelegenen brachliegenden Fläche.

Auch wird zunehmend eine antizipatorische und damit dann auch lähmende Angst bei Klimaaktivisten gesehen durch den Blick auf zukünftig zu erwartende Verschlechterungen unserer Lebensbedingungen, so van Susteren. Sie erreicht ihrer Einschätzung nach in manchen Fällen bereits das Level einer »prätraumatischen Störung«. Die Umweltengagierten haben zudem das Problem, dass sie einerseits an der Front verzweifelt versuchen, der Bevölkerung die Situation zu vermitteln, wozu im Medienzeitalter oft drastische Aktionen und Begrifflichkeiten verwendet werden müssen, um die nötige Aufmerksamkeit zu erzielen. Andererseits aber müssen sie dabei vorsichtig sein, um die Bevölkerung wiederum nicht mit Angst zu lähmen.

Denn man weiß inzwischen, so haben neuere Forschungen ergeben, dass Angstbotschaften zwar durchaus wirken. So können sie helfen, Einstellungen und Handlungsweisen zu verändern, besonders wenn klar geschildert wird, wie die jeweilige Bedrohung vermieden oder behoben werden kann (was in unserem Fall erkennbar schwierig ist). Auch nehmen Frauen eher solche Appelle auf. Doch zumeist sind die Effekte gering und nur kurzfristig anhaltend.[281] Der permanente innere Alarmzustand kann sogar schädlicher sein als die beschworenen Gefahren selbst. Als Nebenwirkung wird zudem weniger das gewünschte Wohlverhalten als vielmehr ein Gefühl der Unzulänglichkeit erzeugt. Man kennt das auch von Erziehungsversuchen bei Kindern, doch nicht mehr so laut zu sein, oder von öffentlichen Ratschlägen, wie man gesünder zu leben hätte.[282] Etwa gar als schlechter Mensch dazustehen, weckt Minderwertigkeitsgefühle.[283]

Die Autorin und Therapeutin Mary Pipher beschreibt das Dilemma, wie sie ihre ökologischen Ängste der Umwelt mitteilen könnte, treffend für den Zeitpunkt, nachdem ihr klar geworden war, dass sie sich zwar um gesundes Essen und regelmäßiges Zähneputzen bei ihren Enkelkindern kümmert, bisher aber nichts getan hatte, um für sie eine Zukunft sicherzustellen mit sauberer Luft und Wasser und gesunden Ökosystemen:[284]

> Ich wollte verzweifelt die Welt retten und wusste nicht, wie ich das meinen engsten Freunden mitteilen kann.

Sie drohte mit ihren Sorgen allein zu bleiben und damit genau in die Ohnmachtsfalle zu laufen (sie schildert jedoch in ihrem Bericht, wie sie dann doch Freunde angesprochen und mit ihnen eine Initiative zur Bekämpfung der Pipeline ins Leben gerufen hat, die aus kanadischen Sanden gewonnenes Öl nach Nordamerika transportieren sollte).

Die Gesellschaft wiederum, die somit pfleglich mit Katastrophenszenarien zu behandeln ist, ist dann aber einem kollektiven Gefühl der Traurigkeit, des Ärgers und der Niederlage ausgesetzt, wenn sie konfrontiert ist mit den unvermeidbaren Umwelteffekten der globalen Erwärmung bei gleichzeitigem Gewahrwerden, dass es nicht gelingt dem vorzubeugen.

Natürlich kann man eine unangenehme Entwicklung auch absichtlich ignorieren. Der Soziologe Stanley Cohen hat das zur Wahrnehmung des Holocaust im Deutschland während des Dritten Reichs in »States of

Denial« beschrieben,[285] wo dieses Phänomen weit verbreitet war. Er sprach dabei von wechselnden Zuständen des Wissens und Nicht-Wissens in ablaufenden traumatisierenden Situationen. Weder ist hier völlige Verleugnung möglich noch aber auch ein angemessener Umgang damit. Von dieser These nicht weit entfernt meint Kari Norgaard, ebenso Soziologin, dass die Verleugnung des Klimawandels sozial konstruiert sei.[286] Die Nationale Politik gegenüber der Umweltzerstörung agiere gemäß dem Motto: »Frage nicht! Erzähle es nicht!« Auch von oben her bleiben die ökologischen Probleme daher gerne unerwähnt. Bei oft beklagter Realitäts- und Bürgerferne von Politikern scheinen hier die wechselseitigen Beziehungen zwischen beiden durchaus zu funktionieren, »allerdings auf eine Art, die man nicht unbedingt beruhigend finden muss«, so ein journalistischer Kommentar unter der Überschrift »Klima? Jetzt nicht!«[287]

Renee Lertzman wiederum, Leiterin einer Nachhaltigkeit unterstützenden Marketingagentur, die seit über 25 Jahren versucht, Brücken zwischen psychologischen und ökologischen Themen zu schlagen, nennt durch Umweltmeldungen erzeugte Lähmung und Apathie einen Mythos (»Myth of Apathy«[288]). Allein damit lässt sich demnach nicht erklären, warum trotz der seit über vier Jahrzehnten wiederkehrenden Mahnungen zu Umweltschäden gerade auch die Verantwortlichen in Politik und Wirtschaft bisher so wenig unternommen haben. Viele Menschen würden sich, so meint sie, durchaus sehr um die Umwelt sorgen, aber die Gefühle seien so durcheinander gekommen, und sie selbst so sehr von inneren Konflikten besetzt, dass sie nicht angemessen handeln könnten. Sie seien nicht apathisch, sondern »psychologisch still gelegt« (»They aren't apathetic, but rather shut down psychological«). So taucht im Alltag oft genug das Dilemma auf, umweltgerecht handeln zu wollen, es aber real dann nicht zu können. Resignierend nimmt man dann wieder die Gurken aus Spanien, die mit dem Auto gefahrenen Kilometer oder das vermeintlich dringend nötige neueste Smartphone in Kauf. Die Vielzahl der heute nötigen Abwägungen kann leicht überfordernd sein.

Und es ist eben nicht so, dass Menschen grundsätzlich rational, selbstbestimmt und durchschaubar sind, so dass sie den richtigen Motivationen und Reizen folgend immer die richtigen Entscheidungen treffen würden. Vielmehr sind wir komplexe Wesen, oft genug geprägt von

Widersprüchen, Ambivalenz und Paradoxien, wie oben schon deutlich wurde. Zudem verhalten wir uns in unterschiedlichen Rollen und Situationen ebenso unterschiedlich, und auch widersprüchlich. Als Umweltschützer kämpfe ich für Wandel, als Familienvater plane ich den Urlaub, und für den Haushalt kaufe ich Lebensmittel, und bin ich dann noch müde und genervt, nehme ich die in Plastikverpackung. Also konzentriere ich mich möglichst auf Anforderungen, die mir am leichtesten fallen. So aber wird durch ausgewählte Praktiken leicht eine »symbolische Nachhaltigkeitsfassade« aufgebaut, wie der Wirtschaftswissenschaftler Niko Paech das bezeichnet hat[289].

Die Wirkung von Widersprüchen und Dilemmatas lässt sich auch an der aktuellen Klimapolitik gut zeigen. Oliver Geden von der Stiftung Wissenschaft und Politik warnt zu Recht vor einem Klimabluff nach der Pariser Gipfelkonferenz von 2015. In einer komplexen Welt sei es illusorisch, ein konsistentes Handeln der Staaten zu erwarten:

> Es spricht vieles dafür, dass Experten und Öffentlichkeit hier von einer kulturellen Norm in die Irre geführt werden, von der nicht hinterfragten Vorstellung, dass Sachpolitik konsistent sein sollte. Die Vorstellung, dass reden, entscheiden und handeln nicht im Widerspruch zueinander stehen sollten, findet sich in allen Politikfeldern, nicht nur in der Klimapolitik. Was dabei jedoch unberücksichtigt bleibt, ist die Eigenlogik des Politikbetriebs.
>
> Wer Konsistenz als Norm voraussetzt, präsentiert Ziele als bewusste Auswahl zwischen anzustrebenden Endzuständen, begleitet von einer frühzeitigen Abwägung der geeigneten Instrumente und gefolgt von einer Serie von geeigneten Maßnahmen. Selbstverständlich kann nicht immer alles wie geplant laufen, es kommt immer wieder zu Fehlern. Aber sachrationale Organisationen werden sicher in der Lage sein, daraus für das nächste Mal zu lernen.
>
> Das Problem in der internationalen Klimapolitik ist jedoch, dass bislang fast nichts so läuft wie einst geplant. Das liegt an der zumeist übersehenen Tatsache, dass Politiker und Diplomaten Entscheidungen als eigenständige Kategorie begreifen,

> die nicht notwendigerweise mit entsprechendem Handeln verknüpft sein muss.[290]

Das betrifft nicht nur Politiker, führt aber hier zu umso gravierenderen Konsequenzen, da sie an wichtigen Schalthebeln sitzen. Das Ringen um den deutschen Klimaschutzplan schon ein Jahr nach der Pariser Konferenz verdeutlichte die Überlegungen. Man mag das Verhalten der Politiker als inkonsistent kritisieren, aber übersehen wird dabei, so Geden, dass sie sich im Alltag stets darum bemühen müssen, Unterstützung in der Bevölkerung für die gefassten Beschlüsse zu erhalten, dabei aber Ansprüchen einer Vielzahl von Interessengruppen ausgesetzt sind, die meist nicht miteinander vereinbar sind. Auch hier zeigt sich wieder die Widersprüchlichkeit menschlichen Seins.

Es ist daher nicht einfach zu verstehen, warum Menschen die von ihnen verursachten Schädigungen der für sie existenziellen natürlichen Lebensgrundlagen nicht wahrnehmen, und somit auch nicht angemessen handeln. Neben allein schon neuronal gebahnten Verarbeitungsmustern spielen psychische Effekte wie Lähmung, Resignation und unlösbare innere Konflikte eine entscheidende Rolle. Die Wahrnehmung der Situation wiederum kann, wie deutlich wurde, zu erheblichen psychischen Beeinträchtigungen führen. Ganze Weltbilder können zusammenbrechen, wenn deutlich wird, wohin uns Bevölkerungsexplosion und technischer Fortschritt gebracht haben.

Auch andere Symptome deuten auf die Nachwirkungen der zweischneidigen Entwicklung der Industrialisierung hin. Da ist die 28-jährige Personalsachbearbeiterin, die in der Stadt generell angespannter ist als auf dem Land, wo sie aufgewachsen ist, und dadurch nun umso leichter zusätzlich Angstzustände erleidet; da ist die 43-jährige Krankenschwester, die den Dichtestress vor allem in vollen Großkinos als Panikattacken erlebt; da ist der 48-jährige Gärtner und Florist, dessen Computerphobie schon vermehrt zu Zittern und Nervosität führt, wenn er nur an Bürofenstern vorbei geht, und der daher Kollegen bitten muss, nahezu unvermeidbar gewordene Bildschirmarbeiten für ihn zu erledigen, und der nun Angst vor den Reaktionen des neuen Vorgesetzten hat. Da ist des Weiteren der 52-jährige Angestellte, der durch die Wechselschicht regelmäßig an Migräne leidet. Und schließlich gibt es den jugendlichen Schüler, der durchaus am Zustand dieser Welt leidet, der die Sinnlosigkeit des Daseins und die Unfähigkeit der Entscheidungsträger, die globalen Krisen zu bewältigen, beklagt und dies mit problematisch gewordenem Alkoholkonsum zu kompensieren versucht.

Alleine und ungeschützt sich die Krankheiten dieser Welt zu betrachten, kann bedrückend und bedrohlich sein. Denn tatsächlich ist die Menschheit insbesondere in den Industrieländern, zugespitzt, psychiatrisch erkrankt: *abhängig* von fossilen Energien und moderner Technik, *burnout*-geplagt von den Anforderungen eines kontinuierlichen Wachstums und zu vieler Freizeit- und Konsummöglichkeiten, *anpassungsgestört* hinsichtlich der eingetretenen Situation, *ohnmächtig-depressiv* im Anblick der anstehenden Herausforderungen sowie *narzisstisch gekränkt* von den ökologischen Grenzen menschlichen Handelns, jedoch weiter *größenwahnsinnig* überzeugt von den eigenen technischen Möglichkeiten steuert sie *autodestruktiv*, fast schon *suizidal*, schwierigen Zeiten entgegen.

Das unbeirrbare Festhalten an der Meinung, wie gut der heutige Konsum- und Wachstumskurs für die Welt ist, hat – etwas zugespitzt – aus psychiatrischer Sicht fast schon *wahnhafte Züge* (definitionsgemäß liegt ein Wahn vor bei unkorrigierbarem Überzeugtsein von nicht-realen Tatsachen). Durch das bisherige starre Festhalten daran kommt es zu einer *Anpassungsstörung*, die es als Evolutionsbegriff gibt wie im obigen Kapitel aufgeführt, aber eben auch als psychiatrische Diagnose. Auch dieses pathologische Verhalten der Industriegesellschaften gehört zur psychiatrischen Betrachtung der Ökokrise. Sie leiden im Kollektiv somit an etlichen psychischen Störungen, was im Einzelfall die Unterscheidung zwischen normal und anormal nicht immer einfach macht. Wie soll man psychisch kranke Menschen behandeln und wieder funktionsfähig für ihr Umfeld machen, wenn die Welt außen herum so offensichtlich verrückt geworden ist? Es ist zumindest nicht leicht, in derart absurden und komplexen Verhältnissen, wie wir sie jetzt erleben, noch einen klaren Kopf zu behalten. Wir werden noch sehen, was dafür hilfreich sein kann.

Schließlich sind noch ganz andere Umweltängste zu erwähnen, die sich bei manchen Menschen entwickeln. Sie haben große Sorgen vor Gefährdungen, die von bestimmten Schadstoffen aus ihrem Umfeld ausgehen könnten. Beeinflusst wird dies meist von gerade aktuellen Diskussionen dazu. So ist glutenfreie Ernährung auch bei nicht von der eigentlichen Unverträglichkeit Betroffenen angesagt. Befürchtet werden auch in häufig übersteigerter und daher dann behandlungsbedürftiger Weise etwa die Schädigung durch Duftstoffe, Baumaterial (Sick-Building-Syndrome), Amalgam oder andere chemische Substanzen (Multiple-Chemical-Sensitivity-Syndrome[291]). Nachweisen lassen sich solchermaßen befürchtete Schäden nur äußerst selten, weder durch Blutuntersuchung noch durch Kernspin oder Ultraschall. Eher zeigen sich bei den Betroffenen, die einen hohen Leidensdruck haben, oft Persönlichkeitsakzentuierungen mit verborgenen unbewussten Konflikten, an die aber nicht gerührt werden darf, könnte doch der hierdurch erzeugte Schmerz um ein Vielfaches unerträglicher sein als die wahrgenommene und nach außen verlagerte Beeinträchtigung durch die Umwelt.

Interessant ist auch, wie wenig solchermaßen gesundheitsbesorgte oder auch ernährungsbeflissene Menschen dann Probleme haben, wieder ein Auto zu benutzen, in den Flieger zu steigen oder an Silvester Böller in die Luft zu jagen, was etwa beim Jahreswechsel 2016/2017 in manchen Regionen (wie in München) zu extrem hohen Feinstaubbelastungen geführt hat.

Auswirkungen einer »Naturdefizitstörung«

Insgesamt bleibt festzustellen: Hinweise auf psychische und vielleicht gar psychiatrische Folgen unserer kulturellen Evolution, die auch zur gegenwärtigen ökologischen Situation geführt hat, gibt es bereits genügend. Als Schlagworte dazu seien nochmals genannt Depressionen durch Vereinzelung und weniger Geselligkeit, Suizidalität in anonymen Großstädten und Burnout-Syndrome durch zunehmenden Leistungsdruck sowie auch durch ein Zuviel an Möglichkeiten im Technik-, Freizeit- und Urlaubsbereich und die dabei entstehende Beschleunigung.

Und diskutieren kann man durchaus, ob nicht auch die immer häufiger diagnostizierte Krankheit des Aufmerksamkeits-Defizits-Syndroms in Form der Hyperaktivität indirekt Folge der Industrialisierung ist. Sie zwang lebhaftere und übermäßig kreative Kinder im Zuge der eingeführten allgemeinen Schulpflicht dazu, sich nun in einen Sozialverband gleichaltriger Kinder einzufügen, still zu sitzen und einem Lehrer aufmerksam zu folgen, bei gleichzeitiger Einschränkung motorischer Bewegungsmöglichkeiten auch im außerschulischen Lebensbereich, während zuvor ein Leben in altersgemischten und nicht derart reglementierten Gruppen über Jahrtausende üblich war.[292] Eine genetische Veranlagung zu Hyperaktivität kann durch eine solche Einengung zumindest leichter mit entsprechend auffälligen und im engen schulischen Rahmen dann auch störenden Verhaltensweisen zum Vorschein kommen. Die Verdoppelung der Verordnungen des bei ADHS eingesetzten Mittels Methylphenidat in den Jahren 2000 bis 2007 in Hessen mag hierfür ein beispielhafter Hinweis sein.

Der Aufenthalt in der Natur wiederum kann, wie Studien ergeben haben[293], bei der Störung als Mittel zur Therapie eingesetzt werden, alleine oder mit Medikament. Eine signifikante Linderung der Symptome, eine geringere Impulsivität und eine verbesserte Konzentrationsfähigkeit wurden beobachtet. In Hinblick darauf, dass Kinder und Jugendliche heute bereits über sieben Stunden täglich vor Bildschirmen verbringen, dass sie die Außenwelt oft nur noch vom Autorücksitz wahrnehmen (»backseat generation«[294]), sofern nicht Bildschirme auch hier ihre Aufmerksamkeit auf sich ziehen, aber auch in Hinblick darauf, dass Übergewicht in den Industrieländern bereits epidemisch verbreitet ist und dass auch Erwachsene die hilfreiche Wirkung von Grün immer weniger kennen, wird nicht ohne Grund bereits von einer »Naturdefizitstörung« gesprochen.[295] Bereits vorher einzuschätzen, dass ein Weg zu Fuß zurückgelegt das Wohlbefinden verbessern kann, fällt heute vielen Menschen schwer.[296] Kein Wunder also, dass die Semmeln am Samstagmorgen oft mit dem Auto beim nahen Bäcker geholt werden.

* * *

So unangenehm es ist, auf biologische Funktionen reduziert zu werden oder von der Psyche zu sprechen: beide Bereiche müssen berücksichtigt werden, um das geringe Gegensteuern gegen die ökologische Krise verstehen und dann auch adäquate Bewältigungsansätze entwickeln zu können. Im Vordergrund steht die Verleugnung der drohenden Gefahr.

Dazu gesellt sich die Vorliebe des Zentralnervensystems, bei der Suche nach einfachen Lösungen vor allem auf schon bekannte und gespeicherte Erfahrungen bei der Verarbeitung von Sinneseindrücken zurückzugreifen, was wenig hilft in der nun neuartigen komplexen Situation.

Industrialisierung und Individualisierung haben uns psychisch nicht gerade gestärkt. Ebenso nicht die omnipräsent werdende Digitalisierung. Ein zunehmendes Primat der Ökonomie, aber auch ein Zuviel an Möglichkeiten im technischen und privaten Bereich bei gleichzeitig brüchiger werdenden zwischenmenschlichen Beziehungen führt heute vermehrt zu seelischen Störungen, chronische Stressoren bewirken körperliche Beschwerden oder führen zu Lähmung und Depression.

Den gleichen Effekt hat die chronisch gewordene ökologische Krise, die seit Jahrzehnten diskutiert wird und dennoch immer weiter voran schreitet. Als Ausweg aus der Misere wird immer wieder auf die Kultur, den Verstand und die Vernunft verwiesen (was später noch zu diskutieren ist). Sie seien die entscheidenden Unterschiede zur Tierwelt. Sie würden uns die Möglichkeit eröffnen, gegenzusteuern. So ist es sicher nötig, sich der Natur im Menschen bewusst zu werden, etwa auch des egoistischen Handelns unter Druck, um endlich »vernünftig« auch *gegen* unsere Natur reagieren zu können, gemäß dem Motto: »Segler, die mit dem Wind vertraut sind, können mit Hilfe des Windes bekanntlich sogar gegen den Wind kreuzen.«[297]

Diese Appelle an eine effektive Nutzung unserer Großhirnrinde bleiben jedoch völlig wirkungslos, wenn psychische Aspekte dabei übersehen werden, so etwa die enormen Verleugnungsmechanismen, die es uns erlauben, über die bedrohlichen Entwicklungen hinweg zu sehen. Erst die akute Krise kann diese Mauer durchbrechen, aber das wird kaum mehr reichen, die globalen ökologischen Veränderungen noch entscheidend abzuwenden.

Was nun?

> *Der aller Einsicht zum Trotz zu fordernde Super-Paradigmenwechsel widerspricht unserer geistig einfachen, pragmatischen, selbstsüchtigen, hochemotionalen Natur.*
>
> Gregory Fuller[298]

Verwirrt stehen wir nun da. Schlaue Gedanken und Erkenntnisse der Evolutionsforschung, der Biologie und der Psychologie schwirren uns durch den Kopf und verursachen Ratlosigkeit, die Fakten der planetaren Umweltkrise sowie der schon spürbare Klimawandel lähmen und machen Angst, ökologische Grundregeln und der Entropiegedanke irritieren zusätzlich. Was hat das alles nun miteinander zu tun? Und wo bleiben die guten menschlichen Fähigkeiten, etwa Aufklärung, Ratio und Wissen, die zur Problemlösung führen könnten?

Zunächst einmal sehen wir, dass das, was uns heute bedrückt, sich schon seit gestern und vorgestern dahin entwickelt hat. Die Evolutionslehre und das Entropiegesetz sind nicht der Wahrheit letzter Schluss, denn die Komplexität unserer Biosphäre lässt sich mit vermeintlich feststehenden Naturgesetzen nur unscharf erfassen. Aber annäherungsweise beschreiben sie Entwicklungen, die nicht grundsätzlich »schlecht« im Sinne einer katastrophalen Wirkung, aber letztlich unumkehrbar sind. An sich ist es faszinierend zu betrachten, welche Vielfalt und auch schöne Komplexität und Fähigkeiten die Evolution auf unserem Planeten hervorgebracht hat, gerade auch bei den Lebewesen, wie wir eines sind. Diese Entwicklung ist mit Sicherheit noch nicht beendet. Wir sind ein Zwischenstadium davon, und trotz unserer herausragenden Stellung in der Natur ist noch lange nicht gesagt, dass uns tatsächlich die große Bedeutung zukommt, die wir uns beimessen. Auch wir sind letztlich ein Entwicklungszweig, ein Herantasten und Ausprobieren, und es kann sein, dass eine andere Richtung der Evolution sich als viel erfolgreicher entwickeln wird. Der Natur und dem Universum sind wir letztlich egal. Fast alle Arten, die einmal gelebt haben, sind auch wieder verschwunden.

Der evolutionäre Antrieb zum Überleben und zu Reproduktion hat beim Menschen in Millionen von Jahren letztlich zu immer besseren Jagd- und Anbaumethoden sowie hoch technisierten Werkzeugen geführt – wenn man so will, im Sinne einer kulturellen Evolution. Das Problem dabei ist nur, dass für diese immer komplexer gewordenen Lebensweisen immer mehr Energie nötig geworden ist. Und die droht uns bald auszugehen, während gleichzeitig der Bedarf weltweit weiter steigt. In immer kürzeren Abständen haben wir neue Energieträger benötigt, ging es von Holz zur Kohle, dann zu Öl, Gas und Atomkraft. Dabei bemerken wir nicht zuletzt am Klimawandel, dass die verfeuerten Substanzen nicht verschwunden sind, nur eben jetzt in der Atmosphäre als Treibhausgase ihr Unheil anrichten. Das ist die praktische Erfahrung des ersten Hauptsatzes der Thermodynamik: die Energiemenge bleibt insgesamt gleich. Aber sie wandelt sich von einer verfügbaren Form – wie Holz, Kohle oder Öl – in eine nicht mehr verfügbare Form – wie Gase und Abfall. Deutlicher kann wiederum der zweite Hauptsatz der Thermodynamik gar nicht werden.

Die Auswirkungen dieser Grundgesetze spitzen sich somit seit der Industrialisierung durch den verstärkten Energiehunger zu. Dabei ist das dem zugrunde liegende Weltbild, sich der Natur gegenüber als Eroberer zu verhalten und sie nur als Rohstofflager zu sehen, nicht das schon immer existierende – und auch nicht das Weltbild von Gesellschaften, an denen die Industrialisierung vorbei gegangen ist. Dieses bei uns seit 250 Jahren herrschende Weltbild wurde somit nur in einem Bruchteil der menschlichen Geschichte von einem Bruchteil der Menschheit angewandt.[299]

Für all das aber können wir heute Lebenden im Grunde nicht viel. Wir haben es uns nicht ausgesucht, in diese Zeit geboren zu werden. Sicher, wir heute Lebenden haben das Schöne daran, den Konsum, die Sicherheit, den Frieden und den Wohlstand dabei gerne in Anspruch genommen, dafür aber gerne Rohstoffe aus ärmeren Ländern kolonialistisch genutzt und ihnen billige Produktion und Abfälle überlassen. Jetzt, wo Milliarden von Menschen genau dort auch auf den Geschmack kommen, auch dank viel gepriesener Globalisierung und Digitalisierung, und wir zum Teilen gezwungen werden, vergeht uns langsam die Lust an der berauschenden, lange Zeit immer flotter und lauter werdenden Party. Wir merken, es wird ernst. Wir spüren, irgendetwas wird sich ändern müssen. Das schlechte Gewissen drückt immer mehr, eigentlich so nicht mehr weiter machen zu können und zu dürfen. Schuldgefühle entstehen, und eine Lähmung, denn alles erscheint (und ist) so komplex, diffus und unbegreiflich. Wir sind eher dazu in der Lage, zu überlegen, was wir heute noch einkaufen und kochen müssen, wissen aber nicht, was bei dieser globalen Lage nun konkret zu tun wäre. Wir verstehen es ja besser, kurzfristig zu handeln als langfristig vorauszuschauen oder komplizierte Sachverhalte zu erfassen, wie wir im letzten Kapitel gesehen haben. Überfordert von umfassender Entropie, von Unübersichtlichkeit im technischen, beruflichen, privaten, digitalen und politischen Bereich, suchen wir geprägt von unserem Nervensystem klare und einfache Antworten, die Populisten in weiten Teilen der Welt gerne geben.

Sind wir also unserem Schicksal ausgeliefert? Werden unsere inneren biologischen Programme und psychologischen Hemmnisse uns immer schneller dem Abgrund näher bringen? Aus der Erkenntnis, dass wir gut kurzfristig handeln können, gelangen wir zu der Aussicht, dass wir dann handeln, wenn nur der Druck groß genug wird und wir Folgen und Krisen direkt spüren. Wir handeln dann, weil wir handeln *müssen*. Es geht dann nicht mehr um Wollen oder Können. Wenn es auch immer einige Menschen gibt, die weise vorausschauend Prüfungen und Abschlussarbeiten über Monate hinweg vorbereiten, so ist es doch die Mehrheit, die erst kurz vor dem anstehenden Termin unter produktiven Druck gerät und dann handelt, eben weil gehandelt werden muss. Nur ob das in der dann aktuellen Situation ökologisch, sozial und politisch noch reicht?

Noch aber ist der akute Druck für uns nicht groß genug. Stattdessen quält uns ein schlechtes Gewissen. Vielleicht reicht an dieser Stelle diese Überlegung: wir haben *keine Schuld* – daran, wie es kam und wie es jetzt ist –, aber wir tragen *Verantwortung* – dafür, wie es kommt. So wie wir heute Lebenden nicht den Holocaust und den zweiten Weltkrieg verursacht haben, aber auch weiter verantwortlich sind für die Erinnerung daran, für Entschädigung und für ein Lernen daraus, ist es ähnlich mit der beschriebenen aktuellen Situation. Nur dass hier auch die Generationen vor uns keine Schuld trifft. Angetrieben vom Streben nach Wissen und Fortschritt sind sie – teilweise naiv und unüberlegt – mit entsprechender Eigendynamik voran gestürmt und haben uns ungewollt in diese Situation gebracht:

> Die erste Büßergeneration ist schon geboren. Weitere Generationen werden folgen, alle gemeinsam werden sie haften dafür, dass Milliarden Menschen geschlossen in die Verschwendungsfalle liefen. So sieht die pessimistische Sicht der Dinge aus, zur Zuversicht gibt es wenig Grund. Allenfalls zur Hoffnung.[300]

So beginnt ein Leitartikel im August 2008. Es kommt jetzt darauf an, was wir daraus machen. Die wie erwähnt nötigen guten Bedingungen für gegenseitige Unterstützung drohen sich eher zu verschlechtern, individuell gute Absichten im Gruppensystem unterzugehen. Knapper werdende Ressourcen wie Öl und Wasser schaffen Konkurrenzkämpfe darum, der Klimawandel führt zu Flüchtlingsströmen und damit seinerseits zu Konflikten. Diese Komplikationen gibt es bereits heute, nur bei uns sind sie bisher kaum relevant. Dafür haben in unseren Breiten besonders die Einkommensschwachen bereits schmerzhaft steigende Energie- und Lebensmittelpreise zu spüren bekommen. Dies war zwar zunächst nur vorübergehend der Fall, wird sich aber wiederholen.

Das kann heilsam sein, im Sinne des beschriebenen, wohl nötigen Drucks. Das kann aber leider auch zu kontraproduktiven Schlussfolgerungen führen. Forderungen nach Steuersenkungen für Öl und Benzin oder nach Wiedereinführung der vollständigen Pendlerpauschale wurden daher in der letzten Hochpreisphase wieder laut. Das entspricht eher einfachen und oberflächlichen Scheinlösungen statt grundsätzlichen Veränderungen. Das zeigt, dass allein ein knapper werdender Geldbeutel noch lange nicht das Verhalten entscheidend ändert, nicht das Verhalten derer, die hohe Verantwortung tragen in einem Staat, aber ebenso wenig das Verhalten von uns Bürgern »unten«, die wir denen »oben« die Macht für diese Verantwortung geben.

Vielmehr haben Marktschreier mit sich anbiedernden Ideen Hochkonjunktur, und wir lieben sie, da sie uns nicht reinen Wein einschenken, sondern uns weiter in der trügerischen Illusion schwelgen lassen, alles könne so weiter gehen wie bisher, höchstens ein bisschen anders oder vielleicht etwas teurer. Attraktive Zukunftsvisionen gibt es dabei gar nicht mehr.[301] Leben wir nur noch im »Aggregatzustand der Krise«? Die einen sehen nur Konsum und Kommerz, die anderen nur Klimawandel, Kriege, Katastrophen. Auch die Umweltbewegung zeichnet oft nur negative Zukunftsbilder, auch dieses Buch leidet unter diesem Manko.

Wo aber will unsere Gesellschaft eigentlich hinsteuern? Gibt es irgendwelche positiven Visionen? Welche Notwendigkeiten könnte sie konstruktiv angehen, um Lebensweise und Lebensgefühl zu verbessern, weg vom Burnout? Nur ein weiter so, Wachstum und Wohlstand, jetzt eben mit Google-Brille, Elektroautos und Ausgleichszahlung für Kohlendioxid beim Fliegen? Es scheint so. Also geht für viele die Party erst einmal noch so weiter wie bisher, vielleicht auch erst recht, in dem unguten Gefühl, sie könnte bald vorbei sein. Aufkommende Müdigkeit betäubend wird fleißig konsumiert, das neue Smartphone kommt bestimmt. Im Keller wartet derweilen der Elektroschrott auf seine Fahrt zum Wertstoffhof.

Die Erfahrung knapper werdender Rohstoffe vor einigen Jahren war lehrreich, wie in erwähntem Leitartikel 2008 weiter ausgeführt wird:

> Rücksicht auf natürliche Lebensgrundlagen ist weder Luxus noch Last. Sie ist Bedingung des wirtschaftlichen Überlebens. Gut, dass die Industriestaaten das jetzt zu spüren bekommen.[302]

Dieser Druck hat wieder nachgelassen, noch lassen sich ausreichend Rohstofflager weltweit finden, dies aber zu einem hohen ökologischen und sozialen Preis. Mit einer erneuten Zuspitzung ist wieder zu rechnen, das mögen die Überlegungen im ersten Kapitel gezeigt haben. Wir werden sehen, was Fachleute neben all den vielen politischen und technologischen Vorschlägen noch bei jedem Einzelnen an Handlungsweisen für nötig halten, um die ökologische Krise aufzuhalten oder gar abzuwenden. Auf der Grundlage dessen, was wir bisher gesehen haben, werden wir danach aber überlegen müssen, wie realistisch diese Ideen sind und was daraus dann zu folgern ist.

II.

Fragliche Wege aus der Krise

Trügerische Hoffnungen: Lösungsansätze von Experten

Es gibt aber Leute, die inniger an den Fortschritt glauben als je ein Heiliger an Gott, und diese werden mit Recht darauf hinweisen, dass die Hunderte von Millionen, die im kommenden Nuklearkrieg umkommen werden, an der Beulenpest nicht hätten sterben können, denn die haben wir überwunden.

Erwin Chargaff[303]

Die Notwendigkeit zu handeln wird – zumindest auf Expertenebene – immer mehr erkannt. Umweltjournalisten, Ökoinstitute, Naturschutzorganisationen und Wissenschaftler publizieren in diesen Jahren Bücher um Bücher mit vielen nachdenkenswerten Vorschlägen. Sie alle darzustellen würde den Rahmen dieses Buches sprengen. Zentrale Aspekte und die Frage der jeweiligen Realisierbarkeit sollen aber erörtert werden.

Der zentrale Begriff: Nachhaltigkeit

Im Zentrum steht die Forderung, nachhaltig zu leben und zu wirtschaften, und das kann man so definieren:

> Erstens dürfen nicht-erneuerbare Ressourcen, beispielsweise die Ölvorräte in der Erdkruste, nicht schneller verbraucht werden als sich erneuerbare Alternativen wie Sonnenenergie entwickeln. Zweitens dürfen Gewässer, Luft und Böden nicht

> dermaßen verschmutzt werden, dass sie sich nicht regenerieren können. Und drittens muss für mehr Gerechtigkeit in der Welt gesorgt werden. Solange die Kluft zwischen Arm und Reich so immens wie heute ist, wird es keine nachhaltige Entwicklung geben.[304]

Deutlich wird bei dieser Definition, dass es auch um horizontale Gerechtigkeit zwischen verschiedenen Regionen der heutigen Welt geht sowie um vertikale Gerechtigkeit zwischen den heute Lebenden und zukünftigen Generationen. Und es geht nicht nur um kosmetische Korrekturen, sondern um eine grundsätzliche Änderung der Lebensweise vor allem in den Industrieländern. Im Gegensatz zu den ersten beiden Revolutionen, der landwirtschaftlichen und industriellen, die sich wie von selbst (mit Eigendynamik) vollzogen haben, ist nun jedoch eine bewusste, willentliche und gezielte Umsteuerung zur Nachhaltigkeit notwendig, und dies noch dazu nicht nur für einen Teil der Menschheit, sondern möglichst global.

Viele allgemeine Forderungen – wenige konkrete Modelle

Anschauliche Entwürfe für eine nachhaltige Gesellschaft sind bisher jedoch Mangelware. Zumeist bleibt es bei allgemeinen Überlegungen und Appellen, was sich in Wirtschaft und Politik ändern muss. So wurden in einem Global Marshall Plan etwa die Implementierung einer weltweiten Ökosozialen Marktwirtschaft als Fernziel, Ideen für ein institutionelles Design für »Global Governance« und Vorschläge für Internationale Finanzierungsinstrumente gefordert.[305] Klingt gut, heißt aber was konkret?

Zumindest die für 2015 angepeilten Milleniumsziele wurden teilweise erreicht.[306] Sie sind fortgeschrieben worden in den 17 Nachhaltigkeitszielen mit 169 Unterpunkten, die alle Länder in die Pflicht nehmen, aber freiwillig sind, keiner Kontrolle unterliegen und somit vage und unverbindlich bleiben. Etwas konkreter wird Jakob von Uexküll, Stifter des Alternativen Nobelpreises: er fordert

- eine Energiewende mittels erneuerbarer Energien,
- eine Agrarwende weg von der energieintensiven Landwirtschaft hin zu lokaler Produktion,
- eine Verkehrswende mit radikalem Ausbau des Nahverkehrs und der Eisenbahn sowie
- eine ökologische Steuerreform.[307]

An einen hypothetischen Modellentwurf herangewagt hat sich der Architekt Dirk Althaus.[308] Als wesentliche Energiequellen sieht er – wie viele andere Autoren und Wissenschaftler auch – die oben kurz skizzierte Solarthermie und die Photovoltaik, mit *dezentraler Energiegewinnung*. Was die Materie betrifft wird demnach *Recycling* die neue Wirtschaftsform, mehr also noch als schon heute. Er schlägt weiter vor, »in Zukunft der Politik jegliche laienhafte und immer parteiische Einmischung in das Wirtschaftssystem zu nehmen« und Politik allein mit dem ethnischen Zusammenhalt der Gruppen, die sie vertreten, zu beauftragen. Er nimmt an, dass sich in den unternehmerisch geführten Betrieben *klassische Strukturen natürlicher Sozialgemeinschaften* bilden werden, das kreative Potenzial werde dabei erhalten und gesteigert.

Und wie wird die Gesellschaft konkret leben? Mit abnehmendem Luxus der Industrieregionen unserer fossilen Episode würden die Gruppen engen Zusammenlebens wachsen. Demnach könnten zwölf bis zwanzig Personen als »familiäre« Wirtschaftseinheit fungieren, die drei bis vier Generationen beherbergen und versorgen könnte; nur einige würden »draußen« arbeiten.

In Form von Ökodörfern gibt es so etwas schon heute. In »Sieben Linden« in Sachsen-Anhalt etwa, einem der größten alternativen Lebensprojekte Europas, leben heute 100 Erwachsene und 40 Kinder dauerhaft, hinzu kommen Jugendliche im Freiwilligen Ökologischen Jahr; schon 80 Prozent des konsumierten Gemüses und die Hälfte der Kartoffeln stammen aus Eigenproduktion; Konsensprinzip der Lebensgemeinschaft ist eine Zwei-Drittel-Demokratie.[309]

Auch das Ökodorf Torri Superiori in Mittelitalien, nahe dem Mittelmeer an der Grenze zu Frankreich gelegen, basiert auf dem Prinzip der Solidarökonomie:[310] die drei vorhandenen Autos werden geteilt, jeder bekommt das gleiche Gehalt. 30 Menschen leben fest dort, davon zwölf

Erwachsene. Sechs arbeiten fest im Tourismus-, Gäste- und Restaurantbetrieb, drei fest in der Landwirtschaft (von der alleine nicht zu leben wäre; im Vordergrund steht der Oliven- und Weinanbau), zwei sind Künstler, eine arbeitet als Lehrerin im traditionell geprägten Unterdorf (Torri Inferiore). Es gibt noch eine Ziegenherde, die Landwirtschaft funktioniert nach den Prinzipien der Permakultur, es gibt eine Töpfer- und Holzwerkstatt, Seifen werden selbst hergestellt, entsprechende Kurse können belegt und auch anderweitig Seminare abgehalten werden. An zwei Wochenenden im Jahr kommt jeweils ein Mediator, um Diskussionen zu weiteren Projektplanungen und Konflikten zu leiten.

Denkbar sind auch nachhaltig geplante Siedlungen im Rahmen bestehender Städte, wie das Modellprojekt Vauban in Freiburg oder der seit 20 Jahren bestehende »Cherbonhof« in Bamberg.[311] Diese Ökosiedlung ist wie ein Dorfanger angelegt, um den sich 25 Einfamilienhäuser mit drei Einliegerwohnungen sowie 21 Mietwohnungen für Senioren gruppieren. Bei monatlichen Treffen werden wichtige Vorhaben oder gemeinsame Aktivitäten besprochen, bei größeren Problemen und Konflikten außerordentliche Versammlungen einberufen.

Aus solch kleinen Einheiten würden sich, so weiter bei Althaus, dann *kleine demokratische Gemeinden* zusammensetzen, die optimale Größe hierfür läge etwa bei 7.000 Personen. Diese Gemeinde sollte demnach auch ein lokales Rathaus haben und Basis größerer Strukturen auch innerhalb von Großstädten etwa sein. Staatliche Sozialhilfe gäbe es schon aus ökonomischen Gründen nicht mehr, in Not Geratenen werde in Zukunft wieder durch Nächstenliebe geholfen; für das entsprechende *Sozialsystem der Nächstenliebe* sei eine dann »integrale weibliche Kirche« besonders geschaffen. Die wachsende Recyclingwirtschaft bringe viel Arbeit, die dennoch nicht Eingebundenen könnten Aufgaben wie Kinderbetreuung, Altenpflege und Nutzgartenarbeit gemeinschaftlich übernehmen; die einfließenden Gehälter aus selbst- und fremdbestimmter »Arbeit« würden bei weitgehender Selbstversorgung allemal reichen. Die Medien wiederum könnten Ideen der Neugestaltung der unvermeidlich auf uns zukommenden postfossilen Epoche aufnehmen, darüber sprechen, schreiben und filmen, Ideen weiter entwickeln oder über Weiterentwicklungen berichten.

Ökologisches Wohnen gilt also als Zukunftsrezept, erfordert aber gerade in der Stadt ein hohes Maß an Mehrarbeit, Wissen und Selbstdisziplin, etwa um ein Mülltrennsystem zu handhaben, gemeinschaftliche Pflanzenkläranlagen zu warten oder auf Chemie in Haushalt und Garten sowie auf Autos zu verzichten. Städtebaulich gesehen werden von Sozialwissenschaftlern eine Verminderung des Flächenverbrauches mit ökologisch sinnvoller Förderung von Wohn- und Hausgemeinschaften sowie Gemeinschaftseinrichtungen empfohlen.[312] Technisch erscheint eine umweltverträgliche und energiesparende Ausstattung von Gebäuden notwendig.

Es ist gut, wenn utopische Modelle ohne Denksperren entworfen und ansatzweise auch schon umgesetzt werden. Ob sie aber zur Abwendung der Krise mit der nötigen Geschwindigkeit im großen Maßstab, gar global wie jetzt eigentlich nötig, realisiert werden können, noch dazu wenn man wie Althaus der Politik eine regulierende Funktion dafür nicht mehr zugesteht, sei dahingestellt. Die vorgeschlagenen Gemeinschaftseinrichtungen greifen zwar unsere Sippen- und Stammesprägung auf, laufen aber dem hedonistischen Konsumismus und der großstädtischen Vereinzelung, die von vielen im Sinne von Autonomie und Selbstentfaltung durchaus auch gewünscht ist, zuwider und erscheinen daher nur schwer durchsetzungsfähig. Die Bedeutung der Nächstenliebe wird noch betrachtet werden, aber sie wird wohl kaum, angesichts der dargestellten biologischen und psychologischen Grundlagen, für die Tragfähigkeit eines Sozialsystems insgesamt ausreichen.

All diese Modelle und Überlegungen aber – das sei schon an dieser Stelle erwähnt – zeigen jetzt schon Chancen auf für eine Situation *nach* einem – wohl schmerzhaften – Veränderungsprozess, wenn es um eine tief greifende Wandlung von Lebensstrukturen geht.

Veränderungen aus dem bestehenden System heraus müssen sich jedoch zwangsläufig an den bestehenden Strukturen orientieren. Hier geben bis heute Wirtschaft, Politik und Forschung den Ton an. So fordert der früher bei der Weltbank tätige Ökonom Hermann E. Daly für eine nachhaltige Wirtschaft längere Produktzyklen, fairen Handel sowie eine Besteuerung nicht des Arbeitseinkommens, sondern des Energie- und Materiedurchflusses.[313] Arbeitsplätze sollten in Wartung und Reparatur geschaffen werden.

Lokale Ökonomie soll dabei der Schwerpunkt vor globalisierter Wirtschaft werden, dies nicht nur wegen kurzer Transportwege, sondern vor allem um Arbeitsplätze vor Ort zu sichern und damit eine Grundlage für den Zusammenhalt der lokalen Gemeinschaft zu schaffen. Dies müsste einhergehen mit einer Dezentralisierung der Entscheidungsprozesse hin zur lokalen Ebene. Denn möglich wäre durch beide Entwicklungen auch eine Stärkung der heute brüchigen sozialen Bindungen in den Familien und Gemeinden.[314]

Dementsprechend wird in vielen Büchern und Diskussionen betont, dass in den kommenden Jahrzehnten Politiker wie Führungskräfte der Wirtschaft die Rahmenbedingungen richtig setzen müssten, um der Menschheit eine lebenswerte Zukunft zu ermöglichen. Wenn es Wissenschaft und Technologie gelinge, den Menschen ein Wohlergehen zu sichern, dann sei das weit spektakulärer als der Bau von Raumfahrtstationen oder von Kolonien auf dem Mars.[315] Manchmal stellt sich jedoch die Frage, ob die Entscheidungsträger all die vielen Bücher mit den sinnvollen Konzepten, die es mittlerweile gibt, überhaupt noch wahrnehmen können oder wollen, auch hier steigt die Entropie.

Fragliches Vertrauen in Technik

Ein Teil der von Experten zum Nachhaltigkeitsziel gemachten konkreten Vorschläge bezieht sich somit auf technische Lösungen, die schon diskutiert wurden (siehe bei den »Scheinlösungen der Energiesüchtigen«). Da wird angesichts des Klimawandels nun je nach Sichtweise mehr auf erneuerbare Energien oder auf die Renaissance der Atomenergie gesetzt, Hoffnungen auf neue Methoden zur Endlagerung von CO_2 und des Atommülls werden aufrecht erhalten, Methoden des Geo-Engineerings bereits getestet. An sparsameren und andere Energiequellen nutzenden Automotoren wird nun endlich ernsthafter geforscht, die Nutzung der Sonnenenergie wird intensiviert, viele fruchtbare Initiativen sind hierzu lokal, aber auch national und international in Gang gekommen.

Aber die Begrenztheit dieses Ansatzes wurde schon erörtert: technologische Entwicklungen benötigen Zeit, müssen getestet werden, Marktreife entwickeln und erschwinglich für den Einzelnen sein. Reboundeffekte (etwa sparsamere Automotoren, dafür mehr Fahrten und schwerere SUVs) heben oft positive Effekte mehr als auf; zudem haben technische Neuerungen leider nur allzu häufig durch zunehmende Komplexität wieder selbst Komplikationen zur Folge, die dann neue Problemlösungen erfordern. Man denke nur an die aufwändige unterirdische CO_2-Lagerung oder an Sonnenspiegel im All. Auch das Auto und das Flugzeug waren einst enorme Erleichterungen und verhalfen dazu, schneller von A nach B zu kommen. Die damals unabsehbaren Folgeprobleme haben wir jetzt. Heute wiederum gepriesene Lösungen wie Solarenergie und E-Autos benötigen selbst viele Ressourcen, die erneut möglichst kostengünstig aus ärmeren Ländern importiert bzw. dort für uns gesichert werden müssen. Die Industrieländer haben das Geld und die Macht dafür. Auch bei der Digitalisierung zeichnen sich ähnliche Effekte ab, wie oben deutlich wurde (komplex, zu viele und oft verwirrende Webseiten bzw. Information, Machtstrukturen, hoher Energieverbrauch).

Meist sind bei der Problemlösung im Sinne der betrachteten Entropie immer größere Investitionen für relativ gesehen immer kleineren Output notwendig, Komplexität und Spezialisierung machen moderne Gesellschaften anfällig, technologische Neuerungen können wie bei der Atomenergie auch missbraucht werden. Die oft geäußerte Zuversicht, dass man mit weiterem technischem Fortschritt die Probleme schon lösen werde, droht somit ins Leere zu laufen. Zumindest sollte man sich nicht darauf verlassen. Der Sozialpsychologe Harald Welzer fasst das Dilemma zusammen: »Das Problem des technischen Fortschritts: er schreitet nicht fort«.[316]

Gemeinwohl- und Postwachstumsökonomie sowie Ökoroutine

Wie zudem schon aus der Definition zur Nachhaltigkeit hervorgeht, werden eventuelle technische Innovationen nicht fruchten, wenn sich nicht auch andere Aspekte unseres Daseins ändern. So müssten neue Wege des Wirtschaftens eingeschlagen werden, die mehr beinhalten als nur ein »grünes Mäntelchen«[317] ohne grundsätzliche Änderungen. Zwei ökonomische Konzepte erscheinen dem Laien (zu denen der Autor sich zählt) diskussionswürdig, nämlich die Gemeinwohl- und die Postwachstumsökonomie.

Der bekannteste Vertreter der *Gemeinwohlökonomie*, Christian Felber, verweist auf die Formulierungen im Grundgesetz, dass »Eigentum verpflichtet« und sein »Gebrauch (...) zugleich dem Wohle der Allgemeinheit dienen« soll.[318] Unternehmen unabhängig von ihrer Größe erstellen bei diesem Ansatz eine sogenannte Gemeinwohlbilanz, dabei werden Faktoren wie ökologische Nachhaltigkeit, demokratische Mitbestimmung und Transparenz berücksichtigt. Vorgeschlagen wird als Anreiz etwa ein niedrigerer Mehrwertsteuersatz für Unternehmen mit guter Gemeinwohlbilanz, oder auch ein Vorrang beim öffentlichen Einkauf und bei der Auftragsvergabe. Bereits über 1600, wenngleich überwiegend nur kleine, Unternehmen im deutschsprachigen Raum legen bereits entsprechende Bilanzen vor, darunter auch die Sparda Bank München und der Bergsportausrüstungshersteller Vaude.

Kritiker dieses Konzepts weisen unter anderem darauf hin, dass die darin geforderten vielen Gremien der andererseits von Felber geforderten direktdemokratischen Kontrolle entgleiten könnten, schon allein durch die dann wohl notwendigen vielen Sitzungszeiten dieser Gremien. Auch würden Assoziationen zu Planwirtschaft und Rätesystem geweckt, sein Demokratiemodell trage den Keim einer neuen Kommandowirtschaft in sich.[319]

Nun gut, Vorgaben von oben wird es immer geben, auch geben müssen, gerade wenn es um gesellschaftliches Gemeinwohl geht. Aber auch der Wirtschaftswissenschaftler Niko Paech, wie Felber aktiv bei attac und Vertreter des anderen Modells, der Postwachstumsökonomie, übt Kritik:

> Die Idee der Gemeinwohlökonomie läuft gerade nicht auf einen Systemwandel hinaus, ist bestenfalls wirkungslos und kann sogar kontraproduktiv sein, wo sie vom eigentlichen Problem ablenkt, indem sie bequeme Lösungen suggeriert. Erstens beruht diese Konstruktion auf einer widersprüchlichen, unterkomplexen und sehr populistischen Situationsanalyse. Zweitens lenkt sie von Eigenverantwortung, insbesondere von der

> Rolle maßloser Konsumkulturen ab, indem sie einseitig darauf fokussiert, Unternehmen durch einen Wertewandel läutern zu wollen. Drittens befördert sie die Logik des grünen Wachstums, indem sie auf einen technologischen Reparaturmechanismus setzt, der das Industriesystem nun gemeinwohlorientierter werden lassen soll. Viertens bilden Gemeinwohlbilanzen den Gipfel dessen, was landläufig unter Greenwashing verstanden wird, indem hier die unterschiedlichsten Kategorien vermeintlich Wohlergehen fördernder Faktoren willkürlich nebeneinander gestellt, mit Punkten versehen und schließlich wie Äpfel und Birnen zusammengerechnet werden. Auf diese Weise kann sich jedes Unternehmen bequem mit Gemeinwohlpunkten ausstatten.[320]

Was also schlägt Niko Paech vor? Er fordert eine Abkehr von der Wachstumsideologie. Kurz soll der Hintergrund dazu beleuchtet werden. Es geht in erster Linie um das meist noch an erster Stelle stehende Ziel von immer noch mehr Wirtschaftswachstum, das abgelöst werden müsste von Überlegungen hin zu einer qualitativen und umweltgerechten Entwicklung.[321] Immer mehr und immer schneller – wir haben gesehen, wohin das führt. Konsum und Müllentsorgung, Behandlung von Verletzten, Reparaturen der Folgen des früheren Wohlstandsgewinns (wenn es denn einer war[322]) und vieles mehr, all dies trägt stets zum Bruttosozialprodukt bei. Der Verbrauch des ökologischen Kapitals jedoch wird dabei kaum abgebildet. Flächen dürfen durch Industrie, Straßen und Flughäfen verbaut, Abgase erzeugt, Böden und Wasser verschmutzt werden, ohne dass dies in unsere Wirtschaftsrechnung mit einfließen würde. Jeremy Rifkin meint dazu:

> Wenn wir weiterhin unsere Hoffnung in die bestehende Ordnung setzen, werden wir eines Tages verzweifeln, nämlich, wenn wir erkennen, dass wir unsere Zukunftschancen verpasst haben. Warum aber sollten wir eigentlich unser Vertrauen in eine noch komplexere Technologie und ein noch fragwürdigeres Wirtschaftswachstum setzen, wenn dadurch nur unsere Zukunft als Spezies in Frage gestellt wird?[323]

Die Entwicklungen der letzten Jahre deuten an, dass sich das Problem zumindest teilweise von selbst lösen könnte. Die wirtschaftlichen Wachstumsraten in den Industrieländern sind in den letzten Jahren immer geringer geworden. Während das jährliche Wirtschaftswachstum der G7-Staaten (USA, Kanada, Deutschland, Italien, Frankreich, Großbritannien, Japan) in den 60er-Jahren noch 5,1 Prozent im Durchschnitt betragen hatte, ist es in den Jahrzehnten danach über 3,3 Prozent, 3,2 Prozent und 2,6 Prozent schließlich auf 1,3 Prozent in den Nullerjahren abgesunken.[324]

Auch ist teilweise bereits Konsumsättigung erreicht. Mehrere Bildschirme im Wohnzimmer, drei Deosprays im Bad und zwei Autos vor der Tür – irgendwann ist es dann auch einmal genug. So bleibt der Wirtschaft nur, ständig neue Bedürfnisse zu wecken und dafür neue Produkte auf den Markt zu werfen, selbst geringfügige Weiterentwicklungen in immer kürzeren Abständen als große Innovation zu verkaufen und die Haltbarkeit der Produkte zu verringern, um den Konsum am Laufen zu halten und für Wachstum zu sorgen.

Das aber sollten wir besser hinter uns lassen. Denn hinter all den neuen Produkten oder auch zu zahlenden Zinsen stecken Rohstoffe, Material und Energie, die dafür verbraucht werden. Insgesamt, und jetzt sind wir bei Niko Paech, wird weiteres Wachstum absehbar an Ressourcenengpässen scheitern, zudem nicht per se die global ungerechte Güterverteilung verringern, auch kann es nach Erreichen eines bestimmten Wohlstandsniveaus für keine Glücksgefühle mehr sorgen, und schließlich ist es nie ohne ökologische Schäden zu haben.[325] So war Wirtschaftswachstum bisher eng korreliert mit einem Anstieg der Treibhausgase, wie wir schon gesehen haben.[326] Das gilt letztlich auch für eine häufig geforderte »green economy«, die ebenso nicht zum ökologischen Nulltarif zu haben ist, so Paech:

> Grünes Wirtschaftswachstum setzt die Herstellung zusätzlicher Gütermengen voraus, deren Produktion, physischer Transfer, Nutzung und Entsorgung keine Flächen-, Materie- und Energieverbräuche verursachen dürfte. Alle bisher ersonnenen und erprobten Green-Growth-Lösungen verfehlen diese Eigenschaft allzu offenkundig; ganz gleich, ob es sich dabei um

> Passivhäuser, Elektromobile, Ökotextilien, Photovoltaikanlagen, Bionahrungsmittel, Offshoreanlagen, Blockheizkraftwerke, *smart grids*, solarthermische Heizungen, *Cradle-to-cradle*-T-Shirts, Carsharing, digitale Services etc. handelt. Nichts von alldem kommt ohne physischen Aufwand, neue Produktionskapazitäten, hochgradig materielle Infrastrukturen und Transporte aus (Kursivsetzungen so im Original; A. M.).[327]

Diese neuen Strukturen ersetzen nicht notwendigerweise die vorherigen, sondern kommen – mindestens teilweise – zusätzlich hinzu. Es dürfte, so Paech, auch nicht einfach sein, alte Industrien, Immobilienkomplexe und Infrastrukturen ökologisch neutral zu entsorgen. Und neue Strukturen wie großflächige Photovoltaikanlagen und moderne Windräder zerstören Landschaftsstrukturen, der Abbau dafür nötiger Rohstoffe führt ebenso zu Umweltschäden (so entsteht z. B. in China bei der Produktion von Neodym für Windrad-Permanentmagneten das hochradioaktive Thorium).

Es lohnt sich also, *Postwachstumsszenarien* anzusehen. In Orientierung an Niko Paech sollen zumindest kurz die Grundgedanken skizziert werden. Er verweist auf eine Dämpfung von Konsum- und Mobilitätsansprüchen (Genügsamkeit, Entschleunigung, Sesshaftigkeit), und auf kleinräumige, graduell sogar deindustrialisierte Produktionssysteme (Subsistenz, Regionalökonomie, Restindustrien mit kürzeren Wertschöpfungsketten).

Subsistenz bedeutet vor allem Selbstversorgung, die möglich wird bei geringerer Lohnerwerbstätigkeit und dafür verstärkter Eigenproduktion, eigenständigen Reparaturen und die gemeinschaftliche Nutzung von Gebrauchsgütern (Sharing). Die Langlebigkeit von Gegenständen stünde dabei im Vordergrund, weshalb Industrie und Handel zumindest teilweise wegkommen müssten von Produktion und Verkauf hin zu Qualitätssteigerung, Auf- und Umwertung von Produkten und guter Beratung von Kunden hinsichtlich Wartung und Reparatur. Das könnte wiederum die Kundenbindung erhöhen. Durch geringeren Bedarf an neuer Produktion würde wiederum weniger Einkommen zum Konsum benötigt, dadurch dann auch weniger Arbeitszeit, was die zeitlichen Spielräume freisetzen würde, um die moderne Existenz als sogenannter »Prosument« (Produzent + Konsument) zu gestalten.[328]

Als gern gewollter Nebeneffekt könnte dabei auch eine psychische Entlastung vom geschilderten Hamsterrad entstehen, zudem wäre wieder eine Sinnhaftigkeit spürbar. So wären das Wirtschaften und Leben in der Postwachstumsökonomie zwar von materieller Genügsamkeit und Sesshaftigkeit (»Glück ohne Kerosin«) geprägt, aber eben auch krisensicherer, verantwortbar und vor allem stressfreier, so Paech.

Das Konzept erscheint von all den gegenwärtig diskutierten ökonomischen Alternativen das schlüssigste zu sein (subjektive Bewertung des laienhaften Autors). Warum aber ist auch dieses nur ein fraglicher Ausweg aus der Krise? Es beschreibt ein im Moment nur schwer erreichbares Szenario. Niko Paech sieht selbst, dass es bisher keine gesellschaftlichen und politischen Mehrheiten dafür gibt. Selbst die Partei der Grünen diskutiert diese Ideen kaum. Einzig die kleine ÖDP führt wenigstens Veranstaltungen dazu durch. Nüchtern lässt sich also mit seinen Worten feststellen:

> Natürlich würden die Entscheidungsträger in den Parlamenten politischen Selbstmord begehen, wenn sie über Schritte in Richtung Postwachstumsökonomie auch nur laut nachdenken würden. Deshalb bildet die dezentrale und autonome Entwicklung vieler Rettungsboote die weitaus realistischere Strategie. Mit den hierzu nötigen Übungsprogrammen könnten Unternehmen und Konsumenten bereits jetzt beginnen, nicht zuletzt auch im Sinne eines wohlverstandenen Selbstschutzes, um überlebensfähiger angesichts multipler Kollapsrisiken zu werden.[329]

Von daher lohnt es sich, den Blick auf einen weiteren Ansatz zu richten, der nicht gleich eine Revolution erfordert, sondern schon jetzt durch ordnungspolitische Maßnahmen, ausgehend vom Bestehenden, einen Wandel einleiten könnte. Eine solche »*Ökoroutine*»«, meint der Sozialwissenschaftler Michael Kopatz, ließe sich durch entsprechende Standards und Limits fördern, ohne bevormunden oder ständig moralisch mahnen zu müssen.[330] So wie an das Anschnallen im Auto oder die wegfallende Nikotinbelästigung in Gaststätten könnten wir uns auch an Tempolimits, deutlich niedrigeren CO_2-Ausstoß von Autos oder weniger

Werbung gewöhnen. Die meisten Vorschläge würden nicht etwa Reiche begünstigen, sondern wären solidarisch. Jedes Auto, egal ob Fiat oder Porsche, müsste sich dann in Städten an Tempo 30 halten. Kopatz schlägt unter anderem weiter vor:

- kein Neubau mehr von Straßen und Flughäfen,
- Umwandlung von Parkplätzen in Grünflächen,
- Erhöhung von Dieselsteuer und Maut, Besteuerung von Kerosin,
- Tiertransporte über maximal 12 Stunden (statt derzeit 29 Stunden),
- Keine Genehmigungen von weiteren Großschlachthöfen und Megaställen,
- 15 Jahre Garantie auf Kühlschränke und andere Geräte,
- Freihandelsabkommen mit ökofairem Rahmen,
- Besteuerung von Finanztransaktionen.

Gerade angesichts der Widersprüchlichkeit des Menschen könnte es gut sein, durch solche Regeln zu dem Handeln gedrängt zu werden, das man sonst oft nicht durchhält. Manchmal muss man ein bisschen zu seinem Glück gezwungen werden, wie etwa bei genannter Pflicht zum Gurt-Anschnallen, die anfänglich Widerstand hervorrief, heute aber automatische Gewohnheit ist und zu einem deutlichen Rückgang an Unfalltoten auf deutschen Straßen geführt hat. Auch haben wir gar nicht mitbekommen, dass viele Geräte aufgrund entsprechender Vorgaben im Stand-by-Betrieb kaum noch Strom benötigen. Wie man daran sieht, zieht bei entsprechend klaren Rahmenbedingungen auch die Industrie mit. Über zehn Jahre immer wieder verschärfte Wärmeverordnungen für Häuser und das Erneuerbare-Energien-Gesetz haben ebenso schon viel bewirkt. Allerdings stagniert die Reduktion des Kohlendioxidausstoßes in Deutschland trotzdem seit 2008. Es liegt auch, so Kopatz, an der menschlichen Neigung zu Expansion. Man sieht dies etwa an immer größer werdenden Wohnflächen pro Person, an größeren Autos, Fernsehern und Kühlschränken.

Eine zielgerichtete und eindeutige Ordnungspolitik im Sinne der Vorschläge von Kopatz könnte, so scheint es, den Weg bereiten hin zu Postwachstums-Lebensstilen von Niko Paech, die langfristig wohl unvermeidbar sind. Was aber die politische Umsetzbarkeit all dieser

Vorschläge angeht, die zunächst freiheitsbeschränkend erscheinen mögen, letztlich aber einen hohen Zuwachs an Lebensqualität bringen würden, werden diese Themen abhängig von der gerade herrschenden Regierung sowie von anderen sich in den Vordergrund drängenden Krisen oft nur vorübergehend oder nur zaghaft angegangen, somit nicht konsequent genug.

Fragliches Vertrauen in Politik und Demokratie

Damit sind wir bei den Entscheidungsträgern angekommen, die doch eigentlich einen Systemwechsel steuern können sollten (so sie ihn überhaupt wollen), gleichzeitig wurde aber auch das Dilemma zwischen bottom-up- und top-down-Prozessen deutlich. Wird das Handeln vieler Einzelner hoffentlich oben etwas bewirken, oder verändern dort getroffene Entscheidungen die Gesellschaft unten? Wenngleich den Schlussfolgerungen Paechs im obigen Zitat gut gefolgt werden kann, sollte die Politik doch nicht allzu einfach aus der Verantwortung entlassen werden. Schließlich hat sie auch schon früher bei Umweltproblemen Verbesserungen bewirkt. Man denke nur an die vergifteten Flüsse, die Luftverschmutzung, das Ozonloch oder den Atomausstieg nach Fukushima. Gesetze zu bleifreiem Benzin, zu Filteranlagen in der Industrie oder zu Ökosteuer und erneuerbaren Energien haben durchaus etwas bewirkt, wenngleich sie häufig erst aufgrund öffentlichen Drucks beschlossen wurden.

Teilweise schien ja die CDU-Kanzlerin bereits die Grünen in Sachen Klimapolitik überholt zu haben (schon als Umweltministerin hatte sie 1996 in der EU entscheidend auf die Einführung des Zwei-Grad-Zieles gedrängt[331]), bis sie dann doch wieder vor der Auto- und Atomlobby einknickte und zudem den Bau neuer Kohlekraftwerke zuließ.

Obwohl es auf nationaler und internationaler Ebene schon eine Vielzahl politischer Nachhaltigkeitsprogramme gibt, sind deren Erfolge bisher gering. Um Motivationsprobleme bei Bürgern und Politikern, Rebound-Effekte, Verlagerungseffekte sowie Ziel- und Vollzugsschwäche zu überwinden, aber auch Freiheitsaspekte optimal zu berücksichtigen sieht der Rechtsphilosoph Felix Ekardt[332] die strukturell beste Antwort in einem Mengensteuerungsmodell über Zertifikatmärkte oder über abgabenbasierte Preise. Je mehr Ressourcenverbrauch und Treibhausgase jemand verantwortet, umso mehr ist zu zahlen, nur über dieses Verursacherprinzip und den Geldbeutel sind umweltpolitisch Veränderungen denkbar. Diese Maßnahmen wären ergänzend zu denen, die Kopatz vorschlägt, denkbar.

Zudem aber ist heute in all diesen Fragen eine internationale Zusammenarbeit notwendig, für die aber, neben eventuell nötigem höherem Leidensdruck, wohl ebenso günstige Voraussetzungen vorliegen müssten wie bei der zwischenmenschlichen Kooperation. Wenngleich die Beschlüsse des Pariser Klimagipfels 2015 hier Hoffnung machten, beginnt deren Umsetzung schon wieder zögerlich zu werden, bedingt auch durch andere Themen, die sich dazwischen schieben. Durch die gerade in den westlichen Ländern grassierende Suche nach einfachen Antworten sowie die Angst vor Einschnitten kommen zudem nun entsprechende Simplifizierer an die Macht, die nur wenig konstruktiv kooperieren (vielleicht ist Trump so gesehen schon eine gesellschaftliche und politische Folge der Ökokrise?). Sie können ihr Veto einbringen, was die Entscheidungsprozesse noch zäher macht als sie auf den großen Ebenen sowieso schon sind. So drohen EU, wie auch die Vereinten Nationen, handlungsunfähig zu werden, viele internationale Krisen der letzten Jahre haben sie eher schwach aussehen lassen. Auch wird vielfach ein erhebliches Demokratiedefizit mit geringen Mitsprachemöglichkeiten des Volkes kritisiert, was es diesem schwer macht, die Beschlüsse von oben anzunehmen.

Schließlich ist noch auf die leider oft erfolgreiche Lobbyarbeit von Konzernen hinzuweisen, die wesentlich die internationale Politik mittlerweile zu bestimmen scheinen, es wurde oben schon deutlich. So meint Janez Potočnik, EU-Umweltkommissar von 2010 bis 2014, dass Lobby-Interessen eben oft stärker seien als das Streben nach einer umweltgerechten Wirtschaft.[333] Das Scheitern des Klimagipfels 2009 in Kopenhagen hatte auch schon an der Glaubwürdigkeit der EU zweifeln lassen. Die Organisation Climate Action Tracker schätzt aktuell, dass sie weder das ursprüngliche Ziel, die Treibhausgase bis 2030 um 40 Prozent zu senken, schaffen werde, noch die weniger ehrgeizigen Ziele von Paris.

Politiker selbst wiederum sind auch nur Menschen mit ihren Bedürfnissen nach Sicherheit und Macht (siehe Abb. 2 im Kapitel zur Evolution), kurzfristig agierend und beschäftigt mit Eigeninteressen, dem Vorankommen, der materiellen Absicherung und Karriereplanung. Ihr Einfluss wird gemeinhin überschätzt. Der Psychologe Rainer Dollase stellt dazu etwas resigniert fest:

> Der Politik sind längst die Steuerungsmittel ausgegangen, sie ist nicht mehr in der Lage, Wesentliches zu erreichen. Sie hat ihren Steuerungsapparat in die Immobilität gesteuert, ihr einziger Output ist Software, ist Papier, sind Erlasse, deren Einhaltung sie noch nicht einmal wirksam kontrollieren kann, weil ihr die Personalkosten für die Kontrolleure aus dem Ruder gelaufen sind.[334]

Dementsprechend nimmt die Politik- und Poltitikerverdrossenheit zu; nur zehn Prozent der Deutschen halten ihre Politiker für vertrauenswürdig (die gleichfalls kurzfristig mit Blick auf die Vierteljahresbilanz handelnden Manager von Großkonzernen liegen da mit 15 Prozent auch nicht viel besser[335]). Mehr als politische Entscheidungen oder technische Fortschritte werden daher den Klimawandel wohl eher weitere Wirtschaftskrisen bremsen, die an sich wiederum nicht wünschenswert sind, da dadurch viele Menschen in Not geraten.[336]

Ganz ohne Politiker, so sehr sich das einzelne Zukunftsdenker wünschen mögen, wird es aber nicht gehen. Herrschaft und Macht sind Elemente menschlicher Evolution, große Gemeinwesen werden weiterhin lenkende Institutionen benötigen, um nicht in anarchisches Chaos zu zerfallen. Und das Gegenteil, der Traum von einer Ökodiktatur, einem »letzten Retter« sozusagen, »entspringt einer pubertären Gedankenwelt«, so der Umweltjournalist Wolfgang Roth.[337] Dennoch muss man auch über Grenzen demokratischer Möglichkeiten sprechen dürfen, ohne gleich in die Ökofaschismus-Ecke gestellt zu werden. Denn deutlich wird, dass eine demokratische Mehrheit seit Jahrzehnten entscheidet, weiter umweltschädlich leben zu wollen, dies trotz aller Aufklärung und umweltpsychologischer Ansätze. Dementsprechend wird zumindest gewählt.

Politische Vorgaben zu einer Ökoroutine wie oben aufgelistet würden sich, so meint auch der sie vorschlagende Michael Kopatz, freilich nur ins Werk setzen lassen, wenn die Wählerinnen und Wähler sie mittragen würden. Die zurückliegenden Erfahrungen würden zeigen, dass Ökoroutine uns in der alltäglichen Lebensführung entlaste. Ob das noch so gesehen wird, wenn es an des Deutschen liebstes Kind geht, nämlich ans Auto oder an Flugreisen, scheint allerdings eher fraglich.

Weder die Bürger noch meist die Politiker durchschauen zudem noch die Komplexität der Probleme. Mehr Zeit für deren Diskussion wäre daher nötig, auch im Parlament, das Gegenteil ist aber eher der Fall. Gesetzesvorlagen werden von Abgeordneten vor Abstimmungen häufig nicht oder nur in geringem Maße gelesen. Es mag zynisch klingen, aber derzeit profitiert das Weltklima mehr von autoritär geführten Nationen wie China, das seinen CO_2-Ausstoß mittlerweile gebremst hat.[338]

Die Frage ist auch, ob Politik noch in der Lage ist, Entscheidungen gegen mächtige Widerstände (auch gegen schon erwähnte Lobbygruppen) zu treffen. Bei der Abschaltung der Kernkraftwerke war dies durchaus der Fall, offenbar wog hier die Sorge vor dem Verlust von Wählerstimmen stärker. Beispiele früherer Zeiten wären die Abschaffung von Kinderarbeit und Sklaverei, die Erkämpfung von Bürgerrechten in den USA oder auch Entscheidungen zur Stärkung von Minderheiten. Harald Welzer weist darauf hin, dass Modernisierung immer das Resultat eines mühsam erkämpften Abbaus von Privilegien ist.[339] Heute scheint aber eher die Sicherung von Privilegien politisch vorrangig zu sein, und da spiegeln die Politiker wiederum nur ihre Wähler wieder, denn die am meisten Privilegierten sind wir selbst, die Bewohner der Industriestaaten, die weiter einen hohen Pro-Kopf-Verbrauch an Gütern und Energie haben dürfen (und somit auch eine gewisse Lobby darstellen). So kommt es in der Vermeidung schmerzhafter Entscheidungen zu ungünstiger Komplizenschaft zwischen Politikern und ihren Wählern, kurz war davon bei der psychiatrischen Betrachtung der Ökokrise schon die Rede.

Um Unruhe zu vermeiden, werden tiefere Ursachen gerne verschwiegen, werden die Krisen in Äußerungen von Politikern gerne heruntergespielt, oder es wird die Illusion genährt, alles im Griff zu haben oder Lösungen zu finden. Beliebt sind auch Schuldzuweisungen an andere, die dann gerne aufgegriffen werden. So wird auf korrupte Diktatoren in afrikanischen Ländern gezeigt (die es natürlich gibt), von Wirtschaftsflüchtlingen gesprochen (was fraglich erscheint, denn wer verlässt schon gerne auf gefährlichen Wegen seine Heimat?) oder es werden Sturm und Dürre als Einzelereignis bezeichnet (was zunächst stimmt, aber in zunehmender Häufung langfristige Trends ergibt). Dass wir diese Diktatoren mindestens indirekt unterstützen und die Märkte dort ausbeuten (etwa billiges Fleisch und Obst dorthin exportieren und eigene Landwirtschaft dort erschweren) und damit Veränderungen in diesen Ländern blockieren sowie Flüchtlingsbewegungen begünstigen, wird von den Politikern dann gerne verschwiegen.

Aber trotz all dieser Einwände, es bleibt letztlich nur die Demokratie, wenn wir sinnvollerweise an unseren Freiheitswerten festhalten wollen. Von unten her sind entsprechende Veränderungen durchaus möglich. So könnten viele Bürger einer Kommune Druck in Richtung nachhaltiges Wirtschaften ausüben, von dort könnte es dann über Landesregierung und Bundesregierung weiter gehen. Bestenfalls könnten Entscheidungen vor Ort getroffen werden, das Modell von Althaus (wie andere auch) hat dies aufgegriffen. Kleine Erfolge beim Weg nach oben gibt es dabei durchaus, wie man beispielsweise an Regelungen zu Plastiktüten und Coffee-to-go-Bechern sieht oder an mancher Verhinderung fragwürdiger Projekte.

Es ist ein mühsamer, zäher und vor allem langsamer Weg, politisch etwas zu verändern, aber wohl – neben sinnvollem Kreuzchen setzen bei den Wahlen – der einzige. Gerade die großen Volksparteien aber, die realistischerweise entscheidende Hebel in Bewegung setzen könnten, werden derzeit bei den Wahlen gestutzt, während kleinere Parteien, die nur Interessen einzelner Bevölkerungsgruppen vertreten und kaum unpopuläre Maßnahmen treffen, zulegen. Denn ökologisches Umsteuern, das auch viele finanzielle Ressourcen erfordert, muss politisch durchsetzbar sein. Es ist dabei auf ein verbreitetes ökologisches Bewusstsein über die Notwendigkeit solcher Maßnahmen angewiesen, da Strategien von oben immer in einem bestimmten Maße mit Zwang und Reglementierung arbeiten. Und auf beiden Seiten – der Politiker und ihrer Wähler – ist ökologisches Durchhaltevermögen nötig, um sich nicht schon nach ersten Maßnahmen zu früh zufrieden zu geben. Solches ist derzeit aber kaum gegeben.

Parteien, aus denen unsere Politiker stammen, die grundsätzlich entscheiden oder in der Opposition Druck ausüben könnten, oder entsprechende Organisationen und Naturschutzverbände jedoch sind nur dann handlungsfähig, wenn sie auch aus der Gesellschaft heraus unterstützt werden. So sehr einerseits diverse engagierte Initiativen nun – oft projektbezogen – Zulauf erhalten, so sehr wiederum nimmt das Interesse an aktiver Mitarbeit in der Politik ab. Über 80 Prozent der Bevölkerung haben kein Interesse an einem parteipolitischen Engagement.[340] Bei der SPD haben sich die Mitgliederzahlen seit 1995 nahezu halbiert mit einem Rückgang von 831.000 auf 445.534 Mitglieder bis Ende 2015, bei der CDU vollzog sich ein Schwund von ca. 790.000 Mitgliedern 1990 auf 446.859 bis Ende 2015.[341]

Die Partei der Grünen wiederum, die am ehesten ökologische Gesichtspunkte in den Vordergrund ihrer Politik stellt (auch wenn sich das in den letzten Jahren eher abgeschwächt hat), dümpelt seit langem bei einem Anteil von zehn Prozent der Wählerstimmen herum. Die Politikverdrossenheit ist auch bei ihnen mittlerweile angekommen, woran immer es auch liegt.[342] Da gibt es Verdruss über die Gremienarbeit, die schwierige Kompromisssuche oder mangelnde Durchsetzungsmöglichkeiten. Die Gewerkschaften wiederum, auf die man ja auch hoffen könnte, sind ähnlich starr und eher mit Bestandsabsicherung beschäftigt, sie kämpfen um höhere Gehälter und fordern damit auch einen Ausgleich für die Inflation, die ja zuletzt vor allem durch höhere Energie- und Lebensmittelpreise gestiegen ist, äußern sich aber kaum zu Umweltfragen.

Soziale Bewegungen, Organisationen und Netzwerke

Notwendig sind daher »neue starke *soziale Bewegungen*«,[343] die eine positive Vision unterstützen. Ansätze sind zu erkennen. Immer mehr Organisationen üben Druck auf Politiker und Regierungen aus, Nicht-Regierungs-Institutionen erhalten bei internationalen Konferenzen wie etwa den Klimagipfeln, der Wirtschaftstagung in Davos oder dem G7-Gipfel zunehmend Gehör. Durch internationale Vernetzung, Sachkompetenz und rasche Reaktionen auf aktuelle Umweltfragen oder eingetretene Schäden haben sie mehr Bedeutung erlangt. Von der »Weltmacht Weltbürger« bzw. der »Generation Global« ist daher gerne die Rede.[344]

Außerparlamentarische Bewegungen auch im Umweltbereich gibt es jedoch schon seit Jahrzehnten, ohne dass sich, von einzelnen Fortschritten abgesehen, entscheidend etwas am selbst-zerstörerischen Verhalten der Menschheit insbesondere in den westlichen Industrieländern geändert hätte. Die in Folge des Umweltgipfels von Rio 1992 gegründeten Agenda-21-Büros etwa fristen meist ein Schattendasein und sind nicht zu der Massenbewegung geworden, die notwendig gewesen wäre.

Vielversprechend hat sich als Folge davon die Transition-Town-Bewegung entwickelt, beginnend 2008 in England, mit mittlerweile über 1300 Gruppen in der ganzen Welt. Die Idee dabei ist, vor dem Hintergrund von Klimawandel und Ressourcenschwund die Kommunen resilient, also widerstands- und anpassungsfähig zu machen für die anstehenden Veränderungen. Dies knüpft auch an Gedanken der Postwachstumsökonomie an. So werden Repair-Cafés und Tauschbörsen durchgeführt, Lokalwährungen zur Förderung der Wirtschaft vor Ort installiert sowie Energiegenossenschaften gegründet. Das Handeln in Gemeinschaft wird von Teilnehmern oft sehr positiv erlebt, auch empfundene Selbstwirksamkeit spielt dabei eine Rolle. Darüber hinaus gibt es heute in vielen Städten Gruppen zu Urban Gardening, Solidarischer Landwirtschaft oder für fossilfreie Lebensstile, plastikfreie Läden machen auf.

Aber ein durchgreifender Stimmungsumschwung in der Gesellschaft ist weiter nicht zu erkennen. Solange Treibhausgasemissionen, Flächenverbrauch und Konsum ungebremst bleiben, bleiben diese Initiativen ein Tropfen auf dem heißen Stein, was die Option der Abwendung der ökologischen Krise angeht. Als »Reallabore« zum Einüben zukünftig notwendiger Fertigkeiten im Sinne des obigen Zitats von Niko Paech sind sie allerdings sehr wertvoll.

Die regierungskritischen *Organisationen* wiederum stehen zudem selbst in Konkurrenz zueinander, letztlich werben sie alle um das gleiche kleine Segment engagierter Bürger, die Spendenanteile sind hart umkämpft, teilweise besteht bereits eine die Unabhängigkeit wieder gefährdende Abhängigkeit von staatlicher Unterstützung. Und ihr Potenzial, die Bürger zu beeinflussen, greife nur, wenn die Menschen freiwillig dem Aufruf zum Handeln folgen würden, so der Konfliktforscher Harald Müller.[345] Die Rolle des Einzelnen wird also noch näher zu betrachten sein.

Längst hat sich zudem, zugespitzt, eine sich selbst erhaltende »hochdotierte Nachhaltigkeits-Schickeria»[346] entwickelt mit Job- und Karrieremöglichkeiten, Forschung und Meetings, zudem Flugreisen zu Konferenzen rund um den Globus. Sie trägt so eher zur Verschärfung der Probleme bei, die zu lösen sie vorgibt, und stellt zudem das Gegenteil zukunftsfähiger Lebensstile dar. Die Publikationsliste so mancher Nachhaltigkeitsforscher nimmt stolze Ausmaße an und lässt eher auf das Bedürfnis nach persönlichem Weiterkommen schließen. Auch besteht die Gefahr, dass immer mehr Organisationen gegründet werden, die wieder Verwaltung und Infrastruktur sowie Termine und Treffen benötigen, ohne dass damit viel für Nachhaltigkeit gewonnen ist. Vielmehr wird die Koordination dieser Gruppen immer schwieriger (wofür dann wieder übergeordnete Institutionen zu schaffen sind).

Hoffnung auf *Netzwerke* schließlich besteht auch, da man sich eine Allverbundenheit davon erhofft. Schnell werden da Begriffe wie die Chaostheorie in die Diskussion geworfen: die Idee vom Schmetterling, der mit einem Flügelschlag »hier« enorme Wirkungen »dort«, an weit entfernter Stelle, verursachen kann. So kann man lesen, dass schließlich durch immer mehr Menschen, die engagiert an Initiativen teilnehmen würden, eine kritische Masse erreicht werden könnte, die plötzlich Änderungen bewirke – dass nämlich, wenn eine bestimmte kritische Masse ein neues Bewusstsein erreicht habe, dann dieses Bewusstsein quasi telepathisch weitervermittelt werde:[347] »Vielleicht ist es gerade Dein Anteil, das ökologische Bewusstsein an die Allgemeinheit weiterzugeben«, schließlich sei außersinnliche Wahrnehmung möglich, die sogar verstärkt werden könne bis zu einem derart hohen Energielevel, dass es an andere, bisher nicht zugehörige Personen weiter gegeben werden könne.

Da landet man schnell im nebulös-esoterischen Bereich. Es ist heute vielmehr das Erreichen eines kritischen Punktes, etwa beim Klimawandel oder bei der Ölförderung, zu befürchten, wodurch plötzlich ungeahnte Effekte und Konflikte zutage treten könnten. Und die Chaostheorie wirkt auch in der anderen Richtung. So ist es gerade eine besondere Schwäche moderner Gesellschaften, dass ihre Funktionssysteme zunehmend dicht verwoben sind, was Störungen an einem Ort rasch auf andere Bereiche übergreifen lässt und Krisen immer unberechenbarer macht.[348]

Systemtheoretiker nennen das »nichtlinear«. Das Risiko wird umso größer, je enger die Elemente eines Systems zusammenhängen. Wie in einem früheren Kapitel schon diskutiert breiten sich Krisen daher effizienter aus, wie sich das an der Finanzkrise beobachten ließ. Banken in Amerika machen Pleite, Regierungen verschiedener Länder speisen Hunderte Milliarden Dollar ins System, und in Asien stehen Leute Schlange vor den Banken, um ihr Erspartes zu retten.

Konkrete Vorbilder statt anonymen Internet

Erleichtert wird die internationale Netzwerkbildung zweifelsohne durch das nun breit verfügbare Internet. »Vor allem dessen demokratisches Potenzial ist es, das über die Kontinente hinweg potenziell jeden Menschen mit jedem anderen in Millisekundengeschwindigkeit verbindet«, äußern sich Grefe und Schumann im Jahr 2008 enthusiastisch.[349] In der Tat, Informationen zu nahezu jedem Thema sind in wenigen Sekunden aus dem Internet zu bekommen, und viele Initiativen und Netzwerke stellen sich mit eigenen Webseiten dar und laden zur Mitarbeit ein.

Aber leicht verliert man den Überblick in diesem anonymen Datendschungel. Die Anmeldung bei einer Organisation und der Bezug eines Newsletters (der einen ein paar Monate später im übervollen Mail-Postfach schon wieder nervt) sind zwar gewissensentlastend, geändert hat sich damit aber noch nichts. Auf den enormen zusätzlichen Energieverbrauch durch die Verbreitung von Computern und Laptops, die nötigen großen Serverkapazitäten und durch das Internetsurfen mit vielen Suchanfragen wurde schon hingewiesen, ebenso auf andere Nachteile der Digitalisierung. Informationen können zudem aufgrund ihrer Fülle gar nicht mehr richtig mental verarbeitet werden, ähnliches gilt für die Kommunikation. Erschwerend kommt hinzu, dass die Aufmerksamkeitsspanne immer kürzer wird, was man an immer schnelleren Bildschnitten in Filmen sowie an Infohäppchen in Zeitungen und kürzeren Radio-Wortbeiträgen gut sehen kann (so dicke Bücher wie dieses und noch dazu mit so gut wie keinen Abbildungen sind da aus dem Zeitgeist gefallen).

So werden zwar via Mail und Whatsapp schnelle, spontane Kontakte und Rückmeldungen enorm erleichtert, dadurch aber viel zu zahlreich und oberflächlich, als dass sie noch dauerhafte Folgen haben könnten; ein kontinuierlicher Diskurs, ein gründlicheres Sich-Einlassen braucht Zeit und Hingabe, Sammlung und Konzentration. Es erscheint daher logisch, dass diese Kommunikation viel Strohfeuer enthält.[350]

Ähnlich ist auch die Internetplattform utopia.de zu sehen. Über 80.000 »Utopisten« sind in diesem Portal für »strategischen Konsum« bereits registriert, »grüne« Produkte werden eifrig beworben, Prominente und Journalisten beteiligen sich mit Kolumnen und Werbeaktionen, anfänglich sorgte die Initiative in den Medien für großes Aufsehen, jetzt wird es schon ruhiger. Etwas verwirrt durch die vielen Bilder und Schaltflächen tastet man sich voran – und kann sich des Eindrucks nicht erwehren, dass dies auch eine wichtige Werbeplattform darstellt, wie so oft im Internet. Kommunikation findet auch hier zwangsläufig indirekt und flüchtig statt, eine tiefere Auseinandersetzung mit der ökologischen Problematik erfolgt kaum. Grundsätzlich ist es ein Ansatz, durch den sicher bei einem breiteren Publikum Sensibilität für Umweltfragen geschaffen und politischer Druck ausgeübt werden kann, der jedoch größtenteils nur die sowieso schon ökologisch Interessierten und den Bio-Konsumenten erreicht, ohne aber eine grundsätzliche Änderung unserer Lebensweise anzustoßen.

Etwas fragwürdig erscheint es daher, wenn 2006 die Gründerin dieses Projektes, Claudia Langer, berichtet, gerade erst von einer Kanadareise zurückgekehrt zu sein und bereits wieder eine Südafrika-Tour zu planen.[351] Das erinnert an die Reaktion von Sigmar Gabriel in seiner Zeit als Umweltminister, als er auf Initiativen der Grünen hin, dass Bürger mit autofreien Wochenenden ein Zeichen gegen den Klimawandel setzen könnten, meinte, damit werde die Privatisierung des Klimaschutzes betrieben, und das sei falsch.[352] Damit war wieder eine Gelegenheit vertan, von verantwortlicher Stelle behutsam auf nötige Verhaltensänderungen des Einzelnen hinzuweisen.

Dabei werden Vorbilder dringend gesucht. Sie sind vielleicht wichtiger als alle Theorie;[353] so gibt es selbst unter außergewöhnlichen Umständen immer Menschen, die aus der Reihe treten, um sich gegen das zur Wehr zu setzen, was sie für falsch halten, womit in der Vergangenheit schon etliche soziale Bewegungen aufgebaut wurden. Wie wir gesehen haben, ist die Mehrheit der Bevölkerung jedoch konzentriert auf den Kampf ums Überleben oder – in den Industrieländern – auf die Wohlstandsabsicherung. Vorbilder wie Mahatma Gandhi, Martin Luther King oder vielleicht auch Willy Brandt wären dringend nötig, denn sie haben das Allgemeininteresse vor persönliche Bereicherung in den Vordergrund gestellt.

Aber obwohl Leitfiguren wie sie eine Faszination auf viele Menschen ausgeübt und sicher manche gesellschaftlich und politisch positive Entwicklung ausgelöst haben: den Weg zur heutigen Situation haben auch sie nicht grundsätzlich aufhalten können (zumindest ist uns durch die Annäherung an den Osten eine andere globale Katastrophe, etwa ein Atomkrieg, bisher erspart geblieben). Und wie viele Gandhi's hat es wirklich gegeben oder müsste es jetzt vor allem geben, um auf dem Weg über die Vorbildfunktion eine Änderung im Verhalten der Masse herbei zu führen?[354] Trotz der Begeisterung, die Barack Obama teilweise ausgelöst hat, hat auch er in seiner Regierungszeit umweltpolitisch nicht viel bewegen können. Allenfalls Edward Snowden mag einem einfallen mit seiner Zivilcourage bei der Veröffentlichung allgegenwärtiger Überwachung durch die NSA. Doch der sitzt jetzt fest bei Wladimir Putin, und keine Nation hat den Mut, ihn aufzunehmen und einen Konflikt mit den USA darüber zu riskieren.

Der Einzelne ist gefragt

Von der Frage der politischen und technologischen Lösungen, der Veränderung der Wirtschaftsweise, des politischen und gesellschaftlichen Engagements bis hin zu ökologischem Bewusstsein und benötigten Vorbildern: wir nähern uns der Ebene des Einzelnen. Das ist der entscheidende Punkt: was kann jeder Bürger tun, um sich nicht später fragen lassen zu müssen, warum er so wenig getan hat, obwohl er von den Missständen doch wusste? Und genau hier stoßen konkrete Ratschläge, die dennoch gleich folgen werden, an Grenzen. Es gibt keine Patentrezepte, die für jeden Einzelnen passen würden. Sicher, entsprechende Gesetze und finanzieller Druck werden bei sich zuspitzender Krise Verhaltensänderungen bei vielen Menschen bewirken. Ausgerechnet der frühere Greenpeace-Chef Thilo Bode jedoch traut dem Einzelnen nichts zu;

in erster Linie müsse die Politik die längst vorhandenen Erkenntnisse und technischen Möglichkeiten, etwa für größere Energieeffizienz, umsetzen. Bürgerverantwortung helfe hier nicht weiter, das habe man in den 80er Jahren schon durchdiskutiert.[355]

Das mag grundsätzlich stimmen. Warum aber die Politik diese hohen Erwartungen kaum erfüllt, wurde schon deutlich. Was den Einzelnen wiederum betrifft, heißt es zwar oft, Nachhaltigkeit werde von einer Mehrheit der Bevölkerung gewünscht. Dem ist nicht so. Der Philosoph Thomas Metzinger führt treffend dazu aus:

> Die überwältigende Mehrheit der derzeit gut 7 Milliarden Erdbewohner hat von Nachhaltigkeit bisher nie etwas gehört, und auch von den 82 Millionen Menschen, die z. B. in so einem reichen und von hohem Bildungsstandards gekennzeichneten Land wie Deutschland leben, kann man nicht im Ernst sagen, dass sie wirklich nachhaltig leben und wirtschaften wollen. Natürlich gehört es zum guten Ton, so etwas bei Gelegenheit immer wieder einmal zu beteuern, es gehört auch zur politischen Rhetorik der meisten Parteien heute. Das Thema der Nachhaltigkeit ist ein Dauerbrenner heute dafür, was ein amerikanischer Kollege sehr böse vor kurzer Zeit einmal als ›moralische Selbstunterhaltung für die Bourgeoisie‹ bezeichnet hat. Aber empirisch ist es schlicht und einfach falsch zu sagen, dass die überwältigende Mehrheit der Menschen in unserem Land Nachhaltigkeit wirklich und aufrichtig will. Wir sind beunruhigt, wir ahnen etwas, aber uns fehlt die Motivation.[356]

Bei passender Motivation, von der schon die Rede war, hätte der Einzelne durchaus mehr Macht als er meint; außer durch Demonstrationen, Sitzblockaden und Unterschriftenlisten kann er über gezielten Konsum grundsätzlich etwas bewegen, zumal immer mehr Unternehmen mittlerweile versuchen, Moral und Geschäft in Einklang zu bringen, um sich neue Umsatzanteile zu erobern. Auch im eigenen Umfeld kann er sich für ökologische Projekte engagieren, sich dafür vielleicht auch kirchlichen Umweltgruppen anschließen.

Doch manchmal täuscht die subjektive Bilanz. Auch engagierte Naturschützer, Mülltrenner, Biokosteinkäufer, Stand-by-Ausschalter und Autovermeider haben einen meist durchschnittlichen, ja teilweise sogar überdurchschnittlichen Energieverbrauch, wie eine Untersuchung von Michael Bilharz ergab.[357] Auch ist der Wohnsitz im Grünen vor der Stadt mit langen Anfahrtswegen ebenso nachteilig wie ausgeprägte Freizeitmobilität. Allein schon hohes Einkommen schafft mehr Möglichkeiten für Konsum und teure Fernreisen. Dementsprechend halten leider Grünen-Anhänger den Rekord bei Flugreisen.[358] Nach guter Tat ist eben wieder ein Fehltritt drin, nur ein bisschen was tun reicht nicht aus.

Zudem wachsen die Bedürfnisse: In den 39 Millionen deutschen Privathaushalten gab es Ende 2008 40 Millionen Autos, 48 Millionen PCs, 60 Millionen Mobiltelefone und 70 Millionen Fahrräder (das zumindest lässt ja hoffen); 37 Prozent der Haushalte verfügten über einen MP3-Player, 19 Prozent über eine Spielkonsole, 16 Prozent bereits über einen Flachbildschirm.[359] Diese für die erste Auflage dieses Buches recherchierten Zahlen haben sicher nicht abgenommen. Hinzu gekommen sind vielmehr noch Tablets und Smartphones, über 44 Millionen davon wurden 2015 in deutschen Haushalten genutzt. Neu gibt es jetzt Drohnen, im Vorweihnachtsverkauf 2016 gleich zentral in den entsprechenden Technikmärkten platziert. Von weniger Ressourcen- und Energienutzung also keine Spur! Die sparsame Rentnerin wiederum, seit Jahrzehnten in zwei kleinen Zimmern mit ihren alten Möbeln lebend, wenig interessiert an all der neuen Technik, ihr Zuhause nur zu Fuß verlassend, ist ökologisch gesehen die tugendhafteste, ohne dabei diese Absicht bewusst zu verfolgen. Doch soll das Vorbild für alle sein?

Ergebnis der erwähnten Untersuchung von Bilharz zu den »Key Points« nachhaltigen Konsums ist: *Vier Maßnahmen* mit zum Teil erheblichem Aufwand führen langfristig zu einer deutlichen Verkleinerung des persönlichen ökologischen Fußabdrucks:

- eine gründliche Wärmedämmung der eigenen Immobilie,
- 10.000 Euro Investition in erneuerbare Energien (in Form einer eigenen Photovoltaikanlage oder mit Beteiligung an einem Wind- oder Solarkraftwerk),

- das Umsteigen auf ein Dreiliterauto oder besser noch die Teilnahme am Car-Sharing sowie
- die konsequente Umstellung der Ernährung auf Biolebensmittel.[360]

Gerade der letzte Vorschlag sowie etliche weitere Strategien, die sich als wirksam erwiesen haben, erfordern es, während des ganzen Lebens, nicht nur für einige Wochen, eine einheitliche Handlungsweise beizubehalten.[361] So könnte man die Bemühungen verstärken, Energie einzusparen, selbst durch Solaranlagen Strom erzeugen und Wasser wärmen sowie beim Hausbau natürliche Baustoffe verwenden. Des Weiteren empfehlen sich demnach ein Schuldenabbau sowie Konsumverzicht, selbst wenn das der »patriotischen Pflicht« zuwider läuft, die Konsum- und Kreditwirtschaft am Laufen zu halten. Sinnvoll erscheint es ebenso, wieder Werkzeuge zu verwenden, die ohne zusätzliche externe Energiezufuhr auskommen (etwa einen Handrasenmäher, eine Hacke, einen Hobel), auch um dadurch körperlich wieder gestärkt zu werden. Der Ratschlag, für die Mobilität dabei eher wieder mehr Füße und Fahrrad statt Auto und Flugzeug zu nutzen, versteht sich von selbst.

Aus dem Exkurs zur Entropie im Gesundheitswesen lässt sich zudem folgern, dass eine eigene Hausapotheke, der Anbau von Heilkräutern sowie die Besinnung auf natürliche Heilverfahren klug wären. Dazu gehört dann auch gesunde Ernährung, wenn möglich durch eigenen Anbau, ohne chemische Düngemittel und Pestizide, dafür mit Biokomposter. Möglich ist dies auch auf Balkonen, etwa mit Blumenkästen und Hydrokulturen.[362] Die Ausrede, nicht zu wissen, was man denn selbst tun könne, gilt also nicht mehr. Doch mangelndes Öko-Engagement hat andere Ursachen, wie wir gesehen haben.

In vielen Leitartikeln, Büchern und Talkshows trifft man auf »Muss«-Formulierungen zur Frage, was Einzelne, die Gesellschaft oder auch Organisationen bzw. Staaten jetzt zu tun hätten. Das sind zwar zumeist tatsächlich nötige Schritte, die sich jedoch nicht durch Schreiben und Aussprechen erzwingen lassen, auch durch dieses Buch nicht (der einzige Sinn mag darin bestehen, dass steter Tropfen den Stein höhlt). Restriktive Vorgaben erzeugen eher Widerstand, das wird uns im nächsten Kapitel zur Wertediskussion noch begegnen. Und gegenwärtig ist allenfalls eine kleine, insgesamt jedoch kaum größer werdende Gruppe von Einzelnen erkennbar, die auf dem nachhaltigen Weg mutig vorangeht, so dass noch wenig davon auf weitere Teile der Gesellschaft abfärbt (die Erwartung, dass gleich »alle« mitziehen, wäre sowieso illusionär).

Denn Vorbilder, auch die, von denen oben die Rede war, schrecken leicht ab, »Zugutmenschen« können auch Frustgefühle wecken. So perfekt wie die Bekannte ein paar Straßen weiter wird man es selbst nie schaffen, auf Plastik zu verzichten. Studien zeigen, dass Vegetarier etwa oft heftige Abwehrreflexe auslösen, weil Fleischesser sich in ihrer Gegenwart automatisch unter Rechtfertigungsdruck wähnen.[363] Als moralischer Versager dazustehen, löst Minderwertigkeitsgefühle aus, die gerne vermieden werden wollen.

* * *

Fassen wir zusammen: Neue Technik kommt zu langsam und wirft meist selbst wieder größere Probleme auf, Entscheidungsträger in Wirtschaft und Politik sind auch nur Menschen, und wie die Bürger bisher nicht bereit, auf eine Lebensweise mit weniger Arbeitszeit, geringerem Kohlendioxidausstoß, sparsamen Konsum und dafür mehr Selbstversorgung umzusteigen. Auch sind Staaten zu langsam und ineffektiv, das Internet schafft nur vordergründig ein globales Zusammenrücken, Vorbilder fehlen und der Einzelne sollte zwar viel ändern, verhält sich aber nicht so, wie es die vielen Bücher und Artikel von ihm verlangen.

Ermutigende Dokumentarfilme wie »Tomorrow« (2016) werden nur wenig besucht, zeigen aber immerhin, was möglich wäre etwa mit mehr Beteiligung der Menschen an politischen Entscheidungen, mit Agrarökologie und Permakultur sowie praxisnaher Bildung.

Der Kernphysiker Hans-Peter Dürr und die weiteren Autoren des Potsdamer Manifests aus dem Jahr 2005 sehen die katastrophale ökologische Entwicklung als Ausdruck einer geistigen Krise im Verhältnis von uns Menschen zu unserer lebendigen Welt.[364] Die Krisen seien Symptome tiefer liegender Ursachen, die wir bisher versäumt hätten zu hinterfragen und aufzudecken. Aber sie entwerfen eine positive Perspektive.

Der Boden, auf dem eine neue verträgliche organismische Kulturenvielfalt aufwachse, sei gut vorbereitet. Ein neues, doch uns wohl vertrautes Menschenbild werde sichtbar, das von empathischen Menschen ausgehe.

Auch die Antworten zahlreicher weiterer, zumeist naturwissenschaftlicher Experten weisen nur in zweiter Linie auf nötige technologische und politische Lösungen hin. Im Vordergrund stehen Forderungen nach neuen Werten und veränderten zwischenmenschlichen Beziehungsqualitäten, wie wir im nächsten Kapitel sehen werden. Offensichtlich funktioniert der notwendige Wandel zwar nicht ohne Gesetze und Organisationen, aber diese werden nichts ändern, solange sich die Menschen nicht ändern.

Ob wir wollen oder nicht, wir nähern uns jetzt auf der Ebene des Einzelnen der psychischen Dimension sowie den Wertvorstellungen menschlicher Gesellschaften. Letztlich geht es um ganz andere Inhalte, nämlich um »Inhalte« in jedem Einzelnen von uns, die bei Betrachtung der ökologischen Frage zu bedenken sind.

Neue Werte braucht die Welt – ein soziologischer Exkurs

Heutzutage kennt ein Mensch von allen Dingen den Preis und von keinem den Wert.

Oscar Wilde[365]

»Was ist das nur für eine Spaßgesellschaft!« – »Welch eine Jugend ohne Benehmen von unerträglicher Unverschämtheit!«

Über einen Werteverfall wird schon seit einigen tausend Jahren immer wieder geschimpft. Die Klage über eine »leichtfertige Jugend ohne Benehmen«, die von einer »unerträglichen Unverschämtheit« sei, stammt vom griechischen Dichter Hesiod zur Zeit um 700 vor Christus; Seneca wiederum geißelte um 60 nach Christus die »naturwidrigen Entartungen« der römischen Spaßgesellschaft vor ihrem Niedergang.[366]

An den Klagen über einen *Werteverlust* hat sich bis heute im Grunde nichts geändert. Dementsprechend wird jetzt gefragt, ob unsere alten Werte nicht mehr genügen und wir etwa dadurch in die ökologische Krise gekommen sind.[367] Der Begriff »Werte« aber ist negativ belastet, klingt altbacken und suggeriert Sehnsucht nach alten, vermeintlich besseren Zeiten, wobei die selten wirklich besser waren. Werte sind nichts, was wir ständig als bewusstes Verhaltensprogramm auf unseren Erinnerungsblöcken notiert haben. Vielmehr werden wir aus vielen Quellen unbewusst von Wertvorstellungen beeinflusst, die wir dann – oft auch unreflektiert – übernehmen.

Aus den Vorschlägen von Experten zur Lösung der enormen globalen ökologischen und sozialen Probleme geht zumindest hervor, dass jetzt (wieder) ein *Wertewandel* erforderlich ist. Das ist vielleicht annehmbarer: nicht alle Werte, die wir heute haben, müssen grundsätzlich schlecht und verkommen sein, aber sie sind zumeist nicht mehr den Anforderungen angemessen, vor denen wir jetzt stehen. Oft wird dabei gefordert, dass doch die neuen Werte, die als dringend nötig angesehen werden, verordnet werden sollten. Der Autor Claus Koch meint dazu:

> Die Anrufung der Werte ist zumeist eine autoritäre Antwort. Sie verrät Unsicherheit, Hilflosigkeit: Der soziale und moralische Kompass, der einmal die Orientierung im praktischen Leben angezeigt hatte, ist verloren gegangen. Und die Oberen und die Wissenden, die über die Autorität verfügen, sehen die quälende Frage auf sich gerichtet: Ihr da oben, Ihr habt das Privileg und die Verantwortung, Ihr müsstet doch weiter schauen können. Wo ist die Führungslinie, wo sind die Leitplanken? (…) Ihr müsstet doch sagen können, woran man sich halten soll. Die Mutigeren unter den Gefragten werden antworten, dass auch sie den Leitfaden zum richtigen und guten Leben nicht genau sehen können.[368]

Also ist wieder der Einzelne selbst gefordert. Der Ökonom Jeffrey Sachs etwa fordert ihn auf, »*in der Wahrheit* zu leben«,[369] der Philosoph und Religionswissenschaftler Hans Jonas spricht von »*Verantwortung* von Menschen für Menschen«,[370] der Energieexperte Gerd Eisenbeiß setzt für die Bewältigung der Herausforderungen auf das »Großhirn, die Wissenschaft und *vernünftige Werte*«.[371] Hier also begegnet uns direkt, noch ohne nähere Erläuterung, die so oft getätigte Forderung nach Werten. Gerade da auf Großhirn, Wissenschaft und technologischen Fortschritt wie oben dargelegt kein Verlass ist, lohnt sich eine nähere Betrachtung von wünschenswerten Wertvorstellungen.

Konkreter wird es dazu bei Joseph Weizenbaum, früher Professor für Computer Science am Massachusetts Institute of Technology, einer der Pioniere der Künstlichen Intelligenz. Er fordert *Widerstand gegen die Gier* des globalen Kapitalismus, *Kooperation* statt Konjunktur, *Bescheidenheit* statt unbegrenztem Konsum sowie *Ehrfurcht vor dem Leben*.[372] Seiner Ansicht nach sind sonst unsere Kinder und Kindeskinder nicht vor der »irdischen Hölle« zu retten. Das Bewusstsein, dass alle Menschen Geschwister sind, müsse den Zeitgeist ersetzen. Der Glaube, dass Wissenschaft und Technologie die Erde vor den Folgen des Klimawandels bewahren würden, sei irreführend: »Würde die weltweite Gesellschaft nur vernünftig sein, könnte das bis heute erreichte Wissen der Menschheit aus der Erde ein Paradies machen«.

Der Physiologe Jared Diamond meint, dass von größter Bedeutung langfristige Planung und die Bereitschaft seien, *zentrale Werte* neu zu überdenken. Zur Frage, welchen Teil unserer traditionellen Wertvorstellungen als Verbraucher und welchen Lebensstandard wir uns noch leisten können, äußert er sich hingegen skeptisch: »Es ist politisch anscheinend nicht durchsetzbar, dass man Bewohner der Industrieländer dazu veranlasst, ihre ökologischen Auswirkungen auf die ganze Welt zu vermindern«.[373]

Damit schaden sie sich aber langfristig selbst, nicht nur durch Raubbau an den eigenen Lebensgrundlagen, sondern auch gesundheitlich, wie oben bei den Fakten zur ökologischen Krise dargestellt. Auch die schon zitierten Autoren, die von einer Zunahme psychischer Störungen im 21. Jahrhundert angesichts des Primats der Ökonomie sprechen, bezeichnen eine »*Wiederentdeckung der Humanität* als eine der größten Herausforderungen des kommenden Jahrzehnts«.[374] Zwischenmenschliche Beziehungen würden demnach entscheidend für das Gelingen von Arbeit, für ein erfülltes und zufriedenes Leben bleiben:

> Wo Profitkultur und Marktfundamentalismus gelebt werden, die den Menschen auf ›Humankapital‹ reduzieren, kommt es zu ›innerer‹ Kündigung, hohem Krankenstand, Frühverrentung und Krankheit von Leib und Seele als vermeintlichen inneren Ausweg.[375]

Wunschvisionen, Aufbau von Netzwerken, Wahrhaftigkeit, Lernbereitschaft und Nächstenliebe

In ihren Folgestudien zum Bericht an den Club of Rome aus den Jahren 1992 und 2004 sind die Systemwissenschaftler um Dennis Meadows im Schlusskapitel eingehend auf nötige Werteveränderungen eingegangen. Dies liest sich dort umso glaubwürdiger, da die vorherige umfangreiche

Analyse von nüchterner Sachlichkeit geprägt war. Eine etwas ausführlichere Darstellung ihrer Ansätze sei daher an dieser Stelle erlaubt.

Die Autoren gehen davon aus, dass es nach der landwirtschaftlichen und industriellen Revolution nun zu einer Nachhaltigkeitsrevolution kommen müsste. Informationen seien stets der Schlüssel für Veränderungen. Aber Systeme würden allen Veränderungen ihrer Informationsflüsse erheblichen Widerstand entgegen setzen, vor allem wenn ihre Regeln und Ziele davon betroffen seien, womit wiederum das Problem von Lobbyismus und Privilegien angesprochen wäre. Aber man solle nie die Fähigkeit einer kleinen Gruppe engagierter Menschen unterschätzen, die Welt zu verändern. Tatsächlich sei dies das Einzige, was je etwas bewirkt habe. Sie räumen ein, dass die fünf genannten Ansätze, hier in der Überschrift zitiert, angesichts der Notwendigkeit enormer Veränderungen vielleicht »ziemlich kraftlos« klingen würden, aber jeweils in mehrere positive Rückkopplungsschleifen eingebunden seien, vor allem wenn sie hartnäckig verfolgt würden.

Bei den *Wunschvisionen* sprechen sie oben schon erwähnte Möglichkeiten an, wie Recycling, regenerative Landwirtschaft und eine Dezentralisierung von wirtschaftlicher Macht und politischem Einfluss. Und schließlich – zu den Werten wieder zurückkommend – werden als Wunschvision Nachhaltigkeit, Effizienz, Gerechtigkeit, Schönheit und Gemeinschaftssinn als höchste gesellschaftliche Werte vorgeschlagen.

Von *Netzwerken* war ebenso schon die Rede. Sie werden hier angeregt als Beziehungsgeflecht unter Gleichen, ohne Zwänge, Verpflichtungen, vertragliche Regelungen oder materielle Anreize zusammengehalten, sondern durch gemeinsame Wertvorstellungen. Als Beispiele werden genannt: Netzwerke von Landwirten, die sich über Methoden der organischen Schädlingsbekämpfung austauschen, Netzwerke bei Umweltjournalisten, »ökologischen« Architekten, Entwicklern von Computermodellen und Planspielen, Naturschutzgruppen und Verbraucherverbänden.

Ein weiterer, sehr idealistischer Ansatz ist der Wunsch nach *Wahrhaftigkeit*. Die Wahrheit ist den Autoren nach ungewiss, aber viele Unwahrheiten und Vorurteile würden bewusst verbreitet. So sei eine Warnung vor zukünftigen Entwicklungen nicht einer Prognose bevorstehenden Unheils gleichzusetzen – wie oft behauptet –, sondern als

Empfehlung zu verstehen, einen anderen Weg einzuschlagen. Veränderungen würden weniger Opfer verlangen als vielmehr eine Herausforderung darstellen, sie seien notwendig zur Sicherung der Nachhaltigkeit. Statt dem immer geforderten Wachstum werde Entwicklung benötigt, hierfür eventuell erforderlicher materieller Zuwachs solle gerecht erfolgen und unter Berücksichtigung sämtlicher realer Kosten finanzierbar und nachhaltig sein. Technik werde nicht alle Probleme lösen, gefördert werden müssten Techniken, die den ökologischen Fußabdruck der Menschheit verkleinern, die Effizienz erhöhen, Ressourcen stützen, Signale deutlicher machen und materielle Benachteiligung beenden. Und: Wir müssten unsere Probleme als Menschen angehen und außer der Technik noch weitere Möglichkeiten zu ihrer Lösung einsetzen. Auch sie kommen also zu diesem Schluss.

So ist den Autoren nach *Lernbereitschaft* nötig für die Entwicklung neuer Anbaumethoden, die Umwandlung von Energiesystemen, das Erlassen neuer Gesetze oder auch die Bildung von Kindern und Erwachsenen. Die Empfehlung dabei ist: man möge, was immer man auch tue, es mit zurückhaltender Bescheidenheit tun, nicht also als unumstößliche Vorgehensweise, sondern als Experiment, aus dem man lernen könne. Ausprobieren und Fehler machen sei erlaubt, nur daraus könne man lernen. Dies aber passiere in unserem politischen System nicht mehr: die Wähler würden erwarten, dass die Entscheidungsträger Antworten auf alle Probleme kennen, diese werden dann aber rasch wieder abgesetzt, wenn sie unerfreuliche Maßnahmen vorschlagen, davon war oben schon die Rede.

Jetzt allerdings, in der Phase der ökologischen Grenzüberschreitung, sei es schwierig, das richtige Gleichgewicht zwischen Dringlichkeit und Geduld sowie Verantwortlichkeit und Nachsicht zu finden. Dazu bräuchte es, so die Autoren, auch *Nächstenliebe*, die oben schon erwähnt wurde:

> In der industriellen Zivilisation ist es verpönt, über Nächstenliebe zu sprechen, sieht man einmal von dem ganz trivialen romantischen Sinn des Wortes Liebe ab. Wenn jemand an die Fähigkeit des Menschen appelliert, brüderliche oder schwesterliche Liebe zu praktizieren, die Menschheit als Ganzes, die

> Natur oder den Planeten, der uns versorgt, zu lieben, dann wird er wohl eher ausgelacht als ernst genommen. Der Hauptunterschied zwischen Optimisten und Pessimisten ist ihr Standpunkt in der Debatte, ob Menschen dazu fähig sind, auf der Basis der Nächstenliebe zusammenzuarbeiten. In einer Gesellschaft, die systematisch Individualismus, Konkurrenzfähigkeit und kurzfristige Interessen fördert, bilden die Pessimisten die überwiegende Mehrheit.[376]

Der Philosoph Wilhelm Schmid hat dies in Anlehnung an den kategorischen Imperativ von Kant in drei Grundsätze eines *ökologischen Imperativs* gefasst:

> - Handle so, dass du die Grundlagen deiner eigenen Existenz nicht ruinierst. (...)
> - Handle so, dass du die Konsequenzen deines Handelns für Andere in einer Weise berücksichtigst, wie du selbst dies von Anderen erwarten würdest. (...)
> - Handle so, dass du vorgefundene Zusammenhänge nie nur als Mittel für eigene Zwecke, sondern immer auch als Selbstzweck betrachtest.[377]

Doch auch hier stellt sich die Frage, wie die Handlungsaufforderungen, das Sollen und Müssen, vom Einzelnen aufgenommen und umgesetzt werden können. Appelle und Befehle sind schnell formuliert. Aber Vorschriften sind unbeliebt, wir werden das noch sehen. Die zehn Gebote gibt es schließlich auch schon längere Zeit, ohne dass sie allein zu einem friedlicheren Miteinander geführt hätten. Zunächst jedoch ist es nützlich, sich über eigene Bedürfnisse grundlegend Gedanken zu machen, um dann zu sehen, wie Werte und Einstellungen überhaupt entstehen.

Was brauchen wir überhaupt?

Zur Frage, wie die Vorschläge des Folgeberichts zu »Grenzen des Wachstums« umzusetzen seien, meint Dennis Meadows:

> Der Punkt ist doch: oft wissen wir gar nicht, wie wir eigentlich leben wollen und was uns wirklich wichtig ist. Stattdessen spielen wir nach Spielregeln, die uns andere vorgeben. Wir glauben, dass wir das alles brauchen: Karriere, Auto, Haus. (...) Ich sage niemandem, was er tun soll. Ich sage nur: Setzen Sie sich mal in Ruhe hin und denken Sie richtig über Ihr Leben nach. Listen Sie auf, wie Sie Ihre Zeit verwenden und ob Sie so zufrieden sind. Wir tauschen unsere Zeit gegen Geld und Geld gegen Waren. Wir sollten uns fragen: Ist das wirklich immer ein lohnender Tausch?[378]

Damit stellt er die Frage nach Bedürfnissen und zweifelt ebenso »Muss«-Vorschriften an. Auf eigene Erkenntnisprozesse kommt es an, jeder muss zu seinen eigenen Schlussfolgerungen kommen können – ein fast schon therapeutischer Prozess, wie wir noch sehen werden. Auch die Journalistin Elisabeth von Thadden hat sich intensiv Gedanken darüber gemacht, was der Mensch eigentlich braucht,[379] und kam hier vom Streben nach dem persönlichen Glück ebenso zu einer »Fernstenliebe«, ähnlich den Schlussfolgerungen der Autoren um Dennis Meadows, die vom Mitgefühl für auch weit Entfernte und für die ferne Zukunft gesprochen hatten.

Sie stellt fest, dass allein die Frage nach dem *Grundbedürfnis* einfacher klingt als es ist. Denn das sei regional und je nach historischer Epoche unterschiedlich. Zudem gibt es mehrere Bedürfnisebenen:

> Was man braucht, um zu überleben? Nahrung, Wasser, etwas Kleidung, Medizin, ein Dach über dem Kopf, Schlaf. Oder um nicht zu zerbrechen? Je nachdem, vielleicht etwas Anerkennung, Liebe, Freiheit, Arbeit und Sicherheit, auch Kunst und Religion können helfen. Oder um glücklich zu sein? Schwierig. Um mit anderen Menschen halbwegs über die Runden zu kommen? Einen funktionierenden Staat, Familienplanung, sonst sehr variabel. Materielle Grundgüter, soziale Rechte, moralische Ansprüche und Anerkennung gehören je verschieden zum Elementaren, was Menschen brauchen, und lassen sich gegeneinander kaum aufrechnen.[380]

Das erinnert an die Grundbedürfnisse von Lebewesen generell und die spezifisch menschlichen Antriebe darüber hinaus (siehe Abb. 2). Einen Schritt weiter geht der Philosoph Martin Seel. Zu einem erträglichen menschlichen Zustand gehört seiner Ansicht nach neben der Erfüllung von Bedürfnissen auch das *Verlangen nach Erfüllung*, somit der Versuch, Wünsche und Leidenschaften lebendig zu halten und so auch ungeahnten Wünschen begegnen zu können. Also befriedigt es nicht, befriedigt zu sein.

Mittlerweile spricht man auch schon vom *Recht auf die Erfüllung von Grundbedürfnissen*, weshalb im Herbst 2000 die 189 Mitgliedsstaaten der Vereinten Nationen die oben schon erwähnten Millenniumsziele verabschiedet hatten mit den Zielen einer Reduzierung von Armut, Hunger und Ressourcenschwund sowie von Seuchen, Kinder- und Müttersterblichkeit, und der Ermöglichung von genügend Trinkwasser für jeden sowie Schulbildung für alle Kinder.[381]

Wann aber gelten Bedürfnisse als gesättigt? Neigt nicht der Mensch dazu, hier kein Maß zu kennen, etwa im Sinne der schon angesprochenen Gier? Wie wir bei der Darstellung des ökologischen Fußabdruckes gesehen haben, brauchen wir westlichen Menschen beispielsweise viel mehr Ressourcen und Energie als die Menschen in ärmeren Ländern. Wonach viele streben wird häufig von wenigen vorgelebt. Von Thadden spricht daher an dieser Stelle ebenso die *Bedeutung von Vorbildern* an:

> Weil Menschen ihr Verhalten wesentlich über Nachahmung steuern, hängt viel davon ab, wie sich die stilbildenden Eliten des Westens heute verhalten. Wenn sie deutlich machten, dass zu den europäischen Grundbedürfnissen die Garantie von Grundrechten, ein funktionierender Staat, die Liebe zur Kunst, die Geselligkeit, die Vertragssicherheit, der Hunger nach Geschichte und Zukunft, die Gerechtigkeit, die Heimatlichkeit einer Landschaft gehören, und demgegenüber das elfte Kleid, der Wäschetrockner, der Kurztrip nach New York nicht von Belang sind, wäre schon viel getan.[382]

Dazu müsste man aber erst einmal erkennen und zulassen, wie »satt man eine hypernervöse Unersättlichkeit hat, die nicht froh macht«. Das kommt also hinzu: die auch durch Medien und Werbung geschürten Bedürfnisse in unseren Breiten machen nicht glücklich, wenn sie nicht erfüllt werden können, machen aber ebenso wenig dauerhaft froh, wenn man sie schließlich befriedigt hat. Dies lässt wenig Raum für die Bedürfnisse entfernt Lebender, und schränkt auch die nötige Entwicklung neuer Werte ein.

Werteentstehung durch emotionales Ergriffensein

Werte (passend für heutige Werte bietet einem das Schreibprogramm des Computers beim Tippen des Wortes »Wert« die Alternative »Wertbrief« an) hängen also eng mit Bedürfnissen der jeweiligen Gesellschaft und Kultur zusammen und wandeln sich im Laufe der Zeit immer wieder.

Sind bei Ihnen die Vorsätze für das Neue Jahr nach dem 6. Januar noch gültig? Wohl eher nicht. Es fällt also schon schwer, die Vorschriften einzuhalten, die man sich selbst gibt. Umso weniger effektiv sind Moralpredigten von anderen, was man von der Kindererziehung oder von Ehekonflikten her bestens kennt. Jetzt dem Einzelnen vorzuschreiben, welche Werte und Verhaltensweisen er anzunehmen hat, ist also wenig sinnvoll, wir waren auf anderen Wegen schon zu dieser Erkenntnis gekommen. Wie aber kommt man dann zu Werten, die einen prägen und leiten?

Der Soziologe Hans Joas hat sich eingehend mit dieser Frage beschäftigt, so dass wir uns an dieser Stelle auf ihn stützen dürfen.[383] Er meint, dass Wertbindungen nicht mit Absicht erzeugbar sind, zumindest nicht auf direktem Wege. Nicht durch konkrete und bewusste Wahlentscheidungen kommen wir demnach zu fundamentalen Entscheidungen darüber, was gut ist oder schlecht, sondern weil uns etwas in irgendeiner Weise packt oder ergreift; wichtig ist also die *Erfahrung des Ergriffenseins*. Das geschieht dabei nicht aktiv, sondern passiv. Man *wird* berührt, ergriffen von Werten oder einem Thema (etwa den Folgen der ökologischen Krise), das dann zu Werten führt; hinzuzufügen wäre, dass das dann auch mit Emotionen verbunden ist. Etwas, was uns besonders bewegt, wütend macht oder begeistert, wird leichter bei weiterer Beschäftigung damit zu Werten führen als etwas, das uns gleichgültig lässt. Wir sind dann *emotional ergriffen*, etwas, was auch bei der Wirksamkeit von Psychotherapie wesentlich ist, wie wir noch sehen werden. Es zeigt sich dabei auch, dass konkrete Geschichten von Menschen und Tieren mehr bewirken als Statistiken und Zahlen, die die Gesamtsituation eigentlich besser beschreiben. Berichte über Einzelschicksale, aber auch Bilder von Eisbären auf schmelzenden Gletschern oder von durch Giftgas getöteten Kindern bewirken so plötzlich Reaktionen, die vorher undenkbar waren.

Joas führt weiter aus, dass, wenn wir etwas als Wertbindung erleben, wir zumeist kein Gefühl der Unfreiheit (wie bei Vorschriften oder Moralpredigten) hätten, sondern ein intensives Gefühl äußersten »*Bei-Sich-Seins*«. Wir würden aber auch feststellen, aufgrund dieser Wertbindung eben nicht anders als soundso zu können, dadurch also doch irgendwie weniger frei zu sein, da wir sonst nicht mehr in den Spiegel schauen könnten (was auch ein Antrieb für das Schreiben eines Buches über die Bewältigung der ökologischen Krise sein mag).

In diesem Sinne sei, so Joas, die Äußerung von Luther gemeint gewesen, als er zum Widerruf seiner Lehren aufgefordert wurde: »Hier stehe ich, und kann nicht anders.« Wertbindungen seien also intensive Bindungen und gäben uns das Gefühl, ganz besonders mit uns selbst identisch zu sein, und nicht etwas abschneiden zu müssen von dem, was wir sind. Es ist also ein »Phänomen, bei dem wir von etwas ergriffen werden, das wir nicht direkt ansteuern können, das in uns ein intensives Gefühl von *Freiheit* auslöst und hinterlässt«.[384] Werte können uns zudem – im Gegensatz zu restriktiven Normen und Geboten – überhaupt erst kreativ auf Ideen bringen, bestimmte Dinge zu tun oder nicht zu tun. Sie sind dabei nicht einfach Wünsche, sondern Vorstellungen über das Wünschenswerte. Diese Vorstellungen sind nicht emotional neutral, sondern selber hochgradig emotional besetzt, wie schon ausgeführt.

Selbsterfahrung und Selbsttranszendenz

Woher kommen dann also Werte? Wie kommt es dazu, dass für einen Menschen spontan und intensiv klar wird, dass etwas gut ist, und es ihn auch noch emotional sehr bewegt? Joas behauptet, dass Werte in Erfahrungen der *Selbstbildung* und *Selbsttranszendenz* entstehen. Selbstbildung bezieht sich darauf, dass wir bekanntlich zwar, wenn wir auf die Welt kommen, ein biologisches Individuum sind, im Sinne von unverwechselbaren Merkmalen wie Größe und Gewicht, aber nicht als ein Selbst im Sinne der Sozialpsychologie, als ein »Self«. Das heißt, wir kommen nicht als jemand auf die Welt, der in einem reflexiven Verhältnis zu sich selber steht.

Bei Geburt können wir somit noch nicht über uns und unsere Stellung in der Welt nachdenken. Stark beeinflusst werden wir dabei zunächst von unseren ersten uns sozialisierenden Bezugspersonen, also zumeist den Eltern. In der Identifikation mit ihnen entsteht eine erste Werteschicht. Während ein Dreijähriger also kaum sagen kann: »Ich mag meinen Vater schon, aber seine Äußerungen sind völlig abseitig«, ist dies für einen 13-jährigen dann fast schon die Regel. Also muss man später sich noch einmal in eigener Reflexion aneignen, was einem schon vermittelt wurde – oder sich davon distanzieren. Dies kann durch eigene Erfahrungen geschehen etwa im Sinne der Selbsttranszendenz, was bedeutet, dass ein eigener psychologischer Prozess durchgemacht wird, in dem ein schon geformtes Selbst die Erfahrung macht, dass es über die Grenzen dieses Selbst hinausgerissen wird.

Es gibt somit eine anerzogene Schicht von Wertbindungen, die dann im Rahmen der eigenen Persönlichkeitsentwicklung verändert und erweitert wird. Welche Erfahrungen sind es also, die uns etwas subjektiv Wichtiges bringen oder das Gefühl, dass etwas Bestimmtes gut ist und dies uns über das bisherige Selbst hinaus reißt? Joas führt als Beispiele Erfahrungen »*kollektiver Ekstase*« an (Mauerfall; Nürnberger Reichsparteitage; Fußballspiele), oder Erlebnisse beim Abfall von Hemmungen durch Alkohol; aber eben auch Gewalterfahrungen wie im Zweiten Weltkrieg können solche Selbsttranszendenzerfahrungen sein,[385] was zunächst irritieren mag.

Dies sei nur das eine Ende der Erfahrungen der Selbsttranszendenz, so Joas. Am anderen Ende stünden *hochgradig individuelle Erfahrungen* dieser Art, etwa ein intensives Gebet oder spirituelle mystische Erfahrungen des Individuums, aber auch Naturerfahrung, Musik, Gefühle von Mitleid, ein wirklich gelingendes Gespräch oder sexuelle Erfahrungen.

Welche Rolle spielt bei der Wertevermittlung der Begriff des *Objektiv-Guten*, wie er schon seit der griechischen Antike in der Philosophie diskutiert wird? Es gibt nicht mehr nur »das Gute«, sondern der Begriff des Wertes tritt an die Stelle des Begriffs des Guten. Werte sind oft etwas sehr Subjektives, also gibt es nicht *ein* völlig menschenunabhängiges Gutes. Wenn es aber nicht nur das eine Gute gibt, dann wird wohl kaum die Geschichte irgendwie den Zustand herbeiführen, der dieses eindeutig Gute realisiert. Also können in der Geschichte ganz andere, ganz unterschiedliche, auch neue Formen von Vorstellungen über das Gute entstehen, auch wenn sie sich dann als anders geartet erweisen. So ist es laut Joas um 1900 nicht vorstellbar gewesen, dass das 20. Jahrhundert ein so einflussreiches Wertesystem wie das des Faschismus hervorbringen würde (das lässt für unser Thema zumindest die Möglichkeit offen, dass auch hierfür noch ein anderes – jetzt noch nicht vorstellbares – Wertesystem entsteht – im Positiven wie grundsätzlich leider auch im Negativen).

Sei es im Rahmen der Erziehung oder auch in Bildungsinstitutionen – auch Joas sieht die Notwendigkeit von Vorbildern, deren reales Handeln mehr zählen würde als reale Bekundungen und Informationen (also nützt alleine für sich dieses Buch noch nicht viel, der Autor selbst ist gefordert).[386] Schon die Verwahrlosung eines Gebäudes könne hinsichtlich der Werte mehr kommunizieren als jeder Lehrplan. Allerdings fordert er auch, die Wertevermittlung nicht in ein separates Unterrichtsfach abzuschieben. Es sei eine Gefahr zu denken, man mache wertfreien Unterricht in allen Bereichen und nur in einem Bereich zusätzlich und kompensatorisch Wertunterricht.

Generell müssten in der Familie wie im Bildungswesen bei der Wertevermittlung Motivation und Disziplinierung zusammenkommen, für beides wiederum seien personale Bindungen Voraussetzung. Es müssten zudem entsprechende Erfahrungen, die außerhalb dieser beiden Bereiche gemacht werden, verarbeitet werden. Er nennt hierzu als Beispiel freiwilliges Engagement oder die Bearbeitung von Freundschafts- und Liebeserfahrungen von Kindern und Jugendlichen. Und schließlich sei Empathie nötig mit unterschiedlichen Wertvorstellungen, wie sie in unterschiedlichen Religionen und Weltanschauungen enthalten sind, unter der Voraussetzung, dass Bereitschaft zu Rechtsgehorsam, Toleranz, Fairness und Pluralismus vorhanden sind. Damit aber sieht es momentan aber nicht günstig aus, wie schon deutlich wurde. Also wird noch mehr vom Menschen gefordert.

Der gewünschte evolutionäre Sprung

Ein Wertewandel erscheint also grundlegend notwendig. Damit mehr Lernbereitschaft, Nächsten- und Fernstenliebe oder Offenheit und Wahrhaftigkeit entstehen können, bräuchte es aber geradezu einen inneren Quantensprung in der Entwicklung des Menschen. Hierauf wird letztlich beim Blick auf die komplexe Situation von vielen Geistes- und auch Naturwissenschaftlern eine große Hoffnung gesetzt. So beschwört auch der Philosoph Michael Schmidt-Salomon die *Empathie*, betont aber ebenso deren Risiken, etwa dass sie das Gefühl von Zusammengehörigkeit vor allem innerhalb von Gruppen und damit aber auch die Abgrenzung gegenüber allen Außenstehenden stärkt.[387]

Auch eine Weiterentwicklung von einem »Ego-System-Bewusstsein« hin zu einem »*Öko-System-Bewusstsein*«[388] klingt zwar schön und wünschenswert, aber nicht wirklichkeitsnah. Nicht weit davon entfernt ist die Hoffnung, dass im Sinne einer *Emergenz* viele kleine evolutionäre und geistige Schritte irgendwann einen qualitativen Sprung ermöglichen könnten.

Weiter werden eine »moralische Phantasie« und »moralische Ökonomie« propagiert, die gemeinsam als individuelles und soziales Vermögen eine »*moralische Intelligenz*«[389] bilden würden. Auch wird eine neue Erziehung gefordert, die Zusammenarbeit, Partizipation und Kreativität fördere[390], oder eine Bildung, die die Menschen zu »*Persönlicher Meisterschaft*« heraufführe[391]. In ähnlicher Weise wird an anderer Stelle betont, dass es entscheidend sei, ob ein Mensch sich zu seinen *höheren Fähigkeiten* aufschwinge oder hinter sie zurückfalle.[392] Ernst Friedrich Schumacher schreibt hier in seinem »Rat für die Ratlosen« optimistisch, dass der Mensch – auf der obersten Stufe von vier Seinsstufen (Materie, Pflanze, Tier, Mensch) – nahezu unbegrenzt entwicklungsfähig sei, es gebe keine erkennbare Grenze dessen, was der Mensch tun könne. Aber bei den meisten Menschen bleibe die *Fähigkeit zur Selbstreflexivität* bis zum Ende ihres Lebens nur Anlage, so unterentwickelt, dass sie selten aktiv werde und dann nur für jeweils kurze Augenblicke. Seine Folgerung ist daher:

> Um unsere Seinsstufe zur Entfaltung kommen zu lassen, müssen wir einen Lebensstil wählen, der solchem Streben för-

> derlich ist. Das aber ist einer, der unserer niedrigeren Natur gerade so viel Aufmerksamkeit und Sorge zuwendet, wie sie braucht, und uns viel Zeit und Aufmerksamkeit zur Förderung unserer höheren Entwicklung lässt.[393]

In naher Zukunft lässt sich diese »höhere Entwicklung« wohl sogar durch gezielte *Eingriffe in die Genstrukturen* fördern. Julian Savulescu, Neuro-Ethiker in Oxford, hält dies für wünschenswert, »um die moralischen Defizite von Menschen auszugleichen, Empathie zu steigern und Gewaltbereitschaft zu senken«.[394]

Viele der kurz genannten Vorschläge klingen futuristisch-überzogen, oder bleiben vage und sind von der gewünschten zukünftigen Situation her gedacht. Sich zu überlegen, wie denn die Welt einmal aussehen soll, und dies als Vision zu skizzieren, ist durchaus sinnvoll, läuft aber Gefahr, reines Wunschdenken zu bleiben. Schön wäre es ja schon, wenn wenigstens ein neues Denken einkehren würde. Aber auch im Bereich der Nachhaltigkeit lässt sich etwa mit Vorträgen in Wirtschaftskreisen gut Geld verdienen, und Schubladendenken ist auch hier noch nicht überwunden.[395] Mit obigen Überlegungen zu »niedrigerer Natur« des Menschen und »höherer Entwicklung« aber sind wir bei einer noch weitergehenden Diskussion angelangt.

Natur und Kultur, Humanität und Ökologie, Gut und Böse

Der Mensch besteht doch aus mehr als nur aus niederen Instinkten und Trieben, wird immer wieder, zu Recht, angeführt. Es stellt sich aber die Frage, ob der Mensch mit seinen außergewöhnlichen geistigen Fähigkeiten heute in der Lage ist, grundlegende ökologische Regelkreise günstig zu beeinflussen, die andernfalls seine Existenz bedrohen könnten. Und kann er im Rahmen sich wahrscheinlich doch zuspitzender ökologischer Veränderungen seinem hohen Anspruch entsprechend human reagieren, oder drohen archaisch heftige Konflikte, wie oben angedeutet?

Schon länger wird diskutiert, ob der Mensch überhaupt unter diesen biologisch-ökologischen Aspekten zu betrachten ist, wo er sich doch dank seiner geistigen Fähigkeiten insbesondere seit der Aufklärung, etwa in Philosophie und Naturwissenschaften, eine eigene Welt konstruiert hat. Natürlich können wir nun alle möglichen Theorien und Erkenntnisse heranziehen, so aus den Gesellschafts-, Kognitionswissenschaften, der Ethnologie und Anthropologie und anderen, um damit zu belegen, dass der Mensch sich doch längst vom primitiven Verhalten eines Steinzeitmenschen befreit hat. Aber warum es dann zum Holocaust kam, warum wir ein enormes Selbstvernichtungspotenzial aufgebaut haben, warum wir die Welt aufheizen und warum wir unfähig sind, adäquat auf die gegenwärtige Situation zu reagieren, ist damit leider nicht erklärt. Die Überlegung etwa, nur der westliche Kapitalismus sei schuld daran, und damit seinerseits eine Fehlentwicklung kultureller Evolution, greift zu kurz, die Wurzeln sind tiefer.

Der biologisch orientierte Sozialphilosoph John Gray meint, wir würden uns über unser Menschsein nur Illusionen machen.[396] Wir seien keine überwiegend moralisch handelnden autonomen und willensfreien Subjekte. Vielmehr würden die meisten von uns zumeist von Instinkten beherrscht und getrieben, wie andere Tiere auch. Er spricht daher nicht vom »homo sapiens«, sondern vom »homo rapiens«, also dem raffenden und raubenden Menschen.

Ist der Mensch so gesehen ausschließlich ein Tier, und insofern gar nicht von der Natur zu unterscheiden? Das wird nicht jeder so sehen. Allein die Verallgemeinerung »Mensch« ist zu grob – es gibt viele Menschen auf der Welt, die die Umwelt kaum schädigen, aber unter dem Verhalten der industrialisiert lebenden Menschen zu leiden haben. Täter und Opfer sind somit oft nicht identisch, meint daher die Ethikerin Uta Eser.[397] Nicht der Mensch sei schlecht, sondern bestimmte Handlungen bestimmter Menschen. Dem ist allerdings insofern zu widersprechen, als offenbar auch die Menschen, die diese »schlechten Handlungen« (etwa eines vermehrten Konsums mit entsprechendem Rohstoffbedarf) bisher kaum oder nicht begehen, dann ebenso dafür anfällig sind, wenn die Bedingungen es erlauben, was in etlichen Entwicklungs- und Schwellenländern zunehmend der Fall ist. Gerne greifen sie unsere Lebensstile auf. Und bei anderweitig sich verändernden Umgebungsbedingungen können auch empathisch-»gute« Menschen bei uns und anderswo wieder »schlecht« werden.

Eser betont, dass etliche Gegensatzpaare überwunden werden müssen, um den Gegensatz zwischen Humanität und Ökologie zu verringern:

Humanität	–	*Ökologie*
Freiheit	–	Naturgesetze
Gleichheit, Gerechtigkeit	–	Natürliche Unterschiede
Mensch als bestimmender Faktor	–	Mensch in Natur eingebunden
Individuum	–	Gesamtheit/Kollektiv
Menschliche Bedürfnisse	–	Selbstwert der Natur
Kultur	–	Wildnis
Entwicklung	–	Bewahrung
Anthropozentrik	–	Biozentrik[398]

Sie fordert daher, weg von einem »Entweder-oder« hin zu einem »Sowohl als auch« zu kommen. Ähnlich sieht dies der Geobiologe und Paläontologe Reinhold Leinfelder, wenn er feststellt, dass wir ein untrennbarer Teil des Systems seien.[399] Der Dualismus zwischen »guter Natur« und dem Menschen mit »böser Technik« sei überholt, Natur und Kultur seien Teile eines Systems geworden.

Auch der Philosoph Joachim Kahl führt die Gegensätze zusammen: zu einem Humanismus auf der Höhe der Zeit gehöre, dass der Mensch im Stufengang der Evolution als deren höchste Komplexitätsausgabe erkannt und zugleich das Doppelgesicht, die Ambivalenz alles Menschlichen, begriffen werde.[400] Wir Menschen hätten gleichursprünglich und gleichrangig in uns gute und böse Anlagen, dies von Natur aus, als anthropologische Konstanten. Je nach den gesellschaftlichen Umständen und je nach erfolgreicher oder missglückter Erziehung würden sie wirksam (auch er betont somit die Umgebungsbedingungen). Ein endgültiger »Sieg« der einen Konstante über die andere, etwa als Sieg der Wahrheit über die Lüge oder des Mitleids über die Gewalt, wäre ein naturwidriges eschatologisches Wunder.

Es erscheint daher im Sinne der Gegensatzüberwindung nicht angemessen, *nur* die guten Seiten des Menschen und seine großen Fähigkeiten zu betonen, oder gar auf eine grandiose Vollendung des Einzelnen zu hoffen (was Kahl wohl mit »eschatologisch« meint), dabei aber seine destruktiven Anteile zu ignorieren. Kahl führt weiter dazu aus:

> Denn der Mensch ist nicht nur das mitfühlendste, klügste, phantasiebegabteste und humorvollste Lebewesen. Er ist auch, und zwar gleichzeitig, das grausamste, hinterhältigste, niederträchtigste Wesen unter der Sonne, wobei seine Klugheit diese Anlagen eiskalt zum blutigen Exzess steigern kann. Statt einem Prinzip Hoffnung das Wort zu reden und von einem luftigen Reich der Menschlichkeit zu schwärmen, das Jahrmillionen währen soll, gilt es, hier und heute das Gewaltmonopol eines demokratischen und sozialen Rechtsstaates zu sichern und die wohltätigen und kooperativen Anlagen im Menschen durch eine kluge humanistische Erziehung zu fördern.[401]

Mit unseren speziellen Denkfähigkeiten haben wir große kulturelle Leistungen vollbracht, um speziell menschliche Bedürfnisse zu erfüllen, wie etwa Spiritualität und Kunst. Mit den gleichen Fähigkeiten aber haben wir unsere Existenzgrundlagen beschädigt, so dass nun die Aufgabe besteht, die großen Fähigkeiten anders einzusetzen als bisher. Von daher ist neben dem grundsätzlich richtigen Appell an Empathie auch ein größeres Maß an menschlicher Demut und Bescheidenheit angeraten, gerade vor den Gesetzen der Natur, und vor neuen etwaig wieder folgenreichen Entscheidungen. Alle Rufe danach, was der Mensch jetzt tun oder wie er sich hin zu einer höheren Stufe entwickeln müsse, drohen seine dominante Stellung im Ökosystem zu zementieren, die gleichzeitig mit Blick auf die von ihm verursachten Schäden kritisiert wird. Fortschritte wie technische Wetterbeeinflussung und Genmanipulationen etwa verschärfen eher oben aufgeführte Gegensätze. Vielleicht muss einfach einmal nicht alles gemacht werden, was möglich ist. Dafür allerdings wäre alles Tun und Lassen nach den planetaren Konsequenzen zu befragen, die es nach sich ziehen kann.[402] Die Weiterentwicklung des Menschen hin zu solcher Reflexion sowie zur Selbstbeschränkung wäre wünschenswert, erscheint aber fraglich. Global denken und global empathisch sein ist überfordernd.

* * *

Für die Bewältigung der ökologischen Krise vorgeschlagene Werte, wie die oft geforderte Empathie, aber auch Emotionen, zwischenmenschliche Beziehungen und eine mentale Weiterentwicklung, haben für Psychotherapeuten eine zentrale Bedeutung. Sie werden uns gleich beschäftigen.

Insgesamt aber stellt sich die Frage, wie realistisch eine rasche Entstehung neuer Werte – oder die Rückkehr zu sehr alten Werten aus Zeiten vor Eigentum, Macht und Konkurrenz – zur Bewältigung der ökologischen Krise ist, sieht man sich die Bedingungen an, die dafür nötig sind. Erst extremere Erlebnisse und Selbsterfahrungen führen zu einer »emotionalen Ergriffenheit« und dadurch zu neuen Einstellungen. Durch wohlgemeinte Appelle an rationale Einsicht oder Vorschriften, was sich zu ändern habe, erscheint dies wiederum unwahrscheinlich.

Wenn aber eine Werterneuerung, zwischenmenschliche Beziehungen und emotionales Ergriffensein so wesentlich sind, auch aus soziologischer Sicht, und wenn Empathie, Reflexivität, Demut, Bescheidenheit, Selbsterfahrung und Selbsttranszendenz so wünschenswert sind, und wenn die Menschheit in ökologischer Hinsicht schon so schwer psychiatrisch erkrankt ist, wie weiter oben behauptet, könnten dann nicht Psychologen und Psychiater zur Verbesserung der heutigen Situation beitragen?

Möglichkeiten und Grenzen von Öko- und Psychotherapie

Eine moderne Wissenschaft von der Seele darf nicht die größere ökologische Realität ignorieren, die die individuelle Psyche umgibt – so als könnte die Seele gerettet werden, während die Biosphäre zusammenbricht.
Theodore Roszak[403]

Am Buch- oder Vortragsende kommen immer die guten Lösungen. Ob dieses Buch diesem Anspruch genügen kann, wird sich zeigen. Der schon zitierte Soziologe Hartmut Rosa wagte es, sein Publikum, noch dazu Psychotherapeuten, am Ende eines Vortrages 2015 insofern zu enttäuschen, als er ihnen den Ball zurückspielte. Schlussfolgernd zu den Überlegungen zum Individualismus, der eventuell ja sogar erst am Anfang stehenden Beschleunigung, dem dadurch überforderten Subjekt mit Burnout, Depression und dabei wiederum rückläufiger Empathie- und Resonanzfähigkeit meinte er:

> Die Frage wäre dann, was macht man als Psychiater oder Psychotherapeut? Man könnte sagen, man spielt selber eine Rolle im Optimierungsbedarf. Wir sorgen dafür, dass die Gesellschaft auch morgen noch wachstumsfähig, beschleunigungsfähig und innovationsfähig ist.
>
> Oder man sagt, nein, damit haben wir nichts zu tun, wir schauen halt, wir kehren die Scherben zusammen, wir flicken notdürftig die zusammen, die da in diesem Beschleunigungs-

> spiel nicht mehr mitkommen oder davon alle möglichen Beulen oder schlimmere Schäden davon tragen, wir sind eine Art von Reparaturbetrieb, oder wir bringen den Leuten bei, wie sie die schlimmsten Schäden ein bisschen eindämmen können.
>
> Oder man begreift sich sogar als Ort des Widerstandes, das weiß ich nicht. Die Frage wäre, wenn an dem Steigerungsspiel etwas falsch ist, wo soll dann eine Änderung herkommen? Ich schlage vor – von Ihnen. Vielen Dank![404]

Die Zuhörer waren einigermaßen verblüfft. Ein wissenschaftlicher Beobachter gesellschaftlicher Abläufe ruft nach Psychotherapie. Ein starkes Stück. Mein eigener Berufsstand ist plötzlich gefragt. Das Dumme an der Sache ist nur: Wir stecken selbst tief drin in den Dilemmatas der heutigen Zeit. Wir sind selbst Konsumenten, auch Therapeuten fliegen gern in Urlaub, wir haben eigene Bedürfnisse nach guten Wohnmöglichkeiten, gutem Essen, nach vielen Kontakten und auch nach Sicherheit und Spiritualität. Und Macht haben wir auch, tagtäglich im Gespräch mit unseren Klienten und Patienten. Meist sind wir uns dessen nicht bewusst. Im Kleinen sind wir durchaus auch gerechtigkeitsliebend, aber im Großen überfordern uns die Größe, Komplexität und Globalität der Probleme wie die meisten anderen Bürger auch.

In seinem Werk zur »Ökopsychologie« aus dem Jahr 1994 meint daher Theodore Roszak, dass man sich ja an die Psychologen und Psychiater wenden würde, in der Hoffnung, dass sie über den Wahnsinn aufklären könnten, aber unsere offiziell anerkannten psychotherapeutischen Schulen seien selbst Produkte eben der wissenschaftlichen und industriellen Kultur, die den Planeten jetzt so brutal niederdrücke. Daran hat sich im Grunde bis heute nichts geändert. Vielmehr ist festzustellen, dass die Beschäftigung mit der Innenwelt den Blick auf die äußere Welt verstellt, so James Hillman, früherer Studiendirektor des C.G.-Jung-Instituts in Zürich:

> Wir haben einhundert Jahre Psychoanalyse hinter uns, und die Menschen werden immer sensibler, und der Welt geht es immer schlechter. Warum hat die Psychotherapie dies nicht bemerkt? Weil die Psychotherapie sich nur mit jener ›inneren‹

> Seele beschäftigt. Indem sie die Seele aus der Welt herausnimmt und nicht erkennt, dass die Seele auch in der Welt ist, kann die Psychotherapie nicht mehr funktionieren. Die Gebäude sind krank, die Institutionen sind krank, das Geldsystem ist krank, die Schulen, die Straßen – und die Krankheit bleibt draußen.[405]

Innere Konflikte, Ängste und Schuldgefühle, womit sich Psychotherapie ja gerne beschäftigt, gäbe es auch beim ökologischen Thema genügend. Immerhin, so ganz sind diese Themen an meiner Berufsgruppe nicht vorbei gegangen. Gerade auch den Klimawandel betreffend werden Möglichkeiten psychologischer Forschung und Interventionen diskutiert, etwa von der American Psychological Association.[406]Aber wir unterliegen denselben Verdrängungsmechanismen wie der Großteil der restlichen Gesellschaft auch. Der Sozialpsychologe Harald Welzer berichtet dazu passend, wie er sich auf einer Konferenz zur Lage des Klimas für den Workshop mit dem Thema »What, if we fail?« eingetragen hatte, und er dann neben dem Themenanbieter der einzige Teilnehmer war.[407] Aber die bisherigen Zitate zeigen schon, dass es durchaus einige, wenngleich auch wenige, Vertreter der Psychowissenschaften gibt, die aus ihrer Sicht die Realität betrachtet haben. Ohne Anspruch auf Vollständigkeit sollen einige Überlegungen und Ansätze daraus dargestellt werden.

Ökotherapie – ein Versuch der Verbindung beider Themen

Im Jahr 1972, in dem die »Grenzen des Wachstums« erschienen sind, kritisierte bereits der Münchner Psychotherapeut Wolfgang Schmidbauer, Autor vieler Fachbücher und heute noch Kolumnist für die ZEIT, die Psychologie als »Rückzugswissenschaft«.[408] Das mythisch geordnete kollektive Gefühl (z. B. »Mutter Erde«) sei entmachtet, an seine Stelle würden individuelle, psychologisch erforschte und von Machtinteressen manipulierte Einzelgefühle treten. Auch der Experte (somit er selbst) könne allenfalls seine Würden und Titel ablegen und versuchen, ohne sie, gemeinsam mit anderen, einen Weg zu finden.

So führte er die schädlichen Wirkungen des Konsums auf und prangerte die Erziehung zum Konsumenten ebenso an wie Konsumterror und Konsumzwang. Als realistische Utopie schlug er daraus folgernd Konsumverzicht vor, zunächst als individuelle, spontane Aktion, mit der Annahme, dass nach genügender Verbreitung sich Politiker auch eher zu gesetzgeberischen Maßnahmen bereitfinden würden. Und er mutmaßte idealistisch:

> Wenn das heute praktizierte Konsumverhalten den Menschen verdummt, seine schöpferischen Fähigkeiten verschüttet, sein Gefühlsleben entleert und verkümmert, seine Gesundheit zerstört, dann wird der Verzicht auf dieses Verhalten der erste Schritt zu einer echten Selbstverwirklichung und einer neuen Identität des Menschen sein.[409]

Der daraus entstehende Konflikt mit dem hohen Freiheitswert war ihm dabei durchaus bewusst, auch die geringe Aussicht auf Verwirklichung seiner Vorschläge. So fragte er resignativ, ob wirklich alles noch viel schlechter werden müsse, ehe es besser werden könne. Es scheine so. Wir könnten nur hoffen, dass es am Tiefpunkt der Konsumgesellschaft noch die Basis für eine Umkehr ohne den totalen ökologischen Zusammenbruch gebe. Die Frage stellt sich auch heute noch, 45 Jahre später, was nicht seine Annahmen als unnötige Angstmacherei entlarvt, sondern eher die durchaus vorhandene Zähigkeit unseres Systems zeigt. Denn die Situation hat sich weiter zugespitzt seitdem, wie wir gesehen haben, nicht etwa entspannt.

Zehn Jahre später formulierte er zwei Forderungen einer *Ökotherapie* an die Psychotherapie, nämlich

- eine Ablehnung der Anpassung an eine umweltzerstörende Gesellschaft und
- eine kritische Einstellung gegenüber allen Versuchen, Menschen mit medizinischen oder psychologischen Mitteln zu beherrschen, zu manipulieren und sie unter Leistungsdruck zu stellen.[410]

Eher solle der Ökotherapeut bei sich selbst beginnen, durchaus auch seine subjektiven Empfindungen preisgeben, seine Betroffenheit, sein eigenes Interesse an dem, was er vorschlage. Er verwende dabei eine kontrollierte Form von Offenheit und spontanem Gefühlsausdruck, um bestimmte Ziele zu erreichen. Und er brauche selbst Freunde, mit denen er immer wieder bei sich beginnen und seine eigenen Ängste ausdrücken könne. Denn Offenheit gegenüber dem Klienten bedeute nicht Befriedigung durch den Klienten, sondern Arbeit für den Klienten (er nimmt hier wichtige Aspekte einer intersubjektiv angelegten Psychotherapie vorweg, die jetzt erst in der Fachdiskussion angekommen ist[411]).

Schrittweise soll dabei deutlich werden, dass beide, Ökotherapeut wie Klient, dieser laut Schmidbauer überflüssigen, aber unausweichlichen Störung nicht entrinnen können. Ökotherapie sei dabei nicht Heilung, sondern Klärung der Störung. Typische Experten- und Leistungsmerkmale könnten hier nicht helfen, etwa die Frage nach der »guten« Ausbildung des Therapeuten, der »Indikation« der Behandlung oder ob der Klient auch »kooperativ« sei. Förderlich erscheine ihm eher, dass beide Beteiligten offen darüber sprechen würden, ob sie ihrem Gefühl nach genug oder zuwenig getan hätten.

Weiter propagiert er, von der »Natur« zu lernen. Das Gefühl für die Schönheit eines natürlichen Lebenszusammenhangs, etwa einer in Jahrhunderttausenden gewachsenen Landschaft, sei für ihn dabei wesentlicher als der rechnerische Beweis für die Stabilität differenzierter Ökosysteme. Letzteres sei eher ein argumentativer Notbehelf gegenüber Menschen, die blind geworden seien gegenüber allem, was sich nicht rational fassen lasse.

Dabei solle das Dunkel nicht vom Therapeuten gedeutet werden. Vielmehr sollte beim Klienten Vertrauen in seine eigenen Fähigkeiten geschaffen werden, sich dem Dunkel des Körper-Unbewussten, der Stimmungen und Träume auszuliefern, um daraus auch Klarheit über seine Wünsche und Entspannungsmöglichkeiten zu gewinnen, »und nicht frühzeitig umzukehren auf der Suche nach dem gewohnten hellen Gefängnis«. Dabei solle der Therapeut aber entbehrlich bleiben, denn

> die seelisch verstörten Kinder der Industriegesellschaft klammern sich an die Psycho-Experten – und die Psycho-Experten

> klammern sich an ihre Klienten. Wird diese gegenseitige Abhängigkeit deutlicher, gerät der Experte in Gefahr, zu werden, was er sein sollte, aber nicht gerne ist: überflüssig.[412]

Um entbehrlich zu bleiben, sollte er Nebenberufe haben, oder sich an den Wilden orientieren, die mit zwei Stunden Arbeit am Tag auskommen würden, und lieber seine alten Sachen reparieren als neue zu kaufen. Auch habe er nicht jede Stunde seines Tageslaufs für seine hilfreiche Tätigkeit verplant. Der Ökotherapeut arbeite zudem auch gerne in Gruppen, weil er in der Gruppe ein größeres Stück Umwelt mitgestalten könne, und auch weniger Abhängigkeit von seiner Expertenrolle zu erzeugen glaube. Und er glaube nicht, zu heilen, aber er versuche, sich und Anderen das emotionale Überleben in einer kranken Welt zu erleichtern. Schlussendlich räumt er ein, dass der dargestellte Ökotherapeut nicht er selbst sei, er aber gerne so werden wolle wie dieser.

Es ist erstaunlich, dass solche Gedanken schon 1972, dann 1982 sowie überarbeitet 1992 formuliert wurden, die bereits Elemente der Postwachstumsökonomie sowie moderner Psychotherapie beinhalten, sowie auch den heute noch meist nicht in Frage gestellten hohen Anspruch einer Heilung relativieren, der eben oft nicht zu erfüllen ist, auch nicht mit modernsten technischen Mitteln, und auch nicht für unter Umständen aufkommende Gefühle von Verzweiflung, Hoffnungslosigkeit, Angst und Schuld beim Betrachten der ökologischen Krise.

Leider wurde der Ansatz einer Ökotherapie als eigenes psychotherapeutisches Konzept nicht weiter verfolgt (so wie sich auch Konzepte zu einer Ökopsychosomatik[413] bisher nicht durchgesetzt haben). Eine Tagung zu »Ökotherapie und Tiefenökologie in Theorie und Praxis« fand noch 2008 statt, der Publikation dazu lassen sich aber überwiegend nur theoretisch-abstrakte Überlegungen entnehmen[414]. 2009 erschien ein lesenswerter Band mit Beiträgen zu »Ecotherapy«[415], in dem auch Forschungsergebnisse zu ökotherapeutischen Ansätzen dargestellt werden. Sie verdeutlichen durchaus machbare und wirksame Beratungs- und Psychotherapieansätze in der Natur[416]. Die Natur auch als Erfahrungsraum und Beziehungsobjekt zu erleben wird hier vorgeschlagen.

In Psychiatrie und Psychotherapie aber führt ein solcher Ansatz immer noch ein »Aschenputtel-Dasein«,[417] trotz früherer Ansätze einer

»romantisierenden Psychiatrie« mit dem Bau großer psychiatrischer Krankenhäuser auf dem Land. Elemente einer Ökotherapie bestehen heute noch vereinzelt in psychiatrischen und geriatrischen Kliniken etwa in Form von Gartentherapie und tiergestützten Therapien.

Rolle der Achtsamkeit

In der ambulanten Psychotherapie wiederum, stellt der Psychiater Michael Huppertz fest, ist die Natur heute noch unbedeutender als in der institutionalisierten Psychiatrie, Psychosomatik oder Rehabilitation.[418] Er verweist rückblickend darauf, dass sich die Vorgeschichte der Psychotherapie durchaus noch draußen und unter Einbezug der Natur abgespielt habe, Freud dann aber die Psyche im Zimmer unter quasi laborähnlichen Bedingungen behandeln wollte. Er berichtet sodann von einer englischen Organisation, die traumatisierten Flüchtlingen bereits seit 1985 unter Begleitung von Psycho- und Physiotherapeuten sowie Medizinern die Möglichkeit gibt, in einer Gartenparzelle Obst und Gemüse anzubauen. Neben und bei der Arbeit im Garten finden Einzel- und Gruppengespräche statt. Möglich wurden Stabilisierung, eine Öffnung für Gespräche über die Vergangenheit sowie die Möglichkeit, in der neuen Umgebung anzukommen. Ähnliche Effekte lassen sich auch bei der Integration von Flüchtlingen in Deutschland beobachten.[419]

Achtsamkeitselemente, so Huppertz, seien als Voraussetzung für die Arbeit an den Traumata unübersehbar, etwa Gegenwärtigkeit, Sinnlichkeit, Sich-Spüren, Umgang mit Gefühlen, Wahrnehmen der eigenen Möglichkeiten und Grenzen, Verbesserung des Selbstwertgefühls, Verbundenheit, Akzeptanz oder Dankbarkeit. Er hat mit Kollegen ein Konzept mit Übungen zu Achtsamkeit in der Natur entwickelt und wendet dies erfolgreich auch für andere psychische Störungen an. Nicht in erster Linie geht es dabei um eine Verbesserung der Beziehung zur Natur, aber die Natur als Erlebnisraum und Beziehungsobjekt erweist sich als hilfreich. Eventuell kann dann auch über das eigentliche psychische Anliegen hinaus grundlegend die Beziehung zur Natur verbessert und dadurch ihr Wert höher geschätzt werden. Denn, so Huppertz, eine moralische Wertschätzung der Natur lässt sich nur aus den Beziehungen, die wir zu ihr unterhalten, gewinnen. Wobei Achtsamkeit dabei aber mitnichten die einzige sinnvolle Beziehung sei, die wir zu ihr unterhalten könnten.

Der Begriff der »Achtsamkeit« an sich ist mehrdeutig, und wird vor allem deshalb wohl heute so gern verwendet. Zum einen ist damit eine Wachsamkeit assoziiert, in unserem Kontext hier etwa die Aufmerksamkeit für gesellschaftliche und politische Prozesse sowie die fortschreitende Umweltveränderung. Welzer wiederum versteht darunter eine »permanente Prüfung und Überarbeitung bestehender Erwartungen, dazu eine erhöhte Aufmerksamkeit für mögliche Fehler und Abweichungen«,[420] somit ein permanentes Lernen in einer Umgebung, die in ständiger Veränderung begriffen ist,[421] etwas also, was heute ebenso nötig erscheint.

Achtsamkeit ist aber vor allem für viele Menschen ein geläufiger Begriff, wenn es um Stressabbau und die Work-Life-Balance geht. Programme wie MBSR (Mindfulness Based Stress Reduction) werden hierfür schon länger eingesetzt und haben auch in klassischen Forschungsansätzen ihre Wirksamkeit bewiesen. So können bei etlichen körperlichen, psychischen und psychosomatischen Erkrankungen die Lebensqualität verbessert sowie eine den jeweiligen Krankheiten zuträgliche Änderung der Lebensweise und gute Bewältigungsstrategien erreicht werden, oft auch ein deutlicher Rückgang der Grundsymptomatik.[422]

Warum also sollte nicht ebenso durch achtsamkeitsbasierte Strategien eine Änderung der Lebensweise möglich sein, die neben Stressabbau auch positive ökologische Effekte hat? Der französische Psychiater Christophe André vermutet, dass durch eine solche Änderung bei sich selbst auch das nähere und dann auch fernere Umfeld beeinflusst werden können.[423] Denn Untersuchungen hätten gezeigt, dass der Grundtenor des Umweltengagements und der Achtsamkeitsmeditation im Wesentlichen identisch ist. Beide verbindet, so meint auch André, eine Beziehung zur Natur, ein Gefühl der Demut ihr gegenüber und das Wissen um unsere Abhängigkeit von ihr (somit letztlich wieder von ihren Dienstleistungen, die uns im zweiten Kapitel begegnet waren). Mit Blick darauf, dass die heute immer zahlreicher gewordenen Möglichkeiten des Konsums und der Freizeitgestaltung außer zu Umweltschäden auch zu Stress und Burnout beitragen, könnte auf die von ihm empfohlenen ersten Schritte, die teilweise an die schon genannten Elemente der Ökotherapie erinnern, durchaus ein therapeutischer Fokus gelegt werden:

- Bewusstwerdung,
- Digitaler Entzug,
- Weniger Konsum,
- Achtsames Essen,
- Entwicklung von Dankbarkeit für vermeintliche Selbstverständlichkeiten und
- Rückbesinnung auf die Natur.[424]

Die solchermaßen trainierte innere Stimme könnte dann eher bremsen, wenn die Zeit am Bildschirm zu lang geworden ist, ein Werbespot läuft, der Teller übervoll ist oder eine missmutig werdende Stimmung einfach ein Hinausgehen erfordert. In diesem Zusammenhang empfiehlt auch er Werte wie Offenheit, nämlich Offenheit für den Augenblick, für Mitmenschen und die eigenen Gefühle. Ob sich allerdings dadurch seine Hoffnung erfüllt, frei zu werden von einer Welt, die uns entfremdet hat, bleibt fraglich, ändert sich doch diese Welt zunächst dadurch kaum, und durch das eigene, nun achtsame Tun droht die Entfremdung von der weiter meist nicht-achtsam agierenden Umwelt eher noch größer zu werden.

Wie also stünden insgesamt die Chancen einer Öko-Psycho-Therapie? Dem Juristen und Rechtsphilosophen Felix Ekardt kann an dieser Stelle zugestimmt werden:

> Trotzdem wird die ebenfalls natürliche Kurzzeitdeterminierung und tendenziell egoistische Grundhaltung des Menschen wahrscheinlich verhindern, dass entsprechende Empfindungen zugunsten nicht sichtbarer Menschen durchschlagen, selbst wenn wir uns alle therapieren lassen würden.[425]

Ansätze der Umweltpsychologie

Lange schon hat sich der Zweig der Umweltpsychologie etabliert, die mit Aufklärung und verhaltenstherapeutischen Ansätzen Änderungen zu initiieren versucht. So beschrieb Sigrun Preuss bereits 1991 in einem mittlerweile vergessenen Büchlein unter dem Titel »Umweltkatastrophe Mensch« Grenzen und Möglichkeiten, ökologisch bewusst zu handeln.[426] Sie verweist darauf, dass die Psychologie zur grundlegenden Entscheidungsgröße für ein verändertes ökologisches Handeln der Menschheit werde. Denn wir könnten nur erfassen, was unsere Vorstellungskraft sich auszumalen vermöge, wir könnten nur denken, was unsere kognitiven Strukturen ermöglichen, wir könnten nur fühlen, was wir uns zu empfinden gestatten würden, und wir könnten nur tun, was wir uns nicht verbieten müssten.

Gerade dieser Aspekt, dass das Predigen von Verzicht und Askese nicht zu Verhaltensänderungen führt, wird auch heute gerne noch übersehen. Sie verweist weiter auf die Interdependenz, also die Wechselwirkung zwischen Person und Umwelt, was neben der sozialen dann auch die natürliche und kulturelle Umwelt betreffe. Ökologische Zusammenhänge aufgreifend, wie sie oben aufgeführt wurden, folgert sie, dass der Organismus in einem von ihm selbst (mit-)gestalteten Lebensraum existiere und handele und von dieser Umwelt sowohl subjektive als auch objektive Beeinflussung erfahre. Gelernt werden müsse daher, ökologisch bewusst zu handeln im Sinne eines gezielten, wissenden Handelns unter dem prinzipiellen Vorsatz der ökosystemaren Zusammenhänge. Viele umweltrelevante Zusammenhänge aber würden sich aufgrund einer hochgradigen Nicht-Erfahrbarkeit der direkten und unmittelbaren Wahrnehmung entziehen (siehe dazu in diesem Buch bei der »Psychologie des Nichtstuns«), was zu umwelt*un*bewusstem Verhalten führe. Wahrnehmung aufgrund unmittelbarer sinnlicher Erfahrung könne emotionale Betroffenheit aktualisieren, was über Bewertung zu Handlungsfähigkeit führen könne (dies wiederum ähnlich den oben diskutierten Werten entstehend durch emotionale Ergriffenheit).

Zur Therapie schlägt sie ein Workshopmodell vor mit Bewusstwerdung der Situation, der Entwicklung konstruktiver Bewältigungsstrategien, um sich dann auch der Angst stellen zu können, mit einer emotionalen Stabilisierung und Kräftigung aus einem Trauerprozess, einem Loslassen heraus, impliziert doch auch ihrer Ansicht nach die Nicht-Verkraftbarkeit umweltrelevanter Inhalte immer auch die Angst vor Tod und Sterben.

Aber es sei, so meint auch Preuss, eine *Ökologisierung der Psychotherapie* vonnöten, denn Therapeut und Klient würden sich in der Abwehr verbünden. Der entscheidende Schritt sei somit die Weiterentwicklung der Therapeuten. Sie könnten ihren Klienten nur helfen, sich über Sachverhalte gewahr zu werden, die sie für sich selbst nicht abwehren müssten. Preuss' weitere, nun verhaltenstherapeutisch getönten Vorschläge, beziehen sich auf den zu leistenden Beitrag der Produkt- und Kontextgestaltung, ebenso auf entsprechendes Training und eine Verhaltensausformung durch Handlungsanreize (wie sonst im Alltag geschehend etwa durch Verkehrsschilder, erzwungene Verkehrsberuhigung durch Barrieren etc.).

Dieses nun schon vor über 25 Jahren erschienene Konzept wurde hier etwas ausführlicher dargestellt, da einerseits deutlich wird, dass viele der heute diskutierten Vorschläge schon lange verfügbar wären und teilweise durchaus darauf zurückgegriffen werden kann, sie sich andererseits offenbar nicht als durchschlagend erfolgreich oder praktikabel erwiesen haben. Vielleicht waren die Annahmen und Folgerungen schlichtweg falsch, was ja sein könnte. Aber geschrieben zu einer Zeit, da von Klimawandel, Ressourcenkonflikten und Artensterben erst vereinzelt die Rede war, kamen sie wohl eher zu früh und waren nicht in der Lage, die allgegenwärtige Abwehr in Form der Verdrängung zu durchbrechen.

Auch erscheint aus heutiger Sicht das damals geforderte ökologisch bewusste Handeln unter stetem Wissen um die prekäre Situation nicht möglich. Immer deutlicher ist in den letzten Jahrzehnten geworden, dass Aufklärung über die Umweltschäden mit entsprechender Handlungsaufforderung alleine eher sogar zu einer Verstärkung von Verleugnung, Verdrängung und Kontrollillusion führen. Es soll daher exemplarisch mit kritischem Blick auf zwei in jüngster Zeit erschienene Konzepte der Umweltpsychologie eingegangen werden.

So stellt auch der Organisationspsychologe Marcel Hunecke fest, dass ein kultureller Wandel die Anwendung psychologisch fundierter Maßnahmen bei der Mehrheit der Bewohner der frühindustrialisierten Länder erfordere.[427] Aber, dies sei hier schon angemerkt, es stellt sich natürlich die Frage, wie das bewerkstelligt werden soll. Eine Psychotherapie der Massen erscheint unmöglich, und erinnert eher an autoritäre Gehirn-wäsche. Dies ist wohl so auch nicht gemeint.

Ausgehend davon, dass subjektive Zufriedenheit irgendwann nicht mehr materiell weiter gesteigert werden kann, fokussiert er eher auf Lebensqualität und nicht-materiell gestützte Zufriedenheit. Formuliert wird dafür eine *Genuss-Sinn-Ziel-Theorie*, bei der eben nicht im jeden Satz nachhaltiges Verhalten im Angesicht der Ökokrise angemahnt werden muss. Über drei allgemeine Strategien der guten Lebensführung, nämlich über

- Genusserleben,
- Zielerreichung und
- Sinnkonstruktion

könnten demnach positive Emotionen weitgehend unabhängig von materiellen Dingen gefördert werden. Diese drei Säulen würden sich gegenseitig stützen und die Resilienz gegenüber Störungen des subjektiven Wohlbefindens stärken, was seiner Ansicht nach wiederum die Wahrscheinlichkeit für nachhaltiges Verhalten erhöhe. Er verweist dabei auf Befunde, die zeigen, dass subjektives Wohlbefinden und ökologisches Verhalten dann positiv miteinander korrelieren, wenn sie jeweils durch nicht-materialistische Werte und von einer achtsamen Haltung gestützt werden. Auch hier begegnen uns also Werte und Achtsamkeit wieder.

Hunecke benennt sechs wissenschaftlich begründete *psychische Ressourcen zur Förderung einer guten Lebensführung*:

- Genussfähigkeit,
- Selbstakzeptanz,
- Selbstwirksamkeit,
- Achtsamkeit,
- Sinnkonstruktion und
- Solidarität.[428]

Anwendungsfelder zur Förderung dieser Ressourcen könnten demnach sein die Gesundheitsförderung, Coaching, auch die Bildung an Schulen und Hochschulen, weiter Unternehmen und Non-Profit-Organisationen sowie das Gemeinwesen (näheres dazu in seinem Buch).

Kritik am eigenen Ansatz nimmt Hunecke auf den letzten Seiten seines vor wenigen Jahren erschienenen und öffentlich leider nur wenig wahrgenommenen Buches gleich vorweg. Auch er spricht das schon diskutierte Dilemma zwischen einem auf den Einzelnen bezogenen Ansatz sowie nötiger übergeordneter politischer Maßnahmen an. Allein würden aber politische und ökonomische Steuerungsprozesse nicht ausreichen, um den Ressourcenverbrauch auf ein nachhaltiges Maß zu reduzieren, so Hunecke. Hierzu sei ein kultureller Wandel notwendig, der sich von keinem Ort aus zentral steuern lasse.

Das genau ist aber das Manko dieses Ansatzes wie anderer auch. Eine zentrale Steuerung ist kaum möglich (wobei schon deutlich wurde, dass manche Autoren dies anders sehen), eine Ökodiktatur weder sinnvoll noch erwünscht, ein kultureller Wandel wiederum wird seit Jahrzehnten angestoßen und vollzieht sich durchaus, jedoch viel zu langsam, um die ökologische Krise noch entscheidend abwenden zu können. Auch jüngst publizierte, an sich sinnvolle Ansätze einer »Zukunftsbildung«[429] (die von den Autoren als die eigentliche, zentrale Frage des globalen Überlebens angesehen wird) werden sich nicht rechtzeitig einführen lassen; sie sind nicht einmal am Horizont der Bildungsdiskussion erkennbar.

Die als psychische Ressource bei Hunecke wiederum genannte Solidarität zielt auf die hier schon geführte Diskussion zu Altruismus, Kooperation, Nächsten- und Fernstenliebe. Die aber ist bei zunehmender Verschlechterung der Lebensbedingungen hier immer weniger gegeben, selbst wenn andere Menschen und Völker unter viel schlechteren Bedingungen leben und eine solche Verschlechterung in unseren Breiten häufig wohl eher gefühlt als real ist und oft erst für die Zukunft befürchtet wird.

Für bereits von Leidensdruck und Burnout geplagte und daher Hilfe suchende Menschen mag die von Hunecke angepeilte nicht-materielle Förderung der subjektiven Zufriedenheit hilfreich sein. Ob andere Personenkreise dies überhaupt wünschen, ist allerdings fraglich. Viele Menschen sind mit dem bequemen motorisierten, materiellen und digitalen Leben, das sie führen, zufrieden, ordnen etwaig empfundenen Stress anderen Ursachen zu oder vermeiden erfolgreich durch all die heute möglichen Ablenkungsfaktoren das Spüren einer tieferen Unzufriedenheit. Sie wünschen daher keine von außen eingeredete Notwendigkeit, nun mit Weniger zufriedener werden zu sollen. Sowieso scheint für ein solches Thema in den Industriestaaten nur ein kleiner Personenkreis offen zu sein, vor allem wenn man außer verbalen Bekundungen auch das reale Verhalten berücksichtigt.[430]

Und schließlich laufen rein auf eine Stärkung des subjektiven Wohlbefindens zielenden Therapieansätze Gefahr, letztlich die Personen wieder nur leistungs- und konkurrenzfähiger sowie fit für das Hamsterrad zu machen, in welchem sie dann weiter die Umwelt durch klassische Arbeit, Konsum und große Reisen schädigen können, ohne sich dessen bewusst zu sein. Sich durch Beratung und Therapie besser zu fühlen bedeutet eben nicht automatisch, nun umweltgerechter zu handeln. Direkte Mahnung und Handlungsaufforderung wiederum sind, wie schon erwähnt, ebenso wenig wirksam.

Daher drohen auch mit Checklisten versehene Vorschläge ins Leere zu laufen, die von einer studentischen Initiative für Psychologie im Umweltschutz jüngst herausgegeben wurden.[431] Inhalt und Wert der genannten Möglichkeiten sind nicht anzuzweifeln, jedoch die Chance ihrer Umsetzbarkeit. Und wenn das Vorwort der Autorin schon damit beginnt, dass sie nach einem halben Jahr Freiwilligendienst in Costa Rica mit vielen Eindrücken zurückgekommen sei, die ihr Motivation für nachhaltiges Engagement gegeben hätten, muss der ewig nörgelnde Autor dieser Zeilen doch gleich wieder auf die Vorbildfrage und den im Vergleich zur Normalbevölkerung kaum geringeren ökologischen Fußabdruck von Umweltschützern verweisen (gleichzeitig muss aber auch er gestehen, dass er selbst in seiner studentischen Ära mehrmals Fernreisen per Flugzeug absolviert hat, und dass frustrierenderweise heute trotz nun schon zehnjährigem Verzicht auf diesen Mobilitätsmodus, trotz Biokiste und fleischarmer Ernährung, trotz viel Fahrrad und wenig Auto sowie Solaranlage auf dem Dach sein jährlicher CO_2-Ausstoß immer noch nahe beim deutschen Durchschnitt von zehn Tonnen liegt, somit weit entfernt von der global zu fordernden 2,7-Tonnen-pro-Person-Gerechtigkeit[432]).

Der genannte Arbeitskreis diskutiert die persönliche ökologische Norm, die *Anwendung sozialer Normen* mit gekonnter Einbeziehung von Soll- und Ist-Normen, Möglichkeiten einer Abwägung, auch von individuellen Kosten und Nutzen, dann ebenso die Stärkung von Selbstregulation und positiver Emotionen, aber auch die Möglichkeit des Aufbrechens alter Gewohnheiten. Als Fazit zu diesem zentralen Thema wird gefolgert:

> Werden Gewohnheiten kurzzeitig, z. B. durch kritische Lebensereignisse, unterbrochen, ist die Zeit günstig für das Ausprobieren neuer und umweltfreundlicher Handlungsalternativen. Im besten Fall führt das neue Verhalten zu einer positiven Erfahrung, die vorherige Erwartungen übertrifft.[433]

Durch ökologisches Handeln positive Erfahrungen zu machen kann dieses im Sinne erlebter Selbstwirksamkeit durchaus positiv verstärken. Aber wenn Gewohnheiten erst beispielsweise durch Sperrung von Straßen geändert werden können, was in diesem Büchlein zuvor als Alltagsbeispiel aufgeführt wurde (siehe auch schon oben bei Preuss), oder erst durch kritische Lebensereignisse, dann deutet auch dies darauf hin, dass die ökologischen Grenzen unserer Lebensstile wohl erst erfahrbarer sein müssen, um zu einer relevanten Verhaltensänderung zu führen.

Dies zu wissen und gleichzeitig auszuhalten, weist auf andere psychologische Notwendigkeiten hin, die von der Tiefenökologie aufgegriffen wurden und bei den eigenen Wegen in der Krise noch angesprochen werden (bei Sigrun Preuss deuten sie sich ebenso an). Und natürlich stellt sich langsam die Frage, was denn der allzu kritische (und vielleicht allzu pessimistische?) Autor dieses Buches denn selbst vorzuschlagen hat.

Bevor wir dazu kommen, soll ein letzter psychologischer Strang diskutiert werden. Wenn wir mit einer ökologischen Psychotherapie des Einzelnen derzeit schon nicht oder nur wenig weiterkommen, weil die Therapeuten selbst noch therapiert und Konzepte dafür ausgefeilt werden müssten, an all dem jedoch die Fachrichtung bisher wenig Interesse zeigt, bliebe für die im Grunde nötige »Anwendung psychologisch fundierter Maßnahmen bei der Mehrheit der Bewohner der frühindustrialisierten Länder« wohl nur der Weg in die Öffentlichkeit und Politik.

Wenn Psychologie politisch wird

Bisher haben sich die Lebenswissenschaften aus der öffentlichen Diskussion der Umweltkrise (wie auch etlicher anderer Krisen) weitgehend herausgehalten, und werden auch gerne ignoriert. Das erstaunt insofern, da unser Verhalten ja wesentlich von psychischen Antrieben gesteuert wird, die zumeist nicht bewusst sind. Ob man da etwa die narzißtisch-destruktiven Persönlichkeiten eines Assad, Erdogan, Putin oder Trump betrachtet oder die Wirkung von Optimismus oder Pessimismus an den Börsen – zumeist sind psychologische Faktoren bestimmend dafür, in welche Richtung die Dinge sich entwickeln. Wenn für die Entwicklung von Empathie und stabiler Persönlichkeit, wie dargestellt, nicht nur die eigenen Umgebungsbedingungen von Bedeutung sind, sondern auch die sozialen, politischen, ökonomischen und ökologischen Begleitumstände, wäre eine politische Einmischung der Psychodisziplinen umso nötiger. Aber im Bundestag sitzen gerade einmal elf Vertreter »medizinisch bzw. heilkundlicher Berufe« (dafür aber 70 Verwaltungsbeamte und -angestellte).[434]

Eine gesellschaftliche Transformation entlang eines Nachhaltigkeitspfades werde es ohne Berücksichtigung der Psychologie und der Lebenswissenschaften nicht geben, meint der Psychiater Stefan Brunnhuber, Mitglied des Club of Rome. Auch er kommt zu dem Schluss, dass nachhaltige Veränderungen kein kognitives, sondern ein motivationales Phänomen seien. Und er weist ebenso darauf hin, dass wir uns zumindest dann ändern, wenn es beginnt wehzutun, aber es tue noch nicht hinreichend weh:

> Denn erst wenn wir das unerträgliche Leid, das über eine Milliarde Menschen tagtäglich in absoluter Armut ertragen müssen, die schreiende Ungerechtigkeit in den Wohlstandsunterschieden, den Schwund an Artenvielfalt und ökologischen Habitaten oder auch die globale Erwärmung als einen Anteil unseres eigenen Selbst und unserer Lebensentwürfe erleben, sind die emotionalen Voraussetzungen für eine Verhaltensänderung innerhalb eines grünen Dilemmas gegeben. Das ist zweifellos anspruchsvoll, aber nicht unmöglich.[435]

Er schlägt eine *«Transformationspyramide«* vor, die sieben Schritte von sensomotorischen Lernerfahrungen unter anderem über kritische Ich-Funktionen, später über Achtsamkeit und Transzendenz sowie Primärmotive und postkonventionelle Affekte bis hin dann zu den nötigen Lebensstilmodifikationen beinhaltet. Was meint er mit dieser Motiv- und Affektunterscheidung?

Als Primärmotive nennt er etwa Bindung, Neugier, Gerechtigkeit, Selbstinteresse, soziale Anerkennung und Autonomie, Wohlbefinden und Verzicht, Revierverhalten und Kooperation. Für sie sei ein starker genetischer Anteil anzunehmen. Seien sie bedroht (entsprechend der oben schon diskutierten ungünstigen Bedingungen), würden die Beteiligten suboptimale, ineffiziente, psychopathologisch auffällige und aggressive Reaktionsformen entwickeln. Postkonventionelle Affekte wie Demut, Würde, Vergebung und unterscheidende Weisheit wiederum könnten eher aus der Entwicklungsdynamik der Person entstehen. Erst wenn, neben weiteren Voraussetzungen, diese Affekte dauerhaft zugänglich seien, könne es zu Lebensstilmodifikationen kommen.

Daher fordert er schon im Vorwort, dass nicht die Technologie, nicht ein zusätzliches Wirtschaftswachstum, sondern die Änderung unseres Bewusstseinsschwerpunktes den Ausschlag geben würde. Statt einer großen Revolution werde die gesellschaftliche Transformation aus vielen kleinen evolutionären Schritten bestehen. Insgesamt, und hier kommen wir dann auch zu einer Verbindung zur Politik, sieht er vier gleichwertige Perspektiven eines Nachhaltigkeitspfades:

- Kohlenstoffarme Technologien,
- Qualifiziertes Wachstum,
- Aktive Bevölkerungspolitik
- sowie einen veränderten Bewusstseinsschwerpunkt.

Daraus ergebe sich eine weitere Schlussfolgerung: soziale Bewegungen wie Carsharing, Ehrenamt, Zeitkonten, Verleihstationen, Reparaturkultur, eingeschränkter Fleischkonsum, Genossenschaften, Komplementärwährungen, Re-Regionalisierung, Common Gardening, Kreislaufwirtschaften mit Leasing und Service, Re-Use, Recycling, Entspezialisierung der Arbeitswelt (Reskilling) sowie Slow City und Slow Food seien keine

Anomalien, keine Fehler im System oder krankhafte Entwicklungen. Sie seien vielmehr sozialpsychologische Praktiken, die die kommende gesellschaftliche Entwicklung vorwegnehmen würden.

Gut, dass in diesem langen Satz nochmals viele Vorschläge enthalten sind, die positive Möglichkeiten aufzeigen. Sie haben viel mit den schon skizzierten Postwachstumsszenarien zu tun. Aber es wird ebenso betont, dass es um kommende Entwicklungen geht, weniger um ein mehr oder weniger schnelles Abwenden der Situation, in die wir schon geraten sind. Denn deutlich wird auch, dass das alles viel Zeit benötigt, wird doch wiederum auch hier nicht weniger als eine ganz erhebliche qualitative Weiterentwicklung menschlicher Eigenschaften und Fähigkeiten gefordert, die zwar möglich ist, weil nicht alles genetisch oder im Hirn von vornherein festgelegt ist, sondern vieles durch wiederum passende und gute Bedingungen beeinflussbar ist, die aber gerade angesichts der sich nicht zum Guten entwickelnden Bedingungen nicht sehr wahrscheinlich ist. Eine »aufscheinende Weisheit«, wie sie der Psychiatrieethiker Hermes Andreas Kick zu erkennen glaubt,[436] zeigt sich daher bei der Zielgruppe der nun mehrfach erwähnten Bewohner der frühindustrialisierten Länder bisher kaum.

Deutlicher in der Öffentlichkeit positioniert sich der schon mehrfach zitierte Sozialpsychologe Harald Welzer, von dem häufig Essays in großen Tages- und Wochenzeitungen zu lesen sind und dessen Bücher, die häufig auch keine euphorische Stimmung erzeugen, durchaus hohe Verkaufszahlen erreichen. Durch griffige Formulierungen, zuspitzende Analysen und Polemik ist es ihm gelungen, entsprechende Aufmerksamkeit auf sich und auch manche psychologische Positionen zu ziehen. Auch stellt er gesellschaftliche Bezüge her, etwa wenn er vom »Ende der Welt, wie wir sie kannten«[437] oder von »Konsumtotalitarismus«[438] spricht. Und schließlich fordert er eine »Politik der Zukunftsfähigkeit« wiederum vor dem Hintergrund, dass man ohne tiefgreifenden Wandel von Wirtschafts- und Lebensweise nicht durch das 21. Jahrhundert kommen werde, ja nicht einmal eine »Energiewende« (im Original in Anführungszeichen gesetzt) hinkriege:

> Die Zukunft ist unter der Diktatur der Gegenwart abhandengekommen. Denn wofür eigentlich ›der Euro gerettet‹ werden

> soll oder weshalb alle paar Tage eine neue Generation Handys oder Flachbildschirme, Elektrofahrräder oder Kühlschränke in die Läden kommen muss, oder wieso man jede Überlebensrationalität einem Wachstumsfetischismus des Augenblicks opfert – darauf gibt es keine Antwort. Eine diktatorische Gegenwart erfordert aber auch gar keine Legitimation – ihre jeweils aktuellen Not- und Bedürfnislagen liefern Frage und Antwort zugleich. Es geht um die schiere phantasiefreie Erhaltung eines Status quo, der seine Existenzberechtigung schon dadurch zu erweisen scheint, dass er eben da ist und eine Welt des ›Alles Immer‹ vorhält, in der selbst noch Empfänger staatlicher Unterstützung genug bekommen, um als Käufer sinnloser Dinge auftreten zu können.[439]

Konkrete politische Antworten gibt er jedoch nicht (auch in seinem sehr lesenswerten Buch über die »smarte Diktatur« der digitalen Welt[440] leider nicht, hier werden vielmehr über eine gesunde Polemik hinaus in teilweise deftigen Formulierungen fast schon Frust und Verbitterung spürbar). Vielmehr fällt bei ihm und anderen auf, dass fast schon hilflos Revolution (Hartmut Rosa) sowie Protest und Widerstand (Harald Welzer) propagiert werden, ähnlich der Schrift »Empört euch« des ehemaligen französischen Widerstandskämpfers und UN-Diplomaten Stéphane Hessel.[441] Wut und Ratlosigkeit können zu diesem Schluss führen, und innerer Widerstand gegen unsere Lebensweise aufgrund deren erkennbarer Folgen tut Not, auch wenn ein richtiges Leben im Falschen schwierig ist. Ebenso wäre es sinnvoll, nach außen öffentlich gegen die entscheidungsträgen Entscheidungsträger zu demonstrieren, aber letztlich müssten wir auch gegen uns selbst protestieren, die wir bisher selbst kaum bereit sind, eine stressende Bequemlichkeit gegen ein entspannendes Weniger einzutauschen.

Vielleicht kann es jedoch diese konkreten (und gewünscht einfachen) Antworten angesichts der komplexen Ausgangssituation gar nicht geben. In seinem Projekt Futurzwei und den dazu veröffentlichten Bänden sammelt Welzer jedoch Gegenentwürfe und Initiativen, die im Sinne eines Experimentierens mit einer anderen Wirklichkeit schon heute neue Lebens- und Wirtschaftsstile praktizieren. Dabei, so Welzer, zeichnet sich in Umrissen ab, wie die Kultivierung des erreichten zivilisatorischen Standards bei radikal gesenktem Ressourcenverbrauch aussehen könnte. Denn eine solche lernende Gesellschaft werde auch eine andere Vorstellung davon entwickeln müssen, was Lernen im 21. Jahrhundert sein könne. In einer Zeit, in der kein Rezeptwissen für die Wiederherstellung von Zukunftsfähigkeit vorhanden ist, gebe es auch keinen Anlass mehr für Belehrung. Vom Standpunkt künftiger Überlebenstechniken und dazugehörender Wissensbestände habe ein Bauer aus Bangladesch möglicherweise einiges mehr zu bieten als ein Banker aus Frankfurt.

Wiederbelebung einer intuitiven Beziehung

Wir haben nun gesehen: einfache psychologische Rezepte für die Ökokrise gibt es nicht, so sinnvoll neben der Seelenpflege auch die Weltpflege wäre. So bleibt auch mir nichts anderes übrig, im Konjunktiv einen möglichen Weg aus der Krise zu skizzieren, der manches schon Gesagte aufgreift, und ebenso fraglich bleiben muss. Bevor ich drei wesentliche Punkte einer möglichen ökopsychischen Ausrichtung aufliste, möchte ich gerne eine oben schon kurz erwähnte Studie, publiziert 2011, hier ausführlicher darstellen, die mich in ihrer Schlüssigkeit nachhaltig (!) beeindruckt hat.[442]

Für diese kanadische Studie durften 150 Studenten nach zufälliger Aufteilung einen Weg außerhalb des Universitätsgeländes zu einem vereinbarten Ziel gehen oder in derselben Zeit durch Gebäude und Tunnels auf dem Gelände selbst. Beide Wege beanspruchten je etwa 17 Minuten, es regnete nicht, und es herrschten Herbsttemperaturen von 2,5 bis 17 Grad. In beiden Gruppen durfte jeweils ein Teil der Teilnehmer vorher einschätzen, welche Gefühle der jeweilige Weg wohl auslösen würde, die anderen hatten ihre tatsächlich entstandenen Emotionen am Ende des Marsches anzugeben.

Es zeigte sich, dass diejenigen, die außen gingen und am Ziel befragt wurden, signifikant entspannter und deutlich besserer Stimmung waren als die Teilnehmer, die den Weg »indoor« hinter sich hatten. Die Studenten jedoch, die schon vor dem Marsch ihre Gefühle antizipieren sollten, unterschätzten die positiven Effekte des Aufenthaltes im Freien, während der Gang durch die Gebäude emotional eher überbewertet wurde. Unter Verwendung eines standardisierten Fragebogens stellte sich weiter heraus, dass die persönliche Verbundenheit mit der Umwelt bei den Frischluft-Gehern größer war als bei den Tunnel-Nutzern. Dieser Effekt wiederum war eng verknüpft mit den guten Gefühlen, die draußen entstanden waren.

Wenn man also mit gutem Grund davon ausgehen kann, dass die Vorannahme von Gefühlen, die durch eine Handlung entstehen könnten, die Wahl der Handlung selbst wesentlich beeinflusst, so führt dies den Studienautoren nach zu der Schlussfolgerung, dass viele Menschen es versäumen, mehr Zeit in der Natur zu verbringen, weil sie vorher gar nicht annehmen, dass es ihnen gut dabei gehen könnte. So entgeht ihnen eine einfache Möglichkeit, sich besser zu fühlen und der Natur verbunden zu sein. Dieses Konstrukt der Naturverbundenheit ist jedoch, wie andere Studien schon gezeigt hatten,[443] eng verknüpft mit umweltgerechten Einstellungen und entsprechendem Verhalten.

Nun gut, ein Spaziergang von einer Viertelstunde rettet nicht die Welt, das räumen auch die Autoren der Studie ein. Aber ihre Ergebnisse zeigen ihrer Ansicht nach einen positiv getönten Weg zu Nachhaltigkeit auf, der eher vermittelbar ist als all die vielfältigen Katastrophenszenarien von Klimawandel und Luftverschmutzung, die den Einzelnen eher rat- und hilflos machen und dabei vielmehr lähmen als aktivieren. Bewegung im Grünen könnte somit beiden helfen: Mensch und Umwelt.

Ein praktisches Anschauungsbeispiel für das Ergebnis dieser Untersuchung (und für die auch bei Therapeuten bestehende Naturentfremdung) ergab sich für mich kürzlich auf dem Weg zum Veranstaltungsort einer großen psychotherapeutischen Tagung. Der zehnminütige Fußweg vom S-Bahnhof dorthin führt auf Bürgersteigen an teils lebhaft befahrenen Straßen entlang, schon nach etwa 200 Metern weist jedoch ein Schild mit Angabe des Zielpunktes nach links auf einen Schotterweg, dieser hinter einen Bahndamm in einen Wald führend. Es war Herbst, ein sonniger Morgen, der Boden weitgehend trocken, und die bunten Blätter der zahlreichen Laubbäume jenseits des Bahndammes leuchteten herüber. In der Vorwegannahme eines guten Gefühls auf einem ruhigen Weg im Wald nahm ich dieses Alternativangebot gerne an, blickte aber neugierig vor einer Kurve auf den Bürgersteig zurück. Ich zählte 17 Personen, alle offensichtlich auf dem Weg zum Kongress, die, ohne Notiz vom Schild oder dem Parallelweg zu nehmen, dem vorgebahnten Asphalt folgten. Wie sie sich gefühlt haben dabei, blieb mir natürlich unbekannt (ich selbst kam beschwingt am Tagungsort an, was natürlich auch meinem inneren Stolz geschuldet war). Intuitiv zu spüren, dass ein naturnäherer Weg das Wohlbefinden steigern könnte, fällt aber offenbar schwer.

Während ich dann den Vorträgen zum passenden Thema »Beziehung und Beziehungsgestaltung«[444] lauschte, kam es mir, wie wichtig es wäre, diese Thematik genau auf unsere Beziehung zur Natur anzuwenden. Von der aber war bei der Tagung keine Rede. Trotzdem lassen sich wohl dargestellte Beziehungs- und Wirksamkeitsfaktoren darauf übertragen.

Zur Beziehungsgestaltung im therapeutischen Kontext folgte ein Vortrag des Neurobiologen Gerhard Roth über die Wirksamkeit von Psychotherapie aus Sicht der Hirnforschung. Es würde zu weit führen, hier nun zu sehr auf Einzelheiten einzugehen. Deutlich wurde aber auch hier (wie auch bei einem weiteren Vortrag des Psychoanalytikers Michael Ermann), dass Emotionen wichtiger sind als Einsicht und Deutung. Die verhaltenstherapeutische Annahme, dass sich etwa allein durch kognitive Umstrukturierung, also durch eine bewusste Änderung von Fehleinschätzungen und verzerrenden Gedanken, eine Besserung des psychischen Befindens erreichen lässt, hat sich dabei nicht bestätigen lassen. Sie ließ sich nicht mit neurobiologischen Veränderungen in Übereinstimmung bringen. Entsprechende Bahnen von kognitiven Hirnzentren zu emotionalen Bereichen sind demnach kaum gegeben, andersherum aber eher. Dies entspricht letztlich auch der Alltagserkenntnis, dass unser Denken (also unsere Kognition) wesentlich von Gefühlen und Motiven beeinflusst wird, andersherum aber die Ratio kaum Angst oder Depression anhaltend lindern kann (dies ist als Tendenz zu sehen, denn ganz so einseitig ist es natürlich nicht; Gedanken können durchaus Gefühle beeinflussen oder eng mit ihnen verwoben sein, bei so manch sorgenvollem Grübeln etwa).

Wichtig erscheinen aber auch aus neurobiologischer Sicht die Kindheits- und Jugendjahre, da hier wesentliche Voraussetzungen für die Entwicklung eines adäquaten Stressverarbeitungs- und Beruhigungssystems sowie eines adäquaten Bindungssystems mit Empathiefähigkeit geschaffen werden. Daher, so Roth, ist in einer ersten Therapiephase die

Entwicklung einer guten Beziehung zwischen Therapeut und Patient erforderlich, damit ein gutes Bindungs- und Vertrauensverhältnis entstehen kann. Um aber alte eingeschliffene Muster und Gewohnheiten zu ändern, die sich auch neurobiologisch in strukturellen Defiziten zeigen (betreffend z. B. die Verteilung, Dichte und Empfindlichkeit von Cortisol- und Serotoninrezeptoren in den limbischen Zentren sowie ein Ungleichgewicht zwischen den Zentren) und sehr häufig zu Rückfällen etwa bei Depressionen führen, ist im weiteren Verlauf der Psychotherapie das Aufspüren von Ressourcen und Einüben alternativer Schemata im Fühlen, Denken und Handeln von Bedeutung. Gerade dieses Eintrainieren neuer Gewohnheiten aber ist häufig mühsam.

All diese wissenschaftlichen Erkenntnisse aufgreifend meine ich mit Blick auf die angesprochene Beziehung zur Natur, dass drei Faktoren wesentlich sind, will man der ökologischen Krise entscheidend begegnen:

- der Aufbau (oder die Stärkung) einer Beziehung zur Natur,
- die Förderung der Wahrnehmung von Emotionen beim Aufenthalt in ihr oder auch beim Erkennen sie schädigender Faktoren
- sowie ein ressourcenorientiertes Einüben neuer Lebensstile.

Alle drei Punkte sind nicht gerade originell neu und wurden teilweise in den vorherigen Konzepten schon angesprochen. Gerade der Aspekt, dass das Antizipieren eines guten Gefühls beim Aufenthalt in der Natur wesentlich dafür sein dürfte, einen solchen auch öfter bewusst anzusteuern und dadurch Beziehung zu ihr aufzubauen, scheint mir wichtig zu sein. Denn erst der Aufbau einer solchen Beziehung kann ihren Wert und daher die Notwendigkeit der Bewahrung der (Rest-)Natur deutlich machen. Oft geforderte Empathie und Kooperation dürfen sich daher nicht alleine auf andere Menschen beziehen, sondern sind mindestens genauso auf unsere natürlichen Lebensgrundlagen auszurichten.

Gegenwärtig aber stellt Natur allenfalls den »ruhenden Hintergrund für menschliche Operationen« dar und wird »als Ressourcen-Lager und als universale Deponie«[445] aufgefasst. Wenn dabei die Menschen immer mehr in Städte ziehen, selbst für kurze Strecken Autos verwenden und Naturflächen generell und auch in Städten immer weniger werden, kommen uns zunehmend die Möglichkeiten abhanden, gute Gefühle beim

Aufenthalt in der Natur wahrzunehmen, geschweige denn gedanklich schon vorwegzunehmen. Natürlich wissen wir intuitiv, dass uns ein Urlaub am Meer und in den Bergen gut tun wird, deshalb sind uns diese Zeiten auch so wichtig. Aber haben wir wirklich Kontakt mit unserer Lebensumgebung aufgenommen, wenn wir Hunderte von Kilometern lang auf Asphalt dem idealisierten Ziel entgegenfahren, dort auf Tausende von Menschen mit dem gleichen Ziel treffend? Hören wir noch Geräusche in der Natur, spüren wir noch unterschiedliche Bodenbeschaffenheiten unter unseren Füßen und riechen wir noch die vielfältigen Geruchsqualitäten, die Wald und Flora bieten? Oder geht das unter in der Musikbeschallung der bewirtschafteten Almhütte, der Animation am Meeresstrand oder dem lauten Gedröhn der Urlaubsdisco? Zur Empathie mit der Natur kommt es so sicher nicht. Ein Buch zu Tiefenökologie beginnt mit dieser Geschichte:

> Während eines Seminars zum Thema ›Müll in uns und um uns‹ brach aus einer Teilnehmerin plötzlich der Satz heraus: ›Es braucht nicht mehr Umweltmanagement, sondern mehr Liebe zur Natur!‹[446]

Solche Sichtweisen laufen immer Gefahr, ähnlich wie die schon erwähnte Nächstenliebe belächelt zu werden, da sie doch nur die Natur, die es ja als solche sowieso kaum noch gibt, romantisieren würden. Dieses Lächeln fällt dann auch bei öffentlichen Diskussionen auf, wenn jemand es wagt, darauf aufmerksam zu machen, dass im Gelände eines geplanten Gewerbegebietes seltene Fledermausarten zu finden sind. Derlei abschätzige Reaktionen zeigen jedoch, dass bei vielen Menschen die Beziehung zu den Lebensgrundlagen im Sinne der schon diskutierten »Naturdefizitstörung« deutlich geschwunden ist. Alles, was man braucht, ist in Supermärkten zu haben, das Benzin kommt von der Tankstelle, und mit dem Auto lassen sich Einkäufe und die Wege in die Natur problemlos bewältigen.

Typisches Beispiel unserer Freizeitnutzung von Natur ist etwa ein stark frequentierter Badesee in der Sommerzeit, während die Wege um das hinter der nächsten Brücke liegende Biotop leer bleiben und somit die Chance zur Beobachtung von Fröschen, Molchen oder anderen

Kleintieren ungenutzt bleibt.[447] Die geforderte Beziehung zur Natur zu entwickeln muss aber nicht zwangsläufig bedeuten, jetzt noch mehr Urlaube in den Bergen oder am Meer zu verbringen oder nur die blühende Blumenwiese im Garten zu bewundern. Gerade der Alltag bietet vielfältige Chancen zur Herstellung eines Bezugs, sei es etwa indem Füße und Fahrrad statt dem Auto verwendet werden, indem selbst bei Regen ein Spaziergang gewagt und dann durchaus positiv erlebt werden kann, oder indem Gartenarbeit (die auch auf dem Balkon möglich ist) eingesetzt wird und dabei wieder ein Gefühl für Erde und »gesunden Dreck»« entstehen kann. Ich erinnere mich gerne an einen 50-jährigen Patienten, der mir freudestrahlend eine große Zucchini aus seinem Schrebergarten mitbrachte und von dem Frosch am kleinen Teich berichtete, den er länger beobachtet hatte.

Was nämlich gerne übersehen und höchstens unbewusst bei der Suche nach Erholung im Grünen umgesetzt wird, ist die Tatsache, dass Natur auch einen heilenden Effekt hat.[448] So ist bekannt, dass bei einem hohen Anteil an Grünflächen um den Wohnsitz schwerwiegende Lebensereignisse weniger belastend sind und das psychische Befinden als besser eingeschätzt wird. Auch treten Ängste und Depressionen seltener auf. Weiter fördern Spiel und Bewegung im Freien bei Kindern motorische, sprachliche und mathematische Fertigkeiten sowie die Konzentration und die Leistungsfähigkeit, gerade das unorganisierte Spiel in der Natur scheint hier sogar einen Vorteil gegenüber organisiertem Sport im Verein zu haben.

Allein der Blick aus dem Krankenhausfenster ins Grüne hilft, Schmerzmittel einzusparen, und ermöglicht eine frühere Entlassung verglichen mit dem Blick auf eine Backsteinwand, wie bereits Studien der 1980er-Jahre ergaben. Jogger, die in natürlichen Landschaften laufen, fühlen sich erholter, weniger ängstlich, aggressiv oder depressiv als Menschen, welche die gleiche Menge Kalorien in Fitnessstudios oder anderen Innenräumen verbrennen. Ängstlichkeit und schwere Depressionen mögen allerdings viele Betroffene davon abhalten, nach außen zu gehen. Offenbar ist aber viel Grün in der Umgebung allein schon vor dem Fenster positiv wirksam, ähnlich dem Blick aus dem Krankenhausfenster.

Bereits Licht, insbesondere am Vormittag, verhilft zu Beruhigung und besserem Schlaf, weshalb auch Lichttherapie eingesetzt wird, ein Hinausgehen dafür aber schon genügen würde. Zudem wurde festgestellt, dass eine halbe Stunde Ausdauersport dreimal wöchentlich ähnlich wirksam ist wie eine Tablette gegen Depressionen (was aber wohl nur, aber immerhin, bei leichten bis mittleren Depressionen eine Relevanz hat, denn mit schweren Antriebsproblemen ist kaum jemand zum Joggen zu bewegen). Daher empfehle ich gerne als Strategien zur Befindlichkeitsverbesserung oder gar als zusätzliche »Antidepressiva« drei normalerweise stets verfügbare Faktoren, nämlich Licht, Bewegung und diese dann im Grünen.

Eine *Beziehung zur Natur* erscheint zunächst einfach herzustellen zu sein. Der Tatsache, dass Eisbären und Zebras sowie verbleibende Felder geschützt und nur wenig Chemie in der Landwirtschaft eingesetzt werden sollen sowie die nächste Samstagswanderung in den Bergen sicher schön wird, können die meisten Menschen zustimmen, auch wenn damit noch keine tiefere Beziehung zur Natur aufgebaut ist. Dazu würde dann aber auch gehören, die Umwelt nicht nur als Objekt zu betrachten, weder beim Urlaub noch in der Wissenschaft. Es hilft uns nicht, alle Tier- und Pflanzenarten auf der Welt gezählt und aufgelistet zu haben, wenn wir sie dann eh nur vernichten. Normalerweise stelle ich auch keine Kosten-Nutzen-Rechnung an, bevor ich eine Partnerschaft eingehe oder ein Kind bekomme. Genau das passiert aber, wenn offenbar erst alle ökologischen Zusammenhänge erforscht und den Dienstleistungen der Natur ein finanzieller Wert gegeben werden sollen, um sie dann vielleicht schützen zu können. Intuitiv weiß ich, dass mir Kontakte und Beziehung gut tun, dafür brauche ich keine Wissenschaft. Wir werden nicht mit den Methoden, die uns in die heutige Situation gebracht haben, selbige bewältigen können, ähnlich hatte dies Albert Einstein schon formuliert.[449] Insofern ist tatsächlich mehr »Liebe« zur Umwelt als ihr Management gefragt. Nachhaltigkeit wird gerne auf Ökonomie, Ökologie und Soziales bezogen. Die Natur, die die Lebensgrundlagen stellt, sollte dabei aber an erster Stelle stehen.

Etwas schwieriger wird es dann schon beim Empfinden oder gar Äußern von *intensiven Emotionen*. Das wurde in der Erziehung nicht immer gefördert und ist in der heutigen rationalen und rationalisierten Arbeits- und Freizeitwelt meist nicht gewünscht, sondern führt eher zu Konflikten im Sinne von: »nun sei doch nicht wieder so emotional!«

Vielmehr sind Fitness und Funktionieren gefragt, und wenn überhaupt, dann nur positive Emotionen, weil diese wieder mentales Befinden und Alltagsbewältigung potenziell verbessern. Dass auch Gefühle wie Angst, Furcht, Trauer, Wut und Aggression im Menschen angelegt sind, geht dabei unter. Dabei könnte gerade das intensive Empfinden von Trauer oder Wut beim Anblick dieser Welt die Beziehung zu dieser vertiefen und ein Handeln eher ermöglichen. Dies gilt genauso für positive Gefühle wie Freude, Rührung, Demut und Dankbarkeit, etwa beim Aufenthalt in der Natur.

Der schwierigste Faktor an meinem wie an den vorherigen Konzepten scheint mir aber das *Einüben und Trainieren neuer Verhaltensmuster* zu sein, dessen Wirksamkeit sich jedoch wie dargestellt auch neurobiologisch zeigt. Denn es leuchtet ein: alles, was anders oder gar neu ist, will geübt werden, damit es in Fleisch und Blut übergeht, das gilt für ein Instrument oder den Führerschein genauso wie für nachhaltiges Einkaufen und Leben. Gerade hier sind aber so viele Dinge zu bedenken, die uns immer wieder zu überfordern drohen. Um im Bild zu bleiben: hier sind ganz viele Instrumente gleichzeitig neu zu lernen. So müsste etwa auf ein eigenes Auto und Flugreisen verzichtet und am Carsharing teilgenommen werden, die Ernährung auf möglichst fleischlos und regional-biologisch umgestellt werden, auch müssten sämtliche Möglichkeiten zum Energiesparen konsequenter genützt werden, um nur drei Beispiele zu nennen. Dieses Einüben mag dann noch schwerer fallen, wenn der Erfolg nicht garantiert ist, sei es, weil sich keine weiteren Orchestermitglieder finden, also Nachbarn oder andere Nationen nicht mitziehen wollen, oder weil selbst trotz hartnäckigem Übens sich kein guter Klang einstellen will, also trotz vielfältiger Lebensstilumstellung der ökologische Fußabdruck sich bei weitem nicht so senken lässt wie eigentlich notwendig (wie ich ja selbst bemerkt habe). Das schon erwähnte ökologische Durchhaltevermögen ist somit schwer. Einzig vielleicht eine psychische Wirksamkeit im Sinne von Stressreduktion und Entspannung durch Verzicht auf Unnötiges mag das versuchte ökologisch korrekte Handeln positiv verstärken. Allerdings lehnen viele Menschen einen solchen Zusammenhang für sich ab, wie schon erwähnt, und nachhaltige Lebensweisen können selbst wiederum bei all dem zu Bedenkenden und mehr selbst zu Tuendem phasenweise als stressig empfunden werden.

Grundsätzlich aber können wir Behandler im Rahmen stressbewältigender Ansätze, die wir (aber auch z. B. Hausärzte) in vielen kurzen Dialogen in unserer Praxis ebenso wie in der Psychotherapie tagtäglich anwenden, durchaus den Materialismus der heutigen Zeit in Frage stellen und stattdessen Selbstbewusstsein und Autonomie dahingehend fördern, dass hierfür nicht Konsum und Statusdenken ausschlaggebend sein müssen, sondern auch einmal gegen den Strom geschwommen werden darf. Dies muss nicht direktiv oder manipulativ geschehen, sondern kann durch offene Fragen, das Aufzeigen von Widersprüchen oder das Aufgreifen geschilderter oder aktueller Erfahrungen hilfreich sein. Allein die Thematisierung des entstehenden Drucks durch das während des Gesprächs klingelnde Smartphone könnte dafür ein Aufhänger sein.

Im Sinne einer Förderung bestehender Fähigkeiten und Ressourcen ist beim Erleben des Patienten und schon vorhandenen Erfahrungen anzusetzen. Viele Patienten haben selbst schon bemerkt, wie gut es tut, im Zustand der Ruhe und Entspannung, bei ausgeschaltetem Smartphone, beim Aufenthalt im Grünen oder auch im guten Gespräch mit Freunden und Familie sich nicht permanent mit zu vielen Angelegenheiten und Problemen beschäftigen zu müssen. Urlaub auf einer Berghütte etwa kann sehr erholsam sein, wenn man plötzlich merkt, dass für gutes Befinden nicht viel Materielles gebraucht wird und die spartanische Einrichtung völlig ausreicht. Heimweh nach dem Haushalt mit seinen vielen zu versorgenden Gegenständen, nach verpassten Filmen und ungelesenen Mails tritt dabei kaum auf. Dies lässt sich auch in der Beratung und Therapie gerade von Erschöpfungs- und Überforderungssyndromen aufgreifen mit der Suche von Wegen, diese Erfahrungen im Alltag umzusetzen.

Empfehlen kann man zudem, sich Gleichgesinnte zu suchen und gemeinsam neue Lebensstile einzuüben. Vielleicht sollten Konzepte ausgearbeitet werden, die ähnlich wie das oben erwähnte MBSR (Stressreduktion durch Achtsamkeit) an regelmäßigen Treffen (bei MBSR sind es acht Abende und ein Wochenendtag) einen Austausch über mögliche Verhaltensänderungen vor Ort und schon erzielte Erfolge beinhalten, verbunden mit theoretischen Aspekten, aber auch der Erfahrung eines positiven Gemeinschaftsgefühls in einer überschaubaren Gruppe. Dabei könnten ebenso gemeinsame Ausflüge in die Natur durchgeführt werden, etwa auch mit Anwendung entsprechender Achtsamkeitsübungen, wie sie ja publiziert sind. Die Gruppen sollten dann aber, ggf. auch psychologisch geleitet, die entsprechenden Emotionen aufgreifen, die im Alltag aktuell bei jedem im Vordergrund stehen, aber auch beim Anblick der Welt auftauchen. Gruppenprogramme sind ja nichts Ungewöhnliches, Selbsthilfegruppen wie auch Gruppentherapien sind seit Jahrzehnten etabliert. Von deren Strategien ließe sich sicher auch für solche »SNBSR (Sustainability and Nature Based Stress reduction)«-Gruppen (oder wie immer man sie auch nennen will[450]) einiges lernen.

Aber ein solches Vorgehen, das zudem wohl nur einen kleinen Teil der Bevölkerung in nur wenigen Ländern ansprechen würde, erfordert langwierige Prozesse. Zunehmend ist aber schnelles Handeln gefragt. Es bliebe wieder nur die Perspektive des Eintrainierens von veränderten Lebensstilen für eine erst noch kommende Zeit sich weiter (schleichend) verändernder Lebensbedingungen. Aber es stellt sich zugespitzt schon die Frage, wie sich weltweit die Einführung eines Lern- und Übungsprogramms zur Absolvierung des Führerscheins (und dadurch dann offiziell erlaubter Umweltschädigung) durchsetzen konnte, und ob ähnliches nicht auch für die noch viel komplexeren Handlungsanforderungen zur Bewahrung der Umwelt möglich und nötig wäre (aber ein Auto ist konkret nützlich, bequem und macht Spaß; all das fehlt den bisherigen Nachhaltigkeitskonzepten noch. Wenn eine Nachhaltigkeits-App einen ähnlichen Hype erzeugen könnte wie Pokémon Go, wäre viel gewonnen!).

Was also könnten Psychotherapeuten nun tun? Es sei zumindest kurz zusammengefasst. Zunächst also könnten sie

- sich selbst der Situation stellen und ihre Gefühle dazu wahrnehmen sowie die eigene Beziehung zur Natur intensivieren (Selbsterfahrung),
- dann sich ökotherapeutische Kenntnisse im Sinne des oben Genannten aneignen (Weiterbildung),
- womit sie wiederum Gruppen wie die skizzierten zum Einüben der nachhaltigen Lebensstile leiten (Gruppentherapie) oder in gewissen Abständen anleiten, Fortschritte würdigen und etwaige gruppeninterne Schwierigkeiten aufarbeiten helfen könnten (Supervision). Denn es zeigt sich, dass es auch in engagierten Gruppen typische zwischenmenschliche Phänomene gibt, die neben dem guten Gefühl des gleichen Interesses eben auch offene oder verdeckte Konflikte umfassen

können, oder auch bei Gruppenmitgliedern auftretende Gefühle, übergangen oder bevormundet zu werden.
- Im Einzelkontakt ist daher auch die Förderung von Empathie, Neugier, Offenheit, Konfliktfähigkeit, Ausdauer und Frustrationsvermögen sowie des Aushaltens von Widersprüchen sinnvoll, um Hürden auf dem Weg zu nachhaltigen Lebensstilen bewältigen zu können (Einzelberatung und -therapie).
- Schließlich sollten sich gerade auch Psychotherapeuten in der Öffentlichkeit deutlicher bemerkbar machen, schließlich bekommen wir die gesellschaftlichen Veränderungen in unseren Praxen und Kliniken ja mit.

Es wäre also viel möglich, muss aber wohl im unrealistischen Bereich des Möglichen bleiben angesichts der vielen Hindernisse, die dem entgegenstehen. Wenn man so etwas sagt, bekommt man schnell zu hören, dass mit Pessimismus oder gar Fatalismus keine positive Motivation geschaffen werden kann. Das ist richtig, aber sich illusionär etwas vorzumachen hilft auf die Dauer auch nicht weiter; gerade in Beratung und Therapie ist es angeraten, sich offen und ehrlich schwierige Konflikte und Situationen gemeinsam anzuschauen; viele Autoren fordern inzwischen, ebenso ehrlich über die Umweltthemen zu diskutieren. Das aber vermeiden gerade auch unsere Entscheidungsträger in Politik, Wirtschaft und Gesellschaft, die damit ähnlich verleugnend bleiben wie die von ihnen dirigierten Bürger.

* * *

Ökotherapie, Achtsamkeit, Naturbezug herstellen, nachhaltige Lebensstile einüben, die Wahrnehmung dabei auftretender Emotionen fördern – es gäbe von psychiatrischer und psychologischer Seite durchaus Vorschläge, wie der ökologischen Krise begegnet werden könnte. Wenngleich nur wenige Fachleute aus den Psychowissenschaften sich mit der Umweltkrise bisher beschäftigt haben, liegen auch von dieser Seite durchaus fundierte Analysen und Rezepte vor, wenngleich es wie so oft an der Umsetzbarkeit hapert, zumal sich hier gleich zwei in der Gesellschaft zumeist unbeliebte Themen, Öko und Psycho, begegnen. Eine

Ökopsychotherapie der Massen oder auch des Einzelnen erscheint gegenwärtig kaum vorstellbar.

Zunächst nämlich müssten die Therapeuten selbst, die hier auf gleicher Ebene stehen wie andere Bürger, Klienten und Patienten auch, sich entsprechend weiter entwickeln und therapieren. Dafür wäre allerdings eine Öffnung der Psychotherapieschulen für diese Themen notwendig. Der eingangs zitierte James Hillman kritisiert vielmehr die hier häufig bestehende Annahme, dass die äußere Welt tote Materie sei und nur die Innenwelt lebe, weshalb wir in der Therapie oder auch Meditation nur nach innen gehen würden. Und er stellt ketzerische Fragen:

> Könnte es sein, dass das, von dem wir alle am meisten überzeugt sind, dass nämlich die Psychologie das einzig Gute ist, was es in einer scheinheiligen Welt noch gibt, dass dies nicht wahr ist? Dass die Psychologie, die Arbeit an sich selbst, ein Teil der Krankheit wäre, nicht die Heilung? Ich glaube, dass die Therapie einen philosophischen Fehler gemacht hat, der in der Annahme besteht, dass die Erkenntnis dem Handeln vorangeht. Ich glaube nicht, dass dies so ist. Ich glaube, dass die Reflexion immer dem Ereignis nachgeht.[451]

Er stellt somit die oben dargestellte Lehre der Umweltpsychologie, dass dem Bewusstwerden das Handeln folgen könne, in Frage. Wobei das zuletzt dargestellte umweltpsychologische Konzept letztlich dann auch die Bedeutung kritischer Lebensereignisse betont hat. Also scheint doch erst die Krise spürbarer werden zu müssen, bevor Reflexion und Handlungsänderungen einsetzen können. An dieser Stelle könnte einem Zynismus vorgeworfen werden. Das wäre aber ein Missverständnis. Denn diese Schlussfolgerung macht ja gerade bedrückt und traurig und erschwert ein fröhliches »Weiter so!« oder anstrengendes »Nun anders!«

Aller Konjunktiv und die Betonung dessen, was sich ändern müsste, auch in diesem Kapitel, machen somit nur eingeschränkt Sinn, solange keine konkreten Wege dahin erkennbar sind. Die Hoffnung jedenfalls, die Hartmut Rosa in die Psychotherapeuten am Anfang dieses Kapitels gesetzt hat, scheint sich nicht erfüllen zu wollen. Auch die hier aufgezeigten Wege erscheinen mehr als fraglich. Der Neurophilosoph Thomas Metzinger nämlich meint gar, dass nicht mentale Prägungen oder Wertesysteme kausale Hauptfaktoren für die heutige Situation sind, sondern – wie oben schon erwähnt – neuronal in langer evolutionärer Geschichte realisierte Muster, die Tiefenstruktur unseres Geistes sei betroffen.[452]

Nach Betrachtung vorgeschlagener Lösungsmöglichkeiten zur ökologischen Situation, die uns zurück zu uns und unserer psychischen Befindlichkeit geführt haben, ist daher ein Fazit zu ziehen zu den Chancen insgesamt, die globale Umweltkrise mit ihren ökonomischen und sozialen Folgen noch abzuwenden. Es fällt nicht positiv aus. Was umso mehr erfordert, danach eine angemessene Haltung dazu zu entwickeln. Die trotzdem nicht resignativ sein muss.

Die ökologische Krise ist unabwendbar

Die Menschheit rast auf eine unvorstellbare, aber gewisse Katastrophe zu, wenn sie nicht auch das Unvorstellbare bedenkt und daraus die richtigen Konsequenzen zieht.

Martin Urban[453]

Mit Hungersnöten, Revolten, Rohstoff- und Energieknappheit, Artensterben, Dürren und Überschwemmungen, Terror und Flüchtlingsströmen[454] hat die ökologische Krise bereits begonnen. Es handelt sich nicht um ein erst zukünftiges Phänomen. Die Frage ist allerdings, wohin sie noch führen wird. Obwohl der Weltuntergang immer noch nicht eingetroffen ist, lohnt es sich, die Szenarien näher anzusehen, die mit dem letzten Update der »Grenzen des Wachstums« im Jahr 2004 vorgelegt wurden. Sie lesen sich nüchtern, von apokalyptischer Panikmache keine Spur. Auch werden hier nicht – wie oft unterstellt – genaue Prognosen geäußert, sondern nur mögliche Entwicklungen je nach ihrer Wahrscheinlichkeit des Eintretens dargestellt. Etliche Parameter wie Bodenschätze, eventuell getroffene Maßnahmen zur Geburtenkontrolle und gegen Bodenerosion oder mögliche technische Entwicklungen wurden dabei in Computermodellen durchgespielt. Ebenso wurden Rückkoppelungs- und Verstärkungseffekte einberechnet sowie eine zumeist erst verzögert eintretende Wirkung getroffener Maßnahmen.

Am wahrscheinlichsten erscheint heute das erste im Update dargestellte Szenario: hier entwickelt sich die globale Gesellschaft auf gewohnte Weise weiter, ohne größere Abweichungen von der Politik des 20. Jahrhunderts. Die weitere Zunahme von Bevölkerung und Produktion wird schließlich gestoppt, weil nicht erneuerbare Ressourcen immer knapper werden. Um den Ressourcenfluss aufrechtzuerhalten, sind immer größere Investitionen erforderlich (mehr Input für weniger Output im Sinne der schon erörterten Entropie). Diese Investitionen fehlen dann in anderen Sektoren der Wirtschaft, was schließlich dazu führt, dass die Produktion von Industriegütern und Dienstleistungen weiter zurückgeht.

Als Folge werden auch weniger Nahrungsmittel produziert (mit bedingt durch Flächenschwund und die verringerte Bodenfruchtbarkeit bei Übernutzung) und die Gesundheitsdienste reduziert, wodurch die Lebenserwartung sinkt und die durchschnittliche Sterberate steigt. Um das Jahr 2030 erreicht diesem Szenario zufolge die Bevölkerung ihr Maximum und nimmt dann wieder ab. Nach wenigen Jahrzehnten im 21. Jahrhundert kommt das Wirtschaftswachstum plötzlich zum Stillstand und geht relativ abrupt zurück.

Dieses letzte Update aus dem Jahr 2004 ist auch schon nicht mehr ganz aktuell. Zudem ist es, gerade was die Prognose des Bevölkerungswachstums angeht, auch in einigen Punkten anzuzweifeln. Umso aufschlussreicher war es, Dennis Meadows 40 Jahre nach dem ersten Erscheinen des Berichts in München direkt zu erleben.[455] Nüchtern stellte er fest, dass es 1972 zwei offene Wege für die globale Gesellschaft gegeben habe, nämlich den der Nachhaltigkeit oder den des »Overshoot«. Gewählt hätten wir den letzteren, weshalb die alte Definition einer nachhaltigen Entwicklung jetzt nicht mehr brauchbar sei. Mit etlichen Grafiken zeigte er die exponentiell weiter nach oben gehenden Entwicklungen bei Bevölkerungswachstum, Materialgebrauch, globalem ökologischen Fußabdruck oder auch hinsichtlich der seit 1900 berichteten »Natur«katastrophen (Anführungszeichen so von Meadows gesetzt).

Gemeinhin werde angenommen, spitzte Meadows zu, dass Nachhaltigkeit erreicht werden könne, indem die Reichen behalten könnten, was sie hätten, oder sogar noch mehr bekommen könnten, während die Armen den Level der Reichen erreichen würden; dies könnte, so eine weitere trügerische Annahme, durch unser bestehendes politisches und ökonomisches System erreicht werden, aber mit Entkopplung des Wachstums vom Energie- und Ressourcenverbrauch durch neue Technologien; fortlaufendes Wachstum würde uns die Mittel dafür geben, all das umzusetzen. Das natürlich hat sich längst ad absurdum geführt. Letztlich forderte er,

- stärker auf die globalen Probleme zu fokussieren (wie Klimawandel, Bodenerosion, Luftverschmutzung, aber auch die Verbreitung von Nuklearwaffen),
- einen sozialen und kulturellen Wandel herbeizuführen, auch in Hinblick auf eine geringer werdende Ölproduktion,
- unsere Lebensweisen resilienter zu machen, und – das dürfte wohl das Wichtigste dabei sein –
- endlich vom Reden zum Handeln zu kommen.[456]

Es muss daher mit einem auch bei uns deutlich spürbaren Zusammenbruch wohl schon innerhalb der nächsten Jahrzehnte gerechnet werden. Es erscheint also ratsamer, sich darauf einzustellen anstatt mit Allmachtsphantasien weiterhin Illusionen einer technischen und politischen Lösbarkeit der Probleme anzuhängen oder auf einen »letzten Retter«, etwa in Gestalt des global regierenden weisen Politikers, zu hoffen, der im Moment sowieso nirgends zu erahnen ist.

Warum die Krise nicht abzuwenden ist

Nun, eine Antwort darauf ergibt sich zunächst ganz banal: die Krise hat längst begonnen, wie schon mehrfach skizziert. Es bleibt wohl nur, Auswirkungen zu lindern und das Schlimmste zu verhindern. Aber dennoch wäre eigentlich zu hoffen, dass die von Meadows und anderen Autoren[457] prognostizierten Szenarien noch abzuwenden wären. Dies erscheint äußerst unwahrscheinlich aufgrund der zahlreichen Dilemmatas, in denen wir weitestgehend feststecken, sie seien hier zusammengefasst:

1. *Vorherrschende Wahrnehmungsstörung und Verleugnung, auch um unangenehme Gefühle zu vermeiden.* Die Tendenz des menschlichen Gehirns, Eindrücke nach dem Wahrscheinlichsten anhand früherer Erfahrungen zu verarbeiten, erschwert eine angemessene Wahrnehmung der völlig neuartigen Situation. Dementsprechend wird sie rasch verleug-

net, wenn man darauf zu sprechen kommt. Das Dilemma ist, dass das Aufzeigen von negativen Zukunftsszenarien und damit verbundene Mahnungen viele Menschen abschrecken und lähmen, andererseits aber ein Herunterspielen und Verschweigen die Illusion nährt, es sei schon nicht so schlimm oder wir hätten es im Griff. Dies aber ist letztlich unehrlich.

Werden die schwierigen ökologischen Zusammenhänge doch betrachtet, kommt es trotz guten Willens, etwas ändern zu wollen, häufig zu Ohnmachtsgefühlen (»ich kann ja eh nichts bewirken«), Angst (vor zukünftigen Entwicklungen), Wut (über weiter verdrängende Mitmenschen und Politiker) und Entfremdung (von einer weiter unachtsam und umweltschädigend lebenden Welt). Diese Emotionen lähmen zusätzlich. Gerne vermeiden wir sie daher. Darin sind wir geübt, denn ähnliche Gefühle erzeugende Unsicherheiten im täglichen Leben, Gedanken an Leiden oder gar den Tod, oder allein die Möglichkeit eines Mangels haben wir nicht gerne.

2. *Festhalten an alten Rezepten.* Umso mehr klammern sich Menschen in unsicheren Zeiten erst recht an eingeschliffene Einstellungen und Verhaltensmuster, was sich auch politisch zeigt. So darf der Klimaschutz keine Arbeitsplätze kosten, weiterhin wird an den klassischen Kategorien des Wirtschaftswachstums und der Konsumförderung festgehalten.[458] Es konnte gezeigt werden, dass gerade in Krisenzeiten die vertrauten Bahnen persönlich, aber auch politisch und wirtschaftlich umso weniger verlassen werden, da alles Neue die eh schon vorhandene Verunsicherung verstärkt. Das Dilemma ist, dass aber gerade jetzt ein mutiger Wandel zu deutlich veränderten Lebens- und Wirtschaftsweisen nötig wäre.

3. *Rationale Einsicht und »Muss«-Forderungen allein sind wenig wirksam.* Wir haben gesehen, dass Vorschriften, Gesetze, ökologische und kategorische Imperative, Vorschläge, was sich jetzt ändern müsse, oder etwa Moralpredigten nicht automatisch zu neuen Werten und Einstellungen führen, wodurch wir uns dann vielleicht ökologisch vernünftiger verhalten würden. Diese Appelle richten sich ausschließlich an den Verstand und sind daher so oft wirkungslos. Werte- und Einstellungswandel sind, wie die Psychotherapieforschung zeigt, allein über Aufklärung und Einsichtsgewinnung kaum möglich, und zudem langfristige und komplexe

Prozesse, die auch das Entstehen und Aufgreifen intensiver Emotionen erfordern. Die aber, ein weiteres Dilemma, sind unbeliebt, im Alltag, am Arbeitsplatz, aber gerade auch in der öffentlichen politischen Diskussion.

4. *Psychotherapie der Massen nötig, aber unmöglich.* Um sich die bewusste Wahrnehmung tieferer Emotionen, ein emotionales Ergriffensein, zu erlauben, um dadurch zu veränderten Werten und Einstellungen und darüber zum Handeln zu kommen, wären eine Stärkung des Selbstwertgefühls sowie eine Ermunterung zu angemessenem inneren Widerstand mittels Psychotherapie erforderlich. Eine solche Therapie in Hinblick auf ökologische Themen wird aber von den meisten Menschen nicht gewünscht, und wäre auch im großen Stil gar nicht realisierbar – gleich zwei Dilemmatas. Einigen wenigen Burnout-Geplagten kann vielleicht indirekt eine Verbesserung der subjektiven Befindlichkeit durch Änderung ihres Lebensstiles näher gebracht werden, was noch nicht zwingend zu mehr Nachhaltigkeit führen muss. Nachhaltige Lebensstile sind zudem selbst wieder komplex und erfordern Mut, Neugier und Offenheit, aber auch ein großes Durchhaltevermögen sowie die Überwindung innerer und äußerer Widerstände und Widersprüche.

Zustände aber infrage zu stellen und sich zu widersetzen war für die meisten Menschen unserer westlichen Welt nicht vorrangiges Ziel der genossenen Erziehung, wollte man nicht als ewig in der Trotzphase oder Pubertät steckend bezeichnet werden. Genau dies aber, ein mutiges Schwimmen gegen den Strom und ein – sicher zähes – Einüben neuer Lebensstile wären erforderlich und müssten von bisher nicht vorhandenen Ökotherapeuten gestützt werden. Denn, ein weiteres Dilemma, auch Therapeuten müssen erst ökotherapiert werden.

5. *Möglichkeiten und Grenzen der Religionen.* Emotionalen und wertebezogenen Einfluss auf viele Menschen haben höchstens die Religionen, aber die weisen die letzte Verantwortung einem göttlichen Wesen zu und versprechen ein paradiesisches Jenseits, was zwar tröstet und zunächst entlastet, aber bei der konkreten Bewältigung der ökologischen Krise kaum weiter hilft, da durch diese Zuweisung dem Einzelnen die eigene Verantwortung letztlich abgenommen wird (oder er selbst sie damit gerne abgibt).

6. *Es eilt.* Und, auch dies ein Dilemma, wir haben im Grunde keine Zeit mehr für langwierige psychische Entwicklungsphasen hin zu einem besseren, kooperativeren, einsichtigeren, mutigeren und ökologisch korrekt lebenden Menschen oder für einen Wandel unserer neuronalen Strukturen. Die fortschreitende ökologische Krise drängt zu raschem Handeln, was alleine schon durch den sich beschleunigenden Klimawandel sowie den nötigen Wandel der Energieträger offensichtlich wird. Die zu lösenden Probleme aber sind hochkomplex, es geht nicht nur um ein einziges, griffiges Thema wie etwa den Ersatz von ozonschädlichen Stoffen in Sprays und Kühlschränken. Und gehandelt werden muss auf globaler Ebene, nicht nur lokal in Kommunen oder in einzelnen Nationen, die in aufgeklärten Demokratien die Handlungsnotwendigkeit zumindest ansatzweise erkennen und – aus Sicht ärmerer Nationen – sich diesen Luxus leisten können.

7. *Ökologische Themen – ein Luxus für Gesättigte.* Von Selbsttranszendenz, also einem Über-sich-hinausgehen, einem Bezug–nehmen auf andere und auf Themen, die nicht primär nur für einen selbst wichtig sind, ist ebenso im großen Maßstab wenig zu erkennen. Solche Selbsttranszendenz ist zumeist erst möglich, wenn die primären Lebensbedürfnisse befriedigt sind, das wird im Kapitel zu den existenziellen Angelegenheiten noch deutlich werden. In weiten Teilen der Welt ist aber genau das nicht der Fall. Armut, Hunger und somit der ständige Kampf ums Überleben nehmen hier verständlicherweise einen zentralen Stellenwert ein.

Die Beschäftigung mit ökologischen und globalen Fragen stellt somit weiterhin meist einen Luxus für Teile einer schon weitgehend bedürfnisgesättigten, finanziell gut aufgestellten Mittel- und Oberschicht vorwiegend in den Industrieländern dar, die jedoch gleichzeitig weiter fleißig Ressourcen und Energieträger im großen Maßstab verbraucht (dazu gehören häufig auch Umweltschützer selbst). Selbst in einem reichen Land wie Deutschland spielt Nachhaltigkeit daher letztlich nur für eine Minderheit eine entscheidende Rolle, es wird mehr darüber gesprochen als dafür getan.

Je mehr sich aber die ökologische Krise zuspitzt, wie jetzt in einigen westlichen Ländern schon mit hoher Arbeitslosigkeit, höheren Energie-

und Lebensmittelpreisen erkennbar, umso mehr ist dann eine wachsende Zahl auch der Menschen dieser an sich besser gestellten Gruppe wieder damit beschäftigt, sich um die grundlegenden Bedürfnisse und entsprechende Absicherung zu kümmern. Dadurch rückt Selbsttranszendenz mit Engagement für die Allgemeinheit wieder in den Hintergrund, ein weiteres Dilemma. Vorangehende Vorbilder bleiben somit rar.

8. *Unter Druck: Rückfall in Egoismus und Sippenwirtschaft.* Unter den beschriebenen ungünstigen Voraussetzungen werden es aber all die positiven Werte, deren Notwendigkeit oben erarbeitet wurde, umso schwerer haben, zur Geltung zu kommen. So werden zunehmende persönliche und nationale Nöte kaum zu mehr Mitgefühl für andere, zu mehr Empathie und Nächstenliebe, geschweige denn Fernstenliebe und besserer internationaler Kooperation führen werden, was aber heute dringend nötig wäre. Ein globales Mitdenken für Milliarden von Menschen überfordert zudem unsere auf bis zu 150 Personen geeichte Sozialfähigkeit. Auch dies ist ein Dilemma.

Vielmehr erscheint die Wahrscheinlichkeit umso größer, dass es im akuten Fall zu steinzeitlich geprägten Reflexen des Egoismus kommen wird. Also wird noch mehr als sowieso schon für sich selbst gerafft werden, was man noch bekommen kann. Sicher wird dabei häufig noch für andere, etwa im nahen Umkreis, mit gesorgt (im Sinne der Nächstenliebe auf Ebene der Sippenwirtschaft). Für große politische Entwürfe oder generelle Umstellungen der Lebensweise – außer den jeweils durch das Ereignis in dem Moment vor Ort erzwungenen – besteht in der akuten Situation jedoch kaum eine Möglichkeit, allenfalls danach.

9. *Instabile Bindungen erschweren Engagement.* In unseren Breiten sind die physiologischen Primärbedürfnisse zwar gestillt, dafür aber kämpfen wir mit den Notwendigkeiten auf der nächsten Ebene der Bedürfnishierarchie: Sicherheit, Liebe und Zugehörigkeit, Identität und Selbstwertgefühl wollen erreicht werden. So sind wir damit beschäftigt, die berufliche Situation zu festigen und zu verbessern oder überhaupt irgendeine Arbeit zu finden, um uns selbst und unsere Familie materiell abzusichern. Beziehungsschwierigkeiten und fragile Partnerschaften spiegeln das Ringen um Liebe und Zugehörigkeit wieder. Vereinzelung

und Konkurrenzdruck im Alltag sowie ein häufig nicht stabiles Selbstwertgefühl erschweren es oft, stabile Bindungen einzugehen. Die aber wären nötig für gute Kooperation und ökologisches Engagement, wie deutlich wurde. Stattdessen nehmen Depressionen und andere psychische Störungen eher zu.

10. *Digitale Technik und soziale Medien, Fluch oder Segen?* Klassische Medien erreichen die Menschen immer weniger. Auch dieses Buch wird dieses Schicksal treffen, ist es doch viel zu komplex angelegt, behandelt unangenehme Themen und maßt sich an, über Disziplinen hinweg und dann auch noch teilweise laienhaft-dilettantisch[459] die Welt zu beurteilen. Es geht zudem unter in der Informationsentropie, erscheinen doch in Deutschland jährlich mittlerweile knapp 90.000 Neu- und Erstauflagen[460].

Die großen Chancen, die nun wiederum in einer allumfassenden Vernetzung durch das Internet stecken, etwa für eine bessere soziale Kommunikation, bessere Informationen oder auch für Energieeinsparung durch effizienteres Steuern häuslicher Geräte, drohen mehr als aufgewogen zu werden durch Internetsucht, Energieverbrauch durch große Serverlandschaften, Überwachung, Bedrohung der Privatsphäre, fake news und zunehmende Beschleunigung. Noch ist nicht entschieden, in welche Richtung das Pendel sich überwiegend bewegt, aber die Entwicklungen der letzten Jahre (NSA, Cyberangriffe auf westliche Länder, Zunahme von Burnout etc.) stimmen bedenklich. Relevante Fortschritte für die Bewältigung der globalen Krisensituation sind bisher jedenfalls nicht erkennbar.

Und Smartphone-Unterricht mit WLAN in allen Klassenzimmern, wie heute oft gefordert,[461] wird zwar helfen, sich in den virtuellen Welten besser zurecht zu finden, aber nur äußerst unwahrscheinlich einen emotionalen Zugang zu Natur und Naturbewahrung schaffen. Nötig hierfür wären ganz andere Bildungsansätze, auch das ist ein Dilemma.

11. *Eigendynamik gewinnt über bewusstes Umsteuern.* Unsere zwangsläufige evolutionäre Entwicklung zu Komplexität hat, wie dargestellt, eine Eigendynamik, und uns somit wie von selbst etliche Errungenschaften beschert. Nicht ersichtlich ist, wodurch diese Eigendynamik nun plötz-

lich zu bremsen oder gar umzukehren wäre. Auch hier zeigen sich zwei Seiten einer Medaille: rationales Denken, Neugier und Fortschritt haben zu wunderbaren Techniken geführt, die uns heute – insbesondere in den industrialisierten Ländern – ein bequemes Leben ermöglichen, einem Ur-Bedürfnis entsprechend. Gleichzeitig aber haben wir dafür Atomkraftwerke, Chemiefabriken, Autos und Flugzeuge geschaffen, die uns durch Müll, Plastik, Flächenverbrauch und Treibhausgasemissionen heute die Kehrseite, das Dilemma, deutlich machen. So gesehen ist unser Großhirn, das all das geschaffen hat, nicht von vornherein ausschließlich positiv zu bewerten – nach all den Siegen über die Widrigkeiten der Natur, die es ermöglicht hat, könnte sich ein erheblicher Teil des Fortschritts als tragischer Sieg erweisen. Schön wäre es, könnten wir nach zwei sich von alleine vollzogenen Revolutionen, der landwirtschaftlichen und der industriellen, nun die nötige Transformation hin zur Schonung unserer Lebensgrundlagen bewusst und rational gesteuert vollziehen. Aber, ein Dilemma, voraussichtlich werden die uns oft unbewusst steuernden Emotionen und die Eigendynamik das nicht ermöglichen.

Der Fall der Mauer 1989 und der Zusammenbruch der Sowjetdiktatur können zumindest als Beispiele für eine Eigendynamik in einer sich zuspitzenden Situation gesehen werden, die zu einer positiven Entwicklung geführt hat. Auffällig dabei ist aber, dass hier vor aller Politik zunächst die Rolle des Einzelnen immens war. Neben der Tatsache, dass der Osten wirtschaftlich bankrott war und daher das Wettrüsten nicht mehr durchhalten konnte, hat der Aufstand der Völker mit Massenprotesten (aus emotionaler Ergriffenheit heraus) wesentlich zu den Umwälzungen beigetragen. Allerdings hatte wohl auch hier erst eine durch den Bankrott spürbare Verschlechterung der Lebensbedingungen zum Protest geführt.

12. *Gefährdung der Demokratie.* So wie die Finanzkrise 2008 eine enorme Eigendynamik entwickelt hat, die – wie beschrieben – zu demokratisch nur noch gering legitimierten Entscheidungen führte, die aber keine grundsätzlichen Systemänderungen bewirkten, wird auch die ökologische Krise politisch noch eine weitere Eigendynamik entwickeln. Irgendwann doch zu treffende unpopuläre Maßnahmen könnten für Unruhen sorgen. Zudem sind auch in unseren Ländern nun häufiger

ausgeübte Terrorattacken schon heute teilweise Ausdruck der ökologischen Krise, haben doch die Ärmsten der Welt keine Lust mehr, an den Bildschirmen unserer luxuriösen Lebensweise zuzusehen, was zu Gewalt, aber auch zu Flüchtlingsströmen führt. Die für viele Menschen unpopuläre Maßnahme, Flüchtlinge nicht an Grenzen im Regen stehen zu lassen, hat seit 2015 schon für Unruhen gesorgt. Dabei verändert sich die Stimmung im Land, was Parteien nach oben spült, die man da nicht sehen will. Gefährdet ist die Demokratie aber auch durch die Komplexität der Probleme, die kaum noch jemand durchschaut, und die eine gründliche Diskussion erfordern würde, wofür – wieder ein Dilemma – immer weniger Zeit zur Verfügung steht.

13. *Der Einzelne oder die Politik*? Mehrfach wurde in diesem Buch schon das Dilemma deutlich, dass der Einzelne weder alleine noch durch Zusammenschluss mit Gleichgesinnten derzeit ausreichend in der Lage ist, die Politik zum nötigen Wandel unserer Lebens- und Wirtschaftsweise zu bewegen, dass es aber ohne Veränderungen auf Ebene des Einzelnen erst recht nicht gehen wird. Andererseits zeigt sich auch die Ebene der Entscheidungsträger noch nicht bereit, einen solchen Wandel anzustoßen, wäre es doch dafür nötig, Gewinnstreben und Wachstumsideologie in Frage zu stellen. Durchaus mögliche positive Zukunftsvisionen gibt es daher ebenso nicht.

14. *Eher Konflikte als Konsens.* Es geht bei der insgesamt pessimistisch anmutenden Betrachtung weniger um *die* eine große ökologische Katastrophe, auch nicht um den Weltuntergang oder das Aussterben der Menschheit. Nein, eher geht es ganz nüchtern um das schon mehrfach erwähnte Risiko bewaffneter Konflikte im Kampf um geringer werdende Ressourcen sowie um Klimakriege[462]. An die Verbreitung nuklearer Waffen sei dabei erinnert.

Über Jahre hinweg werden immer wieder Klima- oder Artenschutzgipfel durchgeführt, was auch weiterhin die primäre Voraussetzung dafür ist, die anstehenden Probleme friedlich im Konsens lösen zu können. Spitzt sich die Situation jedoch zu, und davon ist ökologisch gesehen für die nächsten Jahrzehnte auszugehen, werden rasch anderweitig Tatsachen geschaffen, vor allem wenn noch weitere politisch passende

Gesichtspunkte hinzukommen. Und auf internationalen Konferenzen gefundener Konsens schließt nachfolgende Konflikte und Scheitern beim Versuch der Umsetzung in den jeweiligen Ländern nicht aus.

15. *Lieber viel und bequem (und dabei süchtig) als weniger und aufwändig (und dabei autonomer).* Im Sinne des nächsthängenden Apfels wird zumeist das leichter Machbare gemacht. Dies geschieht unter Rückgriff auf das, was schon da ist und was man schon kennt, ohne grundsätzliche Verhaltensmuster und Ziele, wie etwa das Streben nach noch mehr Wohlstand, in Frage zu stellen. Selbst Mühe aufwenden und Hand anlegen, oder mehr Fahrrad fahren statt Auto, mehr regional wirtschaften als internationale Dienstreisen zu absolvieren, all das vermeiden wir momentan noch. Angesichts der Komplexität unserer Lebensweise ist dieser Weg zum oft gewünschten einfacheren Leben so schwer. Eher ziehen wir auch weiterhin technische Lösungen wie eine bestäubende Elektro-Biene oder Klimawandel bekämpfendes Geo-Engineering oder Nahrung sichernde Gentechnik vor. Zumeist führt das aber zu mehr Komplexität, Entropie und Systemanfälligkeit.

Zudem sind wir mit unserem zunehmend großstädtischen Leben und der Abhängigkeit von Technik abhängig von Rohstoffen, die von weit entfernen Ländern für die Herstellung all der hier scheinbar benötigten Geräte und Maschinen zunächst in andere weit entfernte Länder und zum Verkauf dann zu uns gebracht werden müssen. Nötig wären aber eine Vereinfachung von Technik und Lebensweise, weniger Konsum und mehr Eigenarbeit, um sich aus dieser Abhängigkeit zu lösen.

16. *Geringe Hoffnung auf Verstand und Vernunft.* Der Verstand könnte ja, so gesehen, seine Möglichkeiten auch hin zu einem großen Wandel der menschlichen Lebensweise, hin zur Nachhaltigkeit, einsetzen. Aus der betrachteten Biologie und Psychologie des Nichtstuns folgt jedoch, dass auf der psychischen Ebene wohl weiterhin die Verleugnung, der Zuschauereffekt sowie die geringe Fähigkeit zum Erfassen komplexer und noch nicht greifbarer Ereignisse dominieren werden. Eine plötzliche Änderung unseres genetischen Programms und unserer Verhaltensweisen, die für über 99 Prozent der Dauer unserer Anwesenheit auf der Erde durchaus angemessen waren, erscheint äußerst unwahrscheinlich (auch

angesichts der Erfahrungen aus dem 20. Jahrhundert). Der Autor Gregory Fuller ist an dieser Stelle sehr drastisch und sieht wenig Chancen, die bisherige Zivilisierungstendenz umzukehren:

> Der Verstand allein reicht nie und nimmer aus, den notwendigen Großverzicht in die Wege zu leiten. Einzig der sofortige Super-Paradigmenwechsel könnte das Überleben der Spezies, vielleicht, garantieren. Der Planet müsste umorganisiert, der Egoismus unterdrückt und alle Partikularinteressen zum Schweigen gebracht werden. Bei einem vernünftigen Wesen wäre dies möglich. Wir aber sind geboren worden als denkende und fühlende Wesen, die ihre Selbstsucht nur ausnahmsweise hinter das globale Allgemeininteresse zurückstellen vermögen. Gandhi war ein solcher Mensch, und Christus und Buddha und Martin Luther King.[463]

17. *Ökologie versus Humanität, Mensch versus Natur?* Die Diskussionen darüber, ob der Mensch in der Lage sein wird, die ökologische Krise zu bewältigen, führen oft zu dem Punkt, dass Ökologie und Humanität bzw. Mensch und Natur einander als unversöhnbar gegenübergestellt werden. Dabei kann der Mensch nicht als völlig von der Natur *getrennt* betrachtet werden, wenn er sich auch in vielen Punkten von anderen Lebewesen *unterscheidet*. Die Gefahr aber heute ist, dass eine weiter bestehende Abhängigkeit von der Natur sowie grundlegende Gemeinsamkeiten mit anderen Lebewesen heruntergespielt und die speziellen geistigen, selbstreflexiven und dadurch dann auch technischen Möglichkeiten des Menschen überschätzt werden, was – ungewollt vielleicht – wieder die Dominanz des Menschen im Sinne des Anthropozäns verstärkt. Prinzipien der Humanität jedenfalls widerspricht unser Lebensstil auf Kosten fernst und in Zukunft lebender Menschen heute schon.

18. *Naturentfremdung und -defizitstörung*. Teil dieses diskutierten Dualismus ist auch die Frage, wie sehr wir von der Natur entfremdet sind, was Natur hier überhaupt bedeutet, wie sehr wir sie (noch) brauchen und was ein etwaiges Eingebundensein bedeuten könnte. Fakt ist, dass wir kaum noch wissen, wo unsere Nahrung herkommt, die wiederum mit rationa-

lisierter Technik im industriellen Maßstab bei uns angebaut wird, womit gleichzeitig die Böden geschädigt sowie durch Produktionsüberschüsse und Subventionen die Märkte verzerrt bzw. Bauern in ärmeren Ländern benachteiligt werden. Das Dilemma ist, dass wir zumindest einen minimalen Bezug zu unseren Lebensgrundlagen haben müssten, um diese schätzen zu wissen und dadurch ihren Erhalt zu unterstützen, geschweige denn um auch die heilenden Funktionen von Natur und Grün bewusst zu nützen. Nahrung wird auch zukünftig nicht nur aus dem Labor kommen können. Durch zunehmende Technisierung und Digitalisierung, die hier nicht grundsätzlich verteufelt (aber auch nicht überschätzt) werden sollen, entfernen wir uns immer mehr von den natürlichen Umgebungsfaktoren, bleibt uns doch nicht zuletzt immer weniger Zeit, uns damit in Muße zu befassen (wo doch Technik und Internet uns doch eigentlich Zeit sparen helfen sollen! Ein weiterer Gegensatz). Nachhaltigkeit nur bezogen auf Flug- und Plastikvermeidung sowie erneuerbare Energien greift zu kurz. Für eine Wirksamkeit der anstehenden Therapie brauchen wir schon auch eine emotionale Beziehung dazu, was wir mit Nachhaltigkeit überhaupt erreichen wollen – nämlich die Bewahrung der natürlichen Lebensgrundlagen, die wir außer für unser basales Überleben genauso zum Wohlbefinden brauchen wie andere Beziehungspartner, beispielsweise Eltern, Partner und Freunde.

19. *Wahrscheinlich geschieht das Wahrscheinlichere.* Selbst wenn man nicht gleich von Untergang sprechen will, muss man doch – ungern und allem verinnerlichtem Fortschrittsoptimismus zum Trotz – schließlich zu dem Schluss kommen, dass die Wahrscheinlichkeit dafür, dass die Klimakatastrophe aufgehalten werden kann, dass sie und die Ressourcenknappheit nicht verstärkt zu Konflikten führen werden, dass sich die Menschen (vor allem in den Industrieländern) in kurzer Zeit schon durch Vernunft und Empathie umweltfreundlicher verhalten werden, dass sie nicht weiter am eigenen Ast (oder dem anderer Menschen) sägen und sich somit beschleunigt dem eigenen Ende (sei es nun dem Ende ihres Lebens oder ihrer Kultur) näher bringen werden, dass sie im Falle sich zuspitzender Entwicklungen nicht in den gut eintrainierten Egoismus verfallen werden, dass also die Wahrscheinlichkeit für all das erheblich kleiner ist als die Wahrscheinlichkeit eines gravierenden

Einschnittes, einer erzwungenen erheblichen Veränderung unserer Lebensweise, einer Zunahme auch kriegerischer Konflikte.

Im Zeitalter von sonst hoch gepriesener Wissenschaft und Statistik erstaunt es schon, dass eigentlich kaum Bereitschaft besteht, sich mit diesen (Nicht-) Wahrscheinlichkeiten zu beschäftigen. Stattdessen wird am Ende von Publikationen oft ein Zweckoptimismus gepredigt, der sicher für einen guten Buchverkauf hilfreich ist, der aber der Realität und der wohl kommenden zukünftigen Entwicklung kaum gerecht wird.

Wahrscheinlich geschieht das Wahrscheinlichere – diese Erkenntnis stammt aus der Betrachtung der Entropie. Deren zweiter Hauptsatz besagt nichts anderes, so der Astrophysiker Peter Kafka, als »dass Wärmeenergie nicht von kälteren zu heißeren Körpern strömt oder dass die wärmebedingten Zufallsbewegungen der Teilchen in einer Teetasse nicht dazu führen, den ganzen eben aufgelösten Zucker wieder auf dem Löffel zu versammeln«.[464] Rückwärtsbewegungen sind energetisch kaum möglich (nicht komplett unmöglich, aber eben äußerst unwahrscheinlich), und auch sonst nicht immer wünschenswert. Niemand will zurück in die Steinzeit. Allerdings werden wir auch nicht den heutigen Lebensstandard beibehalten können, bei dem sich sowieso zunehmend die Frage stellt, ob dieser tatsächlich immer zu unserem Wohl beiträgt. Dass das Wahrscheinlichere eher geschieht, kann daher auch eine Chance darstellen.

20. *Tiefgreifende Änderungen erst nach einschneidenden Ereignissen.* Große Entwürfe und Systemänderungen sind wohl erst *nach* einer deutlichen Zäsur, nach unfreiwilligem Aufgeben der Verleugnung, möglich. Offenbar ist erst *nach* kritischen Lebensereignissen, zu denen dann auch solche Einschnitte gehören können, eine entsprechende Reflexion möglich, wie wir gesehen haben. Erst dadurch wird es zu einem »emotionalen Ergriffensein« und einer entsprechenden Wandlung von Einstellung und Verhalten kommen.

So hat der zweite Weltkrieg zu bisher erfolgreichen Bemühungen geführt, Konflikte in Mitteleuropa friedlich zu lösen, entsprechende politische und diplomatische Netze sind dafür geknüpft worden (dass das Netz der Institutionen, etwa der EU und der Vereinten Nationen, für die neuen Krisen aber nicht mehr ausreichen könnte, ist deutlich geworden).[465] Hiroshima und Nagasaki haben bewirkt, dass atomare Waffen (außer leider zu zahlreichen Versuchen) seitdem nicht mehr eingesetzt wurden. Der erwähnte Wirbelsturm von New Orleans hatte auch der sich einem Abkommen zur Minderung von Treibhausgasen zuvor vehement widersetzenden US-Regierung die Augen dafür geöffnet, dass etwas getan werden muss (die nachfolgende Regierung schließt nun allerdings die Augen wieder). Fukushima hat, zumindest in Deutschland, zum Atomausstieg geführt. So sind viele sinnvolle Fortschritte (leider) erst *nach* einschneidenden Ereignissen möglich gewesen. Für die Zeit danach aber sind die vielfältigen Initiativen und »Reallabore« wichtig, die heute schon das klassische Wirtschaftssystem unterwandern. Auf sie wird dann zurückgegriffen werden können, die bereits Eingeübten werden dann ihr erworbenes Wissen einer Postwachstumsökonomie weitergeben können (und müssen).

Denn dass die ökologische Krise nicht erst kommt, sondern im Grunde schon weit fortgeschritten ist, wurde mehrfach deutlich. Selbst ein sofortiger theoretischer Stopp aller Treibhausgasemissionen würde die Zunahme ihres Anteils in der Atmosphäre auf Jahrzehnte hinaus nicht bremsen können; drei weitere planetare Grenzen sind zudem bereits überschritten. Was über mindestens zwei Jahrhunderte sich dahin entwickelt hat, lässt sich kaum innerhalb von zwei Jahrzehnten grundlegend umsteuern.

Selbstheilungskräfte des Systems Erde

Offensichtlich ist solch ein »Herzinfarkt«, der nicht zum Tode, aber doch zum Umdenken führt, für die menschliche Zivilisation notwendig. Auch das System Erde insgesamt ist einem lebenden Organismus vergleichbar; der Mediziner, Biologe und ökologische Vordenker James Lovelock hat dafür den Begriff »Gaia« geprägt, benannt nach der alten griechischen Gottheit Gaia. Diese und die Hindu-Göttin Kali hatten die gleichen Charakteristika: sie waren weibliche, freundliche und nährende Göttinnen, doch wer gegen die Regeln verstieß, wurde eliminiert.[466]

Lovelock beschreibt die Erde als sich selbst regulierendes System mit komplexen Rückkopplungsschleifen und Zusammenhängen. Gaia habe die enorme Fähigkeit, sich von ernsten Krisen zu erholen, die es seit

Beginn des Lebens mindestens 30 Mal gegeben habe. Jede davon habe 70, manche sogar 90 Prozent der damals existierenden Lebewesen getötet. Das System reguliere also nicht nur sich selbst, sondern heile sich auch.

Auch die aktuelle Krise ist eine solche lebensgefährliche Situation. Lovelock zeigt sich nicht optimistisch hinsichtlich einer gelingenden Konfliktlösung zwischen menschlichen und planetarischen Bedürfnissen, »wenn ich mir die Hoffnungslosigkeit unserer Versuche anschaue, mit uns selbst, geschweige denn mit dem Planeten zu leben«.[467] Aber Menschen seien eine zähe Spezies, ebenso wie der Planet ein zäher Organismus sei. Es werde überall viele Menschen geben, die so eine Krise überleben würden, was auch immer passiere, aber: »Die Zivilisation wird wieder ganz von vorne anfangen müssen.«[468]

Das sind pessimistische Töne von jemandem, dessen Gaia-Theorie insbesondere in spirituellen Kreisen so etwas wie ein Religionsersatz im Sinne einer animistischen Glaubensrichtung geworden ist. Der 1919 geborene Wissenschaftler zieht eine Parallele, die sich bei Betrachtung der heutigen Situation tatsächlich immer wieder aufdrängt:

> Ich vergleiche unsere jetzige Situation immer mit dem Europa der 30er Jahre kurz vor dem Zweiten Weltkrieg. Wir alle ahnten, dass ein Krieg kaum zu verhindern war. Das folgte dem Gesetz der Stammesgesellschaften, zu denen wir schließlich gehören und denen wir uns auch schwerlich entziehen können. Und wir wussten nicht, was wir tun sollten. Wer deutlich auf die Entwicklung hinwies, galt als finsterer Pessimist und wurde nicht ernst genommen. Und doch ahnten wir alle tief innen, dass irgendetwas Übles passieren würde. So war es ja dann auch. Ich glaube, dieses sehr allgemeine Gefühl des Unwohlseins ist heute wieder weit verbreitet. Die Menschen kennen nicht die Natur der Katastrophen oder Desaster, die möglicherweise vor uns liegen. (...) Wir sind in dieser alten Stammeskultur gefangen. (...)
>
> Ich hoffe darauf, dass die bevorstehende globale ökologische Krise so eine Art Reaktion des globalen Stammes provoziert, vergleichbar mit der Reaktion auf eine territoriale Aggression. Wenn es zu einer kollektiven Reaktion kommt, dann haben wir

> eine Chance, dann könnten wir für eine Menge Fragen Antworten finden. Aber es werden nicht irgendwelche bedeutungsschweren Worte sein, die diese Reaktion auslösen können. Es muss irgendwas passieren, irgendeine Überraschung, irgendein Desaster ausreichender Größenordnung, die den Leuten rund um den Globus deutlich macht, dass sie wirklich bedroht sind und besser etwas dagegen unternehmen sollten.[469]

* * *

Die ökologische Krise schreitet voran. Im Sinne der Eigendynamik kann es grundsätzlich noch zu Entwicklungen kommen, die wesentlich zur Lösung beitragen. Es sollte nicht ganz verschwiegen werden, dass es hierfür zunehmend ernsthafte Bemühungen gibt, bei vielen Bürgern (Verhaltensänderungen, Engagement in zivilgesellschaftlichen Initiativen), aber auch national (Energiewende, Atomausstieg) wie international (Klimaabkommen, Nachhaltigkeitsziele der UN). Eine gegenteilige Eigendynamik erscheint jedoch wahrscheinlicher. Viele Dilemmatas, in denen wir stecken, führen zu dem unangenehmen und daher gern verdrängten Fazit, dass die ökologische Krise nicht mehr abgewendet werden kann.

Viele Menschen verspüren zumindest ein tiefes Unbehagen, verbunden mit der Ahnung, dass es so wie bisher nicht mehr lange weitergehen kann. Angesichts der vielen aufgeführten Gründe für den pessimistischen Ausblick bleibt offenbar nur die Alternative: Verzweiflung oder Selbstbetrug, somit resignieren oder weiter so tun, als ob man die Dinge im Griff hätte oder schon ganz viel für Nachhaltigkeit tut, was oft mehr im Kopf als real geschieht. Die Fachleute und Experten wiederum überbieten sich intellektuell in Analysen, was denn die Ursache für die heutige Situation sein mag (auch dieses Buch ist wohl ein Beispiel dafür). Aber konkrete Lösungen können auch sie nicht bieten, zu komplex und einmalig ist die Situation, es bleibt bei eher wirkungslosen Appellen.

An dieser Stelle wird es also Zeit, mit der Bewältigung der eigenen »Krise« zu beginnen, die zu unserem widersprüchlichen Verhalten führt und zudem durch die Konfrontation mit der Umweltkrise hervorgerufen wird. Aus dem Umgang mit alltäglichen Tiefpunkten lässt sich dabei einiges lernen. Dabei geht es auch um die persönliche Haltung, um ein

Abwägen von Pessimismus und Optimismus. Und es soll ein anderes Wertesystem vorgestellt werden, das es erleichtert, neben den schönen Seiten von Lust und Freude die schier unerträglichen Gewissheiten unseres Daseins, wozu Krisen, Krankheit und Tod gehören, zu ertragen. Auch die Begrenztheit, die die ökologische Krise mit sich bringt, erhält dadurch eine neue Dimension und lässt sich als Chance annehmen – wenn wir das zulassen.

III.

Eigene Wege in der Krise

Katastrophen im Kleinen und Großen – eigenes Krisenmanagement

> *Krise kann ein produktiver Zustand sein. Man muss ihr nur den Beigeschmack der Katastrophe nehmen.*
> Max Frisch[470]

Krisenhafte Ereignisse bleiben im Leben zwangsläufig nicht aus. »Minikrisen« passieren im Grunde täglich: der Bus fährt einem davon, beim Einkaufen drängelt sich jemand vor, die Kinder bringen schlechte Noten heim und der Partner kommt wieder mal abends erst so spät nach Hause. Daraus entstehende Momente und Phasen von Ärger, Niedergeschlagenheit und Resignation sind nichts Ungewöhnliches. Geht es dann eine Nummer größer um einschneidende Ereignisse – der Partner verlässt einen, am Arbeitsplatz gibt es Ärger mit dem Chef, der Stress wird zu groß, ein lieber Mensch aus der Umgebung stirbt –, ist schnell die Grenze der möglichen Bewältigung erreicht und der Weg zu Depression oder Wut nicht mehr weit. Generell tritt dann eine Krise ein,

> wenn sich eine Lebenssituation wesentlich ändert, insbesondere wenn Hindernisse auftreten, die der Betroffene nicht mit seinen bisherigen Erfahrungen und Methoden bewältigen kann, so dass er in einen Zustand allgemeiner Labilisierung gerät. [471]

Was die komplexen und globalen Probleme betrifft, reichen die bisherigen Erfahrungen und Methoden wohl tatsächlich nicht aus, Labilisierung droht.

Phasen des Krisenverlaufs

Zunächst einmal kann man eine bevorstehende Krise gut leugnen und verdrängen, im Großen, wie sich bei der Psychologie des Nichtstuns zeigte, aber auch im Kleinen. Ab und zu Konflikte mit dem Partner zu haben, ist das Eine, aber an eine Trennung wird man ja wohl nicht gleich denken. Umso überraschender ist dann die Situation, wenn der andere plötzlich ausgezogen ist und man feststellen muss, dass man das Problem zu lange ignoriert oder unterschätzt hat. Vielleicht zur Vorbeugung späterer Überraschungseffekte und zur Überwindung von Verleugnungsmechanismen erfolgte die Darstellung der ökologischen Krise am Anfang des Buches so ausführlich; auch sie wird im Grunde noch nicht ernst genug genommen.

Schon bei den kleinsten Alltagskrisen zeigen sich die typischen Bewältigungsmuster, ohne dass einem das immer bewusst wird. Der Bus ist weg, man steht konsterniert an der Haltestelle, ist wütend, enttäuscht oder beides zugleich. Automatisch jedoch werden Techniken des Problemlösens herangezogen: man schaut auf dem Fahrplan nach der nächsten Fahrtmöglichkeit, ruft ein Taxi oder geht zu Fuß (und entdeckt hierbei vielleicht die Muße des Gehens, was ohne diesen Anlass nicht geschehen wäre). Versagen diese Mechanismen, fährt also lange kein Bus mehr, kein Taxi steht da und der Weg ist zu weit, wächst das innere Unbehagen, die zunehmende Anspannung mobilisiert weitere innere und äußere Ressourcen, so wird man jetzt vielleicht jemanden anrufen, der einen abholen kann.

Vier Phasen des Krisenverlaufes werden dabei deutlich: zunächst zeigen sich die üblichen Rezepte der Problembeseitigung wirkungslos, dann wächst die innere Anspannung, weil man erkennt, dass man das Problem nicht lösen kann. Diese Anspannung wiederum stimuliert und mobilisiert weitere innere und äußere Kräfte, andere Lösungen werden probiert, das Problem eventuell neu definiert. Bei Ausbleiben von Erfolgen schließlich nehmen Spannung und Unbehagen zu, es kommt zur Desorganisation der Person, also zur Entwicklung von Krisensymptomen, etwa zu Schlafstörungen oder Gereiztheit, in schlimmeren Fällen bis hin zu Aggression, Depression oder Suizidalität.

Eine seelische wie auch körperliche Krise führt somit zu einem labilen Zustand, der Betroffene hat ein sehr viel größeres Bedürfnis nach

Hilfe als sonst und ist folglich auch viel leichter beeinflussbar. Eine spezifische Therapie von außen ist häufig nötig. Ähnlich schwankend zeigte sich 2008 das Banken- und Finanzsystem, es benötigte nun erhebliche staatliche Hilfen, die es sonst stets abgelehnt hatte, und war leicht durch Äußerungen zu beeinflussen, die daher sorgfältig formuliert werden mussten, um den Abwärtstrend nicht noch zu verstärken.[472] Die Krise hatte auch hier einerseits die klassischen Bewältigungsstrategien außer Kraft gesetzt und andererseits ein längeres Zuwarten – wie etwa bei der ökologischen Krise – aufgrund drohender Pleiten von Banken und Versicherungen sowie entstandener Rezession nicht mehr erlaubt. Durch die akut und spürbar gewordenen Folgen war die vorherige Verleugnung durchbrochen worden.

Nachhaltiges Krisenmanagement – mit offenem Ausgang

Also kam es – um bei der Finanzkrise zu bleiben – zu erheblichen staatlichen Kriseninterventionen. Durch Gewährung von Geldspritzen und Bürgschaften wurde versucht, einen drohenden Bankenkollaps zu vermeiden. Ähnliches gilt auch im persönlichen Bereich: häufig wird durch Zuwendung und Unterstützung akute Hilfe geleistet und so einer weiteren psychischen Dekompensation vorgebeugt.

Doch akutes Krisenmanagement alleine ist nicht nachhaltig, wird also zukünftige Krisen nicht verhindern können. Daher wird im idealen Fall *Krisennachsorge* betrieben, Helfer und Betroffene forschen gemeinsam nach tieferen Ursachen der Krise und bearbeiten sekundäre Folgen. Im Beispiel der Bankenkrise erfolgte dies allerdings nur halbherzig, mittlerweile droht schon wieder eine neue Finanzblase. Man hätte allerdings das System durchaus bremsen und regulieren können, um dem vorzubeugen.

Grundsätzlich jedoch wäre es einseitig, nur die Bedrohung durch Krisen zu betrachten. Welchen Ausgang Krisen nehmen, bleibt generell zunächst offen, die Prognose ist ungewiss. In Studien haben sich einige *Voraussetzungen* als günstig für eine gelingende Krisenbewältigung herausgestellt: hilfreich sind demnach eine realistische Selbsteinschätzung sowie Wahrnehmung und Analyse der Situation (was bei der Umweltkrise immer noch gerne vermieden wird); weiter sind nützlich intellektuelle Fähigkeiten, Kreativität, Humor sowie die Bereitschaft sich Hilfe zu holen und jemandem anzuvertrauen. Auch in der Krisenliteratur begegnet uns zudem erneut die Fähigkeit, Probleme zu lösen und vorausschauend zu handeln.[473]

Wurden vorher schon mehrfach Krisen positiv bewältigt, indem sie dafür genutzt wurden, problematisch gewordene Gewohnheiten zu ändern, mag auch im akuten Fall die Chance für eine gelingende Anpassung umso höher sein. Für Süchtige etwa stellen oft ein Führerscheinentzug, ein drohender Arbeitsplatzverlust oder die kurz bevorstehende Trennung des Partners wesentliche Einschnitte dar, durch die zumindest irgendwann im Verlauf die Verleugnung der Krankheit durchbrochen wird, und die dazu motivieren können, mit aufwändigen Therapien die Abstinenz zu erreichen. Die rohstoffabhängige Weltgesellschaft jedoch hat bereits reichlich Stationen zum Umsteuern vorbeiziehen lassen, man denke nur an die Ölkrise der 70er Jahre oder eben die Finanzkrise 2008, als man die üppigen Finanzspritzen leider nicht mit einer wirtschaftlichen und ökologischen Neuorientierung verknüpft hat. Eine Garantie für einen positiven Wandel sind auftretende Krisen somit nicht.

Eine Rolle spielt weiter die *Bereitschaft, präventive Warner oder helfende Personen ernst zu nehmen*, auch wenn sie unangenehme Botschaften verbreiten. Im Fall der Umweltkrise ist ihre Reichweite aufgrund der noch vorherrschenden Verleugnung bisher gering, bereits vorhandene Symptome werden nicht erkannt, zu der nötigen Problemanalyse kommt es nicht. Ähnlich ist das bei frühen Krankheitsanzeichen, die man gerne beschwichtigend ignoriert mit dem Gedanken, es werde schon nichts sein, man solle nicht zu schwarz sehen, was auch hier mahnende Worte etwa aus der Familie wirkungslos werden lässt. Erst bei Eintritt des Fiebers ist schließlich die Schwere der Krankheit nicht mehr zu verleugnen, zumeist eröffnen sich erst dann Chancen auf Behandlung und Besserung.

Allerdings kann es Situationen geben, in denen Kriseninterventionen trotz erkannter Bedrohung einfach zu spät kommen, weil schon zuviel Unumkehrbares passiert ist. Verschlepptes Fieber und Lungenentzündung können auch tödlich enden. Nach einer schwierigen Phase kann die Entwicklung somit grundsätzlich, einem U-förmigen Verlauf entsprechend, wieder nach oben gehen, genauso gut aber auch einen negativen

Ausgang nehmen oder erst nach sehr langer Zeit wieder zu einer Erholung führen, womit gerade im Fall der ökologischen Krise am ehesten zu rechnen ist. Es kann hier zu länger anhaltendem wirtschaftlichem Niedergang kommen, zu erzwungener Rückkehr zu vorindustrieller Lebensweise, zu erheblichen Konflikten und Kriegen, in letzter Konsequenz zu einem Aussterben der Menschheit, was selbst seriöse, nicht apokalyptisch orientierte Autoren diskutieren. Genauso aber ist nach schmerzhafter Anpassung auch eine positive Weiterentwicklung möglich.

Eigene Haltung im Kleinen zur Bedrohung im Großen

Kleinere akute Krisen, wie sie laufend im persönlichen, sozialen und politischen Bereich jeden Einzelnen beschäftigen, helfen dabei, genau dieses nicht mehr ganz unwahrscheinliche Krisenausmaß im Großen nicht erkennen zu müssen. Die moderne Gesellschaft hält sich aus gleichem Grund ebenso mit ihren Alltagsproblemen auf. Insgesamt aber ist sie multimorbide, die Chance einer Gesundung erscheint daher nicht groß. Vielmehr stellt sich die Frage, ob wir uns nicht schon in einem Palliativstadium befinden, in dem Symptome nur noch gelindert, aber nicht mehr geheilt werden können.[474] Aber auch schwer Erkrankte haben häufig schon länger gelebt als vorausgesagt, nicht ganz unabhängig von der Haltung, die sie dazu eingenommen haben.

Ganz entscheidend dabei ist es, wie es gelingt, die nun schon mehrfach angesprochene Verleugnung zu überwinden. Dies kann freiwillig geschehen, indem man sich dem Problem stellt, vor dem zugenüge bereits gewarnt wird. Oder eine Zuspitzung der Situation wird erst dazu führen, dass die Verleugnung durchbrochen wird, ähnlich wie im Fall der Finanzkrise. Dabei entscheidet letztlich jeder Mensch selbst darüber, ob und wie eine Situation oder Gefahr wahrgenommen und bewertet wird.

Bei der somit nun vorherrschenden chronischen globalen Krise gibt es im Grunde niemanden, der nicht betroffen ist, was tröstlich sein mag. Man ist nicht allein damit. Die Auswirkungen der Katastrophe sind jedoch unterschiedlich, was gegenseitige Hilfe erfordert (grundsätzlich könnten die weniger betroffenen Länder in den gemäßigten Breiten die jetzt schon stärker betroffenen ärmeren Länder unterstützen).

Das Eingeständnis der Krise nach Überwindung der Verleugnung und die eigene Haltung dazu sind höchst individuell. Diese kann reichen von der optimistischen Annahme, dass man den Menschen nur genügend richtige Informationen zur Hand geben muss, damit sie letzten Endes weise werden, um weitsichtige und humane Lösungen zu finden, bis hin zu einer resignativen Einstellung, wonach die Menschheit bis zum bitteren Ende kurzfristige Ziele wie steigenden Konsum, Beschäftigung und finanzielle Sicherheit verfolgen und dabei die immer deutlicher werdenden Signale ignorieren wird, bis es zu spät ist.

Auch gibt es natürlich die optimistische Annahme, dass alles viel zu negativ gesehen wird und nur »Apokalypse im Kopf« sei.[475] So gaben sich Journalisten große Mühe, zum Jahresende 2016 nach Brexit, Trump und Syrienkrieg gute Stimmung zu verbreiten. Schließlich sei der Anteil der in extremer Armut lebenden Menschen an der Weltbevölkerung dramatisch zurückgegangen, ebenso Analphabetentum und Kindersterblichkeit. Beklagt wird, dass die Wahrnehmung auf Schlechtes geeicht sei. Negative Ereignisse gingen meist mit einem großen Knall einher (Erdbeben, Attentate etc.). Langfristige Trends zum Besseren aber würden im Stillen verlaufen. Langfristige Trends zum Negativen jedoch ebenso, muss hier der Pessimist leider erwidern und auf die Shifting Baselines verweisen. Und auch wenn vieles eine Frage der Wahrnehmung und Bewertung ist, und wir vermeintlich die Welt nur im Gehirn erschaffen, »in dem als psychische Benutzeroberfläche des Körpers dann eine subjektive Wirklichkeit konstruiert wird«[476], lassen sich immer mehr spürbare und existenziell bedrohliche Fakten der Umweltkrise nicht ganz ignorieren. Niemand aber muss sich deswegen im Alltag permanent verrückt machen, eigene Haltung und Hoffnung können auch zwischen verschiedenen Polen pendeln:

- *Hoffnungsvoll, aber nicht optimistisch,* schlägt der Literaturwissenschaftler Terry Eagleton als Haltung vor.[477]
- Als *pathologischen Optimisten* bezeichnet sich der Naturschützer Hubert Weinzierl. Er hoffe immer noch, dass wir der Natur eine Chance geben würden. Er sei zerrissen.[478]
- Eine *heitere Hoffnungslosigkeit* im Angesicht der ökologischen Katastrophe propagiert der Autor Gregory Fuller.[479] Er verweist auf die

Neutralität des Seins, die Eigendynamik, mit der der Verstand seine Möglichkeiten ausleben wolle, und schlägt vor, zu lernen, das Ende zu akzeptieren, was nur scheinbar pessimistisch sei. Vielmehr folge daraus eine Leichtigkeit des Seins im Alltag, aber auch mit Wachsamkeit, allein schon für die Selbstachtung, aber auch um nächsten Generationen noch ein Überleben zu ermöglichen.

- *Ohne Hoffnung, aber nicht Verzweiflung*, so würden wohl seine Ausführungen klingen, meint der Psychoanalytiker Wolfgang Schmidbauer, und räumt mit mehreren Illusionen auf, etwa die heutigen Strukturen durch unseren Willen, unsere Einsicht und unser Engagement zu verändern. ›Eine andere Illusion ist die Rückkehr in die tropischen Paradiese, die Wiederaufnahme des Stammeslebens, des Einklangs mit der Natur. Eine dritte Illusion ist der Glaube an den Fortschritt der Wissenschaft, die eine Lösung finden wird‹.[480]
- Für *intelligente Optimistinnen und konstruktive Skeptiker*, so beschreibt das Schweizer Journal ›Zeitpunkt‹ im Untertitel seine Zielgruppe.
- *Dem Chaos standhalten, ohne verrückt zu werden*, lautet eine Perspektive des Arztes und Coaches Chris Johnstone und der Ökophilosophin Joanna Macy.[481]

Die letztgenannte Autorin ist die herausragende Vertreterin der tiefenökologischen Strömung, die versucht, eine Vertiefung der Beziehung zur Natur anzuleiten und zu »Hoffnung durch Handeln« zu ermutigen. Sie sieht bereits einen »Großen Wandel«, an dem teilzunehmen jeder die Chance hat. Um die Bewegung und die Attraktivität einer Beteiligung daran zu fördern, schlägt sie fünf Strategien vor. So könne man Begeisterung als wertvolle erneuerbare Ressource erkennen, die Definition von Aktivismus erweitern, dem inneren Kompass einer tiefen Freude folgen, für sich neu definieren, was ein gutes Leben sei, sowie Erfolg mit neuen Augen sehen und genießen.

Der große Wandel umfasst demnach drei Dimensionen, letztlich drei Handlungsebenen, die genützt werden können:[482]

- Dazu gehört der *Protest*, der Aktivismus, das Demonstrieren gegen Missstände, wie sie bereits bestehen oder neu geschaffen werden sollen.

- Weiter kann eine *Bewusstseinsänderung* bei sich und/oder anderen versucht werden zu erreichen durch das Lesen von Büchern oder die Teilnahme und eventuell dann auch die Mitorganisation entsprechender Veranstaltungen, aber auch durch Meditation, den Gang in die Natur und die Stille.
- Die dritte Dimension ist dann der *Aufbau neuer Leben erhaltender Strukturen*, an dem man mitwirken kann, ob das nun Transition-town-Initiativen sind, Ökodörfer, Nachhaltigkeitstrainingsgruppen oder was auch immer.

Die drei Dimensionen haben zudem den Vorteil, dass man von der, in der man sich gerade bewegt, in eine andere wechseln kann, wenn Stagnationsprozesse eintreten. Dies kann Aktivisten hilfreich sein, um nicht auszubrennen in all den gut gemeinten Bemühungen.

Die hier sehr verkürzt skizzierten Gedanken der Tiefenökologie mögen manchmal etwas naiv und weltfremd klingen, beinhalten aber viel Trost und Hilfestellung, erlaubt man sich den Anblick der Welt und die Wahrnehmung des Schmerzes dabei.

Der moderne Mensch ist also mit seiner eigenen ganz individuellen Krisen- und Krankheitsbewältigung gefragt, so wie auch etwa Krebskranke ganz unterschiedlich mit dem plötzlich vor Auge stehenden Lebensende umgehen. Es sind nur wenige, die nun destruktiv reagieren, sich zusätzlich selbst schädigen oder sich gar das Leben nehmen. Auch sonst macht eine fatalistische Haltung wenig Sinn, nur weil man am Ende des Lebens sowieso irgendwann einmal sterben wird, woran grundsätzlich nichts zu ändern ist. Trotzdem versucht man, ein sinnvolles Leben zu führen.

Daher ist der Gedanke, dass man ja ruhig ökologisch so weiter wirtschaften könne, wenn man sowieso kaum etwas daran ändern könne, zwar erst einmal nahe liegend, aber sogleich wieder obsolet. Viele Krebskranke werden sich im Angesicht ihres Endes ihrer Verantwortung für ihre Familie und Mitmenschen bewusst und sorgen für ihre Nachkommen vor. Genau das ist – das drohende Ende und die Machtlosigkeit im Großen vor Augen – auch eine Möglichkeit, mit der ökologischen Krankheit dieser Welt individuell sinnvoll umzugehen. Dafür ist es jedoch nötig, die Chancen, die auch diese schwere, so noch nie da gewesene Krise birgt, auch wahrzunehmen und zu ergreifen. Egal, ob dies global umsetzbar ist und zu einem effektiven Krisenmanagement führt – jedem Einzelnen steht selbst noch im finalen Krankheitsstadium in der persönlichen Krisenbewältigung dieser Weg offen, im Sinne einer eigenen freien Bewertung, der Freiheit des eigenen Wollens und Handelns.

Vielfältige Chancen der ökologischen Krise

Die ökologische Krise kann grundsätzlich – um es banal zu formulieren – auch eine in vielerlei Hinsicht bessere Zukunft bringen. Das wird bei allen Schreckensszenarien gerne übersehen, wenngleich es schwer vorhersagbar ist, wohin die Eigendynamik einer solchen Krise, noch dazu einer weltumfassenden, führen kann. Aber es gibt Chancen für einen Weg von der heutigen Lebensweise, die gekennzeichnet ist von hoher Entropie und fast unvermeidbarem umweltschädlichen Verhalten, zu einem niederentropischen Dasein, das unseren Nachkommen zumindest noch die Möglichkeit eines erträglichen Lebens lässt.

Das Schwergewicht unseres Daseins wird nach der Krise mit ihren einschneidenden Umwälzungen nicht mehr auf materiellem Konsum liegen. Die Grundbedürfnisse werden befriedigt werden können, nicht aber ausgefallene Wünsche, wie sie heute immer noch von der Werbung als dringend zu erfüllen suggeriert werden. Diese Dinge werden nicht vermisst werden, da eher die Vorteile dieses vermeintlichen Verzichts zu spüren sein werden. Die Produkte, die dann noch zur Befriedigung von Grundbedürfnissen erhältlich sind, werden dafür wieder wertvoller werden.

Anders formuliert: wer kein Auto besitzt, braucht sich keine Sorgen zu machen über unnötige Kosten, Reifenwechsel, Tankstellen und Werkstätten, Staus, Unfälle oder Autodiebe. Car-Sharing-Teilnehmer wissen das heute schon zu schätzen und nützen ein Auto allenfalls dann, wenn sie es wirklich brauchen. Ihr finanzieller Aufwand ist dadurch zudem geringer.

Ebenso wird Arbeit, vor allem muskelbetriebene und fürsorglich-pflegende, einen anderen Stellenwert erhalten. Heute gering geschätzte und daher schlecht bezahlte Tätigkeiten wie in der Pflege und Kinderversorgung werden besser anerkannt werden – es erstaunt immer wieder, wie wenig heute noch nach fünfjähriger Ausbildung für die

Motivation von Erzieherinnen getan wird, denen das Wertvollste, was wir haben, nämlich der noch kleine Nachwuchs, überlassen wird. Stattdessen ist die hohe Bezahlung von Managern dafür, dass sie virtuelle Geldsummen vermehrt oder überflüssige Produkte vermarktet haben, dann nicht mehr notwendig.

Der Sinn von Arbeit wird erkennbarer werden, wenn der Mensch nicht mehr nur zum »Rädchen im Getriebe« degradiert ist, sondern weiß, warum er etwas tut oder zu tun hat. Kann er dann noch teilhaben an Organisations- und Entscheidungsprozessen, wird das die Motivation zusätzlich fördern. Dass dies auch heute schon keine Utopie sein muss, zeigen genossenschaftliche Unternehmensstrukturen, die sich unabhängig machen vom Shareholder Value.[483]

Tauschringe sind ein weiteres heute schon vereinzelt angewandtes Modell, sich auf wirkliche Bedürfnisse und gegenseitige Unterstützung zu konzentrieren. Anstelle von Rohstoff verbrauchender Produktion werden zudem Recycling, Reparatur und Wartung im Vordergrund stehen.[484] Das produzierende Gewerbe wird sich umstellen müssen. In der Autoindustrie lässt sich heute schon beobachten, wie es ist, wenn man die Zeichen der Zeit nicht erkennt bzw. die drohende Krise leugnet.

Ölabhängige Industriezweige werden einen Niedergang erleben, Investoren ziehen hier bereits jetzt große Geldsummen ab. Im Bereich der sie ersetzenden erneuerbaren Energien liegt zudem ein enormes Potenzial an Arbeitsplätzen, wie sich jetzt schon zeigt. Weiter kann Sonnenenergie dezentral genutzt werden, jeder kann hier auch Selbstversorger oder Strom erzeugender Unternehmer werden, sofern politisch Bereitschaft entsteht, die derzeit noch zentralisierte Energieerzeugung zu verlassen.

Die nötige Energieersparnis und ein geringerer Dichtestress, der uns heute im Verkehr, in überfüllten Kinokomplexen oder beim Kampf um Arbeitsplätze zu schaffen macht und gerne mal zu Aggression oder Panikattacken führt, könnten sich durch den Versuch einer Rückkehr zu einem Leben in Gruppen erreichen lassen, es wurde bei den Lösungsansätzen schon angedeutet; hierfür werden neben den Familien-Gruppen Gemeinden etwa in der Größenordnung von 7000 Einwohnern vorgeschlagen.

Dementsprechend wäre der Städtebau auszurichten, etwa mit Zusammenlegen von Wohnungen oder Aufstockung von Einfamilienhäusern im Stadtrandgürtel, um Gruppenwohnen zu ermöglichen. Die Schatten spendende Pergola auf dem Dachgarten wäre dabei ein solares Kraftwerk, nicht mehr nötige Parkplätze würden solar besetzt, Straßen würden zu Alleen, mit Bäumen oder Photovoltaik betreibenden Elementen.[485]

Großstädte dürften daher – entgegen dem derzeit noch bestehenden Trend – der Vergangenheit angehören, werden zumindest schrumpfen statt weiter wachsen.[486] Damit wird auch der Verkehr sich ändern; öffentliche Verkehrsmittel sowie Fahrräder werden an Bedeutung gewinnen, Reisen nicht mehr soweit in die Ferne führen, Geschäfte wieder wohnortnäher eingerichtet werden, wofür gerade ältere und nicht mehr so mobile Menschen im Zeichen der parallel ablaufenden demographischen Entwicklung dankbar sein dürften.

Ebenso wird die heute oft zentralisierte und hochtechnisierte Landwirtschaft der Selbstversorgung und einem dezentralen regionalen Kleinanbau weichen müssen, allein die steigenden Transportkosten machen das notwendig. Biobauern praktizieren das heute schon, beliefern Märkte vor Ort und bieten Verbrauchern mit Ökokisten einen praktischen Vorortservice mit geringem Energieaufwand für den Transport. Wenn ein Transporter mit etwa 200 Kisten einmal wöchentlich die Runde durch ein Stadtviertel dreht, ist das sparsamer als wenn aus jedem der 200 Haushalte mehrmals wöchentlich jemand mit dem Auto zum Supermarkt fährt. Auch für die Entwicklungsländer werden große Chancen für Kleinbauern gesehen.[487]

Sicher liegt es auf der Hand, solche Szenarien, wie sie auch oben schon skizziert wurden und noch weiter fortgesetzt werden könnten, etwa auch für Wissenschaft und Forschung, als unrealisierbare Utopien zu bezeichnen. Aber unter dem Gesichtspunkt, die ökologische Krise als Chance zu betrachten für eine konstruktive Weiterentwicklung der Menschheit *danach*, erhalten sie eine ganz andere Bedeutung. Bei sich weiter zuspitzender Krise werden sich heute als utopisch anmutende Visionen noch als wertvoll erweisen können.

Und schließlich wird es wahrscheinlich auch zu einem Rückgang der Population des Menschen kommen,[488] was zunächst ein ganz normaler Vorgang in Ökosystemen ist. Die entsprechenden Regulationsmechanismen werden das erfordern. Der Planet würde nicht mehr übernutzt werden wie heute, andere Lebewesen und Pflanzen würden von einem neuen Gleichgewicht profitieren. Warum sollte es grundsätzlich schlecht sein, wenn nur noch drei Milliarden Menschen auf der Erde leben, wie dies noch vor 1960 der Fall war? Bei solchen Überlegungen wird einem rasch unterstellt, man würde hier nun ein gegenseitiges Schlachten und Morden vorschlagen. Es dürfte sich aber eher um einen auf lange Sicht sich entwickelnden Populationsrückgang handeln aufgrund sich verschlechternder Umwelt- und Lebensbedingungen. Große Sorgen macht dabei allerdings schon, dass außer nachlassenden Geburtenzahlen vor allem katastrophale Konflikte, etwa um Rohstoffe, zu der nötigen Anpassung beitragen könnten. Wünschenswert ist dies keinesfalls!

* * *

Krisen sind etwas völlig normales. Im Kleinen und Großen treten sie immer wieder auf und führen nach meist schmerzhaftem Tiefpunkt oft zu einer konstruktiven Weiterentwicklung. Aber so wie mancher Verlust oder manche schwere Krankheit nicht überwunden werden können, kann auch die ökologische Krise in eine Sackgasse führen, etwa wenn die Komplexität ihrer vielfältigen Auswirkungen mit einem anhaltenden Ausblenden ihrer Bedrohung zusammenwirkt.

Diese führt hin zu existenziellen Fragen des Daseins. Welche Lebensentwürfe sind sinnvoll, welche Haltung wird eingenommen, wie kann die erkennbar gewordene Endlichkeit bewältigt werden? Das Gewahrwerden von Wut, Angst und Ohnmacht im Angesicht der Krise und das Aussprechen dieser Gefühle in Gruppen mit Gleichgesinnten mag eine gute Sofortmaßnahme im akuten ökomentalen Krisenfall sein. Für ein nachhaltiges, darüber hinaus reichendes Management bedarf es aber zusätzlicher Therapien: neben Änderungen des Lebensstils ist auf der Ebene des Einzelnen auch eine Besinnung auf grundlegende Fragen des Daseins hilfreich. Diese haben mit der eigenen Isolation, der Freiheit eigener Entscheidungen, der Konfrontation mit dem Tod und dem Sinn durch Selbsttranszendenz zu tun. Durch die Auseinandersetzung damit könnten sich die nach Aufgabe der Verleugnung zahlreich auftretenden negativen Gefühle leichter aushalten und bewältigen lassen sowie eine eigene Haltung gefunden werden.

Die vier letzten Dinge – die existenzielle Sichtweise

Es ist an der Zeit, die Entdeckung zu nutzen, dass du weder dein Körper bist, noch deine Identität, noch deine Bücher, sondern ein Teil von etwas, dem all das gleichgültig ist. Das könnte dem Menschen eines Tages helfen, einen Weg zu finden.

Tiziano Terzani[489]

Eine 42-jährige Allgemeinärztin schreibt:

> Wir führen ein verschwenderisches Luxusleben voller Egoismus und kämpfen darum, dass es immer noch besser wird. Doch so richtig glücklich macht das anscheinend nicht, woher kommen bloß die vielen Depressionen? Fehlt der Sinn des Lebens? Zu viele Reize und Informationen, die auf uns einstürmen? Alles zu materialistisch, konsumorientiert? Manchmal wünsche ich mir einfach nur Ruhe und innere Leere (beim Yoga bin ich gelegentlich ganz nah dran, aber das Meditieren ist unheimlich schwer). Das Annehmen des Endes und auch des Todes fiele mir bedeutend leichter, wenn ich endlich wirkliche innere Ruhe und Gelassenheit finden könnte. Unwichtige Pseudosorgen und -probleme nehmen zu viel Platz ein.[490]

Zurückgeworfen auf sich selbst

Im Grunde stecken in diesen nachdenklichen Worten die wesentlichen Aspekte, die zuvor schon angeklungen sind: Das Erkennen der Missstände, die Schwierigkeiten, dagegen etwas zu tun, das Eingenommensein von den Alltagssorgen, und – bei aller Hoffnung auf fähige Politiker, gute Vorbilder und technische Fortschritte – das immer am Ende aller Überlegungen stehende Zurückgeworfensein auf sich selbst. Der weite Bogen über die Darstellung der ökologischen Krise, ihre evolutionäre Entwicklung, die Rolle der Entropie und die Hoffnung auf Lösungen, die vergeblich sein muss, wenn nur auf Vorgaben von oben gehofft wird, führte hin zu der Frage, wie der Einzelne (auch Entscheidungsträger sind »Einzelne«) selbst Krisenmanager werden kann. Hierfür bedarf es jedoch eigener Selbsterfahrung, eines Zugangs zum inneren Ich, zu Psyche und Seele, um dann auch wieder leichter die Beziehung zur Natur und zu anderen Menschen aufnehmen können. Denn wie wir gesehen haben, weisen die meisten von Experten geforderten Werte (wie etwa Empathie, Gerechtigkeit, Humanität, Verantwortung) auf die Bedeutung von Beziehungen zu den nächsten oder entfernter lebenden Menschen hin, was grundsätzlich auch auf das Verhältnis zur Natur zu übertragen wäre, die wir im Eigeninteresse ja bestmöglich erhalten wollen.

Doch wie sollen die genannten Werte entstehen, wenn doch Gesetze, Normen, Vorschriften und Moralpredigten nicht unbedingt zu den gewünschten Wertvorstellungen beitragen? Durch Selbsterfahrung und Selbsttranszendenz (also aus sich heraus gehen, sich auf andere beziehen), Erlebnisse der gemeinsamen Ekstase genauso wie durch Erfahrungen der Stille und Tiefe kann es grundsätzlich zu länger gültigen Werten kommen, wie wir schon von soziologischer Seite her gesehen haben. Also kommen wir auch hier vom weiten Bogen allgemeiner Prinzipien sowie notwendiger Regeln und Gesetze wieder zurück zu jedem Einzelnen von uns. Doch auf der individuellen Ebene gibt es viele Hindernisse für eine fruchtbare Selbsttranszendenz. Der Philosoph Hans Georg Gadamer meint dazu:

> Wer mit sich selbst nicht Freund, sondern mit sich selbst zerfallen ist, ist gerade zu keiner Hingabe an andere und zu keiner Solidarität fähig. Hier scheint mir der tiefste Grund der Selbstentfremdung zu liegen, die wir im modernen Zivilisationsleben sich ausbreiten sehen, und umgekehrt liegt hier die unverlierbare Chance unser aller, inmitten der durch nichts zu beschönigenden Zwangsformen unserer modernen Gesellschaft die eigene Tätigkeit mit dem Bewusstsein eines eigenen Sinnes zu erfüllen, wo wir nur ein Bewusstsein echten Wissens und echten Könnens besitzen.[491]

Die *Endlichkeit* der Ressourcen, des Planeten wie auch des eigenen Lebens, die *Freiheit*, selbst Entscheidungen treffen und in eigenen Wertbindungen bei sich sein zu können – durch weniger Selbstentfremdung mit sich selbst Freund zu sein –, das Zurückgeworfen-Sein letztlich *auf sich selbst* mit der Notwendigkeit, den eigenen *Sinn* und die eigene Befriedigung zu finden: all dies weist hin auf ganz existenzielle Gegebenheiten, die vier letzten Dinge: *Tod, Freiheit, Isolation und Sinn.*[492]

Ein Bewusstsein davon kann zu tieferen zwischenmenschlichen Beziehungen und Selbsttranszendenz verhelfen, aber auch zur Akzeptanz der Endlichkeit, und dies wiederum zu leichterem Umgang mit der schwierigen ökoglobalen Situation. Daher lohnt es sich, sich mit diesen letzten Dingen im Folgenden etwas näher zu beschäftigen, gestützt auf Überlegungen des amerikanischen Psychotherapeuten und Schriftstellers Irvin Yalom zu einer »existenziellen Psychotherapie«.[493]

Isolation

Zunächst bereitet es ein Unbehagen, sich mit sich selbst auseinanderzusetzen, auf sich selbst zurückgeworfen zu sein. Vielfache Ablenkungen und vermeintliche Sachzwänge helfen über die meiste Zeit im Alltag, das zu vermeiden. Die daher seltenen Momente der Ruhe führen dann erstaunlicherweise oft zu großer innerer Unruhe, man kennt das vom Urlaub: die ersten Tage vermeintlicher Ruhe sind nicht selten von erheblicher Anspannung gekennzeichnet.

In der Auseinandersetzung mit sich selbst stößt man darauf, dass man im Grunde unerbittlich alleine ist, innerlich getrennt von der Welt. Niemand kann von außen die eigenen Gedanken und Gefühle vollständig kennen, immer bleibt auch ein Rest, den man nicht jemand anderem verständlich machen kann. Die Trennung zwischen Mensch und Welt wird wohl am deutlichsten erkennbar im Sterben als einsamster menschlicher Erfahrung überhaupt. Es geht also nicht um das Alleinsein als solches, etwa nach einem Todesfall oder einer Trennung, sondern es geht um eine Isolation, der man sich in letzter Konsequenz nicht entziehen kann, seien auch noch so viele Menschen um einen herum oder auf Facebook aktiv.

In der Persönlichkeitsentwicklung, im Größer- und Älterwerden des Kindes, stellt sie zunächst den Preis dar für notwendiges Wachstum und Loslösung. Die nötige Abnabelung von den Eltern bringt Selbstständigkeit und Unabhängigkeit, aber dann auch ein manchmal erschreckendes Auf-Sich-Gestellt-Sein. Das kann gerade in Übergangsphasen wie der Pubertät, aber auch später zu schweren Krisen führen. Dementsprechend kann Isolation wiederum geleugnet werden durch Verschmelzung in Beziehungen, indem man sich etwa von einem Partner übermäßig abhängig macht, oder durch Größenideen im Glauben an die eigene Besonderheit, etwa indem man sich in seiner Arbeit für unersetzlich hält. Bricht hier das Gebäude zusammen, verlässt einen etwa der Partner oder gibt es Ärger am Arbeitsplatz, gerät man psychisch leicht in Turbulenzen.

Auch bei der Betrachtung der ökologischen Krise fühlen wir uns oft alleine. Wir bemühen uns vielleicht, etwas Sinnvolles zu tun, sehen aber, dass andere weiter zum Flughafen für die Urlaubsreise eilen. Wir achten beim Kauf des Autos auf einen sparsamen Motor, sehen aber, dass die Politiker und Regierungen kaum Anreize geben, um Abgase zu reduzieren. Hilflos fühlen wir uns zudem unbestimmten Gefahren und hereinbrechenden Naturgewalten ausgeliefert, mit denen wir jetzt umso mehr zu rechnen haben. Zugleich ist es schwer, aus dem üblichen Kreislauf auszubrechen, stecken doch hinter Arbeit, Karrierestreben, Konsum und Statussymbolen letztlich auch eigene psychische Bedürfnisse wie das Streben nach persönlicher Erfüllung, Befriedigung und Anerkennung, vielleicht sogar die Stabilisierung eines sonst fragilen Selbstwertgefühls.[494]

Vielleicht gelingt es dem in der Ökokrise Orientierung Suchenden anzuerkennen und auszuhalten, dass die existenzielle Isolation nicht zu eliminieren, allenfalls in zwischenmenschlichen Begegnungen zu lindern ist. Hilfreich ist es auch, neue Arten zu entdecken, »*in der Einsamkeit zu ruhen*«, Perioden selbst auferlegter Einsamkeit oder Meditation können Mittel dazu sein. Irvin Yalom meint dazu:

> Die Menschen lernen dabei [in solchen Perioden], in die Isolation einzutauchen, was sie am meisten fürchten. Sie werden aufgefordert, in die Isolation einzutauchen – und was noch wichtiger ist, dies nackt, ohne die gewohnten Schutzmechanismen der Verleugnung zu tun. Sie werden aufgefordert, ›loszulassen‹ (statt sich anzustrengen und etwas zu erreichen), ihren Geist zu leeren (statt zu kategorisieren und Erfahrung zu analysieren) und auf die Welt zu reagieren und mit ihr in Harmonie zu sein (statt sie zu kontrollieren und sie zu unterwerfen).[495]

Das hieße fast, etwas zurückzukehren zur schon beschriebenen Jäger- und Sammler-Mentalität: das zu nehmen, was da ist (»auf die Welt reagieren«) und nicht auszubeuten und zu vernichten (»statt sie zu kontrollieren und zu unterwerfen«). Menschen ziehen sich daher gerne für einige Tage in die Wildnis zurück, entsprechende Seminare erfreuen sich zunehmender Beliebtheit.

Bei solchen Experimenten können dann aber Unbehagen und *Langeweile* auftauchen, die gerne vermieden werden, jedoch zu den ersten zivilisatorischen Errungenschaften der Menschheit gehören. Matthias Drobinski schreibt zu diesem selten bedachten Phänomen der Langeweile:

> Sie kam in die Welt, als sich die Steinzeitmenschen satt vor ihre Höhle setzten, rülpsten und dachten: Was nun? Und sie die eigene Existenz zu jucken und kratzen begann. Ohne Langeweile hätten die Griechen nie die Olympiade erfunden. (...) Vielleicht ist die grassierende Langeweile der Kinder ein Reflex auf die Verdrängung der Erwachsenen. Sie quengeln um Aufmerksamkeit und nicht um Ablenkung, um die Befreiung vom

> Überangebot und nicht, weil sie ein neues Nintendo-Spiel wollen. Deshalb: Mut zur Langeweile! (...) Sie kratzt und juckt, erzeugt Überdruss, zunächst einmal ist sie überhaupt nicht schön. Dann aber weckt sie Sehnsucht, sie macht das Unerfüllte bewusst, und nur so kann Neues keimen. (...) Wer die Windstille der Seele nicht kennt, kann auch nicht zur glücklichen Fahrt aufbrechen.[496]

Andere Wege zu persönlicher Erfüllung und Befriedigung sind also möglich, nicht immer ist Geld dafür notwendig. Die Auseinandersetzung mit der Isolation kann auch dabei helfen, die zum Umgang mit der ökologischen Krise hilfreiche Empathie zu entwickeln, mit anderen Menschen die Sorgen zu teilen und hierdurch auch das Alleinsein mit den ökologischen Fragen und Ängsten zu relativieren. Studien haben zudem gezeigt, dass, je geringer das Gefühl persönlicher Erfüllung und die Lebenszufriedenheit sind, die Todesangst umso ausgeprägter ist. Beim Spüren der eigenen Isolation in der Auseinandersetzung mit uns selbst werden wir somit zwangsläufig auch konfrontiert mit Gedanken an unsere eigene Endlichkeit.

Tod

Wer denkt schon gerne an das eigene Sterben! Viele, damit konfrontiert, äußern, nein, der Tod mache ihnen keine Angst. Bei genauerem Nachfragen stellt sich dann heraus, dass es sehr wohl große Furcht gibt: vor dem eventuellen Siechtum durch Krankheiten, vor dem Zurücklassen von Familie und Freunden, vor dem, was danach kommt oder nicht, und vor allem davor: aufzuhören zu sein.

Und irgendwann nähert man sich dem Punkt, an dem die Frage auftaucht, ob man eigentlich mit dem eigenen Leben etwas »Sinnvolles« angestellt hat, ob man die Möglichkeiten, die sich geboten haben, genutzt hat, ob man selbst überhaupt versucht hat, solche Möglichkeiten entstehen zu lassen, und wie man die Kontakte zu Menschen, die einem wichtig waren, gestaltet hat. Mit dem Älterwerden, der Möglichkeit, krank zu werden oder zu versterben, sind wir immer wieder konfrontiert: etwa bei Unfällen, bei denen es gerade noch einmal gut gegangen ist, bei Todesfällen im Umfeld, aber alleine schon bei Geburtstagen, die einem deutlich signalisieren, dass man dem Ende wieder einen Schritt näher gekommen ist.

Also stürzen wir uns ins Leben, in die Hektik des Arbeitsalltages und des Freizeitstresses. Der Verleugnung der Todesangst dabei dient auch die schon beschriebene Flucht in virtuelle Welten, um nicht wahrnehmen zu müssen, dass es nicht immer nur aufwärts gehen kann, weder im persönlichen Leben noch etwa beim Wirtschaftswachstum. Rückschläge, Krankheiten und Tod gehören jedoch zum Leben dazu, sind aber schwer auszuhalten, wie auch die eventuell existenziell bedrohliche (und damit dann den Tod näher bringende) Ökokrise.

Die Todesangst blitzt dann aber immer wieder auf durch Träume sowie die Konfrontation mit dem Altern und mit Krankheiten, stärker noch im Erleben ausgeprägter Angst bei Panikattacken. Schon Kinder sind allerdings sehr mit dem Tod beschäftigt und erlernen die Verleugnung als wesentliche Strategie im Umgang mit der Todesfurcht. Spricht ein Kind vom möglichen eigenen Tod oder dem etwa der Großmutter, wird vom Erwachsenen sogleich beschwichtigt und beschönigt, weil man ja selbst nicht damit konfrontiert werden will.

Die zwei Hauptformen der Verleugnung werden häufig ins Erwachsenenalter mitgenommen: zum einen der *Glaube an die persönliche Unverletzlichkeit und Besonderheit* mit daraus resultierendem hohen Streben nach Autonomie, Macht, Effizienz und Kontrolle, psychopathologisch dann sich äußernd etwa in unpassenden Größenideen, leichter Kränkbarkeit und Arbeitssucht, sowie zum anderen der *Glaube an den »letzten Retter«*. Hier steht im Vordergrund der Glaube an ein Wesen, das uns ewig beobachtet, liebt und beschützt oder einen allmächtigen Diener darstellt (z. B. Eltern, Partner, Gott); in Beziehungen führt dies häufig zu Abhängigkeit und Unterordnung, bei stärkerer Ausprägung vielleicht auch zu Verlustängsten, Depression und Panik vor dem Alleinsein.

Auch ökologisch gesehen sind wir vom »letzten Retter« enttäuscht. Wir erkennen, dass weder Gott noch die Politik uns aus der gegenwärtigen Situation erlösen können (im Zusammenhang mit ausbleibenden Regenfällen auf Zypern wurde von der Kirche schon das regelmäßige Beten dafür verordnet – allerdings ohne Erfolg). Aber wir verlangen immer wieder, dass doch »die da oben« endlich etwas tun oder Werte vorgeben sollten; auch die Wirtschaft solle doch mit gutem Beispiel bei der Lösung der großen Fragen voran gehen. Genau das ist die Gefahr mit dem »letzten Retter«: die Hoffnung darauf verführt in letzter Konsequenz dazu, sich unreflektiert Autoritäten anzuvertrauen. Dass »die da oben« aber selbst oft nicht weiter wissen, haben wir schon festgestellt.

Eine weitere Parallele fällt auf: nach durchlebten Krankheiten sind wir, aus Erleichterung darüber, dass es noch einmal gut gegangen ist, gerne bereit, das Bewusstsein von Krankheit und Tod wieder weit hinten anzustellen. Das ist grundsätzlich sinnvoll. Es hilft nicht weiter, die ganze Zeit daran zu denken. Genauso aber kehren wir gerne etwa bei abklingender Finanzmarktkrise schnell zur vorherigen Normalität zurück, und die wieder gesunkenen Ölpreise lassen uns rasch vergessen, wie endlich dieser Rohstoff trotzdem bleibt, die Chance zum Wandel bleibt erneut ungenutzt. Auch die der Todesangst ähnliche Furcht davor, alte Gewohnheiten aufgeben zu müssen, ohne Sicherheit für das noch unklare Neue garantiert zu bekommen, wird dabei gerne vermieden. Zum Sinn der Begrenztheit jedoch äußert sich der Naturphilosoph Bernulf Kanitscheider:

> Der Tod ist nicht die einzige bedeutungsvolle Sache im Leben. Wer immer nur auf das Ende des Daseins blickt, nimmt sich die Chance, sein Leben erfüllt zu gestalten. Man kann es auch umgekehrt sehen: Es ist gerade die Sterblichkeit, die ein menschliches Leben kostbar macht. Wenn wir unendlich viel Zeit zur Verfügung hätten, könnten wir jedes Ziel in die unbegrenzte Zukunft verschieben.[497]

Die Auseinandersetzung mit der eigenen Endlichkeit könnte uns also helfen, die Endlichkeit auch des Planeten und seiner Ressourcen annehmen zu lernen (sie kann allerdings ebenso dazu führen, es sich bewusst gut gehen zu lassen, auch mit Luxus und Fernurlauben, schließlich kann der aktuelle Tag schon der letzte sein). Grundsätzlich erleichtert diese Auseinandersetzung es uns, den Gedanken an eine Endlichkeit von Gesellschaften[498] oder auch unserer im Grunde noch jungen menschlichen Kultur aushalten zu können. Immer nur auf ein solches Ende zu blicken, scheint auch hier nicht sinnvoll. Sich dessen grundlegend bewusst zu sein könnte aber ein Ansporn sein, den Menschen und seine Kultur als kostbar zu begreifen und ihren Erhalt zu fördern (der hier, im Gegensatz zum eigenen Leben, ja sogar möglich wäre). Stattdessen verhalten uns unter Ausblendung der ökologischen Folgen aber so, dass wir nur umso schneller ihrem Ende entgegen kommen. Das erinnert an die schon angestellten Überlegungen zum Todestrieb, der unbewussten Sehnsucht nach dem Ende.

Ähnliches fällt wiederum auch im Umgang mit der individuellen Todesangst auf. Wir verneinen, eine Todesangst zu haben, setzen uns aber durch Umgang mit riskanten Techniken, durch häufige und schnelle Mobilität, mit Nikotin- und Alkoholkonsum, Fehlernährung und teilweise gefährlichen Freizeitaktivitäten einem hohen Lebensrisiko aus. Dann eilen wir zum Arzt, dem »letzten Retter« im Gesundheitswesen, der es wieder richten soll (oder wir meinen – eher im Glauben an die eigene Besonderheit – dass wir das schon alleine schaffen würden). Auch hier sind die Mutigeren selten, die uns reinen Wein einschenken oder auch einmal ihre eigene Ratlosigkeit zugeben.

Meist verschanzen sie sich hinter Schreibtischen, Rezeptblöcken und technischen Apparaten, erhöhen so im Sinne der Entropie den Input mit dann aber nur geringem Output, und verschaffen uns dadurch die Illusion, dass alles schon machbar sei. Hilfe von Rettern in Anspruch zu nehmen, aber gleichzeitig auch sich selbst zu helfen und somit selbst aktiv zu werden, diese Balance zwischen Ich und Außen fällt schwer.

Offensichtlich ist die Tatsache schwer zu akzeptieren, dass diese Welt eines Tages aufhören wird zu existieren, ebenso wenig wie wir die Tatsache unseres eigenen Todes akzeptieren wollen.[499] Das Aufgreifen und Annehmen der verleugneten, jedoch wirkenden Todesangst kann helfen, die zunächst schrecklich erscheinende Wahrheit der Endlichkeit anzunehmen und die Lebenszufriedenheit zu erhöhen, indem das Leben als »Möglichkeit der Möglichkeiten«[500] erfahren wird vor dem Hintergrund des Todes als »Unmöglichkeit weiterer Möglichkeiten«.[501] Dies erkennen, bewerten und danach handeln zu dürfen, ist eine besondere Form der Freiheit, die hier ebenso existenzielle Bedeutung annimmt.

Freiheit

Freiheit, sie ist von diesen »schweren« letzten Angelegenheiten zunächst am leichtesten anzunehmen. Freiheit wollen wir alle: Meinungsfreiheit, Wahlfreiheit, Pressefreiheit, Religionsfreiheit, Freiheit im politischen System. Warum also sich damit auseinandersetzen?

Unsere Freiheit heute ist scheinbar grenzenlos. Wir können zwischen Dutzenden von Automodellen und Smartphones, Gurkengläsern und Zahnpastasorten, zwischen unzähligen Reise- und Aktivitätsmöglichkeiten wählen. Hier kann die Wahlfreiheit ein erdrückendes Ausmaß annehmen, etwa auch bei der Berufswahl, steht doch ein Vielfaches an Ausbildungs- und Studienwegen zur Verfügung verglichen mit einer Zeit noch vor wenigen Jahren. Viele junge Menschen haben daher trotz großer Freiheit Probleme, ihren eigenen Weg zu finden, der dann ja noch zielstrebig und schnell – etwa im Bologna-Studien-System – erledigt werden soll. Die Freiheit, zu sein oder zu werden, der man ist, erscheint da eher erschwert. Denn alles ist bereits vorgesehen, alles ist geregelt, und auszuscheren ist nicht leicht.

Der Freiheitsbegriff hat im existenziellen Zusammenhang jedoch keine politische oder gesellschaftliche Bedeutung, sondern erfasst die grundlegenden persönlichen Kategorien der *Verantwortung* sowie des *Wählens und Handelns*. Wie jeder sich entscheidet, wie jeder etwas betrachtet und bewertet, ob und wie jeder danach handelt, all das liegt allein in der persönlichen *Freiheit* wiederum eines jeden. Yalom gibt dazu ein schönes Beispiel von sich selbst:

> Auf der tiefsten Ebene steht Verantwortung für Existenz. Dies wurde mir durch eine einfache Erfahrung vor vielen Jahren nahe gebracht, die so mächtig war, dass sie mir lebhaft in Erinnerung geblieben ist. Ich schnorchelte allein in dem warmen, sonnigen, klaren Wasser einer tropischen Lagune und erlebte, wie ich es oft im Wasser habe, ein tiefes Gefühl von Freude und Wohlbehagen. Ich fühlte mich zu Hause. Die Wärme des Wassers, die Schönheit des Korallengrundes, die glitzernden, silbernen Elritzen, die neonhellen Korallenfische, der königliche Engelsfisch, (…) das ästhetische Vergnügen, durch das Wasser zu gleiten –

> alles zusammen erschuf ein Unterwasser-Elysium. Und dann erfuhr ich, aus Gründen, die ich niemals verstanden habe, einen plötzlichen Wandel der Perspektive. Ich wurde mir plötzlich bewusst, dass keiner meiner Genossen im Wasser meine heimelige Erfahrung teilte. Der königliche Engelsfisch wusste nicht, dass er schön war, die Elritzen, dass sie funkelten, die Korallenfische, dass sie strahlten. Die Seeigel mit ihren schwarzen Stacheln oder die Abfälle auf dem Grund (die ich zu übersehen versuchte) wussten auch nichts von ihrer Hässlichkeit. Das Zuhausesein, die Wohligkeit, die lächelnde Stunde, die Schönheit, die Verführung, die Annehmlichkeit – keine von diesen existierte wirklich! Ich hatte die gesamte Erfahrung geschaffen! Ich könnte in gleicher Weise durch ölschlickiges Wasser voller leerer Plastikbehälter gleiten und mich dafür entscheiden, es entweder schön oder abscheulich zu finden. Auf der tiefsten Ebene waren die Wahl und die Schöpfung mein Werk.[502]

Wahrnehmung ist also auch etwas sehr Subjektives; entscheidend dabei ist, welche Bedeutung man selbst Ereignissen oder Schicksalen zumisst. So wenig Verantwortung dafür beim Betroffenen häufig bestehen mag (wenngleich das bei manchen Umständen näher zu betrachten wäre), so sehr ist er verantwortlich für deren Bewertung und Einordnung (wir sind diesem Phänomen schon bei der »Apokalypse im Kopf« begegnet). Eindrucksvoll ist das wiederum oft zu beobachten bei Menschen, die an einer schweren Erkrankung leiden, etwa einem Krebsleiden. Im Angesicht der plötzlich nahe gerückten Endlichkeit des Lebens neigen manche Betroffene zur Bewertung der Erkrankung als Katastrophe, zu Resignation und Verzweiflung im Umgang mit der nicht bewältigten Todesangst, andere nehmen nach anfänglichem Schock die ihnen verbleibende Chance an und leben eher auf.

In diesem Sinne ist man selbst Schöpfer seiner eigenen Welt, was eine Schwindel erregende Empfindung im Sinne der schon diskutierten existenziellen Isolation darstellen kann. Nicht das so oft beklagte Schicksal oder die äußeren Umstände sind es alleine, die uns belasten, sondern vor allem wir selbst, mit unserem Blickwinkel dazu. Es erwächst daraus eine Verantwortung für die eigene Lebensführung. Irgendwann nützt es nichts mehr, die Eltern, die Erziehung, die Gesellschaft oder früher erlittene Enttäuschungen als schuldig für die Situation jetzt anzuklagen.

Die Parallele zur ökologischen Krise drängt sich auf: es bringt nichts, die vor Jahrhunderten erfolgte Industrialisierung oder gar den Übergang vom Jäger- und Sammler-Dasein zu Ackerbau und Sesshaftigkeit als ursächlich für die jetzige Situation zu beschuldigen. All das hat sich von selbst, mit entsprechender Eigendynamik, ohne bösen Willen vollzogen. Und so sehr das aktuelle Dilemma von Umständen, Politik und Weltgeschehen abhängig ist, so sehr haben wir selbst die Möglichkeit, zu entscheiden, wie sehr wir uns davon frustrieren lassen wollen oder ob wir eine »ökologische Lebenskunst«[503] entwickeln, bei der wir dann ganz bei uns sein können. Auch die Umwelterkrankung könnte durchaus in ihrer Bewertung Menschen und Kollektive dazu bringen, die dennoch verbleibende Chance anzunehmen.

Die Plastikbecher im Meer nun aber direkt als schön anzusehen, wäre dann doch eher eine Fehlbewertung, die erfolgreich vom Handeln abhalten würde. Denn in der Verleugnung werden häufig Entscheidungen gemieden, die uns die ureigenste Verantwortung für all das bewusst machen könnten. Die geben wir lieber nach oben ab, wie wir schon gesehen haben. Existenzielle Selbsterfahrung kann hier helfen, die eigene Rolle in den entstandenen Lebensstrukturen zu erkennen und Verantwortung für das Hier und Jetzt zu übernehmen. Wichtige Aufgabe ist es dabei, den wirklichen »Widrigkeitskoeffizienten« des eigenen Schicksals zu identifizieren, also das zu analysieren, was nicht geändert werden kann und somit tatsächlich zu den oft beklagten »widrigen Umständen« gehört, und hiervon zu trennen, was letztlich in eigener Verantwortung aus bestehenden Beeinträchtigungen gemacht oder aus Möglichkeiten nicht gemacht wurde.

Hierfür ist es jedoch auch nötig, eigene Wünsche zu spüren, eigene Präferenzen, eigene Bedürfnisse, Vorlieben oder auch Abneigungen. Um zu einem *Willen* zur Veränderung zu kommen, müssen wir also zunächst *Wünsche* und die Tatsache, dass eine eigene Freiheit für *Wahl* und Entscheidung besteht, in ihrer vollen Bedeutung erkennen. Eigene, auch unangenehme Gefühle wahrnehmen zu können, ist für Wunsch, Wille und schließlich bewusste Wahl entscheidend, entsprechend der diskutierten »emotionalen Ergriffenheit« zur Veränderung von Werten.

In der ökologischen Situation erfährt der Mensch somit die äußerste Konsequenz moderner Freiheit, der er nicht entrinnen kann, worauf der Philosoph Wilhelm Schmid hinweist:

> Jeder einzelne ist frei mit darüber zu befinden, welches Ausmaß die ökologische Zerstörung annehmen kann und ob es, wenn das äußerste Ausmaß ins Auge gefasst wird, eine Menschheit noch geben soll oder nicht.[504]

Jeder wählt also dabei, sei es durch aktive Lebensgestaltung oder durch implizite passive Wahl; das Abstimmungsergebnis wird erst nach langer Zeit bekannt sein. Die Alternativen, so Schmid, würden sich darauf zuspitzen, »klug oder tot zu sein, tertium non datur«,[505] einen dritten Weg gibt es nicht. Also kann das hochemotionale Ergriffensein von der ökologischen Krise die Voraussetzung dafür schaffen, ein Ende der weiteren Umweltschädigung zu *wünschen*, eine Veränderung der Situation zu *wollen*, neue Werte für sich zu *wählen* und sich für verändertes Verhalten zu *entscheiden*, und letztlich damit *Verantwortung* zu übernehmen – ähnlich der schon erwähnten Forderung von Hans Jonas nach einem »Prinzip Verantwortung«, für sich selbst, für das eigene Verhalten, aber auch von Menschen für Menschen. Und das kann dann sehr »sinnvoll« sein.

Sinn

Die Suche nach dem Sinn dürfte wohl ein grundlegendes Menschheitsproblem sein, vielleicht entstanden im Rahmen der evolutionären Vergrößerung des Hirnvolumens mit Entwicklung eines Bewusstseins von sich selbst. Sie wäre somit die Schattenseite der gepriesenen Selbstreflexivität. Deutlich zum Vorschein gekommen ist sie durch die Entfernung von der Agrokultur, wie schon beschrieben. Ratgeber zur Sinnfindung füllen heute jedenfalls die Regale von Buchhandlungen, Religionen versuchen eine Antwort darauf zu geben, in Therapien wird häufig von der Sinnlosigkeit des Daseins gesprochen. Und das hängt zumeist mit der beschriebenen Isolation und der verdrängten Todesangst zusammen. So berichtet Yalom vom Schriftsteller Leo Tolstoj, der den größten Teil seines Lebens mit der Sinnlosigkeit gerungen habe. Er zitiert aus dessen autobiographischem Fragment »Meine Beichte«:

> Die Frage, die mich in meinem fünfzigsten Lebensjahr zu Selbstmordgedanken geführt hatte, war die einfachste aller Fragen, die in der Seele jedes Menschen verborgen liegt, vom unentwickelten Kind bis zum größten Weisen: ›Was ist der Sinn von dem, was ich jetzt oder vielleicht morgen tue? Was ist der Sinn meines ganzen Lebens?‹ Anders ausgedrückt – ›Warum sollte ich leben? Warum sollte ich irgendetwas wünschen? Warum sollte ich irgendetwas tun?‹ Wieder mit anderen Worten: ›Gibt es irgendeinen Sinn in meinem Leben, der nicht durch den unausweichlichen Tod, der mich erwartet, zerstört wird?‹[506]

Der Mensch scheint Sinn zu brauchen. Denn Sinn vermittelt auch Macht, nämlich das Gefühl, die Dinge im Griff zu haben. Um unser Gefühl der Hilflosigkeit angesichts zufälliger, strukturloser Ereignisse zu bewältigen, versuchen wir, diese zu ordnen und dadurch beherrschbar zu machen (was im Sinne der Entropie viel Kraft und Energie kosten kann). Noch wichtiger aber ist es, dass Sinnfindung zur Entstehung von Werten und damit zur Entstehung von Verhaltensnormen führt.

Dementsprechend ruft es sehr viel Kummer hervor, ohne Sinn, ohne Ziele, Werte oder Ideale zu leben. Aber – wie wir vorher gesehen haben – es gibt nicht das einzig wahre Absolute, wir erschaffen uns unsere Welt oft selbst mit unserer Wahrnehmung, Verarbeitung und Bewertung, das heißt: alles, was ist, hätte auch anders sein können. Im Grunde gibt es daher keinen »Sinn«, kein großartiges Design im Universum, keine Leitlinien für das Leben außer denen, die der Mensch sich selbst schafft.

Die Existentialisten um Sartre oder Camus haben besonders scharf nach dem Lebenssinn gefragt angesichts der Tatsachen, dass wir in der selbst erschaffenen Welt leben und dann sterben müssen sowie letztlich wohl allein im gleichgültigen Universum sind. Die jüdisch-christliche Tradition hat hier die Annahme angeboten, dass die Welt und das menschliche Leben Teil eines von Gott bestimmten Plans sind. Der kosmische Sinn, den eine religiöse Weltsicht anbietet, ermöglicht eine

Vielzahl von Interpretationen des persönlichen Lebenszwecks – einige davon doktrinär, andere höchst illusionär. Durch den Glauben, dass es ein übergeordnetes zusammenhängendes Lebensmuster gibt, werden viele Menschen getröstet. Mit Annahme der eigenen Freiheit und Verantwortung wird dieses Bezugssystem jedoch brüchig.

Sinnsysteme können aber nicht ersatzlos aufgegeben werden, also erscheint statt der Frage, *warum* wir leben, eher die Frage sinnvoll, *wie* wir leben sollten. Die Suche nach dem Sinn – ähnlich wie die Suche nach dem Glück – funktioniert nur über indirekte Wege; je mehr bewusst danach gesucht wird, umso unwahrscheinlicher ist es, fündig zu werden.

Sowohl für Sartre als auch für Camus sei es wichtig gewesen, so Yalom, dass menschliche Wesen erkennen würden, dass man seinen eigenen Sinn erfinden müsse (statt den Sinn Gottes oder der Natur zu suchen), und dass man sich völlig darauf einlassen müsse, diesen Sinn zu erfüllen. Das erfordere einen Sprung in die Verpflichtung. In dieser Hinsicht würden die meisten westlichen theologischen und ästhetischen existenziellen Systeme übereinstimmen: »Es ist gut und richtig, in den Strom des Lebens einzutauchen.«[507]

Als weltliche Aktivitäten, die Menschen ein Gefühl von Zweck vermitteln, führt er an den Altruismus, die Hingabe an eine Sache, Kreativität und den Hedonismus, also die Fähigkeit, über das Wunder des Lebens zu staunen und in dessen natürlichen Rhythmus einzutauchen, letztlich das Streben nach Lust.[508] Des Weiteren nennt er Selbstverwirklichung und Selbsttranszendenz, der wir beim Soziologen Hans Joas zur Frage der Werteentstehung schon begegnet sind.

Er geht davon aus, dass *Altruismus* nicht ausschließlich der Befriedigung der eigenen Seele dient, etwa indem man den anderen indirekt durch Hilfe und Zuwendung wieder für sich verpflichtet, sondern dass diese Hingabe auch frei von eigenen Beweggründen möglich ist.

Zur *Kreativität* führt er aus, dass ein kreativer Umgang mit dem Lehren, Kochen, Spielen, Studieren, Buchhalten, Gärtnern das Leben mit etwas Wertvollem bereichere; Arbeitssituationen, die Kreativität abwürgen und uns zu Automaten machen würden, würden unabhängig von der Gehaltshöhe immer Unzufriedenheit erzeugen.

Die *Selbstverwirklichung* sei ein natürlicher Prozess, vielleicht sogar *der* grundlegende organismische Prozess im menschlichen Wesen mit evolutionärem Drängen nach immer erfüllterem Sein. So gäbe es eine Hierarchie innewohnender Motive: die grundlegendsten dieser Motive seien – vom Standpunkt des Überlebens aus – physiologisch. Seien diese befriedigt, wende der Mensch sich der Befriedigung höherer Bedürfnisse zu – Sicherheit, Liebe und Zugehörigkeit, Identität und Selbstwertgefühl. Wenn diesen Bedürfnissen entsprochen sei, dann wende er sich den Bedürfnissen der Selbstverwirklichung zu, die aus kognitiven Bedürfnissen – Wissen, Einsicht, Weisheit – und ästhetischen Bedürfnissen – Symmetrie, Kongruenz, Integration, Schönheit, Meditation, Kreativität, Harmonie – bestünden.[509] Die im Buch nun schon häufiger angesprochenen Antreiber lassen sich also in eine Bedürfnishierarchie ordnen.

Selbsttranszendenz schließlich geht über die Konzentration auf sich selbst hinaus, hat zu tun mit dem Bezug auf andere und auf anderes. Besonders deutlich wird das in zwischenmenschlichen Beziehungen: Je mehr man sich beispielsweise in sexuellen Kontakten auf sich selbst konzentriert, desto geringer ist schließlich die Befriedigung, so Yalom. Nach Maslow würden daher selbstverwirklichte Menschen sich selbsttranszendenten Zielen widmen, etwa an groß angelegten globalen Aufgaben – wie zum Beispiel Armut oder Ökologie – oder in kleineren Bereichen am Wachstum derer arbeiten, mit denen sie zusammenleben würden.

Selbsttranszendenz hat zudem ihren Platz im Lebenszyklus: Während die Aufmerksamkeit in der Adoleszenz sowie im frühen und mittleren Erwachsenenalter sich auf das Selbst richte, das darum kämpfe, eine stabile Identität zu erreichen, intime Beziehungen herzustellen und ein Gefühl der Beherrschung professioneller Aufgaben zu erreichen, gehe man zumeist in den vierziger und fünfziger Jahren in eine Phase über, in der man Sinn in selbsttranszendenten Aufgaben finde.[510]

Was das nun für die ökologischen Betrachtungen heißt? Es klang schon an: Ein weiteres psychologisches Hindernis, sich mit der Umweltkrise ernsthaft zu beschäftigen, mag darin liegen, dass wir noch mit anderen uns wichtigen Bedürfnissen beschäftigt sind oder im Lebenszyklus noch nicht an der Stelle angekommen sind, uns mit derart selbsttranszendenten Aufgaben zu befassen. Genau darin könnte jedoch die Möglichkeit einer »nachhaltigen« Sinnfindung liegen, die also nicht nur im Augenblick Gültigkeit hat. Nach Yalom ist die wichtigste Antwort auf die eigentliche Sinnlosigkeit des Daseins das Engagement, der »Sprung in die Verpflichtung und Handlung«, das Finden eines Zuhauses, von Ideen und Projekten, das sich kümmern um Andere, was die wenig hilfreiche Frage nach dem Sinn des Lebens ersetzen, in zwischenmenschlichen Beziehungen ebenso wie in großen Fragen wie etwa der Umweltkrise jedoch enorm weiterhelfen kann.

Die Kluft zwischen innen und außen

Das sagt sich so leicht: »das sich kümmern um Andere«; von *Nächsten-* und *Fernstenliebe* war nun schon mehrfach die Rede. Hier deutet sich ein weiteres zentrales Problem an: Die *Eigenliebe* an sich fällt häufig schon schwer. Viele Menschen haben ein enormes Problem mit ihrem Selbstbewusstsein, mit innerer Stabilität und Identität, so dass sie wenig im Sinne Gadamers mit sich selbst Freund sein können. Statt für sich zu sorgen, wird mit abhängigen Tendenzen erwartet, dass Andere – der Partner, die Eltern, die Kinder, die Vorgesetzten oder andere wichtige Bezugspersonen – für einen steten Zufluss von Anerkennung und Zuwendung sorgen.

Dies führt häufig genug zu Enttäuschungen. In Therapien wird daher oft daran gearbeitet, besser für sich selbst sorgen zu lernen. Etliche Selbsterfahrungs- und Esoterikanbieter haben hier einen großen Markt erkannt: »Finde den Guru in Dir selbst«, »Einstieg in die Quantum-Welt der Seele«, »Die Chance, mit sich selbst und seiner Tiefe in Liebe in Kontakt zu sein«, lauten gängige Seminartitel.[511]

Eine Verinnerlichung und Versenkung in sich selbst wird dadurch erreicht werden können, aber auch ein Sprung nach außen, in die Verpflichtung, in den Kontakt und die Fürsorge, in ein Mitdenken und Mitfühlen für den Anderen und für die Gemeinschaft? Zumindest ökologisch ist dies nicht erkennbar, ein weiteres, oben noch nicht explizit erwähntes Dilemma wird hierbei deutlich. Individualismus und Konkurrenzdenken haben hier in eine fatale Situation geführt. Schmid stellt fest, dass wir in einer Epoche gelebt haben, »in der Menschen sich vorzugsweise für die Innerlichkeit ihrer selbst interessierten und die äußere, technisch werdende Welt sich selbst überließen«. Die schon angeklungene Kritik an Psychotherapie fällt einem dabei wieder ein. Nicht einmal miteinander, so Schmid, seien die Individuen beschäftigt, sondern jeder sei es mit sich selbst.

Das weist erneut auf die fatalen Folgen der heute instabilen sozialen Bindungen hin. »Der Autismus modernen Menschseins war ausschlaggebend dafür, dass sich die von Menschen geschaffene Technik verselbständigen konnte, ohne dass dies recht bemerkt worden wäre«,[512] so Schmid weiter. Eine Kluft besteht somit zwischen dem Einzelnen und seinen Mitmenschen sowie zwischen dem Mensch an sich und einer eigendynamisch entkommenen technischen Welt. Eine Kluft besteht aber ebenso zur Natur, deren Übernutzung und Schädigung sich ebenso verselbstständigt haben, ohne dass dies recht bemerkt worden wäre.

Bei Betrachtung der aktuellen Situation kann nach Schmid aber »ökologische Klugheit« hervorgehen, wenn nicht bei der Introspektion des Selbst verharrt wird. Immer deutlicher wird also der generelle *Stellenwert der Interaktion*. So ist die gestörte Wechselbeziehung zwischen Mensch und Umwelt entscheidend gewesen für die problematische ökologische Entwicklung, so besteht ein ständiger Materie- und Wärmeaustausch zwischen den Menschen als offene Systeme und ihrer Umwelt, so hat die Entwicklung sozialer Beziehungen unter den Mitgliedern einer Gruppe mit zur evolutionären Hirnvergrößerung verholfen, und so sind diese Beziehungen heute noch wesentlich für die Entwicklung einer stabilen Psyche und für ökologisches Engagement.

Aus gutem Selbstvertrauen kann in zwischenmenschlichen Beziehungen wiederum *Vertrauen* nach außen entstehen, dessen Notwendigkeit heute im wirtschaftlichen Bereich so oft betont wird. Vertrauen ermöglicht das Äußern eigener unangenehmer Gefühle, wie etwa der Angst bei Betrachtung der globalen Situation. Vertrauen ist auch entscheidend in der Zuwendung bei Krisen und bei ärztlicher Behandlung generell. Ein ganz anderes Beispiel, wieder aus der großen Welt: ohne entstandenes Vertrauen zwischen dem früheren Außenminister Genscher und dem früheren Bundeskanzler Kohl auf der einen und dem damaligen sowjetischen Machthaber Gorbatschow auf der anderen Seite hätte es wohl auch keine deutsche Einheit geben können.[513] Wohl auch deshalb sind die vielen, oft nutzlos erscheinenden Politikergipfel wohl doch nötig (wenngleich zur Problemlösung meist nicht ausreichend):

zur Vertiefung von zwischenmenschlichen Beziehungen und zum Schaffen von Vertrauen, was dann überhaupt erst gemeinsame Beschlüsse ermöglichen kann (der Slogan »America first!« lässt daher auf eher geringes Selbstvertrauen schließen).

Die Überlegungen sollten aber nicht bei den zwischenmenschlichen Beziehungen stehen bleiben, wollen wir die Natur nicht schon wieder als Partner ausblenden, wie wir das die letzten Jahrhunderte getan haben. Die Notwendigkeit einer emotionalen Beziehung zur Natur wurde oben bereits betont. Auch ihr könnte mehr vertraut werden, was durch ein besseres (Wieder-)Kennenlernen ihrer Mechanismen sowie ihrer »Wirkungen und Nebenwirkungen« gelingen könnte. Sie ist neutral, will uns im Grunde also nichts Böses, trotz mancher Unwetter und Überschwemmungen. Wie mit anderen Partnern kann man mit ihr umgehen und auch schlechte Seiten integrieren, ohne sie schädigen oder gar zerstören zu müssen.

Auch auf persönlicher Ebene die Kluft zwischen Innen und Außen zu überwinden, vielleicht ist das die Hauptaufgabe bei Betrachtung des ökologischen Dilemmas. Mit Bewusstwerden der existenziellen Angelegenheiten, etwa der Endlichkeit, der Isolation sowie der Kluft zwischen Innen und Außen, wie sie beim Sterben am ausgeprägtesten besteht, kann ein eigener, und damit auch ein ökologischer Sinn gefunden werden. Hierfür lohnt es sich, die beschriebenen Verleugnungsmechanismen zu durchbrechen, da die weitere Unterdrückung des Schmerzes, der für die Welt gefühlt wird, einen eher isoliert, das Aussprechen und die Wendung nach außen jedoch enorme Erleichterung bewirken können.

Grenzen des existenziellen Ansatzes

Es ist schon erstaunlich: da beschäftigen wir uns hier lange mit der ökologischen Krise, ihren Folgen und Gefahren, dem evolutionären Weg dahin und den biologischen sowie psychologischen Hemmnissen ihrer Bewältigung, um dann – ganz banal, möchte man sagen – bei zwischenmenschlichen Beziehungen zu landen. Aber wenn jeder nur auf sein eigenes Wohlergehen bedacht ist, bleibt jeder auch mit seinen Problemen und Sorgen allein. Und auch Nationen und Staatenverbünde werden die großen Herausforderungen unserer Zeit nicht bewältigen können, solange sie nur auf ihren eigenen Vorteil achten und nicht – selbsttranszendent und mit adäquatem Selbstvertrauen – auf andere zugehen können und ihnen uneigennützig bei der Verringerung von Armut oder der Bewältigung der Folgen der ökologischen Krise helfen.

Das Finden von Werten, das Ergriffenwerden, die Auseinandersetzung mit den vier letzten Angelegenheiten sowie die Sinnfindung in der Beschäftigung mit übergeordneten Themen sind aber letztlich eine höchstindividuelle Angelegenheit. Nicht ganze Nationen oder Kulturkreise können einer existenziellen Selbsterfahrung oder Therapie unterzogen werden, so nötig gerade die westlichen Industriestaaten dies hätten.

Und das zeigt die Grenzen dieses Ansatzes auf. Während Einzelne individuell über diese Selbsterfahrung vielleicht in die Lage kommen können, sich auch ökologisch »sinnvoll« zu verhalten, indem sie insbesondere neben der eigenen Endlichkeit auch die Endlichkeit des Planeten und seiner Ressourcen anerkennen, steht dieser Weg für die breite Masse nicht ohne weiteres zur Verfügung. Zwischen guten Erkenntnissen in der Innenwelt und dem Lauf der Dinge in der Außenwelt besteht auch in dieser Hinsicht – im Sinne der beschriebenen Isolation – eine fast unüberbrückbare Kluft. Erkenntnisprozesse – etwa auch beim Lesen eines Buches oder in der Psychotherapie – sind immer zunächst individuelle und daneben auch langwierige Vorgänge, und führen nicht immer zu anhaltendem Wandel – nicht beim Einzelnen und noch weniger im Großen.

Zweifel des Psychiaters

Es mag seltsam klingen, wenn ein Psychiater als Autor dieses Buches der Möglichkeit der Änderung der menschlichen Psyche so geringe Chancen einräumt. Aber in Psychotherapien und Selbsterfahrung wird deutlich, wie schwer schon geringe Veränderungen fallen beim Versuch, Beziehungen konstruktiver zu gestalten oder Umstände anders zu bewerten und zu handhaben, oder etwa auch beim Versuch, mit der eigenen Vergangenheit Frieden zu schließen. Ein langer Prozess der Erkenntnisgewinnung und Selbsterfahrung ist meist dafür notwendig. Wissenschaftlich ist zudem belegt, dass es Menschen jenseits der 30 zunehmend schwer fällt, sich zu verändern – auch wenn viele das ersehnen.[514] Alte und eingefahrene Gewohnheiten sind schwer zu ändern, wie schon deutlich wurde. Gerade demjenigen, der große Veränderungen anstrebt, misslingen häufig die kleinsten Korrekturen. Je stärker Menschen davon überzeugt sind, das Ruder problemlos herumreißen zu können, desto weniger gelingt es ihnen.

Bewusste psychische Veränderungen, die sich dann auch auf das Verhalten auswirken, sind möglich, aber zumeist sehr mühsam, und nur mit kleinen Schritten, realistischen Zielen, hoher Motivation sowie Introspektions- und Reflexionsbereitschaft. Die Eigendynamik, bei einem größeren Problem oder einer sich existenziell zuspitzenden Krise trotz aller Vorsätze wieder rasch in alte Muster zurück zu verfallen, kennen sicher viele. So ist etwa beim nächsten heftigen Streit mit dem Partner das Vorhaben, einen solchen Konflikt zukünftig »besser« austragen zu wollen, schnell vergessen. Die Chance, mit Hilfe der existenziellen Überlegungen auch mit der ökologischen Situation besser umgehen und vor allem sie besser aushalten zu können, ist aber für jeden Einzelnen grundsätzlich gegeben, auch wenn das vielleicht nicht immer konsequent durchgehalten werden kann.

* * *

Die Frage nach Werten, die von vielen Experten meist noch vor technischen und politischen Lösungen als essentiell bei der Suche nach Antworten auf die ökologische Entwicklung angesehen wird, sowie die Notwendigkeit eines nachhaltigen Krisenmanagements berühren existenzielle Angelegenheiten des Daseins. Sowohl von der Bewältigung der Todesangst als auch von der bewussten Übernahme von Verantwortung im Sinne der persönlichen Freiheit wie auch von der Annahme der ureigensten Isolation führen Wege hin zur Frage nach der tieferen Bedeutung des persönlichen Lebens. Das Bewusstsein des Zufalls unseres Daseins, ja unserer ganzen Welt, wenn also alles genauso gut anders hätte sein können, und die Anforderung, sich innerhalb dieser zufälligen Welt selbst einen eigenen Lebensentwurf schaffen zu müssen, verschärfen die Sinnfrage.

Die lässt sich offenbar umso besser beantworten, je mehr das Streben von den eigenen Bedürfnissen weiter führt zum Bezug auf andere Menschen und zu über einen selbst hinaus reichende Themen, wie etwa die Umwelt. Wohl auch daher haben viele Experten Werte und Eigenschaften genannt, die mit zwischenmenschlichen Beziehungen zu tun haben. Die existenziellen Fragen erleichtern darüber hinaus in einem ersten Schritt die Auseinandersetzung mit der aktuellen globalen Situation und können »therapeutisch« wirksam sein gegen die dabei entstehende Frustration. So kann Lebensfreude gerade im Bewusstsein der Endlichkeit beibehalten, das »ökologische Selbstwertgefühl« durch entsprechendes Verhalten gestärkt und ein entlastendes Miteinander gelebt werden trotz gleichzeitiger Erkenntnis, dass man den Fortgang der ökologischen Krise eben nicht entscheidend aufhalten kann. Im Sinne eines realistischen Zieles muss man das auch nicht.

Die ersten Schritte gegen Resignation und Lähmung sind an dieser Stelle geschafft: die Verleugnung der ökologischen Krise ist brüchig geworden, die Autorität der Entscheidungsträger ist relativiert, dafür die Verantwortung des Einzelnen deutlich geworden, das Krisenmanagement dafür nun eingeleitet. Woher aber soll die Energie kommen, all das umzusetzen, selbst wenn manches davon schon vom Kopf her verstanden erscheint? Es wird dafür noch eine weitere Stufe der antiresignativen Betrachtung benötigt.

Trotzdem – Trotz dem! Ohnmacht und Lähmung können überwunden werden

Der Weg zu den Quellen geht gegen den Strom.
Fritz von Unruh[515]

Die Betrachtung der ökologischen Krise, ihrer Fakten und ihrer unzureichenden Bewältigung, das Aufgeben der Verleugnung also, ist zunächst bedrückend und lähmend. Wie auch bei anderen depressiven Stimmungslagen lohnt es sich, sich durch die äußeren Krusten dieses psychischen Zustandes zu arbeiten und darunter ein zumeist gut im Zaum gehaltenes Gefühl zu entdecken: Die aktuelle Situation macht, so man es sich zugesteht, vor allem *wütend* und *zornig*.

Der Biochemiker und anerkannte Forscher Erwin Chargaff machte sich mit zunehmendem Alter über das Erreichbare keine Illusionen mehr. Das Wahrscheinlichste sei leider, dass alles weitergehen werde wie bisher, nur ärger. Er äußerte trotzdem Hoffnungen, nämlich, dass vielleicht sehr junge Leute noch in der Lage seien, sich aus dem »Stupor« zu erwecken. Unsere Welt könne nur durch ein Wunder gerettet werden. Halte er sonst nicht viel von organisierten Bewegungen, da jeder *Aufstand* im Herzen des Einzelnen beginnen müsse, aber gelänge überall der Zusammenschluss der vielen Bewegungen für Umweltschutz und Weltfrieden, »wie viel mächtiger wäre dann ihre Stimme«.[516] Wobei er an anderer Stelle vorher schreibt: »Selbst ein riesenhafter *Aufschrei* wird unsere Welt nicht retten«.[517] Schließlich aber setzt er auf die Kraft der Begriffe »*Trotzdem*« und »*Dennoch*«. An diesem Hin und Her merkt man: auch er hat um seine Haltung gerungen.

Camus glaubte ebenso, dass ein menschliches Wesen nur volle Größe erlangen könne, indem es angesichts der Absurdität des Daseins mit Würde lebe.[518] Die Gleichgültigkeit der Welt könne durch *Rebellion* transzendiert werden, eine stolze Rebellion, durch die im Grunde jedes Schicksal überwunden werden könne. Vielleicht können, so betrachtet, durch eine solche Rebellion auch die Perspektive der Endlichkeit des eigenen Lebens und unserer Kultur überwunden und eine mutige Grundhaltung entwickelt werden. Der Astrophysiker Peter Kafka meint dazu:

> »Leisten Sie Widerstand! Schämen Sie sich nicht, über Dinge mitzureden, die Sie nicht ganz verstehen! Alles Wesentliche ist nicht verstanden!«[519]

So dürfe man sich nicht das Wittgensteiner Wort, »worüber man nicht reden kann, davon muss man schweigen«, zu eigen machen, um nicht dadurch schlechten Führern zu folgen und aus falscher Bescheidenheit den *Widerstand* anderen zu überlassen. Vielmehr sind vielleicht heute die Autoritäten der »Wachstums- und Kapitalismus-Religion« in Frage zu stellen, so wie die Reformation im 16. Jahrhundert die Autorität der katholischen Amtskirche in Frage gestellt und somit den Boden bereitet hat zur Entwicklung einer liberalen, pluralistischen Gesellschaft hin zu Freiheit und Demokratie (u. U. damit aber auch hin zu Kapitalismus und heutigem Wirtschaftsliberalismus, der seinerseits die Rolle des Staates in Frage stellt).

Eine derartige Kritik kann dann auch Teil von etwas Umfassenden sein[520], nämlich Teil einer weltumspannenden Widerstandsbewegung gegen diesen ökologisch katastrophalen Wachstumswahn der westlichen Welt. Auch indem man nicht mehr einfach alles so mitmacht, sondern jetzt schon mitwirkt am Aufbau neuer Strukturen, kann öffentlicher Druck auf die Entscheidungsträger entstehen, können Auswirkungen der Krise abgefedert und ihr zu einer positiven Eigendynamik verholfen werden, ähnlich der Revolution vor dem Mauerfall. Doch diese somit notwendige Eigenständigkeit im Denken und Handeln kann leicht verunsichern, anerzogene Einstellungen und Glaubensmuster müssen dafür in Frage gestellt werden.

Vom Gegenwillen zum kreativen Willen

Bei Betrachtung der Isolation im existenziellen Sinne wurde deutlich, dass eine Abnabelung von den Eltern zwar Selbstständigkeit und Unabhängigkeit, aber dann auch ein manchmal erschreckendes Auf-Sich-Gestellt-Sein bringen kann. Ergänzen müsste man an dieser Stelle, dass dieser Prozess nach Ansicht des Analytikers Otto Rank einen erheblichen *Gegenwillen* benötigt.[521] Dieser wird jedoch in der Erziehung oft als schlecht vermittelt, so dass das Kind dazu neigt, sein gesamtes Gefühlsleben und seinen Willen als schuldbeladen zu erleben und daher zu unterdrücken. Das Kind wächst dann eher zu einem Erwachsenen heran, der seine Gefühle unterdrückt und den Akt des Wollens selbst als schlecht und verboten betrachtet. Aber nur aus dem Akzeptieren des Gegenwillens heraus kann dieser wiederum sich zu einem positiven und dann kreativen Willen weiterentwickeln.

In der jetzt sich zuspitzenden Phase der ökologischen Krise ist wieder ein »Gegenwille« des Einzelnen nötig, ein Überwinden von eingetrichterten oder durch Resignation entstandenen Schuld- und Ohnmachtsgefühlen, ein Trotzen, wie es die Kinder in der Abnabelungs- und Trotzphase vormachen. Die von oben vorgegebenen Glaubensmuster, »Wachstum ist nötig« oder »der Einzelne muss nichts tun, Politik und Wirtschaft machen das schon«, dürfen und müssen massiv in Frage gestellt werden. Das geht nicht ohne den *Zorn* zu spüren, der sich unter den Krusten der Resignation verbirgt – etwa im Sinne der diskutierten »emotionalen Ergriffenheit«. Aus diesem nötigen Gegenwillen kann dann, da ein reifes Erwachsenendasein (hoffentlich) längst erreicht ist, rasch ein positiver, ein gestaltender Wille werden. Es hat keinen Sinn, auf der Ebene von Wut und Zorn stehen zu bleiben, da hieraus allein eher destruktive Entwicklungen wie Gewalt oder in der Politik Populismus entstehen, aber diese Gefühle zu spüren ist Voraussetzung für die weitergehende eigene Krisenbewältigung. Dieses emotionale Ergriffensein kann viel Energie für eigenes, entschlossenes Handeln liefern. Es kann dabei helfen, zu einer eigenen Haltung und eigenen Werten zu kommen, und ein ganz anderes Gefühl, nämlich Mitgefühl für andere, Nächste oder betroffene Fernste, entstehen lassen, was im besten Sinne »Sinn« vermittelt, der im Alltagstrott oft abhanden kommt.

Bei sich sein

Um dahin zu kommen, braucht es im Grunde nicht viel, kein Geld, keine Vorgaben, keine Esoterik oder Religion, eigentlich auch kein Buch. All das ist hilfreich, aber nicht zwingend notwendig dafür, in sich hinein zu spüren, die innere Stimme zu hören, bei sich zu sein, die eigenen, oft genug unterdrückten Gefühle wie etwa Wut und Zorn, aber auch Mitgefühl, wahrzunehmen und dadurch zu eigenen Wertbindungen zu kommen – also nicht mehr anders zu können als wie von innen vorgegeben. Auf vielen, ganz persönlichen Wegen kann es gelingen, zu sich zu kommen und die dabei hinter anfänglichem Unbehagen entstehende Kraft, nämlich die eigenen Fähigkeiten zu spüren. So kann nach Überwindung von Verleugnung und Ohnmacht aus dem notwendigen Ärger über die Krise sowie dem Hadern mit dem Schicksal ein Experimentieren mit neuen Möglichkeiten werden, aus dem »ich will nicht« ein *»ich will«*. Die ökologische Krise ist das Spiegelbild der eigenen inneren Krise, und an der kann jeder Einzelne arbeiten.

Vielleicht gelingt so der Weg *vom »Tun« zum »Sein«*. Hierfür könnten westliche Erdbewohner, analytisch die Natur verstehend, sezierend und ausbeutend, von der orientalischen Haltung profitieren, die eher subjektiv, integrativ und ganzheitlich ist sowie dabei versucht, die Natur nicht zu analysieren und zu beschädigen, sondern sie zu erleben und mit ihr in Harmonie zu sein. Etwas ganz Neues wäre das auch in unseren Breiten eigentlich nicht: Frühe Christen sahen die Kontemplation als das Höchste an, Arbeit und Wohlstand waren dabei nicht Ziele, sondern Hindernisse, die den Geist mit Sorgen ausfüllten und Zeit in Anspruch nahmen, die an sich dem Glauben zur Verfügung stehen sollte. Erst im späten Mittelalter sehnten sich die Menschen danach, die Gesetze der Natur zu erkennen und für eine Unterjochung der physischen Welt zu arbeiten. Mitarbeit von allen wurde dabei verlangt, entweder man ruderte mit oder man war zusätzliche Last – ein Parasit auf Kosten der anderen,[522] eine Sichtweise, die heute noch weit verbreitet ist.

So wurde der »Zweck« das Ergebnis aller Bemühungen, das Streben nach einem Ziel, auf einen Endpunkt hin. So wie eine Moral oder eine Geschichte einen guten Schluss haben muss, wurde alles Tun zur Vorbereitung für etwas Zukünftiges, »dann in der Rente«, oder etwa das Leben im Jenseits. Stattdessen aber kann das Leben selbst das Geheimnis sein, das gelebt werden will, eine Reise ohne Ziel, dafür mit Erfüllung und Achtsamkeit für sich, andere Menschen und die Natur.

Chronische Stressoren jedoch wie etwa Langzeitarbeitslosigkeit, zermürbende Nebenwirkungen unserer Leistungsethik oder die ständige Konfrontation mit globalen, kaum bewältigbaren Krisen führen zu Erschöpfung und Depression; die Hoffnung, in der Krise zu sich zu finden, erscheint daher im Grunde gering.[523] Aber andererseits besteht bei vielen Menschen ein tiefes Unbehagen im Angesicht der aktuellen Situation, Rat für sich selbst wird gesucht, populär-philosophische Veröffentlichungen erlangen hohe Verkaufszahlen.[524]

Eine angemessene Haltung zur gegenwärtigen Misere ist möglich, mit weniger Verleugnung, Ohnmacht und Resignation, dafür mit mehr Trotz, Wille, Verantwortung und neuen Chancen, so man bei sich, bei der inneren Stimme, beim eigenen Gefühl bleiben und andere Menschen mit einbeziehen kann, jedoch sich selbst nicht überfordert durch Hoffnung auf einen schnellen Wandel im großen Stil. Die folgenden Gedanken mögen dies abschließend untermauern.

Antiresignative Perspektiven zur ökologischen Krise

1. *Die Überwindung der Gefahrenverleugnung ist möglich ohne zu verzweifeln.* Die Situation so zu akzeptieren, wie sie ist, und eine realistische Zielsetzung wirken gegen typisch resignative Ohnmachtsgefühle. Manches kann vom Einzelnen nicht geändert werden, wovon aber zu trennen ist, was letztlich in eigener Verantwortung aus guten und schlechten Seiten im persönlichen Leben gemacht oder nicht gemacht wurde. Auch der grundsätzliche Verlauf der ökologischen Krise kann nicht geändert werden, trotzdem können angemessene Lebensstile gewählt werden, um das verbleibende eigene Dasein und das unserer Kultur sinnvoll zu gestalten. Die Bewältigung der eigenen Todesangst kann zudem helfen, auch von der Angst vor der Endlichkeit der Kultur oder des Planeten insgesamt nicht überwältigt zu werden. Es ist dann nicht mehr nötig, die schwierige globale Situation auszublenden und zu verleugnen. Sie zu erkennen, anzuerkennen und darüber zu sprechen, lindert Schmerz, Angst und Lähmung.

Man kann dabei durchaus auf das Unwahrscheinliche hoffen. Manchmal tritt es ja ein (das eigene Sterben ist *sicher*, eine Verschlechterung der ökologischen Krise so gesehen nur *wahrscheinlich*). Schleichende Veränderungen im Sinne der genannten Shifting Baselines können auch in Richtung Nachhaltigkeit gehen und neue Normalitätsvorstellungen schaffen. Aber selbst wenn man zu dem Schluss kommen muss, dass die fortschreitende ökologische Krise im Grundsatz nicht aufzuhalten ist, also selbst wiederum eine Eigendynamik hat, muss dies nicht von vornherein schlimm sein. Krisen können eine Chance darstellen, Niedergang und Aufstieg kennzeichnen das persönliche Leben ebenso wie kulturelle oder evolutionäre Prozesse. Es wird auch nach der Krise weitergehen, wenngleich unter anderen Bedingungen. In dem Niedergang der Wachstumskultur liegt, so sie genützt wird, auch eine Chance für einen Aufstieg, für nachhaltigere Entwicklungen als es die der letzten Jahrhunderte gewesen sind.

2. *Uns trifft keine Schuld.* Typisch depressive Schuldgefühle sind unnötig. Die Entwicklung ist über Jahrtausende an den heutigen Punkt gekommen, die Eigendynamik der Evolution und die dabei begrenzten biologischen und psychologischen Möglichkeiten des Menschen haben uns über viele Generationen hinweg dahin gebracht. Ohne das Gefühl, Schuld an der ganzen gegenwärtigen Misere zu sein, ist es vielleicht leichter erträglich, sie sich mit all ihren Komplikationen anzusehen. Auch wenn die Welt schlecht aussieht, muss man sich trotzdem die Lebensfreude nicht nehmen lassen, weil der Einzelne nicht für alles verantwortlich sein kann.

3. *Wir müssen die Krise nicht aufhalten.* Weil die Krise sehr wahrscheinlich unabwendbar ist und weil uns daran keine Schuld trifft, dürfen wir die Last von unseren Schultern nehmen, die Welt retten zu wollen und andere dafür bekehren zu müssen. Denn dies funktioniert nur sehr eingeschränkt, was am Beispiel der Moralpredigten zur Erzeugung von Werten deutlich wurde. Es lohnt sich also, den eigenen missionarischen Eifer immer wieder zu hinterfragen und sich selbst davon zu entlasten.

Auch wenn im Großen somit vom Einzelnen nicht viel bewirkt werden kann, lohnt sich trotzdem der Versuch, ökologisch und sozial einigermaßen sinnvoll zu leben, eine *»ökologische Lebenskunst«*[525] zu entwickeln und Veränderungen in Richtung Nachhaltigkeit zu unterstützen, um täglich mit gutem Gefühl in den Spiegel schauen zu können, allein schon des *»ökologischen Gewissens«*[526] wegen – und um teilzuhaben an einer neuen Entwicklung, die kommt und kommen muss, egal was davor noch an Einschnitten geschehen muss.

Man kann dafür Vorschläge nutzen, die in diesem Buch zahlreich angedeutet wurden, auch schon bei der Darstellung der Fakten zur gegenwärtigen Situation. Man kann sie beachten, um etwas Sinnvolles tun und aus der Lähmung und Ohnmacht heraus kommen zu können. Aber wir müssen uns in der Zielsetzung nicht übernehmen.

4. *Lassen wir uns Selbstachtung und Würde nicht nehmen.* Aus dem bisher Gesagten zu folgern, dass sowieso alles keinen Sinn hätte und man genauso (selbstzerstörerisch) weitermachen könnte wie bisher, wäre nicht angemessen. Das führt zu resignationstypischem Pessimismus und Fatalismus, bei manchen sogar zur Anwendung von Gewalt. Dadurch jedoch wird die Krise nur beschleunigt, nicht bewältigt oder gelindert.[527] Das eigene Leben wirft man auch nicht weg, nur weil man irgendwann sterben muss.

Auch würde es sich wenigstens – außer für das eigene Gewissen – auch für die eigenen Kinder (oder Freunde, oder Eltern, oder Neffen und Nichten, oder ...) lohnen, sich von der ökologischen Bedrohung und den ihr zugrunde liegenden irreführenden Werten berühren zu lassen und Emotionen dabei zu spüren, um eigene neue Werte, Leitlinien und damit auch »Sinn« zu finden. Wir haben zwar keine Schuld daran, wie es zur heutigen Situation gekommen ist, tragen aber Verantwortung dafür, wie es heute und morgen weiter geht. Auf die Frage unserer Kinder, »warum habt Ihr nichts getan?«, können wir diesmal nicht mehr antworten: »Wir haben es nicht gewusst.«

Und es gibt genügend Möglichkeiten, im Sinne der Selbsttranszendenz denen zu helfen, die von den Folgen der Krise betroffen sind – zumeist sind es die, die sowieso schon unter schlechten Bedingungen leben müssen. Auch dies kann die eigene Selbstachtung stärken.

5. *Vielleicht gelingt es, achtsam und wachsam in der heraufziehenden Krise zu sein.* Die fortschreitende Krise wird auch politische Wachsamkeit erfordern, um antidemokratische, freiheitseinengende und militaristische Tendenzen einzudämmen. Zu befürchten sind neben populistischen Vereinfachern zunehmende Konflikte und Spannungen, bis hin zu Kriegen, bei denen zunehmend Rohstofffragen eine Rolle spielen (wie schon im Irak, in Afghanistan, Kongo und Georgien). Sie können zum Rückfall in alte raffgierige Ego-Reflexe und zu Ausgrenzung von als Konkurrenz erlebten Bevölkerungsteilen führen. Hier die Ruhe und Würde zu bewahren, vor sich bestehen zu bleiben, auszuscheren aus der Masse und die eigene Meinung mutig zum Ausdruck zu bringen bzw. entsprechend auch zu handeln, wird eine große Herausforderung sein. Wie schwer das ist, wissen wir aus der Geschichte des 20. Jahrhunderts.

6. *Ein gesundes Maß an Zorn verhilft zu eigener Position.* Unter all dem Frust über die ökologische Krise steckt viel innere Entrüstung und Zorn. Es lohnt sich, diese Gefühle wahrzunehmen und damit selbst Stellung zu beziehen, aufrecht zu bleiben, eine angemessene Haltung einzunehmen sowie handlungsfähig zu bleiben. Wenn wir die eigene Selbstachtung und Würde ernst nehmen, wobei uns Selbsterfahrung und die eigene Auseinandersetzung mit den vier letzten Dingen helfen können, dann müssen wir nicht mehr auf die Handlungen anderer schauen, was uns oft neidisch oder ärgerlich macht. Ob Nachbarn weiter teure Urlaubsreisen unternehmen oder die Politiker immer noch versagen, ist dann zweitrangig.

Im Gegenteil: besser erscheint es, sich gerade nicht allzu sehr auf politische und technische Lösungen »von oben her« zu verlassen. Gerade politisch ist in den letzten Jahrzehnten zu wenig geschehen, um jetzt nur darauf hoffen zu können. Also sollte man sich nicht abhängig machen davon, da Enttäuschungen dann wieder Resignation hervorrufen, sondern besser unabhängig werden von Meinungen anderer, die eigene persönliche Freiheit und eigene Verantwortung wahrnehmen, und selbst Entscheidungen für sich treffen. Daher muss man sich das Recht auf eine eigene Meinung nicht nehmen lassen. Also kann von jedem das Schweigen gebrochen und mit anderen gesprochen werden. Autoritäten sind auch 500 Jahre nach der Reformation in Frage zu stellen. Briefe an hohe Entscheidungsträger, Leserbriefe und Bücher können geschrieben werden, oder man redet auf Veranstaltungen mit, auch mit dem Risiko, erst einmal schief angesehen zu werden.

7. *Neue Gruppen bilden sich.* Das kann, auch wenn es zunächst das Bedürfnis nach Sicherheit und Zugehörigkeit in der bisherigen Gruppe in Frage zu stellen scheint, sich dann ganz angenehm anfühlen, weil jeder dabei ganz bei sich sein kann. Und warum sollte man nicht selbst Vorbild sein können anstatt das nur von anderen zu erwarten? Eine bessere Reputation dadurch spornt weiter an. Außerdem: es bilden sich bereits – zumindest vereinzelt – neue entsprechend ausgerichtete Gruppen und Gemeinschaften in der Gesellschaft, an die dann auch wieder ein Anschluss möglich wird. Vielleicht reicht schließlich eine kritische Masse von zehn bis 15 Prozent der Bürger und Wähler dafür, die Parteien unter Druck zu setzen, um jetzt vordringliche Maßnahmen gegen die globale Erwärmung zu treffen. Vorbild dafür könnten in gewisser Weise Rechtspopulisten sein, die es geschafft haben, dass andere Parteien nun ähnliche Positionen vertreten, um deren Stimmen zu bekommen. Nur ist noch die Frage zu lösen, wie man die Dringlichkeit der Situation möglichst positiv vermittelt, ohne durch apokalyptische Szenarien die Wähler eher zu verschrecken.[528]

8. *Wagen wir es über den eigenen Tellerrand zu schauen.* All die Sorgen und Ängste, was die eigene Bedürfnisabsicherung betrifft, aber auch die Zukunft der Welt, dürfen mit anderen geteilt werden, auch um zu sehen, wie sie damit umgehen. Gleichzeitig wird durch Empathie und Offenheit erlebbar, wie viel wieder zurückkommt, wenn die Enge des eigenen Dunstkreises durchbrochen wird (was an sich schon antiresignativ wirksam ist). Letztlich ist es dabei dann egal, ob dafür das Gespräch und die Initiative im direkten Umfeld und der Nachbarschaft gesucht werden oder die Kommunikation über das Internet wahrgenommen wird, das zur besseren Vernetzung zudem hilfreich sein kann.

Wieder Bezug nehmen auf andere, und auf größer angelegte Themen, kann helfen, auch mit den Alltagsproblemen leichter zu Recht zu kommen. Vieles relativiert sich dann auch. Mit dem Blick über den Tellerrand ist es auch möglich, sich einmal mit anderen Themen zu beschäftigen, dadurch Zusammenhänge zu erkennen und Standardinformationen kritisch zu hinterfragen, also sich ein Mitspracherecht ebenso in anderen Disziplinen zuzugestehen (wie es sich auch dieses Buch herausgenommen hat).

9. *Gönnen wir uns umweltfreundliches Weniger, und Müßiggang.* »Arbeit ruiniert die Welt«, lautete eine zugespitzte Formulierung bei Betrachtung der Entropie. Warum sollte man nicht einfach alles etwas ruhiger und gemächlicher angehen, weniger arbeiten, weniger Materie und Energie in nicht mehr verfügbare Zustände verwandeln, die Mülldeponien etwas langsamer auffüllen? Insbesondere die Industrialisierung hat trotz Entlastung durch Technik und Maschinen mehr körperliche Beschwerden durch muskuläre Unterforderung sowie psychische Probleme durch zunehmenden Leistungsdruck, ungewohnte Arbeitszeiten, Vereinzelung und Verstädterung und rückläufige gesellige Rituale gebracht. Das Leben ist vermeintlich einfacher geworden, insgesamt aber komplexer und aufwändiger.

»Anleitung zum Müßiggang« lautete vor einigen Jahren ein Buchtitel, ein leidenschaftliches Plädoyer für weniger Arbeit, dafür mehr Faulheit.[529] Was hält also davon ab, die depressionsfördernde strenge (eher protestantische) Haltung abzulegen, die besagt, dass Spiel, Spaß, Muße, Musik, Tanz und andere Rituale schädlich für unsere Persönlichkeit und unsere Konkurrenzfähigkeit sind? Öfter zu Fuß gehen oder das Fahrrad verwenden führt weg von einer rohstoffverbrauchenden, Lärm und Stress erzeugenden hektischen Mobilität hin zu einer muskelstärkenden, gesund ermüdenden und gedankliche Kreativität ermöglichenden Fortbewegung.

Oft aber wird behauptet, großer Verzicht dürfe nicht gefordert werden. Aber erfordert nicht eher unsere gegenwärtige Lebensweise große Einschränkungen? Auf Abgase, Feinstaub, lange Anfahrtswege zum Arbeitsplatz, Zeitnot, Lärm und Stau kann eigentlich gerne verzichtet werden. Schon heute verzichtet unsere Gesellschaft auf vieles – etwa auf ruhige Städte mit sauberer Atemluft,[530] auf kürzere Anfahrtswege zur Arbeit, sinnvolle Arbeitsplätze, zunehmend auf unversiegelte Grünflächen und zumeist auf gesunde Lebensmittel (es sei eigentlich eine Unverschämtheit, dass es heute gesondert Bio-Läden geben müsse, um gesunde Nahrungsmittel erhalten zu können, meinte kürzlich eine Patientin).

Wenn schon Wirtschaft und Politik (noch) nicht vom Dogma des ewig steigen sollenden Wirtschaftswachstums lassen wollen, hindert den Einzelnen im Sinne der dargestellten Eigenständigkeit nichts daran, selbst diesen Wert schon zu relativieren. Also muss man sich nicht ärgern über ausbleibende Gehaltssteigerungen und von den Gewerkschaften vermeintlich schlecht verhandelte Tarifverträge, sondern kann stattdessen realistisch prüfen, ob man sich tatsächlich schon an der Verarmungsgrenze befindet und weiterhin ungebremst im Hamsterrad der Absicherung mitlaufen muss. Das eigene Leben und der eigene Sinn müssen immer wieder neu erfunden werden. Mit etwas trotzigem Mut, Entschlossenheit und einem Selbstbewusstsein, das nicht nur auf Geld, Konsum und Karriere beruht, sondern vielmehr auf dem Vertrauen darauf, auch mit weniger davon anerkannt und versorgt zu sein und dafür nun Teil einer weltumspannenden zivilgesellschaftlichen Bewegung zum Schutz der Lebensgrundlagen zu werden, ist das auch möglich.

Dabei wäre auch ein Weniger an heute noch alles bestimmender Wissenschaft sinnvoll. Sie hat uns in vielerlei Hinsicht in die heutige Situation gebracht. Und die Umweltprobleme sind längst ausreichend erforscht, jetzt wäre eher Handeln nötig. Beim Voranschreiten auf dem rationalen Weg des Wissens stoßen wir immer wieder an Grenzen, zu oft stören scheinbar unberechenbare Gefühle und Verhaltensweisen des Menschen den statistisch sicheren Erkenntnisgewinn. Vieles bleibt unerklärlich und unbegreiflich, wie etwa auch Liebe, Abneigung und andere Gefühle, oder das Geheimnis des Todes und der Zeit danach. Das zu akzeptieren könnte verhindern, durch vermeintlichen Fortschritt noch weiter in eine kaum mehr zu bewältigende Kompliziertheit des Lebens zu geraten.

10. *Wir dürfen innehalten und bei uns sein.* Zu Ende gedacht führen weniger Arbeit, dafür mehr Müßiggang und Faulheit zu Momenten der Stille, die zunächst vielleicht erst einmal ausgehalten werden müssen, dann aber auch ausgekostet werden dürfen. Es kann in solchen »Peri-

oden selbst auferlegter Einsamkeit«, wie sie zur Isolationserfahrung vorgeschlagen wurden, gelingen, ein inneres Gefühl, eine innere Stimme wahrzunehmen, auch wenn einen die frühere Erziehung vielleicht nicht immer darin bestärkt hat, innere Stimmen und Bedürfnisse wahr- und ernst zu nehmen, der Einzelne also jetzt zunächst unsicher wird beim Lauschen in sich hinein.

Still zu sein fällt dem modernen Menschen, der an Lärm, Gehetze, Getümmel und Arbeit gewöhnt ist, nicht unbedingt leicht. Auch sie muss er wohl erst wieder einüben. Vielleicht entsteht sogar so etwas wie Langeweile, die gerne vermieden wird, die aber sehr fruchtbar und ideenstiftend sein kann. Eventuell lässt sich bei dieser Selbsterfahrung etwas vom emotionalen Ergriffensein spüren, vom bei sich sein, das zu neuen Leitlinien führt.

Dafür ist nicht immer die einsame Wanderung im Wald erforderlich. Statt sich im Verkehrsstau oder in der Warteschlange in der Postfiliale über die Verzögerung zu ärgern, kann die unerwartet für sich gewonnene Zeit wie in vielen anderen Situationen auch dafür genutzt werden, in sich hinein zu hören, Stimmungen wahrzunehmen und ein Gefühl für die eigene Intuition zu bekommen – oder aber andere Menschen interessiert zu beobachten und auch dadurch wieder zu Selbsttranszendenz zu kommen. Somit führt vom bei sich sein wieder ein Weg nach außen.

Von der Beschäftigung mit dem Selbst wieder in die Umwelt zurückzufinden, ist daher zunächst für den Einzelnen die Chance, sich selbst weniger wichtig nehmen zu müssen, Bedürfnisse anderer zu berücksichtigen ohne sich selbst dabei zu verlieren, dadurch die eigenen sozialen Beziehungen zu festigen, die eigene Psyche und die der Kinder damit zu stabilisieren und überhaupt erst den Freiraum zu bekommen, das Risiko einzugehen, die Verleugnung der ökologischen Krise aufzugeben. Und das muss dann gar nicht mehr zu den befürchteten Gefühlen von Angst, Depression oder Lähmung führen. Gemeinsam lassen sich im Kleinen auch unabwendbare Situationen im Großen besser aushalten, dabei empfundene und miteinander geteilte Gefühle von Irritation und Zorn können zu konstruktiven Ideen führen, selbst aktiv zu werden. Auch hier kann aus dem Gegenwillen wieder ein Wille werden.

Vielleicht erfüllt sich auch im Anblick der ökologischen Katastrophe, im langsamen Bewusstwerden, dass der Abschied von alten Gewohnheiten nicht zu vermeiden ist, in der beginnenden Überwindung des Nicht-Wahr-Haben-Wollens, in der Konfrontation mit der Endlichkeit unserer Kultur die für den Umgang mit dem Tod bestehende Hoffnung,

> dass wir begreifen, wie kostbar jeder Moment ist, und wie tröstlich unser Miteinander, wenn wir unserer Endlichkeit, unserer kurzen Zeit im Licht, wirklich ins Auge sehen.[531]

Anhang

Nachwort und Dank

Der Ritt durch die Disziplinen der Evolutionslehre, der Physik mit ihren Grundsätzen der Thermodynamik, der Biologie, Soziologie, Psychologie und Psychotherapie mag überbordend und überfordernd wirken. Andererseits war mir die Zusammenschau von Erkenntnissen aus vielen Bereichen hilfreich dafür, Zusammenhänge zu erfassen und damit ein Bild von der ökologischen Krise zu bekommen, das über das unbehagliche Gefühl des Bedroht- und Gelähmtseins hinausweist.

Es mag übertrieben erscheinen, von einer nicht mehr abwendbaren ökologischen Krise zu sprechen. Aber der tägliche Blick in die Zeitung belegt (leider) das Gegenteil. Dabei geht es jetzt nicht mehr darum, wer mit welchen Szenarien und Modellen nun Recht hat oder nicht. Auch über die Bedeutung von CO_2 oder die Frage des menschlichen Einflusses auf das Ökosystem zu streiten, ist müßig, dafür liegen mittlerweile zu viele eindeutige Fakten vor. Es geht vielmehr darum, was jetzt geschehen müsste oder zumindest könnte, und wie der Einzelne sich dazu verhält.

Dabei stellen sich auch mir offene Fragen und Zweifel: Nehme ich selbst die Situation überhaupt richtig wahr, oder leide auch ich unter einer »Apokalypse im Kopf«? Habe ich wesentliche Perspektiven übersehen, die eine andere Bewertung erfordern würden? Bin ich etwa schon »ökodepressiv«? Und unterliege ich nicht selbst einem missionarischen Eifer, die Außenwelt ändern zu wollen? Achte ich selbst überhaupt schon genügend auf meine Innenwelt – und den Bezug zur Außenwelt? Was nützt es, ein solches Buch zu schreiben, was im Grunde nichts verändert?

Hinter mir liegen über 20 Jahre Beschäftigung mit globalen Problemen. Wesentliche Ereignisse, die mich im Alter von 20 Jahren »emotional ergriffen« und meine Haltung beeinflusst haben, waren der Konflikt um die Wiederaufbereitungsanlage Wackersdorf und der GAU von Tschernobyl 1986. Dabei ging es aber nicht nur um die Gefahren der

Atomenergie an sich, sondern auch um das hohe Risiko einer Auseinandersetzung mit Atomwaffen im damals noch nicht beendeten Kalten Krieg zwischen Ost und West. Der war kurz darauf vorbei, aber nicht grundsätzlich die Gefahr, dass das entsprechende Waffenarsenal nicht doch noch irgendwann zum Einsatz kommen könnte, zumal immer mehr Staaten mittlerweile darüber verfügen oder zu verfügen drohen.

Wissenschafts- und zeitkritische Bücher wie das von Jeremy Rifkin zum Entropie-Weltbild oder Werke von Erwin Chargaff erweiterten dann Ende der 80er Jahre den Horizont. 1992 war die deutsche Übersetzung des ersten Folgeberichts zu »Grenzen des Wachstums« eine erschütternde Lektüre, bestätigten sich hier doch auf sehr sachliche Weise die schon gewonnenen Erkenntnisse über die Begrenztheit unseres Planeten, seiner Ressourcen und auch seiner Aufnahmefähigkeit für Endprodukte, ob das nun Müll, Gase oder andere Abfälle sind.

Wohl auch durch Abschluss des Medizinstudiums und die ersten Berufsjahre als psychiatrischer Assistenzarzt sowie durch Heirat und Familiengründung gerieten die globalen Themen in den Hintergrund, ich befand mich auf der Bedürfnisebene der privaten und beruflichen Absicherung und beschränkte mich zunächst auf das eifrige Sammeln von Zeitungsausschnitten, in denen schon ab Ende der 80er Jahre zunehmend der Klimawandel und andere globale Umweltthemen behandelt wurden. Vielleicht war auch noch nicht der passende Moment zur Entwicklung ökologischer Selbsttranszendenz im Lebenszyklus erreicht (ich also noch zu jung).

Emotional in besonderer Weise ergriffen wurde ich schließlich von dem 30-Jahres-Update zu den »Grenzen des Wachstums«, gelesen 2006. Das Gefühl, etwas tun zu müssen und auch zu wollen, wurde in diesem Leseurlaub bestimmend. Dazu kam ein Jahr später die Lektüre von »Kollaps« von Jared Diamond über den Zusammenbruch früherer Gesellschaften und Kulturen. Die Finanzkrise ab 2007 war dann ein lehrreiches Beispiel dafür, wie Krisen angegangen oder eben nicht angegangen werden. Parallel dazu erinnerten die Berichte des IPCC und stattfindende Klimagipfel an die fortschreitende Erderwärmung, die Konferenz von Kopenhagen 2009 war besonders ernüchternd dabei.

Das Bedürfnis wuchs, entdeckte Zusammenhänge und Querbezüge sowie dabei entstandene Sorgen insbesondere über den weiteren sozialen Zusammenhalt in unserer Gesellschaft und mögliche kriegerische Auseinandersetzungen mitzuteilen und zu diskutieren. Es resultierte daraus das Projekt einer Art Internetzeitung, gemailt an Bekannte und Interessierte, die zunächst nach Versenden der ersten Ausgabe auf große Resonanz stieß, dann aber immer weniger Reaktionen hervor rief. Die Flüchtigkeit des Internetmediums ist mir dabei deutlich geworden, gleichzeitig bemerkte ich im Umfeld immer wieder dieses peinliche Schweigen oder Wechseln des Gesprächsthemas, wenn das Thema auf ökologische Fragen kam. Letztlich wollte ich nicht der Moralapostel sein, der ein schlechtes Gewissen verbreitet und anderen vorschreibt, was sie zu tun haben.

Der Alltag in der eigenen Praxis nahm viel Zeit in Anspruch, so dass eigenes politisches Engagement nicht realisierbar erschien. Aber mit Hilfe der existenziellen Angelegenheiten (das Lehrbuch von Irvin Yalom dazu war mir parallel ein hilf- und lehrreicher Begleiter geworden) entstand ein neuer Blickwinkel auf die ökologische Krise, gerade im Zusammenhang mit der oft diskutierten Wertefrage.

Jeder findet seine eigenen Wege und Mittel, seiner eigenen »emotionalen Ergriffenheit« oder dem Zorn über die Situation Ausdruck zu verleihen und aktiv zu werden. Die Teilnahme an Demonstrationen gegen die WAA, den Transrapid, eine neue Startbahn am Münchner Flughafen oder gegen Atomkraft generell war ja, vom Ergebnis her besehen, durchaus erfolgreich. Doch war nicht noch viel mehr zu tun?

Wie schon bei früheren Gelegenheiten musste ich mir eingestehen, dass ich nicht immer der große Teamspieler bin, sondern eher in Einzelproduktion Sinnvolles hervorbringen kann. Zudem stellten sich das Schreiben an sich und das Ordnen der Gedankengänge dabei als antiökodepressiv wirksam heraus. Daher kam es 2009 zur Erstauflage dieses Buches, auch als Anregung, über die globale Situation nachzudenken, kein schlechtes Gewissen dabei zu bekommen, aber auch nicht einer uns immer wieder vorgegaukelten Illusion anzuhängen, dass mit ein paar politischen Gipfelvereinbarungen und technischen Neuerungen die Probleme zu lösen seien.

Erstaunlich war es zu sehen, wie viele Disziplinen sich hier schon mit ganz ähnlichen Fragen beschäftigt haben, etwa auch mit Entropie, Werten, Selbsttranszendenz und menschlichen Verhaltensmustern, nur um dann meist wieder zur Frage von Empathie und Kooperation, also zu zwischenmenschlichen Beziehungen zurückzukehren. Yalom hat es einmal mit der Formulierung umschrieben: »Beziehung heilt«.

Das Buch ist daher auch ein Versuch, Mosaiksteinchen aus verschiedenen Richtungen zusammen zu tragen, wenngleich vieles sicher unvollständig bleibt und sich vielleicht auch ein paar Fehler eingeschlichen haben. Auch mögen die vielen Fußnoten nach Fleißarbeit aussehen, sie sind aber vielmehr entstanden aus der auch heute noch anhaltenden Suche nach Erklärungen für die Wege in die heutige Situation und nach Wegen wiederum aus der Krise heraus. Es ist für mich immer noch unfassbar, dass wir uns in eine solch einmalige und höchstkritische Situation manövriert haben.

Von allen Perspektiven jedoch führt daher der Weg zum Einzelnen selbst und zu den persönlichen Bewältigungsstrategien, was mir aus der therapeutischen Praxis vertraut ist. Die skizzierten Überlegungen zu einer angemessenen Haltung im Angesicht der aktuellen Situation bleiben zwangsläufig vage und unvollständig. Das darf auch ruhig so sein. Es ist gerade ein notwendiger Teil der Überwindung der Ohnmachtsgefühle, innere Zweifel im Angesicht der ökologischen Krise anzunehmen. Patentrezepte hat daher auch der Psychiater nicht.

Zweifel, wie sinnvoll das Buch nun wäre, überfielen mich wiederum oft, angesichts der Rückmeldungen mancher Verlage bei ihren Ablehnungen einer Veröffentlichung, dass der Text zwar teilweise brillant formuliert und beeindruckend sei, aber zu evolutionspsychologisch, zu pessimistisch oder zu fachlich ausgerichtet wäre. Aber auch hier half mir ein gesunder Zorn dabei, es dann zunächst in einem Book-on-demand-Verlag herauszubringen. Einen finanziellen Gewinn mit dem Buch zu erzielen war (und ist) mir nicht wichtig. Vielmehr bin ich getrieben vom Drang, meine bedrückenden Erkenntnisse und Sorgen mitzuteilen, kritisch zu diskutieren und im Angesicht dessen dennoch zu versuchen, positive Sichtweisen zu finden. Viele Rückmeldungen nach Erscheinen des Buches haben mich darin bestätigt.

Die Suche nach Erklärungen und Lösungen ging indes weiter. Konzepte wie die Postwachstumsökonomie von Niko Paech (»Befreiung vom Überfluß«), wie Transition-Town und Urban Gardening, aber auch Ideen einer Ökotherapie und Steigerung der Zufriedenheit durch Nachhaltigkeit erweiterten den Horizont. Und nach Kennenlernen der ökologischen Zusammenhänge, wie sie der renommierte und vielfach geehrte Wolfgang Haber erforscht und publiziert hat, musste ich mir eingestehen, dass genau diese Zusammenhänge in meinem Buch zur ökologischen Krise gefehlt hatten.

Nachdem ich dann zwar aus dem Bedürfnis heraus, von der Theorie nun endlich auch selbst wieder zum Handeln zu kommen, eine Münchner Transition-Town-Gruppe mitgegründet hatte, wollte ich dann doch das Erklärungsmodell vervollständigen und eine völlig überarbeitete und erweiterte Neuauflage herausbringen – auch wenn die unbequemen Botschaften schon beim ersten Erscheinen des Buches teilweise nicht gerne gehört waren. Umso erfreulicher, dass dies im oekom verlag nun möglich wurde. Ich hoffe, dass der Text nicht nur Fachleute im Psycho- und Ökobereich anspricht, sondern auch von Menschen gelesen wird, die nicht im Naturschutz engagiert sind und manche Aussagen kritisch sehen mögen, aber vielleicht selbst schon ein gewisses Unbehagen angesichts unserer Lebensweise und deren Folgen verspüren.

Nicht zuletzt möchte ich noch all jenen danken, die mich zu diesem Buch ermutigt, mich mit Anregungen und Korrekturen unterstützt, und meine wiederkehrenden Zweifel daran ausgehalten und mich darin bestärkt haben, meiner inneren Stimme zu folgen, die mich zum Schreiben drängt:

Meiner lieben Annette, des weiteren Michaela Söllner, Hadwig Abel, Gottfried Abel, Anne-Christine Schmidt, Ernst Weeber, Joachim Hamberger vom Verein für Nachhaltigkeit e. V. und Wolfgang Haber (für Rückmeldungen, die mich besonders gefreut haben), den Kollegen Rolf Ullner und Rainer Gunkel, der Gruppe „Trudering im Wandel“, meinem Qualitätszirkel und vielen anderen, die in Diskussionen zu den angesprochenen Themen oft wertvolle Gedanken geäußert haben. Auch allen Teilnehmern der Umfrage zu einem passenden Untertitel sowie dem Titelbild sei gedankt. Besonders danken möchte ich dem Lesekreis der bei Pro Regenwald engagierten Elizabeth Heller, der den Text gemeinsam gelesen und kritisch kommentiert hat.

München, im Mai 2017 Andreas Meißner

Anmerkungen und Quellenangaben

Einleitung

1 Dennis Meadows (2003): Wir haben 30 Jahre verloren. Interview in: Die ZEIT, 31.12.2003.

2 Wolfgang Haber (2013): Nachhaltige Entwicklung zwischen Notwendigkeit, Tugend und Illusion. In: Sächsische Hans-Carl-von-Carlowitz-Gesellschaft (Hrsg.), Die Erfindung der Nachhaltigkeit. München: oekom verlag.

Die ökologische Krise – Fakten, Risiken und Folgen

3 Michail Gorbatschow (1997): Politik ohne Gewissen und Moral ist verwerflich. In: Der Tagesspiegel, 20. 08. 1997.

4 Der Spiegel, 23. 12. 2016.

5 In Bayern wird der Strombedarf bis 2050 laut einer Studie wohl »nur« um zehn bis 20 Prozent ansteigen, vor allem durch die weiter wachsende Bedeutung der Informations- und Kommunikationselektronik sowie der Elektromobilität. Süddeutsche Zeitung, 01. 10. 2012.

6 http://www.bmub.bund.de/themen/luft-laerm-verkehr/verkehr/flugverkehr/, abgerufen am 01. 10. 2016, Stand laut Webseite vom 01. 10. 2007, also nicht gerade optimal vom Ministerium aktualisiert, aber die Kernaussage dürfte weiter stimmen.

7 Süddeutsche Zeitung, 21. 01. 2015.

8 Süddeutsche Zeitung, 15. 02. 2014.

9 Stuttgarter Zeitung, 05. 09. 2007, zitiert wird hier der Astrophysiker Claus Rolfs.

10 »Review Studie Fortgeschrittene Nuklearsysteme für das TA-Programm des Schweizerischen Wissenschaftsrates«, 1999, URL: http://www.ta-swiss.ch/www-remain/reports_archive/publications/1999/fortgeschrittene_Nuklearsysteme.pdf

11 Süddeutsche Zeitung, 12. 09. 2008.

12 Winfried Blum, Globalisierung – was hat das mit dem Boden zu tun? Vortrag bei der Evangelischen Akademie Tutzing, 19. 09. 2015.

13 BN-Magazin Natur + Umwelt 1-2015.

14 Süddeutsche Zeitung, 05. 01. 2017; demnach hat sich der Index für Siedlungs- und Verkehrsflächen von einem Ausgangswert von 100 im Jahr 1980 auf 149 erhöht, also um knapp 50 Prozent, die Landwirtschaftsfläche ist dagegen von 100 auf 87 zurückgegangen, die Bevölkerung jedoch von 100 auf 115 gestiegen. Bei Wäldern und Wässern ergab sich ein leichter Anstieg auf 106.

15 Süddeutsche Zeitung, 07. 07. 2015.

16 Süddeutsche Zeitung, 21. 06. 2014.

17 ZEIT online, 28. 08. 2014.

18 http://future.arte.tv/de/sand: Informationen aktualisiert vom 30. 09. 2015 zum Dokumentarfilm »Sand – die neue Umweltzeitbombe« von 2013.

19 a.a.O.

20 ZEIT online, 28. 08. 2014.

21 a.a.O.

22 Interview 2013 mit Michael Welland bei: http://future.arte.tv/de/sand/rund-um-den-sand-hat-sich-weltweit-ein-schwarzmarkt-entwickelt.

23 Süddeutsche Zeitung, 15. 07. 2008.

24 Süddeutsche Zeitung, 13. 08. 2008.

25 Der SPIEGEL 33/2015.

26 Christina von Haaren (2016): Wieviel Natur braucht der Mensch im Anthropozän? In: Wolfgang Haber, Martin Held, Markus Vogt (Hrsg.): Die Welt im Anthropozän: Erkundungen im Spannungsfeld zwischen Ökologie und Humanität. München: oekom verlag.

27 Zdenek Zofka (2007). Kommt nach dem Hunger nun der Durst? Die Armen und die globale Wasserkrise. In Bayerische Zeitschrift für Politik und Geschichte, Einsichten und Perspektiven, 03/2007.

28 Der SPIEGEL, 33/2015.

29 Süddeutsche Zeitung, 26.10.2007.

30 Süddeutsche Zeitung, 29.08.2008.

31 Süddeutsche Zeitung, 19.10.2013.

32 Süddeutsche Zeitung, 09.09.2014.

33 Süddeutsche Zeitung, 23.10.2012.

34 ‚Sendung »Scobel«, 3sat, Januar 2011.

35 Süddeutsche Zeitung, 19.10.2013.

36 Süddeutsche Zeitung, 11.04.2008.

37 Süddeutsche Zeitung, 25.04.2008.

38 Süddeutsche Zeitung, 05.11.2007.

39 Süddeutsche Zeitung, 12.11.2007.

40 Süddeutsche Zeitung, 14.08.2012.

41 Deutsche Wirtschaftsnachrichten, 12.03.2014.

42 Süddeutsche Zeitung, 31.08.2006.

43 Süddeutsche Zeitung, 12.06.2008.

44 Interview mit Dennis Meadows, in: Die WELT online, 22.11.2006.

45 Süddeutsche Zeitung, 23.07.2008.

46 Süddeutsche Zeitung, 09.06.2008.

47 Süddeutsche Zeitung, 21.01.2008.

48 Süddeutsche Zeitung, 19.11.2007.

49 Süddeutsche Zeitung, 15.11.2014.

50 Harald Schumann, Christiane Grefe (2008): Der globale Countdown: Gerechtigkeit oder Selbstzerstörung – Die Zukunft der Globalisierung. Köln: Kiepenheuer & Witsch.

51 Süddeutsche Zeitung, 24.02.2008.

52 Süddeutsche Zeitung, 22.11.2008.

53 Süddeutsche Zeitung, 06.10.2007.

54 Selina Fehr, Leila Dregger (2015): Geschichten vom Fliehen und Bleiben. Zeitpunkt 140: 16. Hier wird der Flüchtling Nisrin aus Syrien entsprechend zitiert.

[55] Süddeutsche Zeitung, 30.08.2007.

[56] Süddeutsche Zeitung, 08.03.2008.

[57] Süddeutsche Zeitung, 18.04.2007.

[58] Süddeutsche Zeitung, 03.12.2007.

[59] Will Steffen et al. (2015): The trajectory of the Anthropocene: The Great Acceleration. The Anthropocene Review (2)1: 81–98.

[60] Zitiert nach Süddeutsche Zeitung, 16.01.2015.

[61] »Socio-Economic Trends« und »Earth System Trends«: Charts, entworfen von R. Jamil Jonna basierend auf Daten in: Will Steffen et al. (2015): The Trajectory of the Anthropocene: The Great Acceleration, Anthropocene Review 2, (1): 81–98. Grafiken entnommen der Webseite http://monthlyreview.org/2015/09/01/when-did-the-anthropocene-beginand-why-does-it-matter/.
Abdruck mit freundlicher Genehmigung der Zeitschrift Monthly Review.

[62] Süddeutsche Zeitung, 26.10.2007.

[63] Jared Diamond (2005): Kollaps: Warum Gesellschaften überleben oder untergehen. Frankfurt a.M.: Fischer.

[64] Süddeutsche Zeitung, 26.10.2007.

[65] Süddeutsche Zeitung, 23.02.2008.

[66] Süddeutsche Zeitung, 15., 16., 31.07. und 17.12.2008.

[67] Herwig Birg (2004): Die Weltbevölkerung: Dynamik und Gefahren. München: C. H. Beck.

[68] Süddeutsche Zeitung, 29.10.2015.

[69] Süddeutsche Zeitung, 09.07.2016, hier war von 7,44 Mrd. die Rede, so dass es inzwischen schon über 7,5 Mrd. sein dürften.

[70] Tim Flannery (2006): Wir Wettermacher: Wie die Menschen das Klima verändern und was das für unser Leben auf der Erde bedeutet. Frankfurt a. M.: Fischer.

[71] https://de.wikipedia.org/wiki/Earth_Overshoot_Day.

[72] Süddeutsche Zeitung, 30.10.2008.

[73] Die ZEIT, 27.10.2016.

[74] Süddeutsche Zeitung, 11.10.2006.

[75] In: Spektrum der Wissenschaft – Dossier 6/2006.

[76] SPIEGEL online, 21. 02. 2007, siehe: http://www.spiegel.de/wissenschaft/mensch/ 0,1518,467875,00.html.

[77] Harald Schumann, Christiane Grefe (2008): Der globale Countdown, a.a.O.

[78] Die ZEIT, 04. 04. 2015.

[79] Süddeutsche Zeitung, 01. 12. 2015.

[80] Petra Steinberger (2009): Spiel ohne Grenzen. In: Süddeutsche Zeitung, Wochenende, 07./08. 02. 2009.

[81] Claudio Caviezel (2015): Climate Engineering: Kann und soll man die Erderwärmung technisch eindämmen? Vortrag bei der Evang. Akademie Tutzing, 20. 09. 2015.

[82] Süddeutsche Zeitung sowie WELT online, 09. 02. 2009.

[83] Süddeutsche Zeitung, 07. 01. 2008.

[84] Süddeutsche Zeitung, 16. 12. 2008, Serie »Kapitalismus in der Krise«, Folge 10.

[85] siehe auch: Dennis Meadows (2008): Warum unser Planet auf totales Chaos zusteuert, Interview in: Die WELT online, 22. 06. 2008.

[86] Focus, 21. 01. 2017.

[87] Süddeutsche Zeitung, 14. 09. 2015, hier wurde auf eine entsprechende Meldung in der italienischen Zeitung La Stampa verwiesen.

[88] Süddeutsche Zeitung, 02. 12. 2015.

[89] Süddeutsche Zeitung, 15. 10. 2008.

[90] Jeremy Rifkin (2008): Drei Krisen auf einmal. Außenansicht in: Die Süddeutsche Zeitung, 17. 10. 2008.

[91] Harald Schumann, Christiane Grefe (2008): Der globale Countdown, a.a.O.

[92] Süddeutsche Zeitung, 23. 01. 2016.

[93] Süddeutsche Zeitung, 15. 07. 2008.

[94] Andreas Zielcke (2008): Helden und Versager: Die Finanzkrise verstärkt postdemokratische Tendenzen. In: Süddeutsche Zeitung, 17. 10. 2008.

[95] Andreas Zielcke, a.a.O.

[96] z. B.: Hartmut Bachmann (2007): Die Lüge der Klimakatastrophe: … und wie der Staat uns damit ausbeutet. Manipulierte Angst als Mittel zur Macht. Berlin: Frieling & Huffmann.

[97] Kai Diekmann (2007): Der große Selbstbetrug: wie wir um unsere Zukunft gebracht werden. München: Piper.

[98] Geoffrey Steinherz, Wolfgang Thüne (2002): Freispruch für CO_2: Wie ein Molekül die Phantasien von Experten gleichschaltet. Wiesbaden: Edition Steinherz.

[99] Edgar L. Gärtner (2012): Öko-Nihilismus 2012: Selbstmord in Grün. Jena: TvR Medienverlag.

[100] Jeanne Rubner (2007): Das Energiedilemma: Warum wir über Atomkraft neu nachdenken müssen. München: Pantheon.

[101] Jared Diamond, Kollaps: Warum Gesellschaften untergehen, a.a.O.

[102] Johannes Fried (2008): Gesellschaften sind sterblich. Interview in: SZ-Wissen, 9/08.

[103] Alexander Neubauer (2012): Ökofimmel: Wie wir versuchen, die Welt zu retten – und was wir damit anrichten. München: Spiegel.

[104] Dennis Meadows, Wir haben 30 Jahre verloren, a.a.O.

[105] Süddeutsche Zeitung, 23.09.2008.

[106] Rachel Carson (1962): Robbinsdale: Silent Spring.

[107] siehe z. B. bei: Dirk Maxeiner (2007): Hurra, wir retten die Welt! Wie Politik und Medien mit der Klimaforschung umspringen. Berlin: wjs.

[108] Siehe bei Jeanne Rubner (2007), a.a.O.

[109] Sigrun Preuss (1991): Umweltkatastrophe Mensch: Über unsere Grenzen und Möglichkeiten, ökologisch bewußt zu handeln. Kröning: Asanger; Günter Schiepek (1992): Zum Selbstverständnis Ökologischer Psychiatrie im Kontext der Postmoderne. In: Andresen B., Stark F.-M., Gross J. (Hrsg.): Mensch Psychiatrie Umwelt, Bonn: Psychiatrie-Verlag.

Zunehmend komplex – Evolution und Entropie

[110] Nicolás Gómez Dávila (1987): Einsamkeiten: Glossen und Text in einem. Wien: Karolinger.

[111] Thomas Junker (2006): Die Evolution des Menschen, München: C.H. Beck

[112] Thomas Junker (2006): Die Evolution des Menschen, a.a.O.

[113] Donella Meadows, Jorgen Randers, Dennis Meadows (2006): Grenzen des Wachstums: Das 30-Jahres-Update. Stuttgart: Hirzer.

[114] Thomas Junker (2006): Die Evolution des Menschen, a.a.O.

[115] Donella Meadows, Dennis Meadows, Jorgen Randers (1993): Die neuen Grenzen des Wachstums. München: dva.

[116] http://www.wdr.de/themen/kultur/stichtag/2004/08/27.jhtml.

[117] Fabian Scheidler (2015): Die Megamaschine: Geschichte einer scheiternden Zivilisation. Wien: Promedia.
Scheidler zeigt hier verständlich auf, wie schon die Entdeckung von Bronze zu Machtstrukturen führte, allein schon dadurch, dass nun Waffen und Münzen hergestellt werden konnten. Während Bauern zuvor Steuern durch Naturalien beglichen hatten, wurden sie nun zur Zahlung mit Geld gezwungen, was zur Entstehung von Märkten führte. Dies wiederum erleichterte die Kriegsführung, da nun auch in größerer Entfernung Lebensmittel für die Soldaten erworben werden konnten und sie auch nicht mehr mit Naturalien bezahlt werden mussten. Die Erfindung der Schrift diente zudem weniger dem Abfassen schöner Geschichten, sondern eher einer Auflistung von Sklaven. Geld, Macht, Wirtschaft und Militär entwickelten sich so eng verzahnt weiter. Zum Einen leuchtet es ein, wenn Scheidler meint, dass die Metallgewinnung so schon im 4. Jahrtausend v. Chr. das Ende egalitärer Gesellschaften einleitete. Zum Anderen wird das aber nicht der absolute Beginn von Machtstrukturen gewesen sein. Es gab zwar keine Unterscheidung in Arm und Reich. Vermutet wird aber, dass erfolgreichere Jäger begehrter von Frauen waren (was evolutionär auch sinnvoll gewesen wäre) und den ältesten und erfahrensten Männern der meiste Respekt entgegengebracht wurde, sie daher u. U. auch eher Entscheidungen für die Gruppe trafen. Und wer hat später die Bronze entdeckt und abgebaut, mit welchen Mitteln? Auch da hat es offenbar zuvor schon Ungleichheiten gegeben. Wahrscheinlich haben bereits der Beginn des Ackerbaus und die Seßhaftwerdung dazu beigetragen, denn durch die Erzeugung von Nahrungsmitteln über den Eigenbedarf hinaus und die zunehmende Arbeitsteilung mit Spezialisierungen entstanden Abhängigkeiten und damit Ungleichheiten. Aber die Bronzeförderung und viel stärker noch später die Förderung der fossilen Energien haben der Megamaschine mit ihren Herrschaftsprinzipien einen großen Anschub gegeben, das leuchtet ein.

[118] http://www.gas-preis-vergleich.com/geschichte-erdgas.php.

[119] Süddeutsche Zeitung, 27. 10. 2016.

[120] Süddeutsche Zeitung, 12. 07. 2008.

[121] Andreas Meißner (2016): Der tragische Sieg der Großhirnrinde: Ökologie und Humanität im Anthropozän. In: Neurotransmitter 1, 12–18; dieser Artikel, der in diesem Teilkapitel in weiten Teilen zitiert wird, beruhte auf einer Tagung zum im Untertitel des Artikels genannten Thema an der Evang. Akademie Tutzing, 18.-20.09.2015.

[122] Paul Crutzen (2002): Geology of mankind. Nature 415, 23, doi:10.1038/415023a

[123] Elisabeth Kolbert (2015): Das sechste Sterben: Wie der Mensch Naturgeschichte schreibt. Berlin: Suhrkamp; Ulrich Kutschera (2016): Der Mensch und das Anthropozän: Hat das sechste Massenaussterben bereits begonnen? In: Wolfgang Haber, Martin Held, Markus Vogt (Hrsg.): Die Welt im Anthropozän. Erkundungen im Spannungsfeld zwischen Ökologie und Humanität, 57–66. München: oekom verlag.

[124] Ulrich Schnabel (2013): Wir Weltgärtner. Interview mit dem Geobiologen Reinhold Leinfelder. In: Die Zeit, 10.01.2013.

[125] Ernst Häckel (1868): Natürliche Schöpfungsgeschichte. Berlin: Verlag von Georg Reimer; 1873 benannte auch der italienische Geologe Antonio Stoppani das »anthropozoische Zeitalter«.

[126] Wolfgang Haber (2015, 2016): Anthropozän: Folgen für das Verhältnis von Humanität und Ökologie. Vortrag in der Evang. Akademie Tutzing, 18.09.2015, gleichnamiger Beitrag in: Die Welt im Anthropozän. Erkundungen im Spannungsfeld zwischen Ökologie und Humanität. München: oekom verlag.

[127] Christoph Kueffer (2013): Ökologische Neuartigkeit: die Ökologie des Anthropozäns, in: ZiF-Mitteilungen 1/2013.

[128] Zitiert aus dem Beitrag von Wolfgang Haber (2016): Anthropozän: Folgen für das Verhältnis von Humanität und Ökologie, a.a.O.

[129] Thomas Junker (2006): Die Evolution des Menschen, a.a.O., S. 50.

[130] zitiert nach: Jens Jessen (2002): Fortschritt ohne Hoffnung. In: Die ZEIT 27/2002 (Nachruf auf Erwin Chargaff, verstorben im Alter fast 97 Jahren).

[131] Hans Jonas (1987): Warum die Technik ein Gegenstand für die Ethik ist: Fünf Gründe. In: Hans Lenk und Günter Ropohl (Hg.), Technik und Ethik, Stuttgart: Reclam.

[132] Erwin Chargaff (1986): Kritik der Zukunft, Stuttgart: Klett-Cotta 1986.

[133] siehe bei Jeremy Rifkin (1985): Entropie: Ein neues Weltbild. Berlin: Ullstein, 73.

134 Dietrich Pelte (2014): Die Zukunft unserer Energieversorgung: Eine Analyse aus mathematisch-naturwissenschaftlicher Sicht. Berlin: Springer.

135 Die ZEIT, 26.02.1993.

136 Christian Schütze (1989): Das Grundgesetz vom Niedergang, München: Hanser, 33/34.

137 Beispiel entnommen aus: Jeremy Rifkin (1985): Entropie: Ein neues Weltbild, a.a.O.

138 Joseph Tainter (1990): The Collapse of Complex Societies, Cambridge 1990, zitiert nach: Hubertus Breuer (2008): Der drohende Kollaps. In: SZ-Wissen, 9/2008

139 Jeremy Rifkin (1985): Entropie: Ein neues Weltbild, a.a.O., nachzulesen hier im fünften Kapitel zu »Entropie und das industrielle Zeitalter«. Eine genauere Darstellung hier würde zu weit führen. Am Buch von Rifkin zu Entropie wurde seinerzeit heftig Kritik geübt, etwa in einer Rezension in der ZEIT vom 02.04.1982. So werden die Vereinfachung bei seiner Kritik an den früheren Weltbildern und auch Übertreibungen in der Darstellung kritisiert. Doch gerade die beschriebenen Übergänge zu den komplexer werdenden Energieträgern werden bei Rifkin positiv herausgestellt als ernsthaft diskussionswürdige Gedanken.

140 Süddeutsche Zeitung, 03.02.2017.

141 Carl Amery, Hermann Scheer (2001): Klimawechsel: Von der fossilen zur solaren Kultur, München: Kunstmann.

142 Süddeutsche Zeitung, 13.02.2017

143 Dietrich Pelte, Energie und Wohlstand, gelesen am 30.10.2006: http://www.physi.uni-heidelberg.de/~pelte/energie/energie4/data/kap2/wohlstd.htm.

144 Klaus Dörner (2003): Die Gesundheitsfalle: Woran unsere Medizin krankt. Berlin: Acon, 97 ff.

145 Christian Schütze (1989): Das Grundgesetz vom Niedergang, a.a.O.

146 Peter Kafka (1997): Zeit zum Aufstehen, Anmerkungen zur Überwindung der globalen Beschleunigungskrise. Stark erweiterte Bearbeitung des freien Redebeitrags beim Symposium »Gesellschaft und Bildung im 21.Jahrhundert« des Hessischen Kultusministeriums am 10. Oktober 1997 in Wiesbaden, http://www.langelieder.de/swdruck/ pkafka-zza.pdf.

147 Niko Paech (2012): Befreiung vom Überfluss. München: oekom verlag.

[148] Rifkin hat hierauf bereits in seinem Entropie-Werk, original erschienen 1980, hingewiesen. Bis heute dürfte sich dieser Prozess noch beschleunigt haben.

[149] Süddeutsche Zeitung, 04.12.2008.

[150] Erhard Eppler, Niko Paech (2016): Was Sie da vorhaben, wäre ja eine Revolution. München: oekom verlag, 159/160.

[151] Michael de Ridder (2015): Welche Medizin wollen wir? Warum wir den Menschen wieder in den Mittelpunkt ärztlichen Handelns stellen müssen. München: dva.

[152] Deutsches Ärzteblatt, 09.10.2014.

[153] Süddeutsche Zeitung, 25.11.2016.

[154] Süddeutsche Zeitung, 27.05.2000. Hier beschreiben ein internistischer Oberarzt und ein internistischer Chefarzt aus Berlin eindrucksvoll den »Notfall Medizin« mit unzureichender Professionalität, fehlender Orientierung und einem Mangel an Glaubwürdigkeit bei Ärzten und Gesundheitspolitikern.

[155] Süddeutsche Zeitung, 11.09.2008; die hier wiedergegebene Studie war kurz zuvor im New England Journal of Medicine erschienen.

[156] Michael de Ridder, a.a.O.

[157] a.a.O., S. 26.

[158] Michael de Ridder (2003): Stoppt die Kurpfuscher. In: Die ZEIT, 26.06.2003.

[159] Michael de Ridder (2003): Stoppt die Kurpfuscher, a.a.O.

[160] Süddeutsche Zeitung, 24.11.2016.

[161] Axel Olaf Kern, Stephan Dieter Kupsch (2002): Internationale Vergleiche von Gesundheitssystemen und die Neubestimmung des Leistungskatalogs in der gesetzlichen Krankenversicherung. http://www.wiwi.uni-augsburg.de/vwl/institut/paper/ 217.pdf.

[162] Klaus Dörner (2003): Die Gesundheitsfalle. a.a.O., Zitat auf S. 131.

[163] Der amerikanische Organisationssoziologe Charles Perrow wird hierzu entsprechend zitiert von: Hubertus Breuer (2008): Kollaps aus dem Nichts. In: Süddeutsche Zeitung, 17.09.2008; man lese zu diesem Thema gerne auch den Roman von Marc Elsberg (2013): Blackout, München: blanvalet.

164 Randall L. Schweller (2014): Weltweiter Unfriede im Zeitalter der Entropie: Weshalb die Vorstellung einer globalen Führungsmacht nicht mehr zeitgemäß ist, 11.08.2014, auf der Webseite der IPG (Internationale Politik und Gesellschaft), http://www.ipg-journal.de/kommentar/artikel/weltweiter-unfriede-im-zeitalter-der-entropie-515/, abgerufen am 14.12.2016.

165 Dietrich Pelte, Was bedeutet Nachhaltigkeit? http://www.physi.uni-heidelberg.de/ ~pelte/energie/energie4/data/kap5/nachhlt1.htm, abgerufen am 30.10.2016.

166 So findet sich auch der Begriff der »Sozialen Entropie«: einer Zunahme an gesellschaftlicher Unordnung (z. B. Unzufriedenheit mit Politik, Wirtschaft und Umwelt) soll durch menschliche Intelligenz entgegen gewirkt werden. Ein Versagen gesellschaftlicher Systeme kann demnach aber eine Zunahme der sozialen Entropie bewirken. Hingewiesen sei auch auf das Buch von Manfred Wöhlcke (1996): Soziale Entropie. Die Zivilisation und der Weg allen Fleisches, München: dtv.

Nicht können und nicht wollen – die Biologie und Psychologie des Nichtstuns

167 Stefan Knischek (Hrsg; 2008): Lebensweisheiten berühmter Philosophen: 4000 Zitate von Aristoteles bis Wittgenstein, Hannover: humboldt.

168 Harald Schumann, Christiane Grefe (2008): Der globale Countdown, a.a.O.

169 Joachim Marschall (2005): Alles im grünen Bereich? In: Gehirn & Geist 10: 54–58.

170 Umweltbundesamt (2014): Umweltbewusstsein.

171 Zitiert nach Peter Brügge (1990): Zum Überleben zu tüchtig, SPIEGEL: 35–37.

172 Zitiert nach Peter Brügge (1990): Zum Überleben zu tüchtig, a.a.O.

173 Gerd Eisenbeiß (2008): Der Mensch braucht Hirn statt Bequemlichkeit. Süddeutsche Zeitung – Außenansicht, 24.05.2008.

174 Die Einschätzungen dieses Absatzes wurden auch von dem Politologen Sven Leunig auf einer Tagung geäußert, siehe: Süddeutsche Zeitung, 08.07.2006.

[175] Siehe auch bei Donella Meadows, Jorgen Randers, Dennis Meadows (2006): Grenzen des Wachstums – Das 30-Jahres-Update, a.a.O.

[176] Siehe bei: Martin Urban (2008): Philosophie und Dioxin: 40 Jahre Wissenschaftsjournalismus in der SZ. In: Süddeutsche Zeitung, 22.02.2008. Martin Urban baute den Wissenschaftsteil in der Süddeutschen Zeitung auf und leitete ihn von 1968 bis 2001.

[177] Azevedo Tatiana, Volchan Eliane, Imbiriba Luiz, Rodrigues Erika, Oliveira José, Oliveira Liliam, Lutterbach Luiz, Vargas Claudia (2005): A freezing-like posture to pictures of mutilation, Journal of Psychophysiology:42(3):255–60.

[178] Peter Brügge (1990): Zum Überleben zu tüchtig, a.a.O.

[179] Gerd Eisenbeiß (2008): Der Mensch braucht Hirn statt Bequemlichkeit, a.a.O.

[180] Thomas Metzinger (2016): Das Risiko der Oberflächlichkeit. Vortrag bei der Vierten Konferenz des Denkwerks Zukunft, 02.10.2016.

[181] Thomas Junker (2006): Die Evolution des Menschen, a.a.O.. Junker führt hier aus, dass wohl beim Menschen die Frauen sich mit den Vätern ihrer Kinder verbünden, um Nahrung zu beschaffen, sie zu bewachen oder sich zu schützen. Obwohl viele Menschen heute die Möglichkeit hätten, die unterschiedlichsten sexuellen Verhaltensweisen und Partnerschaftsformen zu leben, kehren die meisten doch – zumindest zeitweise – zu den traditionellen Mustern zurück. Das gelte gleichermaßen für die Paarbindung wie für Promiskuität. Die Menschen müssten wohl akzeptieren, dass die Liebe im Grunde heute ebenso animalisch sei wie sie es von jeher gewesen sei, und lernen, auch diesen Teil ihrer Natur zu schätzen.

[182] Axel Meyer (2008), Professor für Evolutionsbiologie an der Universität Konstanz, in: Handelsblatt, 10.01.2008.

[183] Zitiert nach Peter Brügge (1990): Zum Überleben zu tüchtig, a.a.O. Siehe auch ZEIT, 21.04.2005. Hier wird die amerikanische Anthropologin Blaffer Hrdy zitiert, die ähnliches an Primaten erforscht hat. Allerdings reichen demnach Evolution und Gene zur Erklärung nicht aus, da die überwiegende Zahl der Stiefväter die Kinder der Partnerin gut behandeln. Das Risiko für Misshandlungen steige bei vorhandener innerer Unreife beim Mann.

[184] In: Süddeutsche Zeitung, 09.09.2011; auch die weiteren Ausführungen zu Gruppenunterscheidungen sind diesem Beitrag entnommen.

185 Stefan Brunnhuber (2016): Die Kunst der Transformation – Wie wir lernen, die Welt zu verändern. Freiburg : Herder. Der Psychiater, gleichzeitig Mitglied des Club of Rome, hat dazu auf Forschungsergebnisse des Psychologen und Nobelpreisträgers Daniel Kahnemann hingewiesen (S. 166).

186 In: Süddeutsche Zeitung, 09.09.2011.

187 Joachim Bauer (2007): Prinzip Menschlichkeit. Hamburg: Hoffmann und Campe

188 SPIEGEL 41/2008.

189 Joachim Bauer (2007): Prinzip Menschlichkeit, a.a.O., S. 173/174.

190 Robin Dunbar (1993): Coevolution of neocortical size, group size and language in humans. Behavorial and Brain Science 16/4, 681–735.

191 brand eins, 8/2010.

192 Süddeutsche Zeitung, 02.12.2011.

193 Süddeutsche Zeitung, Plan W, Dezember 2016.

194 Manfred Milinski (2014): Was läßt Egoisten kooperieren? Ein Gespräch in: Chancen, Magazin der KfW: 16–20.

195 Stefan Brunnhuber (2016): Die Kunst der Transformation, a.a.O.

196 Die Trainerin für Gemeinschaftsbildung Dolores Richter zeigte sich in einem Interview in der Zeitschrift oya 25/2014 zumindest dankbar dafür, dass sie das so erleben dürfe – 30 Jahre Partnerschaft, die von Gemeinschaft mitgetragen sei. Und weiter:
»*Der Raum zwischen Ich und Du kann süß und innig, aber manchmal auch sehr eng sein. Es ist, als würde die Süße stärker, wenn sie über uns zwei hinausfließen kann. Die überpersonale Liebe hat dann Platz in der Partnerschaft. Wie die Hochzeit in ihrer rituellen Bedeutung die Liebe zwischen zwei Menschen in der Öffentlichkeit bezeugt, so erlebe ich es auch in der Partnerschaft, wenn sie in eine Gemeinschaft oder einen guten Freundeskreis eingebunden ist. Dadurch entstehen eine Kraft und eine Weite, wodurch das, was man in Beziehungen so anstellt, einem nicht ganz so um die Ohren fliegt.*«

197 Dirk Althaus (2007): Zeitenwende: Die postfossile Epoche. Murnau: Mankau.

198 Stefan Brunnhuber (2016): Die Kunst der Transformation, a.a.O.

199 Zitiert nach Peter Brügge (1990): Zum Überleben zu tüchtig, a.a.O.

[200] zitiert nach: Petra Steinberger (2006): Ist lange hin: Die Klimaerwärmung und die Psychologie des Nichtstuns. In: Süddeutsche Zeitung, 18.11.2006.

[201] Harald Welzer (2011): Naturkatastrophen sind Sozialkatastrophen, Interview mit science.ORF.at, 09.06.2011.

[202] Süddeutsche Zeitung, 12.09.2008.

[203] H.-P. Musahl (2001): Eher schlau als klug – psychologische Hemmnisse vorausschauenden Handelns. In: Radandt, S., Vorath, B.-J.: Instandhaltung. XIX. Sicherheitswissenschaftliches Kolloquium der GfS, 6.-7. November 2000, Wuppertal 2001.

[204] zitiert nach: Nach mir die Sintflut, in: WELT online, 02.05.2007.

[205] H.-P. Musahl (2001): Eher schlau als klug, a.a.O.

[206] Heidi Ittner (2008): Wir sind einfach gestrickt. Interview in: Süddeutsche Zeitung, 16.08.2008.

[207] Petra Steinberger (2006): Ist lange hin, a.a.O.

[208] Auf einer Tagung zu menschlichen Möglichkeiten der Krisenbewältigung hat dies der Politologe Sven Leunig so benannt, siehe: Süddeutsche Zeitung, 08.07.2006.

[209] Felix Ekardt (2017): Wir können uns ändern: Gesellschaftlicher Wandel jenseits von Kapitalismuskritik und Revolution. München: oekom verlag.

[210] Felix Ekardt (2008) in: Süddeutsche Zeitung, 15.09.2008.

[211] … etwa auch von Meinungen uns beeinflussender Medien, wie auch der von mir sonst hoch geschätzten Süddeutschen Zeitung. In einem Kommentar vom 31.10.2016 wird mit Blick auf viele steuerliche und andere Hindernisse beim Reisen doch tatsächlich gefordert, dass nicht der, der sich bewege und in Kontakt zu fremden Kulturen trete, vom Staat abkassiert werden sollte. Wenn man an die Wirkung des Tourismus denke und an die 1,9 Millionen Arbeitsplätze allein in Deutschland, dann sollten demnach eigentlich die vom Staat zur Kasse gebeten werden, die daheimbleiben würden. Fällig wäre doch, so meint der Autor, statt einer Passagiersteuer eine Art Ignoranzabgabe für jene, die weder sich noch die Welt durch eine kleine Reise erneuern würden. – Das erstaunt schon, wie der aufgeklärte Journalist so völlig die global schädliche Wirkung von Flugreisen ausblenden kann. Zumal wir ja durch unser Reiseverhalten unseren konsumorientierten Lebensstil damit in jeden Winkel der Welt tragen. Gerade dieser Tage fiel mir im Schaufenster eines Reisebüros im Vorbeigehen die Werbung für einen Pauschaltrip nach Myanmar auf, das sich ja erst vor Kurzem nach außen geöffnet hat. »Erneuerung der Welt«!

212 Dirk Althaus (2007): Zeitenwende: Die postfossile Epoche, a.a.O., S. 31.

213 Siehe dazu auch: Geiko Müller-Fahrenholz (2005): Globaler Marshallplan: Warum fehlt der Wille, das Vernünftige zu tun? In: Impulse für eine Welt in Balance: 195–203. Hamburg: Global Marshall Plan Initiative.

214 Axel Billig (1994): Ermittlung des ökologischen Problembewußtseins der Bevölkerung, in: Texte des Umweltbundesamts Nr. 7/94, Berlin: Umweltbundesamt.

215 Anna Freud (1958): Das Ich und die Abwehrmechanismen, London: Imago Publishing; die Überlegungen dieses Absatzes sind angelehnt an ihre theoretischen Entwürfe.

216 Horst-Eberhard Richter (1993): Aus der Angst zur Ermutigung. In: Greenpeace (Hrsg.), Umweltängste – Zukunftshoffnungen: Beiträge zur umweltpädagogischen Debatte: 31–42. Göttingen: die Werkstatt.

217 Umweltbundesamt (2016): Umweltbewusstsein und Umweltverhalten in Deutschland 2014, Texte 59/2016.

218 natur, 09. 06. 2015.

219 Ulrich Gebhard (2001): Kind und Natur: Die Bedeutung der Natur für die psychische Entwicklung. Wiesbaden: Verlag für Sozialwissenschaften.

220 Thomas Steinfeld (2008): Leser und Lesegeräte. Leitartikel in: Süddeutsche Zeitung, 15. 10. 2008.

221 Sigmund Freud (1996): Gesammelte Werke. Frankfurt a. M.: Fischer.

222 André Green (2004) Die tote Mutter: Psychoanalytische Studien zu Lebensnarzissmus und Todesnarzissmus. Gießen: Psychosozial Verlag.

223 Zitiert nach: Burghard Schlicht (2006): Der Mensch als wilde Bestie – »Kulturzeit«-Reihe zum Freud-Schwerpunkt in 3sat: Todestrieb.

224 Siehe u.a. bei: Hans Kriegel (1969): Der Mensch – von Natur aus destruktiv? In: die ZEIT, 14. 11. 1969.

225 Zitiert aus: Sehnsucht nach dem Untergang, Süddeutsche Zeitung, 14. 04. 2014.

226 Süddeutsche Zeitung, 24. 05. 2012, hier wird von einigen entsprechenden Studien berichtet.

227 Patrick Illinger (2016): Öko? Ego! In: Süddeutsche Zeitung, 30. 01. 2016. Die Formulierungen zum Schwedenofen habe ich sinnerhaltend etwas verkürzt.

[228] Hier zitiert nach einem Artikel in der Süddeutschen Zeitung, 17.05.2010.

[229] Peter Spork (2016): Wake Up! Aufbruch in eine ausgeschlafene Gesellschaft, München: dtv.

[230] Jonathan Crary (2014): 24/7: Schlaflos im Spätkapitalismus, Berlin: Wagenbach.

[231] Süddeutsche Zeitung, 27.10.2007.

[232] Süddeutsche Zeitung, 07.11.2008.

[233] Barbara Ehrenreich (2007): Der letzte Tanz, in: SZ-Magazin, 29.06.2007.

[234] Zitiert nach: Barbara Ehrenreich, Der letzte Tanz, a.a.O.

[235] Robert Burton (1621/1651/1988): Anatomie der Melancholie. Zürich und München: Artemis 1988. Titel der Originalausgabe: »The Anatomy of Melancholy«, 1. Auflage Oxford 1621. Übersetzt nach der 6., verbesserten Auflage 1651.

[236] Jörg Blech (1997): Patienten aus dem Pleistozän. In: Die ZEIT, 14.02.1997.

[237] Irvin Yalom (2005): Existentielle Psychotherapie, 5. Auflage. Köln: EHP.

[238] Jörg Blech (1997): Patienten aus dem Pleistozän, a.a.O.

[239] Andreas Weber, Georg Hörmann, Volker Köllner (2006): Psychische und Verhaltensstörungen – Die Epidemie des 21. Jahrhunderts? In: Deutsches Ärzteblatt, 103 (13); die Ausführungen dieses Unterkapitels beziehen sich darauf. Die Autoren hatten hier noch von knapp einem Drittel der Berentungen durch psychische Krankheiten gesprochen; im SPIEGEL wird am 06.02.2012 bereits die Zahl von 39 Prozent angegeben.

[240] Weber et al (2006): Psychische und Verhaltensstörungen, a.a.O.; die Autoren zitieren hier folgende Literatur: Dirk Kurbjuweit (2003): Unser effizientes Leben – die Diktatur der Ökonomie und ihre Folgen, Reinbek: rowohlt; H. Weiss, E. Schmiederer (2005): Asoziale Marktwirtschaft: Insider aus Politik und Wirtschaft enthüllen, wie die Konzerne den Staat ausplündern. Köln: Kiepenheuer und Witsch.

[241] Christina v. Haaren (2015): Wieviel und welche Art von Natur braucht der Mensch (noch) im Anthropozän? Vortrag an der Evang. Akademie Tutzing, 20.09.2015.

[242] Werner Bartens (2008): Du mich auch. Ich hab' die Krise, gleich kriegen Sie sie – Der Mensch versteht sich in harten Zeiten kaum auf Gelassenheit. Ein Fehler der Evolution? In: Süddeutsche Zeitung, 29./30.11.2008.

243 Hartmut Rosa (2016): Resonanz: Eine Soziologie der Weltbeziehung, Berlin: Suhrkamp, sowie Vortrag 2015 bei der Gesellschaft für Phänomenologische Anthropologie, Psychiatrie und Psychotherapie e.V., zu sehen bei youtube: https://www.youtube.com /watch?v=yz1O36CoU6w.
Alle sich auf Rosa beziehenden folgenden Ausführungen stammen aus einer dieser beiden Quellen.

244 Luc Ciompi (1993): Epilog: Vom praktischen Umgang mit Zeit und Raum. In: Burghard Andresen, F. Michael Stark, Jan Gross (Hrsg.): Psychiatrie und Zivilisation: Ein Handbuch zu psychoökologischen Aspekten des technischen, kulturellen und medizinischen Fortschritts, Köln: EHP, 411–422, hier zitiert von S. 414.

245 a.a.O., S. 415.

246 Ericsson Mobility Report 2014, zitiert nach: http://www.giga.de/smartphones/bis-2020-werden-90-der-bevoelkerung-ueber-6-jahren-ein-handy-haben/.

247 https://de.wikipedia.org/wiki/WhatsApp, bzw. Süddeutsche Zeitung, 13.02.2016.

248 Friederike Klein (2017): Big Data I: Entwicklung verschlafen? In: DNP, Der Neurologe & Psychiater; 18 (1–2): 8. Die Angaben beruhen demnach auf einem Vortrag der Medizinethikerin Christiane Woopen.
Das Byte ist im Übrigen die Maßeinheit der Digitaltechnik, es steht zumeist für eine Folge aus 8 Bit. 1 Kilobyte (kB) sind 1000 Byte, 1 Megabyte (MB) sind 1000 kB, 1 Gigabyte sind bereits 1000 x 1000 x 1000 Bytes, 1 Terabyte (TB) liegt wieder um den Faktor 1000 höher, über Peta- und Exabyte kommen wir dann zu Zettabyte (ZB), es sind 1 000 000 000 000 000 000 000 = 10^{21} Bytes.

249 Süddeutsche Zeitung, 25.04.2015.

250 Werner Meixner (2017): Die wichtigste Grenze – Nur in der Privatsphäre entsteht Kreativität, doch die IT-Industrie ist längst dabei, sie mit fadenscheinigen Argumenten auszuhöhlen. In einer Außenansicht der Süddeutschen Zeitung vom 02.01.2017. Meixner ist Informatiker an der Technischen Universität München.

251 Süddeutsche Zeitung, 23.10.2015.

252 Werner Meixner (2017), a.a.O.

253 Süddeutsche Zeitung, Magazin, 04.12.2015; die Aussagen dieses Absatzes sind diesem Magazin entnommen.

254 Süddeutsche Zeitung, 25.10.2016.

[255] a.a.O.

[256] Manfred Spitzer (2012): Digitale Demenz. In: Nervenheilkunde 31: 493–497, sowie gleichnamiges Buch (2014), München: Droemer. Gerald Lembke (2016): Im digitalen Hamsterrad: Ein Plädoyer für den gesunden Umgang mit Smartphone & Co. Heidelberg: medhochzwei; Alexander Markowetz, Ann-Kathrin Schwarz (2015): Digitaler Burnout: Warum unsere permanente Smartphone-Nutzung gefährlich ist. München Droemer; Sarah Diefenbach, Daniel Ullrich (2016): Digitale Depression: Wie neue Medien unser Glücksempfinden verändern. München: mvg; Bert te Wildt, Digital Junkies (2015): Internetabhängigkeit und ihre Folgen für uns und unsere Kinder. München: Droemer.

[257] Süddeutsche Zeitung, 14.12.2015.

[258] Manfred Spitzer (2015): Smartphones, Angst und Stress. In: Nervenheilkunde 34: 591–600.

[259] Süddeutsche Zeitung, 10.08.2013.

[260] Tim Elmore (2014), Nomophobia: A Rising Trend in Students. Psychology Today, 18.09.2014, zitiert aus: Manfred Spitzer, Smartphones, Angst und Stress, s.o.

[261] Süddeutsche Zeitung, 14.12.2015.

[262] In: Süddeutsche Zeitung, Magazin, 27.07.2012.

[263] In: Süddeutsche Zeitung, Magazin, 27.07.2012.

[264] Süddeutsche Zeitung, Magazin, 24.10.2014.

[265] Süddeutsche Zeitung, 21.02.2015.

[266] Roberts JA, Pirog SF, (2013): A preliminary investigation of materialism and impulsiveness as predictors of technological addictions among young adults. Journal of Behavioral Addictions 2: 56–62.

[267] Manfred Spitzer (2015): Der bestirnte Himmel über mir und das moralische Gesetz in mir. In: Nervenheilkunde 34: 955–963.

[268] Ebenda.

[269] Ebenda.

[270] Neil Postman (1988): Wir amüsieren uns zu Tode: Urteilsbildung im Zeitalter der Unterhaltungsindustrie. Frankfurt a.M.: Fischer.

[271] Manfred Spitzer (2012): Digitale Demenz. In: Nervenheilkunde 31: 493–497, sowie gleichnamiges Buch (2014), München: Droemer.

272 Zitiert aus dem Artikel von Spitzer zu Digitaler Demenz, siehe vorherige Anmerkung.

273 Tobias Holischka (2016): Cyber Places: Philosophische Annäherungen an den virtuellen Ort. Bielefeld: transcript.

274 Ein Hinweis darauf, dass die nachwachsende Generation weniger umweltbewusst ist, ergibt sich in der schon erwähnten Studie zum Umweltbewusstsein 2014:
»Es zeigt sich, dass sowohl 2004 als auch 2014 die Jüngeren überdurchschnittlich oft Umweltprobleme auf die Frage nach aktuell wichtigen gesellschaftlichen Problemen nennen. Hier scheint ein Lebensphasen-Effekt wirksam zu sein, der zu einer erhöhten Sensibilität für die Umweltproblematik in den frühen Lebensjahren führt. Beim Vergleich umweltbezogener Einstellungen und Handlungsabsichten hingegen zeigt sich, dass 2004 die 18- bis 24-Jährigen ein – entsprechend den bisher gebräuchlichen Konstrukten – schwächer ausgeprägtes Umweltbewusstsein aufweisen, während 2014 dieser Befund für die gesamte Gruppe unter 35 Jahren zutrifft. Die 2004 18- bis 24-Jährigen haben also zehn Jahre später und um zehn Jahre gealtert (d.h. nun 28- bis 34-Jährig) ihre vergleichsweise schwächer ausgeprägten umweltbezogenen Einstellungen und Handlungsabsichten beibehalten. Insofern kann diesbezüglich ein Generationen-Effekt angenommen werden. (Trendeffekte sind zwar theoretisch als Erklärung ebenfalls möglich, können aber aufgrund der vorhergegangenen Analysen zu umweltbezogenen Einstellungen in der Bevölkerung insgesamt für den vorliegenden Fall ausgeschlossen werden.) Die in jungen Lebensjahren vorhandene hohe Sensibilität für die Umweltproblematik scheint beim Eintritt ins Erwachsenenleben unter dem Druck und den Zwängen der Alltagsbewältigung zurückzutreten. Gleichzeitig scheint in der jüngeren, im Kontext von Liberalisierung und Globalisierung sozialisierten Generation (2014: unter 35 Jahren) die Überzeugung (besonders) stark verbreitet, dass sich die ökologischen Problem allein durch individuelle Einstellungs- und Verhaltensänderungen wohl nicht bewältigen lassen.« (S. 13)
Diese Entwicklung könnte aber auch mit der in dieser Generation schon höheren Technikaffinität zu tun haben, meine ich.

275 Sigrun Preuss (1995): Ökopsychosomatik. Heidelberg: Asanger.

276 Manfred Cramer (Hrsg) (1991): Unser Doppelleben: Neue Studien zur Umweltbetroffenheit. München: FH, Fachbereich Sozialwesen.

277 Horst Dilling (1993): Bedrohung durch die Umwelt: Zur Genese und Psychopathologie von Umweltängsten. In: Psychiatrische Praxis 20, 41–46.

[278] Marlene Cimons (2014): Americans mental health is latest victim of changing climate (Op-Ed), 31.01.2014; die Wissenschaftsautorin erwähnt hier die forensische Psychiaterin Lise van Susteren sowie weitere Fachleute.

[279] Gemittelt über alle Arten von Traumata erkranken etwa zehn Prozent der Betroffenen an einer posttraumatischen Belastungsstörung (Angabe der Webseite www.neurologen-und-psychiater-im-netz.org). Bei von Menschen ausgehenden Taten liegt die Quote deutlich höher, bei Vergewaltigungen sind bis zu einem Drittel der Opfer betroffen.

[280] Daniel B. Smith (2010): Is there an ecological unconscious? In: New York Times Magazine, 27.01.2010.

[281] Tannenbaum et al (2015): Appealing to fear: A Meta-Analysis of Fear Appeal Effectiveness and Theories. In: Psychological Bulletin, 141, No. 6, 1178–1204.

[282] Süddeutsche Zeitung, 24.10.2015, Kommentar zur Studie von Tannenbaum et al.

[283] Süddeutsche Zeitung, 03.03.2017.

[284] Mary Pipher (2012): Wake up! Our world is dying and we're all in denial. Veröffentlicht auf www.alternet.org, 21.10.2012.

[285] Stanley Cohen (2001): States of denial: Knowing about atrocities and suffering; Literaturhinweis entnommen dem Artikel von Mary Pipher, Wake up! Our world is dying and we're all in denial, a.a.O.; siehe auch: Robert J Lifton, (1988): Ärzte im Dritten Reich. Stuttgart: Klett-Cotta; Robert J Lifton, Eric Marcusen (1992): Die Psychologie des Völkermordes: Atomkrieg und Holocaust, Stuttgart: Klett-Cotta.

[286] Ebenso dem Artikel von Mary Pipher entnommen. Siehe aber auch das Buch von Kari Marie Norgaard (2011): Living in denial: Climate change, Emotions, and Everyday Life. Cambridge: MIT Press.

[287] Süddeutsche Zeitung, 05.10.2013.

[288] Auch diese Angaben entstammen dem Artikel von Mary Pipher. Siehe aber auch den Text zu »Myth of apathy« auf der Homepage von Lertzman: http://reneelertzman.com/the-myth-of-apathy/, sowie das Buch von ihr: Lertzman Renee (2015): Environmental Melancholia: Psychoanalytic dimensions of engagement (Psychoanalytic Explorations). London: Routledge.

[289] Erhard Eppler, Niko Paech (2016): Was Sie da vorhaben, wäre ja eine Revolution. München: oekom verlag.

290 Oliver von Geden (2016): Der große Klimabluff, Außenansicht in der Süddeutschen Zeitung, 08.01.2016.

291 H. Häfner, H.-P. Kapfhammer (2005): Was steckt hinter den Umweltängsten der Deutschen? In: MMW-Fortschritte der Medizin 33–34, 685–686.

292 Walter Beerwerth (2006): ADS: das kreative Chaos. Stuttgart: Herder.

293 Kuo FE., Faber Taylor A (2004): A potential natural treatment for Attention-Deficit/Hyperactivity Disorder: Evidence from a National Study. Am J Public Health 94: 1580–1586.

294 Karsten, L. (2005): It all used to be better? Different generations on continuity and change in urban children's daily use of space. Children's Geographies 3 (3), 275–290.

295 Richard Louv (2008): Last child in the woods: Saving our children from nature-deficit disorder. Chapel Hill, NC: Algonquin Books.

296 Elizabeth Nisbet, John M. Zelenski (2011):Affective Forecasting Errors Obscure the Happy Path to Sustainibility. Psychological Science 22(9):1101–1106.

297 Peter Brügge (1990): Zum Überleben zu tüchtig, a.a.O.

Was nun?

298 Gregory Fuller (1993/1996): Das Ende: Von der heiteren Hoffnungslosigkeit im Angesicht der ökologischen Katastrophe, Zürich: Ammann, bzw. Frankfurt a.M.: Fischer S. 93/94.

299 siehe auch: Gespräch mit der Zukunftsforscherin Donella Meadows, in: Geseko von Lüpke (2015): Politik des Herzen. Nachhaltige Konzepte für das 21. Jahrhundert: Gespräche mit den Weisen unserer Zeit, Uhlstädt-Kirchhasel: Arun.

300 Süddeutsche Zeitung, 02.08.2008.

301 Siehe auch: Harald Welzer (2015): Hinterm Horizont, SZ-Magazin 43/2015. Auch er beklagt die fehlenden positiven Zukunftsvisionen. Letztlich scheine schon die Gegenwart nicht mehr vorstellbar, alles sei im Aggregatzustand der Krise. Nur leider lassen sich auch seinem Beitrag keine entsprechenden Visionen entnehmen.

302 Süddeutsche Zeitung, a.a.O.

[303] Erwin Chargaff (1986): Kritik der Zukunft, Stuttgart: Klett-Cotta. Ein sehr lesenswertes, wenn auch bisweilen fast schon bösartig polemisches Büchlein, in dem die ganze Verzweiflung eines großen Naturwissenschaftlers über die Weltentwicklung zum Vorschein kommt. Er entdeckte die Basenpaare der DNA, was später Watson und Crick zur Darstellung der Doppelhelix verhalf. 1905 geboren und 2002 verstorben hat er die unheilvolle Entwicklung der Naturwissenschaften entscheidend miterlebt. Seine sprachlich brillanten Bücher sind ein Genuss, Menschenliebe und Daseinsfreude schimmern immer durch. Auch wenn man nicht durchgehend seine Meinung teilen mag: seine Analyse ist messerscharf, vorausschauend und selten wirklich widerlegbar!

Trügerische Hoffnungen – Lösungsvorschläge von Experten

[304] Dennis Meadows (2003): Wir haben 30 Jahre verloren, a.a.O.

[305] Franz Josef Radermacher (2005): Die Global Marshall Plan Initiative, in: Impulse für eine Welt in Balance, Hamburg, 185–193, a.a.O.; in diesem Buch finden sich viele gute Beiträge für nachhaltige Entwicklung.

[306] Die *Armut* wurde halbiert, betroffen sind noch 1 Milliarde Menschen, 2000 waren es 1,9 Milliarden; das Ziel, den *Hunger* zu halbieren, knapp verfehlt, die Zahl der Unterernährten liegt laut UN bei 795 Millionen; 57 Millionen Kinder besuchen weltweit keine Schule, das *Bildungsziel* (Schule für jedes Kind) wurde also nicht erreicht; *Komplette Geschlechtergleichheit* in Bildung, Arbeitsmarkt und Politik wurde teilweise erreicht; die *Kindersterblichkeit* wurde um 53 Prozent gesenkt, aber immer noch sterben täglich 16.000 Kinder weltweit; die *Müttersterblichkeit* wurde statt um die avisierten 75 Prozent nur um 45 Prozent gesenkt; bei *HIV- und Malariainfektionen* wurde ein deutlicher Rückgang der Neuinfektionen erreicht; gerade im Hinblick auf insgesamt weiter schwindende Wälder und drohende Trinkwasserknappheit wurde das *Nachhaltigkeitsziel* auch nur zum Teil erreicht; die *Entwicklungshilfe* ist deutlich gestiegen, die Schuldenlast der Entwicklungsländer gesunken, Technik hat sich weit ausgebreitet (Mobilfunkanschlüsse, Zugang zum Internet); weiteres siehe Süddeutsche Zeitung, 25.09.2015.

[307] Jakob von Uexküll (2007): Unser Konsum frisst die Erde auf, Interview in: Der STERN, 15.03.2007.

[308] Dirk Althaus (2007): Zeitenwende: Die postfossile Epoche, a.a.O.

[309] Süddeutsche Zeitung, 15. 09. 2008.

[310] Vortrag am Ökologischen Bildungszentrum München, Februar 2008.

[311] Süddeutsche Zeitung, 05. 09. 2008.

[312] siehe hierzu: Norbert Gestring, Hans-Norbert Mayer, Walter Siebel (1996): Konflikte und Chancen des ökologischen Wohnens, GMH 3/96, siehe: http://library.fes.de/ gmh/pdf-files/gmh/1996-03-a-159.pdf.

[313] Hermann E. Daly (2006): Wirtschaft in einer begrenzten Welt. In: Spektrum der Wissenschaft, Menschheit am Scheideweg, Dossier 6/2006, 66–73.

[314] siehe auch: Geseko von Lüpke (2015) im Gespräch mit dem Ökologen und Philosophen Edward Goldsmith, in: Politik des Herzens, a.a.O.

[315] George Musser (2006): Aktionsplan für das 21. Jahrhundert. In: Spektrum der Wissenschaft, Menschheit am Scheideweg, Dossier 6/2006, 6–9.

[316] Harald Welzer (2014): in: Futur zwei, Zukunftsalmanach 2015/16, Frankfurt a. M.: Fischer.

[317] Diskussionsveranstaltung der Grünen am 20. 03. 2017 in München, eine Anbieterin von Beratung zu CSR (Corporate social responsability) berichtet, dass sie bisher nur Seminare in Unternehmen habe durchführen können, keine Beratung im engeren Sinn. Die erste Frage sei sofort, ob im Folgejahr ein finanzieller Gewinn daraus erwachsen würde. Ein Wirtschaftsvertreter wünschte sich Regelungen zur Freiwilligkeit, eine CSR-Beauftragte der Handelskammer nannte politische Regelungen phantasielos. Soviel also zu realistischen Änderungen aus dem bestehenden Wirtschaftssystem heraus!

[318] Zitiert nach: Harald Welzer (2014), in: Futur zwei, Zukunftsalmanach 2015/16, a.a.O.; siehe grundsätzlich aber auch bei Christian Felber (2010/2012): Gemeinwohlökonomie: das Wirtschaftsmodell der Zukunft, 2010 (aktualisierte und erweiterte Neuausgabe, 2012). München: Deuticke.

[319] Die Presse, 24.01.2012, Der Standard 03. 04. 2013.

[320] Interview in Südwind-Magazin 9/2014.

[321] Zur grundsätzlichen Kapitalismuskritik, die an dieser Stelle eigentlich geübt werden müsste, aber ein eigenes Buch erfordern würde, hier zumindest ein treffendes Zitat aus dem Feuilleton der Süddeutschen Zeitung, 27. 04. 2009:

»Der Kapitalismus ist ein Spiel, dessen Regeln sich fortwährend ändern, beständig nur darin, überhaupt dies, ein Spiel, Das Spiel, *zu sein. Für keinen Spieler, und wäre er der größte, kann es auf Dauer gut gehen. Doch steht es niemandem frei, auszusteigen; denn es gibt keinen Raum, der dazu ein Außerhalb wäre. Entschlüsse vermögen nichts; selbst unter schlimmsten Umständen vollzieht sich ausnahmslos an jedem der Zwang, mitzuspielen. Das Spiel erhält sich auch dann, wenn alle es verlieren. Diese Einsicht ist es, die heute vor Entsetzen alle stumm macht.«*

[322] Klaus Töpfer, Ex-Umweltminister, führte diesen Zusammenhang bei einer Ansprache am 24.03.2017 in München aus.

[323] Jeremy Rifkin (1985): Entropie – Ein neues Weltbild, a.a.O., S. 287.

[324] Wolfgang Uchatius (2013): Jan Müller hat genug. In: Die ZEIT, 28.02.2013.

[325] Niko Paech (2016): Grundlagen der Postwachstumsökonomie: Wie werden wir zukünftig leben? In: Erhard Eppler, Niko Paech, Was Sie da vorhaben, wäre ja eine Revolution … . München: oekom verlag.

[326] Seit drei Jahren immerhin nimmt trotz Wirtschaftswachstum der globale Ausstoß von Kohlendioxid so gut wie nicht mehr zu, meldet der Spiegel am 23.12.2016. Das sei vor allem China zu verdanken. Der bedeutendste CO_2-Produzent des Planeten verfeuere weniger Kohle als zuvor und setze zunehmend auf erneuerbare Energien.

[327] Niko Paech (2016): Grundlagen der Postwachstumsökonomie, a.a.O.

[328] Niko Paech (2016): Grundlagen der Postwachstumsökonomie, a.a.O.

[329] Niko Paech (2016): Grundlagen der Postwachstumsökonomie, a.a.O., 198.

[330] Michael Kopatz (2016): Ökoroutine: Damit wir tun, was wir für richtig halten, München: oekom verlag.

[331] Süddeutsche Zeitung, 05.01.2017

[332] Felix Ekardt (2013): Problemebenen des modernen Diskurses um das Carlowitz-Konzept Nachhaltigkeit, in: Sächsische Hans-Carl-von-Carlowitz-Gesellschaft e.V. zur Förderung der Nachhaltigkeit (Hrsg.), Die Erfindung der Nachhaltigkeit – Leben, Werk und Wirkung des Hans Carl von Carlowitz, München: oekom verlag.

[333] a.a.O., der ganze Absatz speist sich aus dieser Quelle.

[334] Rainer Dollase (2002): Das unaufgeklärte ökologische Handeln – wie klein ist der Beitrag von Bildung und Erziehung.

In: Bund-Länder-Kommission (BLK), Zukunft lernen und gestalten: Bildung für eine nachhaltige Entwicklung, Kongress 2001, 80–86. Dollase ist Psychologieprofessor an der Universität Bielefeld.

335 Süddeutsche Zeitung, 09.08.2008.

336 Wolfgang Roth (2008): Zynische Rechnung, Kommentar in: Süddeutsche Zeitung, 18.11.2008.

337 Wolfgang Roth (8/2007): Kleine Erschütterungen von unten nach oben, Beitrag für den Münchner Klimaherbst 2007.

338 Siehe Fußnote etwas weiter oben zur Spiegelmeldung vom 23.12.2016.

339 Harald Welzer (2012): Futur Zwei, die Wiedergewinnung der Zukunft. In: Zukunftsalmanach 2013, Frankfurt a. M.: Fischer.

340 Der STERN, 18.10.2007.

341 Wikipedia, Mitgliederentwicklung der deutschen Parteien, gelesen am 05.01.2017.

342 Verlust an Leidenschaft, Kommentar in der Süddeutschen Zeitung vom 26.03.2008.

343 George Marshall (2007): Wissen: 2+, Fleiß: 5: Weshalb es uns gelingt, den Klimawandel zu verdrängen. In: GEO, Dezember 2007.

344 Harald Schumann, Christiane Grefe (2008): Der globale Countdown, a.a.O.

345 Harald Müller (2008): Wie kann eine neue Weltordnung aussehen? Wege in eine nachhaltige Politik. Frankfurt a.M.: Fischer.

346 Niko Paech (2011): Rettet die Welt vor den Weltrettern. In: Süddeutsche Zeitung, 08.06.2011.

347 Rüdiger Lutz (Hrsg.) (1983): Bewußtseinsrevolution: Ökö-Log-Buch 2. Weinheim: Beltz.

348 Hubertus Breuer (2008): Der drohende Kollaps. In: SZ-Wissen 09/2008.

349 Harald Schumann, Christiane Grefe (2008): Der globale Countdown a.a.O., S. 338.

350 Der engagierte Liedermacher Ernst Weeber formulierte dies ähnlich in einer Mail an den Autor, 07.07.2008.

351 Barbara Link (2008): Scout für ein besseres Morgen. In: mobil 02/08. 2012 erschien dann von Claudia Langer das Buch »Die Generation man müsste mal«, München 2012, dem Buchumschlag zufolge hält sie uns damit einen Spiegel vor. Vielleicht aber eher sich selbst?

[352] Süddeutsche Zeitung, 28.02.2007.

[353] George Marshall (2007): Wissen:2+, Fleiß:5, a.a.O.

[354] siehe hierzu auch die Ausführungen bei Gregory Fuller (1993): Das Ende, a.a.O.

[355] Vortrag und Diskussion bei der Münchner-Rück-Stiftung zum Thema: »Ressourcen – Wohin geht die Reise«, München, 21.10.2008.

[356] Thomas Metzinger, Professor für theoretische Philosophie, Vortrag bei der Vierten Konferenz des Denkwerks Zukunft, 02.10.2016.

[357] Johanna Romberg, Thomas Range (2008): Kluger Konsum: was wirklich zählt. In: GEO, Dezember 2008; hier wird eine entsprechende Studie von Michael Bilharz von der TU München dargestellt.

[358] Der Spiegel, 12.11.2014, sowie Meldung in Nachrichten auf BR-Klassik, 14.01.2017, 9.00 Uhr.

[359] Süddeutsche Zeitung, 03.12.2008.

[360] Siehe Johanna Romberg, Thomas Range (2008), a.a.O., oder direkt bei Michael Bilharz (2008): Key Points nachhaltigen Konsums, Marburg: Metropolis.

[361] Jared Diamond (2005): Kollaps, a.a.O.

[362] Eine jetzt in deutscher Manier geschaffene »Professur für nachhaltiges Rasenmanagement« (!) aber wird uns dabei wenig helfen; Süddeutsche Zeitung, 28.05.2016.

[363] Sebastian Herrmann (2017): Zugutmenschen: Warum tadellose Vorbilder so oft Kritik provozieren. In: Süddeutsche Zeitung, 03.03.2017.

[364] Hans-Peter Dürr, Daniel Dahm, Rudolf Prinz zur Lippe (2005): Potsdamer Manifest: We have to learn to think in a new way, unterzeichnet von 130 Wissenschaftlern.
Kurzversion: http://www.vdw-ev.de/manifest/manifest-_de.pdf,
Langversion http://www.gcn.de/download/denkschrift_de.pdf.

Neue Werte braucht die Welt – ein soziologischer Exkurs

365 Entdeckt im Internet: http://msd.twoday.net/topics/Wert/.

366 Wiedergegeben nach: Joachim Walther (2003): Was die Werte noch wert sind. In: Universitas, Juli 2003.

367 Jaspar von Oertzen (2004): Wodurch sind wir in die ökologische Bedrohung gekommen?: Genügen unsere alten Werte nicht mehr? Murnau: Mankau.

368 Claus Koch (2003): Leere Werte: Wer hat den Leitfaden zum richtigen Leben. In: Universitas Juli 2003, 687–689.

369 Jeffrey Sachs (2008): Wohlstand für viele, München 2008.

370 Hans Jonas (1984): Das Prinzip Verantwortung: Versuch einer Ethik für die technologische Zivilisation. Berlin: Suhrkamp.

371 Gerd Eisenbeiß (2008): Der Mensch braucht Hirn statt Bequemlichkeit. In: Süddeutsche Zeitung – Außenansicht, 24.05.2008.

372 Joseph Weizenbaum (2008): Wir gegen die Gier. In: Die Süddeutsche Zeitung – Außenansicht, 08.01.2008.

373 Jared Diamond (2005): Kollaps, a.a.O., S. 647.

374 Andreas Weber, Georg Hörmann, Volker Köllner (2006): Psychische und Verhaltensstörungen – Die Epidemie des 21. Jahrhunderts? In: Deutsches Ärzteblatt, 103 (13), 2006.

375 Andreas Weber, Georg Hörmann, Volker Köllner (2006), a.a.O.

376 Donella Meadows, Jorgen Randers, Dennis Meadows (2006): Grenzen des Wachstums – Das 30-Jahres-Update, a.a.O., S. 290/291.

377 Wilhelm Schmid (2008): Ökologische Lebenskunst: Was jeder Einzelne für das Leben auf dem Planeten tun kann. Berlin: Suhrkamp.

378 Interview mit Dennis Meadows (2007). In: Die ZEIT, Campus, 2/2007.

379 Elisabeth von Thadden (2007): Was braucht der Mensch? In: Die ZEIT, 05.07.2007.

380 Elisabeth von Thadden (2007):Was braucht der Mensch? a.a.O.

381 zitiert nach Elisabeth von Thadden (2007): Was braucht der Mensch? a.a.O.

382 Elisabeth von Thadden (2007): Was braucht der Mensch? a.a.O.

383 Hans Joas (2006): Wie entstehen Werte? Wertebildung und Wertevermittlung in pluralistischen Gesellschaften, Vortrag vom 15.09.2006, siehe: http://www.fsf.de/fsf2 /aktivitaeten/bild/tvimpuls/20060915_werte/Vortrag_Joas_authorisiert_061017.pdf.

384 Hans Joas (2006): Wie entstehen Werte, a.a.O., S. 2

385 siehe den Bericht über einen Vortrag von Hans Joas in der Süddeutschen Zeitung vom 23.02.2008.

386 Hans Joas (2003): Wertevermittlung in einer fragmentierten Gesellschaft, in: Universitas, Juli 2003.

387 Michael Schmidt-Salomon (2014): Hoffnung Mensch: Eine bessere Welt ist möglich. München 2014: Piper.

388 Otto Scharmer, Katrin Käufer (2014): Von der Zukunft her führen: Von der Ego-System- zu der Öko-System-Wirtschaft, Heidelberg: Carl Auer.

389 Harald Welzer (2013): Selbst denken: Eine Anleitung zum Widerstand. Frankfurt a. M.: Fischer.

390 Hans-Peter Dürr (2009): Warum es ums Ganze geht: Neues Denken für eine Welt im Umbruch, München: oekom verlag.

391 Dietmar Hansch, Till Bastian (2014): Zukunftsbildung, Die Giergesellschaft überwinden – und überleben, Leipzig: Engelsdorfer.

392 Ernst Friedrich Schumacher (1979): Rat für die Ratlosen: Vom sinnerfüllten Leben. Reinbek: Rowohlt.

393 Ernst Friedrich Schumacher (1979): Rat für die Ratlosen, a.a.O., S. 181.

394 Süddeutsche Zeitung, 17.01.2017.

395 So verlangt etwa eine frühere grüne Bürgermeisterkandidatin einer süddeutschen Großstadt, heute im Vorstand einer Klimaschutzstiftung großer Unternehmen, gerne einmal 5000 Euro für einen Vortrag. Nicht dass sich Frauen unter Wert verkaufen sollen, aber ein Niko Paech, der meist kein Honorar verlangt und mit dem Zug anreist, imponiert mir da mehr; immerhin ist er auch kein unbedeutender Aktivist, sondern seit 2008 außerplanmäßiger Professor am Lehrstuhl für Produktion und Umwelt an der Carl von Ossietzky Universität Oldenburg.
Und das in Sonntagsreden oft propagierte und tatsächlich auch nötige interdisziplinäre Denken hört dann auf, wenn man einen Verlag für ein Buch wie dieses sucht oder Zuschüsse für eine Tagung zu Psycho-Öko-Themen. Da heißt es dann schnell, das sei doch eher ein Gesundheits-

thema, das Umweltministerium also nicht zuständig, oder es sei doch ein Umweltthema, daher ein Verlag mit psychosozialen Themen nicht der richtige. Ähnlich zeigt sich dies auch beim Konflikt zwischen Sach-, Fach- oder populärwissenschaftlichem Buch.

[396] John Gray (2010): Von Menschen und anderen Tieren: Abschied vom Humanismus. Stuttgart: Klett-Cotta

[397] Uta Eser (2016): Inklusiv denken: Eine Kritik der Entgegensetzung von Humanität und Natur, in: Wolfgang Haber, Martin Held, Markus Vogt (Hrsg.), Die Welt im Anthropozän. Erkundungen im Spannungsfeld zwischen Ökologie und Humanität, München: oekom verlag.

[398] Uta Eser, a.a.O.; die Gegensatzpaare sind dort ähnlich als Tabelle abgedruckt.

[399] Die Zeit, 10.01.2013.

[400] Joachim Kahl (2014): Zwischen Reduktionismus und Heilshoffnungen. Auf der Webseite: diesseits.de, das humanistische Magazin, 11.03.2014 (http://www.diesseits.de/panorama/rezensionen/lesebuch/1394492400/zwischen-reduktionismus-heilshoffnungen, gelesen am 11.01.2017).

[401] Joachim Kahl (2014): Zwischen Reduktionismus, a.a.O.

[402] Wilhelm Schmid (2008): Ökologische Lebenskunst, a.a.O.

Möglichkeiten und Grenzen von Öko- und Psychotherapie

[403] Theodore Roszak (1997): Ökopsychologie: Der entwurzelte Mensch und der Ruf der Erde. Hamburg: Kreuz.

[404] Vortrag 2015 bei der Gesellschaft für Phänomenologische Anthropologie, Psychiatrie und Psychotherapie e.V., zu sehen bei youtube: https://www.youtube.com/watch?v=yz1O36CoU6w.

[405] James Hillman, Michael Ventura (1993): We've Had a Hundred Years of Psychotherapy – And the World's Getting Worse. New York: HarperOne. Deutsche Übersetzung (1999): Hundert Jahre Psychotherapie und der Welt geht's immer schlechter, Walter: Solothurn und Düsseldorf; hier zitiert aus einer Zusammenfassung, erschienen im Zeitpunkt, Nov.-Dez. 2016.

[406] Report of the American Psychological Association Task Force on the Interface Between Psychology and Global Climate Change, 2009.

[407] Harald Welzer (2013): Nochmal erschrecken. In: Die ZEIT, 05.09.2013. Er hat hier das sehr lesenswerte Buch besprochen von Stephen Emmott (2013): Zehn Milliarden.

[408] Wolfgang Schmidbauer (1972): Homo consumens: Der Kult des Überflusses, Stuttgart: dva.

[409] Wolfgang Schmidbauer (1992): Weniger ist manchmal mehr: Zur Psychologie des Konsumverzichts. Reinbek: Rowohlt, 138 (das Buch ist eine Überarbeitung und Neuauflage der beiden zuvor 1972 und 1982 erschienenen Werke).

[410] Wolfgang Schmidbauer (1982): Im Körper zuhause: Alternativen für die Psychotherapie. Frankfurt a. M.: Fischer.

[411] Siehe z. B. Michael Ermann (2016): Prozedurale Faktoren in der psychoanalytischen Behandlung, Übertragung und Enactment aus intersubjektiver Sicht, Forum Psychoanalyse, 32: 53–68; Andreas Meißner (2017): Emotionen wichtiger als Einsicht und Deutung, Psychotherapeutische Wirkfaktoren aus Sicht der Therapieforschung und der Neurobiologie, in: Neurotransmitter 2/2017, 16–19.

[412] Wolfgang Schmidbauer (1992): Weniger ist manchmal mehr, a.a.O., 279.

[413] Sigrun Preuss (1995): Ökopsychosomatik: a.a.O.; Hilarion G. Petzold (2016): Die Neuen Naturtherapien, engagiertes Green Care, waldtherapeutische Praxis: Komplexe Achtsamkeit und konkrete Ökophilie für eine extrem bedrohte Biosphäre.
Letztgenannter Text, erschienen in einer von Petzold herausgegebenen Internetzeitschrift für Garten-, Landschafts-, Waldtherapie, tiergestützte Therapie, Green Care, Ökologische Gesundheit, Ökopsychosomatik, ist wie etliche andere sehr theorielastig, mit gut klingenden neuen Begriffen wie »Ökologizität«, »Transversale Vernunft«, »Biodysmenie« oder »Enkulturation« gespickt, jedoch für ein praktisches Verständnis wenig hilfreich. Zudem zitiert der Textautor in erster Linie sich selbst.

[414] Dieter Jarzombek (Hg.) (2009): Ökotherapie und Tiefenökologie in Theorie und Praxis. Münster: Calumed.

[415] Linda Buzzell, Craig Chalquist (2009): Ecotherapy: Healing with nature in mind, Berkeley: Counterpoint.

[416] Martin Jordan (2014): Nature and Therapy: Understanding counseling and psychotherapy in outdoor spaces, London: Routledge.

417 Michael Huppertz (2015): Zur Bedeutung der Achtsamkeit in der Natur für Wohlbefinden und seelische Gesundheit. In: Michael Huppertz, Verna Schatanek, Achtsamkeit in der Natur, Paderborn: Junfermann.

418 Michael Huppertz (2015), a.a.O.

419 So gibt es etwa in Berlin das Projekt der »Interkulturellen Gärten«.

420 Harald Welzer (2012): Futur Zwei: Die Wiedergewinnung der Zukunft. In: Zukunftsalmanach 2013, Frankfurt a.M.: Fischer.

421 Harald Welzer (2012), a.a.O.

422 Andreas Meißner (2015): Möglichkeiten und Grenzen von MBSR und MBCT. In: Neurotransmitter, 3/2015, 34–39.

423 Christophe André (2014): Frei werden von einer Gesellschaft, die uns entfremdet. In: Christophe André, Jon Kabat-Zinn, Pierre Rabhi, Matthieu Ricard: Wer sich verändert, verändert die Welt. München: Kösel.

424 Christoph André (2014): Frei werden von einer Gesellschaft, die uns entfremdet, a.a.O.

425 Felix Ekardt (2017), a.a.O., S. 75.

426 Sigrun Preuss (1991): Umweltkatastrophe Mensch, a.a.O.

427 Marcel Hunecke (2013): Psychologie der Nachhaltigkeit: Psychische Ressourcen für Postwachstumsgesellschaften. München: oekom verlag.

428 Marcel Hunecke (2013): Psychologie der Nachhaltigkeit, a.a.O.

429 Dietmar Hansch, Till Bastian (2014): Zukunftsbildung, a.a.O.

430 Zu Recht weist Felix Eckardt (2017) darauf hin.

431 Karen Hamann, Anna Baumann, Daniel Löschinger (2016): Psychologie im Umweltschutz: Handbuch zur Förderung nachhaltigen Verhaltens. München: oekom verlag.

432 … die Niko Paech etwa immer wieder anmahnt.

433 Karen Hamann, Anna Baumann, Daniel Löschinger (2016): Psychologie im Umweltschutz, a.a.O.

434 Berufe der Abgeordneten im Bundestag, auf der Webseite des Bundestages abgerufen am 14.01.2017.

435 Stefan Brunnhuber (2016): Die Kunst der Transformation, a.a.O.

436 Hermes Andreas Kick (2015): Grenzsituationen, Krisen, kreative Bewältigung: Prozessdynamische Perspektiven nach Karl Jaspers. Heidelberg:

Universitätsverlag Winter. Auf diesen psychiatrischen Beitrag zur ethischen Problematik bei diesen Überlebensfragen sei zumindest hier noch hingewiesen; der Text ist sehr theoretisch-abstrakt und gibt wenig in der Praxis Nutzbares an die Hand, nachdem Kick im Vorwort noch konkret auf die Spannungsfelder einer Zunahme der Weltbevölkerung, der Begrenztheit der Ressourcen, transkultureller Verständigungsprobleme sowie einer Informationsüberflutung hingewiesen hatte. – Es sei aus dem letzten Absatz im Buch zitiert:
»Wer um diese Prozessabläufe und die tiefgreifenden Gefährdungen auf dem Wege weiß, wer sich in noch einigermaßen ruhigen Zeiten dementsprechend rüstet, d. h. ausrüstet und sich kundig macht, wird eher einen Beitrag leisten können zu einer zukunftsfähigen Wertbildung, die stets personale und situative Bedingungen einbezieht und dein Leben in Würde für viele, ja für alle ermöglichen soll.«

437 Claus Leggewie, Harald Welzer (2009): Das Ende der Welt, wie wir sie kannten. Frankfurt a. M.: Fischer.

438 Harald Welzer (2012): Futur Zwei: Die Wiedergewinnung der Zukunft, a.a.O.

439 Harald Welzer (2012): Futur Zwei: Die Wiedergewinnung der Zukunft, a.a.O.

440 Harald Welzer (2016): Die smarte Diktatur: Der Angriff auf unsere Freiheit. Frankfurt a. M.: Fischer.

441 Stephane Hessel (2010): Empört euch. Berlin: Ullstein.

442 Elizabeth Nisbet, John M. Zelenski (2011): Affective Forecasting Errors Obscure the Happy Path to Sustainibility. In: Psychological Science 22(9):1101–1106.

443 Elizabeth Nisbet, John M. Zelenski, Susan A. Murphy (2009): The nature relatedness scale: Linking individuals' connection with nature to environmental concern and behaviour. Environment and Behavior 41: 715–740; P. Wesley Schultz (2001): The structure of environmental concern: Concern for self, other people, and the biosphere. Journal of environmental psychology 21:327–339.

444 Tagung von CIP, dem Centrum für Integrative Psychotherapie, in Fürstenfeld bei Fürstenfeldbruck, 21./22. 10. 2016.

445 Peter Sloterdijk (2016): Was geschah im 20. Jahrhundert?: Unterwegs zu einer Kritik der extremistischen Vernunft. Berlin: Suhrkamp.

[446] Franz-Theo Gottwald, Andrea Klepsch (Hrsg.) (1995): Tiefenökologie: Wie wir in Zukunft leben wollen, Düsseldorf: Diederichs.

[447] Wie etwa beim Badesee im ehemaligen Gelände der Bundesgartenschau in München-Riem, wie ich es im Sommer oft persönlich erleben kann.

[448] Einen Überblick dazu mit entsprechenden Literaturangaben siehe bei: Andreas Meißner (2012): Bewegung an der frischen Luft therapeutisch nutzen. In: Neurotransmitter, 2/2012, 20–22.

[449] Er meinte: »Probleme kann man niemals mit derselben Denkweise lösen, durch die sie entstanden sind«.

[450] ein Buch zu »Mindfulness Based Ecotherapy» (2015) gibt es immerhin schon, von Charlton B. Hall, CreateSpace Independent Publishing Platform. Der Psychologe Martin Jordan etwa bietet auch »Nature based therapy groups« in England an.

[451] James Hillman, Michael Ventura (1999): Hundert Jahre Psychotherapie und der Welt geht's immer schlechter, a.a.O.

[452] Thomas Metzinger, Professor für theoretische Philosophie, Vortrag bei der Vierten Konferenz des Denkwerks Zukunft, 02. 10. 2016.

Die ökologische Krise ist unabwendbar

[453] Martin Urban (2008): Philosophie und Dioxin, a.a.O.

[454] Niko Paech (2017): Der zerstörerische Traum vom Fortschritt. In: Die ZEIT, 03.01.2017. Paech zeigt hier den Zusammenhang einleuchtend auf: Demnach sind Flucht und Terror zwei Seiten derselben Medaille, nämlich durch Smartphones und Flugreisen permanent den Luxus in unseren Ländern vorgeführt zu bekommen und dadurch gedemütigt zu werden, was zu beiden Reaktionsweisen führen kann.

[455] Dennis Meadows (2012): The Limits to Growth and the Future of Humanity, Vortrag im Amerika-Haus München, 04. 12. 2012.

[456] Dennis Meadows (2012), a.a.O.

[457] Siehe z. B. Johannes Heimrath (2012): Die Post-Kollaps-Gesellschaft: Wie wir mit viel weniger besser leben – und wie wir uns heute schon darauf vorbereiten können. München: Scorpio.

[458] Süddeutsche Zeitung, 09.12.2008, zur Klimakonferenz in Polen: Die Kanzlerin Angela Merkel betonte, dass der Klimaschutz keine Arbeitsplätze kosten dürfe; auch absurd: die Diskussion Ende 2008 über Konsumgutscheine angesichts der Finanz- und Wirtschaftskrise. Zum Glück wurde wenigstens das nicht in die Tat umgesetzt!

[459] Zumindest in den klassischen Feuilletons wird es sehr kritisch gesehen, wenn Laien es sich erlauben, sich mit eigenen Texten in Sachthemen einzumischen, die zu beurteilen doch höchstens Fachleuten und Journalisten zuzustehen scheint; siehe u. a. SZ-Magazin 24/2012:
Vorbei die Notwendigkeit der hierarchisch organisierten Filter, der Verlage und Managements, die über den kleinen Kreis derer entscheiden, die sich in der Öffentlichkeit präsentieren dürfen. Parallel zu dieser Entwicklung haben sich die Profis in den letzten Jahren in verschiedener Hinsicht selbst diskreditiert und Unheil über die Menschen gebracht: Bankenkrise und Kernschmelze sind – auch wenn es so wirken mag – nicht das Produkt von Laien, sondern von hoch bezahlten Spezialisten.

[460] Laut Deutschem Börsenverein des Deutschen Buchhandels erschienen 2015 in Deutschland 89.506 Neu- und Erstauflagen, http://www.boersenverein.de/de/182716, abgerufen am 18.01.2017.

[461] Dirk von Gehlen (2017): Raus aus der Steinzeit. In: Süddeutsche Zeitung, 14.01.2017.

[462] Harald Welzer (2010): Klimakriege: Wofür im 21. Jahrhundert getötet wird. Frankfurt a. M.: Fischer; Gwynne Dyer, Susanne Held (2013): Klimakriege im 21. Jahrhundert. Stuttgart: Klett-Cotta.

[463] Gregory Fuller (1993): Das Ende, a.a.O., S. 93/94.

[464] Peter Kafka (1989): Das Grundgesetz vom Aufstieg. München: Hanser.

[465] Stefan Zweig (1944): Die Welt von gestern: Erinnerungen eines Europäers. Frankfurt a. M.: Fischer. Er hat schon in diesem von ihm 1939-1941 verfasstem und äußerst lesenswertem Werk mit Blick auf den ersten Weltkrieg für einen Völkerbund geworben, um erneuten Egoismen von Nationalstaaten vorzubeugen. Er wäre entsetzt, wenn er die heute wieder auftretenden nationalistischen Tendenzen miterleben müsste.

[466] Geseko von Lüpke (2015) im Gespräch mit dem Geophysiologen James Lovelock, in: Geseko von Lüpke, Politik des Herzens, a.a.O.

[467] James Lovelock (2015), a.a.O., S. 58.

[468] James Lovelock (2015), a.a.O., S. 58.

[469] James Lovelock (2015), a.a.O., S. 62.

Katastrophen im Kleinen und Großen – eigenes Krisenmanagement

470 http://www.zitate-online.de/sprueche/kuenstler-literaten/18072/krise-kann-ein-produktiver-zustand-sein.html

471 Definition nach Caplan, hier zitiert nach Rainer Tölle, Klaus Windgassen (2005): Psychiatrie. Berlin: Springer.

472 Süddeutsche Zeitung, 23. 12. 2008, in einem Artikel über Helmut Schmidt auf Seite 3 wird als Aussage von Redakteuren der ZEIT beschrieben: *»Die Krise ist zwar schlimmer als 1929, aber wenn wir das schreiben, wird sie noch schlimmer«.*

473 Daniele Heddaeus, Krise als Entwicklungschance, o. J. (Literaturangaben bis 2003 reichend): http://www.krise-als-entwicklungschance.de/.

474 Der Philosoph Peter Sloterdijk hat diese Analogie in einem Interview sehr anschaulich entwickelt, in: Süddeutsche Zeitung, 03. 01. 2009

475 Sebastian Herrmann (2016): Apokalypse im Kopf. In: Süddeutsche Zeitung, 31. 12. 2016/01. 01. 2017.

476 Dietmar Hansch, Till Bastian (2014): Zukunftsbildung, a.a.O.

477 Terry Eagleton (2016): Hoffnungsvoll, aber nicht optimistisch. Berlin: Ullstein.

478 Süddeutsche Zeitung, 02. 12. 2015.

479 Gregory Fuller (1993), Das Ende, a.a.O.

480 Wolfgang Schmidbauer (1992): Weniger ist manchmal mehr, a.a.O., 247, 248.

481 Joanna Macy, Chris Johnstone (2014): Hoffnung durch Handeln: Dem Chaos standhalten, ohne verrückt zu werde. Paderborn: Junfermann.

482 Zusammengefasst von mir nach Joanna Macy, Chris Johnstone (2014): Hoffnung durch Handeln, a.a.O., u. a. S. 38 ff.

483 siehe auch: Hans A. Pestalozzi (1989): Auf die Bäume ihr Affen. Basel: Zytglogge.

484 siehe Hermann E. Daly (2006): Wirtschaft in einer begrenzten Welt. In: Menschheit am Scheideweg, Spektrum der Wissenschaft, Dossier, 6/2006, 67–73.

485 Dirk Althaus (2007): Zeitenwende: Die fossile Zeitenwende, a.a.O.

[486] siehe bei Jeremy Rifkin (1985): Entropie: Ein neues Weltbild, a.a.O.

[487] Paul Polak (2006): Die große Chance der Kleinbauern. In: Menschheit am Scheideweg, Spektrum der Wissenschaft, Dossier, 6/2006, 54–59.

[488] Dirk Althaus(2007): Zeitenwende: Die postfossile Epoche, a.a.O.; er meint gar, wir sollten froh darüber sein!

Die vier letzten Dinge – die existenzielle Sichtweise

[489] Tiziano Terzani (2007): Das Ende ist mein Anfang. München: dva.

[490] Brief einer befreundeten Kollegin an den Autor, Juli 2008.

[491] Hans-Georg Gadamer (2003):. Über die Freundschaft. In: Universitas, Juli 2003.

[492] Andreas Meißner (2008): Sinn und Verantwortung im Zeichen der ökologischen Krise. In: Neurotransmitter 6: 13–21.

[493] Irvin Yalom (2005): Existentielle Psychotherapie, a.a.O.

[494] Theodore Roszak (1997): Ökopsychologie, a.a.O.

[495] Irvin Yalom (2005): Existentielle Psychotherapie, a.a.O., 474.

[496] Matthias Drobinski (2008): Lob der Langeweile. Leitartikel in der Süddeutschen Zeitung, 04.08.2008.

[497] Bernulf Kanitscheider (2008): Der Kosmos schweigt uns an. Interview in: SZ - Wissen, 11/2008.

[498] Siehe dazu: Johannes Fried (2008): Gesellschaften sind sterblich, a.a.O.

[499] Jeremy Rifkin (1985): Entropie: Ein neues Weltbild, a.a.O., 288 ff.

[500] Kierkegaard, zitiert nach Irvin Yalom (2005): Existentielle Psychotherapie, a.a.O.

[501] Martin Heidegger 1979, zitiert nach Irvin Yalom, (2005): Existentielle Psychotherapie, a.a.O.

[502] Irvin Yalom (2005): Existentielle Psychotherapie, a.a.O., 262.

[503] Wilhelm Schmid (2008): Ökologische Lebenskunst, a.a.O.

[504] Wilhelm Schmid (2008): Ökologische Lebenskunst, a.a.O., 51.

[505] Wilhelm Schmid (2008): Ökologische Lebenskunst, a.a.O., 53.

506 Leo Tolstoj, My Confession (1901): My Religion, The Gospel in Brief, New York 1929; deutsch: Meine Beichte, Jena 1901; hier zitiert nach Yalom (2005): Existentielle Psychotherapie, a.a.O., 496.

507 Irvin Yalom (2005): Existentielle Psychotherapie, a.a.O., 508.

508 Zur Überlegung, dass Hedonismus mehr ist als nur ein »Streben nach Lust«, etwa im sexuellen Sinne, siehe das Interview mit Bernulf Kanitscheider (2008): Der Kosmos schweigt uns an, a.a.O.

509 Irvin Yalom (2005): Existentielle Psychotherapie, a.a.O.; er stützt sich bei diesen Überlegungen auf den Theoretiker Abraham Maslow.

510 Irvin Yalom (2005): Existentielle Psychotherapie, a.a.O.; er bezieht sich hier auf eine ältere Theorie Erik Erikssons.

511 Seminarhotel Jonathan, Chieming/Hart am Chiemsee, magazin 2008.

512 Wilhelm Schmid (2008): Ökologische Lebenskunst, a.a.O., 55.

513 Michail Gorbatschow schreibt dazu am 26.03.2008 in einem Offenen Brief an die deutschen Medien:
»Vor einigen Tagen bekam ich von meinem Freund Hans-Dietrich Genscher, dem ehemaligen deutschen Vizekanzler und Außenminister, ein Glückwunschschreiben zum neuen Lebensjahr. Darin schreibt er: ›Mit meinen Gedanken bin ich in dieser durch viele Ungewissheiten geprägten internationalen Situation oft bei Dir. Es wird Zeit, die Stimme zu erheben für Zusammenarbeit und Vertrauensbildung. Wie schwer es ist gegenseitiges Vertrauen aufzubauen, wissen wir beide wohl am besten. Ich erinnere mich immer wieder an die Zeit, in der im Westen darüber gestritten wurde, ob man Dir vertrauen könne. Aber Vertrauen ist eine kostbare Sache und leicht zerbrechlich. Hier sind wir gefordert und hier können wir etwas tun… ‹. Das war zwar ein persönlicher Brief an mich, aber ich glaube, er hat einen öffentlichen Klang.
Wir sollten unser gegenseitiges Vertrauen zu schätzen wissen«.

514 Süddeutsche Zeitung, 07.06.2008.

Trotzdem – Trotz dem! Ohnmacht und Lähmung können überwunden werden

515 http://aphorismen-archiv.de/U3126.html

516 Erwin Chargaff (1986): Kritik der Zukunft, a.a.O., 127.

[517] Erwin Chargaff (1986): Kritik der Zukunft, a.a.O., 112.

[518] Zitiert nach Irvin Yalom (2005): Existentielle Psychotherapie, a.a.O., 504.

[519] Peter Kafka (1989): Das Grundgesetz vom Aufstieg, a.a.O., 168.

[520] Hans A. Pestalozzi ((1989): Auf die Bäume ihr Affen, a.a.O., S. 345.

[521] Otto Rank (1954): Will Therapy and Truth and Reality, New York: Knopf; hier zitiert nach Irvin Yalom (2005): Existenzielle Psychotherapie, a.a.O.

[522] Irvin Yalom (2005) macht dazu einige interessante Anmerkungen in: Existentielle Psychotherapie, a.a.O., 551 ff.

[523] Alex Rühle (2008): Freiheit und Erschöpfung: Warum man nicht hoffen sollte, in der Krise zu sich zu finden. In: Süddeutsche Zeitung, 29.12.2008.

[524] Andreas Petzold (2008): Philosophie für jedermann, Editorial in: STERN 48/2008: *»Die Deutschen machen sich Gedanken, sie sind offenbar auf Sinnsuche. Richard David Prechts philosophischer Grundkurs ›Wer bin ich – und wenn ja, wie viele?‹ war (...) in diesem Jahr der große Überraschungserfolg des Buchmarktes«.*

[525] Wilhelm Schmid (2008): Ökologische Lebenskunst, a.a.O.

[526] Sven Sohr (2000): Ökologisches Gewissen: Die Zukunft der Erde aus der Perspektive von Kindern, Jugendlichen und anderen Experten. Baden-Baden: Nomos.

[527] Peter Kafka (1989) erläutert diese Überlegungen sehr überzeugend, ausgehend von der resignativen Haltung des eigentlich pazifistischen Philosophen Günther Anders, der 1987 Gewalt zwar nicht als Ziel, aber doch als Mittel bezeichnet hat angesichts von Vernunftlosigkeit und Vernebelung statt Aufklärung, in: Peter Kafka, Das Grundgesetz vom Aufstieg, a.a.O.

[528] Für Gedanken hierzu danke ich Achim Bubenzer.

[529] Tom Hodgkinson (2004): Anleitung zum Müßiggang. Berlin: Rogner & Bernhard.

[530] siehe Wolfgang Sachs (2008): Wir brauchen ein Update für den Kapitalismus. Interview in: Der STERN, 13.11.2008.

[531] Irvin Yalom (2008): In die Sonne schauen: Wie man die Angst vor dem Tod überwindet. München: btb.

Literaturempfehlungen

Erwin Chargaff, Kritik der Zukunft, Stuttgart 1986

Jared Diamond, Kollaps, Warum Gesellschaften überleben oder untergehen, Frankfurt a.M. 2005

Stephen Emmott, Zehn Milliarden, Berlin 2013

Tim Flannery, Wir Wettermacher, Frankfurt 2006

Gregory Fuller, Das Ende, Von der heiteren Hoffnungslosigkeit im Angesicht der ökologischen Katastrophe, Frankfurt a. M. 1996

Wolfgang Haber, Die unbequemen Wahrheiten der Ökologie: Eine Nachhaltigkeitsperspektive für das 21. Jahrhundert, München 2010

Richard Heinberg, Öl-Ende – Die Zukunft der industrialisierten Welt ohne Öl, München 2008

Leo Hickman, Fast nackt – Mein abenteuerlicher Versuch, ethisch korrekt zu leben, München 2008

Thomas Junker, Die Evolution des Menschen, München 2006

Peter Kafka, Das Grundgesetz vom Aufstieg, München 1989

Geseko von Lüpke, Politik des Herzens, nachhaltige Konzepte für das 21. Jahrhundert, Uhlstädt-Kirchhasel 2003

Joanna Macy, Chris Johnstone, Hoffnung durch Handeln. Dem Chaos standhalten, ohne verrückt zu werden, Paderborn 2014

Donella Meadows, Jorgen Randers, Dennis Meadows, Grenzen des Wachstums – Das 30-Jahres-Update, Stuttgart 2006

Niko Paech, Befreiung vom Überfluss, München 2012

Stefan Rahmstorf, Hans Joachim Schellnhuber, Der Klimawandel, München 2006

Jeremy Rifkin, Entropie – Ein neues Weltbild, Frankfurt a. M. 1985

Fabian Scheidler, Die Megamaschine – Geschichte einer scheiternden Zivilisation, Wien 2015

Wilhelm Schmid, Ökologische Lebenskunst, Was jeder Einzelne für das Leben auf dem Planeten tun kann, Berlin 2008

Christian Schütze, Das Grundgesetz vom Niedergang, München 1989

Tiziano Terzani, Das Ende ist mein Anfang, München 2007

Irvin Yalom, Existentielle Psychotherapie, 5. Auflage, Köln, 2005